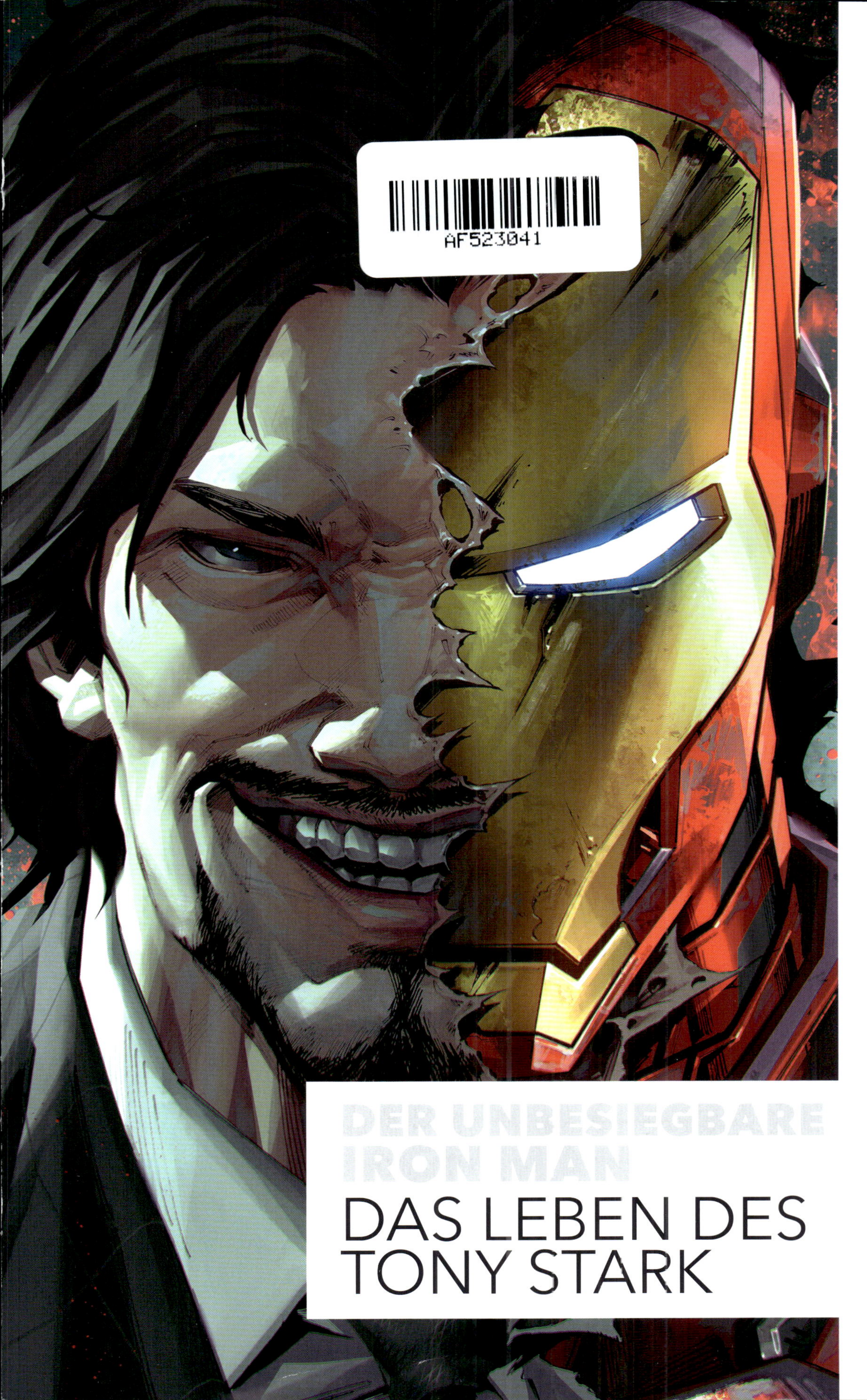
DER UNBESIEGBARE
IRON MAN
DAS LEBEN DES
TONY STARK

DER UNBESIEGBARE IRON MAN

GERRY DUGGAN
STORY

ANDREA DI VITO (6)
JUAN FRIGERI (1-5)
ZEICHNUNGEN & TUSCHE

BRYAN VALENZA
FARBEN

WALPROJECT
LETTERING

ALEXANDER RÖSCH
ÜBERSETZUNG

TOM BREVOORT
KAT GREGOROWICZ
DARREN SHAN
REDAKTION USA

C. B. CEBULSKI
CHEFREDAKTEUR USA

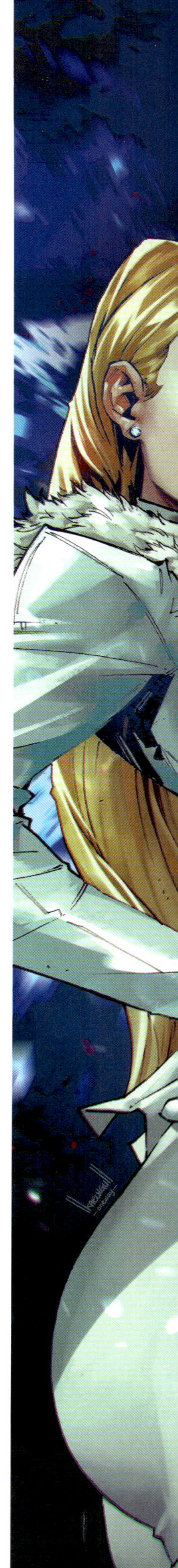

DER UNBESIEGBARE IRON MAN erscheint bei **PANINI COMICS**, Schloßstraße 76, D-70176 Stuttgart. Druck: Chinchio Industria Grafica S.r.l. Pressevertrieb: Stella Distribution GmbH, D-22297 Hamburg. Direkt-Abos auf **www.paninicomics.de**. Anzeigenverkauf: BLAUFEUER VERLAGSVERTRETUNGEN GmbH, info@blaufeuer.com. Es gelten die Anzeigenpreise gemäß der Mediadaten 2023. Geschäftsführer **Hermann Paul**, Publishing Director Europe **Marco M. Lupoi**, Finanzen/Logistik **Felix Bauer**, Marketing Director **Holger Wiest**, Marketing **Fabio Cunetto**, Vertrieb **Alexander Bubenheimer**, PR/Presse **Steffen Volkmer**, Publishing Manager **Lisa Pancaldi**, Redaktion **Christian Endres**, **Harald Gantzberg**, **Aurelio Pasini**, **Anja Seiffert**, **Kristina Starschinski**, **Daniela Uhlmann**, Übersetzung **Alexander Rösch**, Proofreading **Monja Reichert**, Lettering **Walproject**, grafische Gestaltung **Rudy Remitti**, **Nicola Spano**, Art Director **Alessandro Gucciardo**, Redaktion Panini Comics **Annalisa Califano**, **Beatrice Doti**, Prepress **Francesca Aiello**, **Andrea Bisi**, Repro/Packager **Alessandro Nalli** (coordinator), **Anna Boselli**, **Mario Da Rin Zanco**, **Valentina Esposito**, **Luca Ficarelli**, **Linda Leporati**. Deutsche Edition bei Panini Verlags-GmbH unter Lizenz von Marvel Characters B.V. Cover von **Kael Ngu**, *Invincible Iron Man* (2022) 1; Variant-Cover von **John Romita Jr.**, *Invincible Iron Man* (2022) 1 Variant-Cover-Edition.

Digitale Ausgaben:
ISBN 978-3-7569-0110-4 (.pdf) / ISBN 978-3-7569-0111-1 (.epub) /
ISBN 978-3-7569-0112-8 (.mobi)

Bibliografische Information der Deutschen Nationalbibliothek
Die Deutsche Nationalbibliothek verzeichnet diese Publikation in der Deutschen Nationalbibliografie; detaillierte bibliografische Daten sind im Internet über dnb.d-nb.de abrufbar.

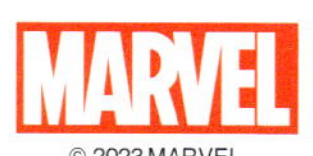

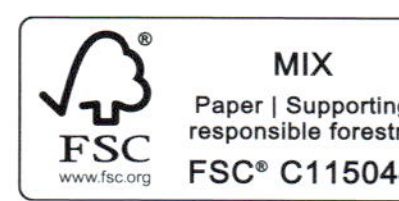

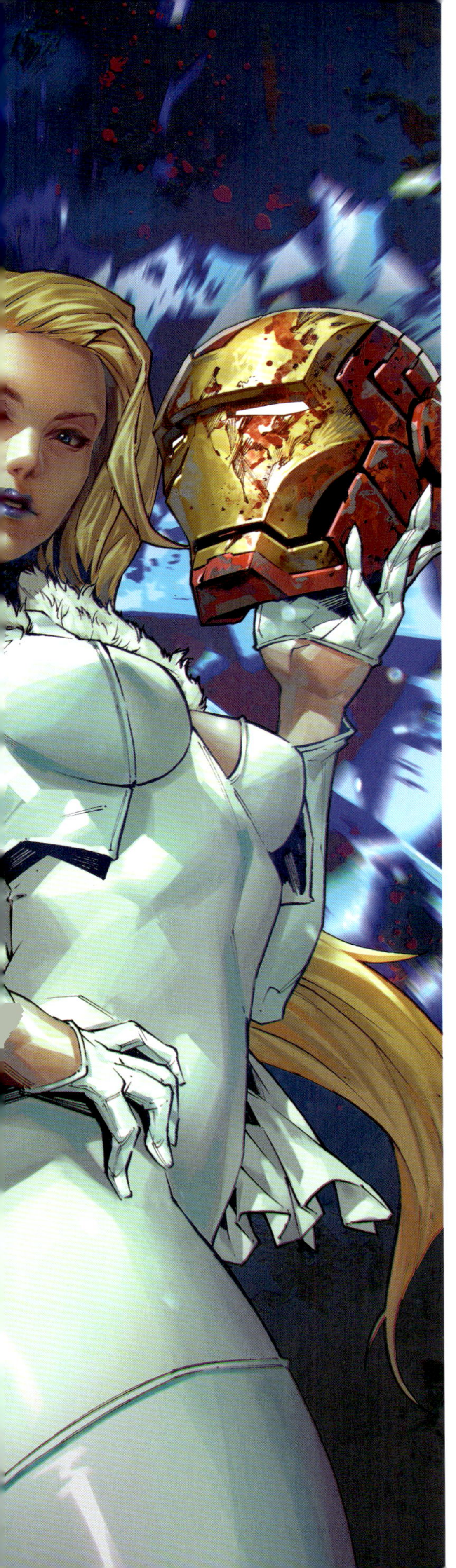

Mit diesem Band startet die neue Comic-Soloserie von Marvel-Legende **Tony Stark** alias **Iron Man**. Der geniale Sohn des Waffenfabrikanten **Howard Stark** wurde einst im Afghanistan-Krieg gefangen genommen und konnte nur entkommen, indem er sich eine Kampfrüstung baute. Zurück in den Staaten wurde er schließlich zum gepanzerten Rächer Iron Man und einem Gründungsmitglied der **Avengers**. Lange Zeit verkaufte der Playboy und Visionär dem Rest der Welt erfolgreich die Lüge, dass der Eiserne sein Bodyguard wäre. Eine Weile lenkte zudem sein bester Freund **Jim Rhodes** die Hightech-Rüstung, bevor Rhodey als **War Machine** in einer eigenen Kampfpanzerung durchstartete. Während Tony bei vielen Inkarnationen des Avengers-Hauptteams, der lange von **Nick Fury Sr.** geprägten Regierungsbehörde **SHIELD**, den **Mighty Avengers** sowie den kalifornischen **West Coast Avengers** um **Hawkeye**, **Tigra** und **Wonder Man** mitmischte, nutzte er über die Jahre auch viele Rüstungsmodelle, um gegen **Living Laser**, **Ghost**, **Iron Monger** und andere Feinde anzutreten. Parallel durchlief Tonys Firmenimperium diverse Entwicklungen – zuletzt als Stark Unlimited hin zu zukunftsweisenden Technologien in Sachen Energie und Virtual Reality. In jüngerer Vergangenheit gab Tony einen Großteil seines Vermögens dafür aus, gefährliche Waffen vom Schwarzmarkt aufzukaufen und so aus dem Spiel zu nehmen. Darüber hinaus machte sich das junge Genie **Riri Williams** als **Ironheart** einen Namen, ehe sie kürzlich sogar einen der mächtigen außerirdischen Ringe vom **Mandarin** in ihren Besitz brachte. Ganz schön viel los in der Welt des gepanzerten Denkers und Erfinders! Aber auch bei den **X-Men** hat sich in den letzten Jahren eine Menge getan. Die Mutanten residieren nun als Weltmacht auf der lebenden Insel **Krakoa**. Überdies haben sie den Mars erst bewohnbar gemacht, Arakko dorthin gebracht und den Planeten in die erste Mutantenwelt des Sonnensystems verwandelt. Was das mit Tony zu tun hat? Legt Rüstung und Helm an, fliegt durch diesen Comic und findet es heraus!

Christian Endres

DAS LEBEN DES TONY STARK, KAPITEL 1

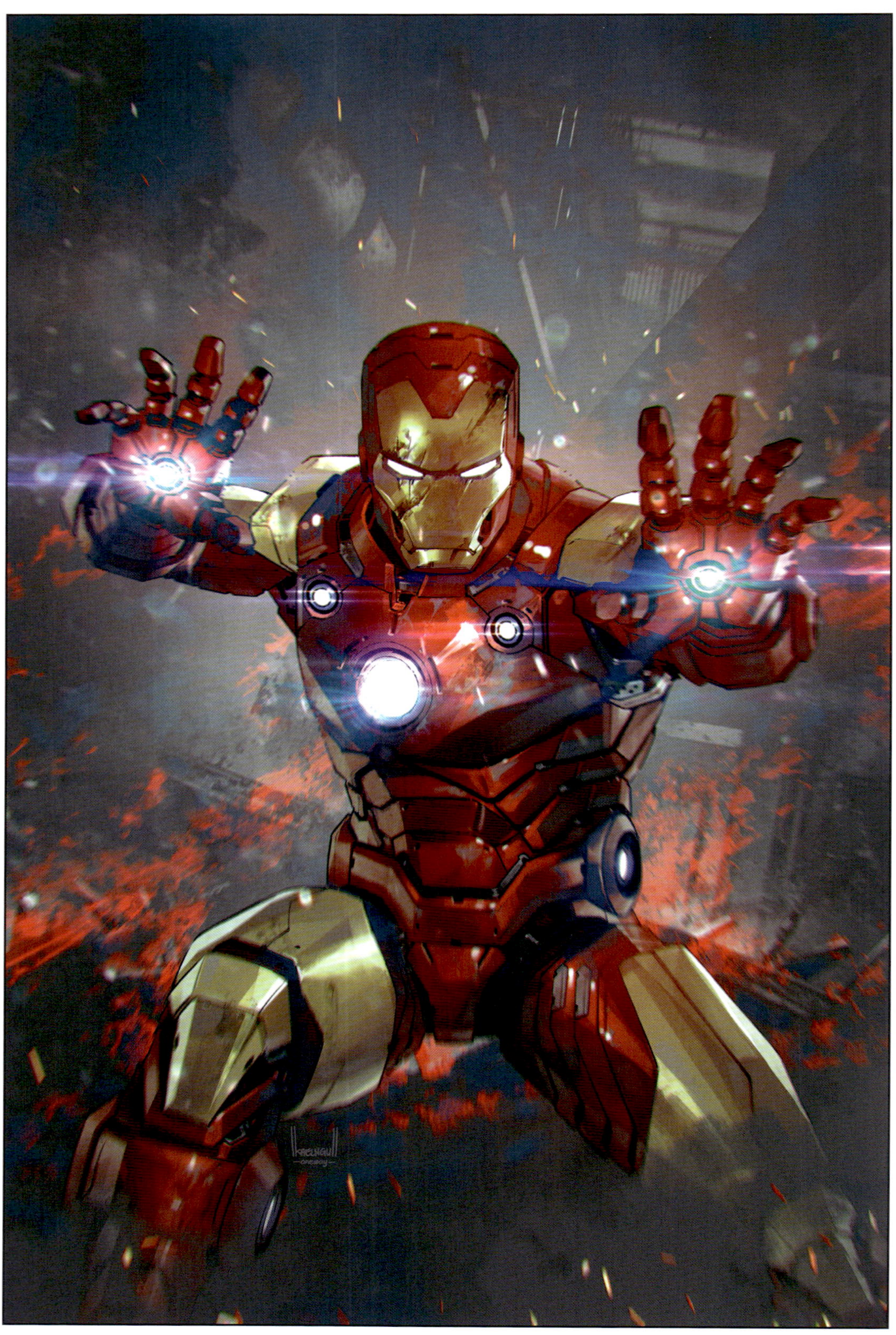

Invincible Iron Man (2022) 1
Cover von **KAEL NGU**

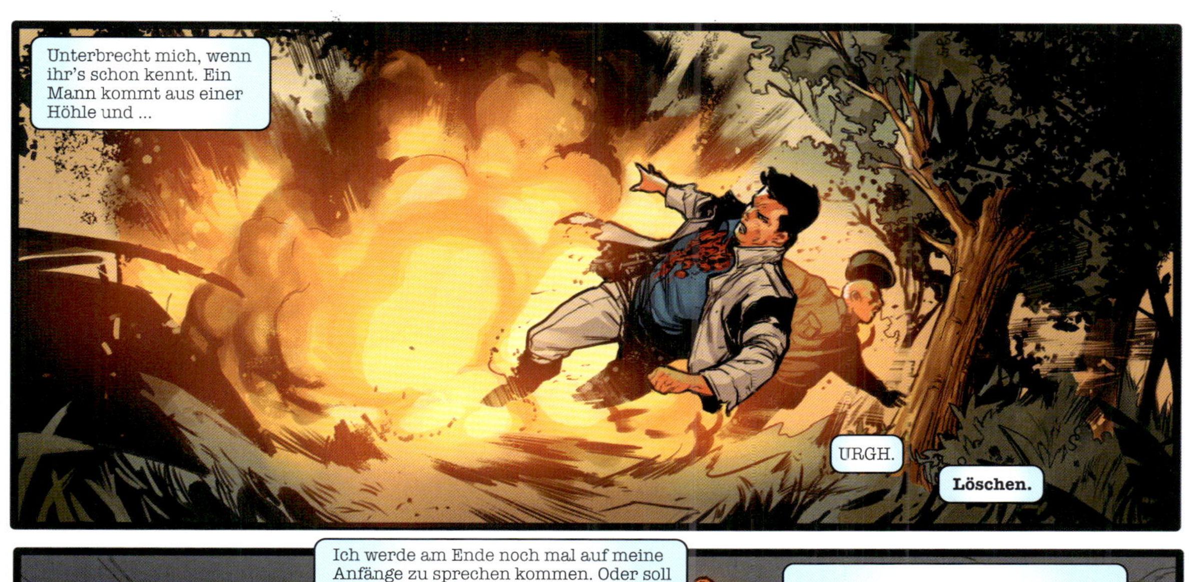
Unterbrecht mich, wenn ihr's schon kennt. Ein Mann kommt aus einer Höhle und ...
URGH.
Löschen.

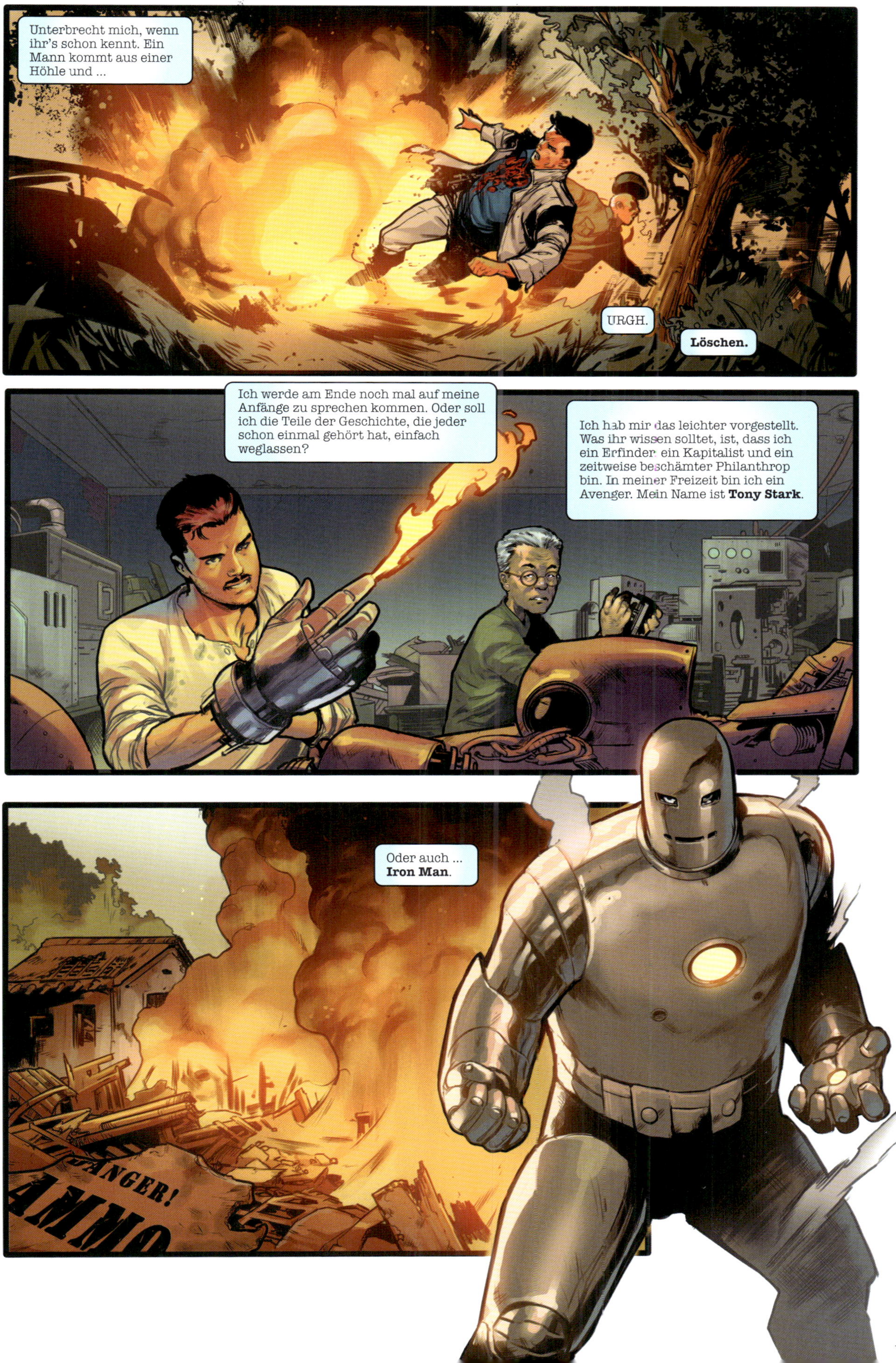

Ich werde am Ende noch mal auf meine Anfänge zu sprechen kommen. Oder soll ich die Teile der Geschichte, die jeder schon einmal gehört hat, einfach weglassen?
Ich hab mir das leichter vorgestellt. Was ihr wissen solltet, ist, dass ich ein Erfinder, ein Kapitalist und ein zeitweise beschämter Philanthrop bin. In meiner Freizeit bin ich ein Avenger. Mein Name ist **Tony Stark**.
Oder auch ... **Iron Man**.
DANGER!
AMMO

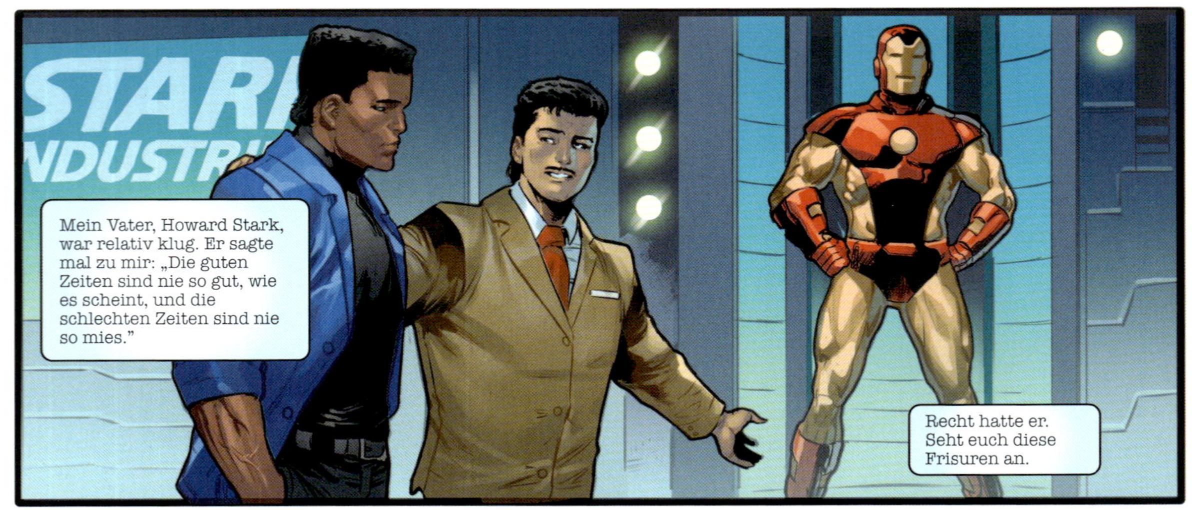
STARK INDUSTRI
Mein Vater, Howard Stark, war relativ klug. Er sagte mal zu mir: „Die guten Zeiten sind nie so gut, wie es scheint, und die schlechten Zeiten sind nie so mies.“
Recht hatte er. Seht euch diese Frisuren an.

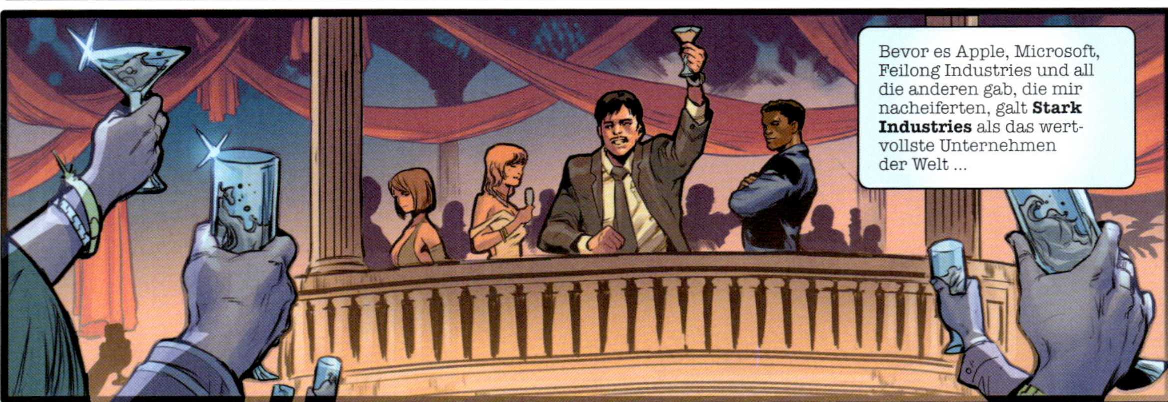
Bevor es Apple, Microsoft, Feilong Industries und all die anderen gab, die mir nacheiferten, galt **Stark Industries** als das wertvollste Unternehmen der Welt ...

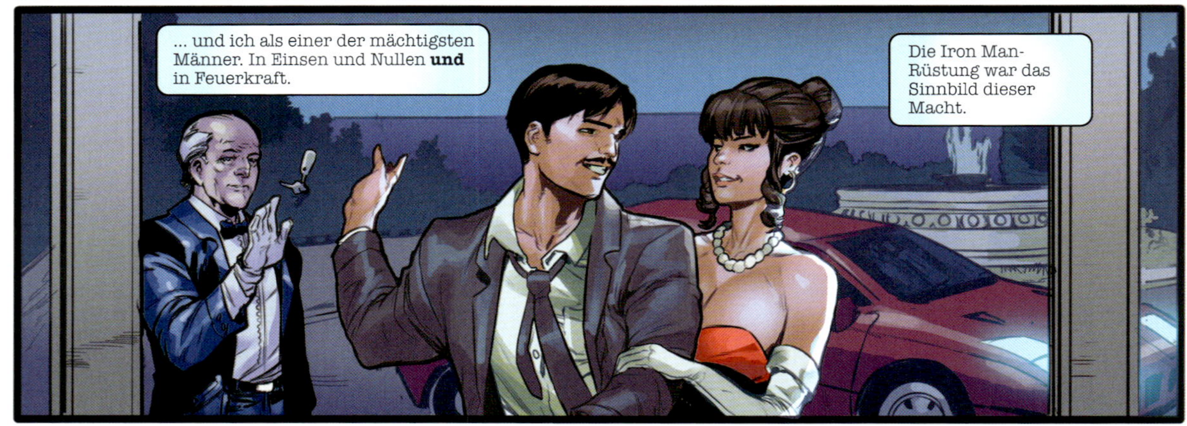
... und ich als einer der mächtigsten Männer. In Einsen und Nullen **und** in Feuerkraft.
Die Iron Man-Rüstung war das Sinnbild dieser Macht.

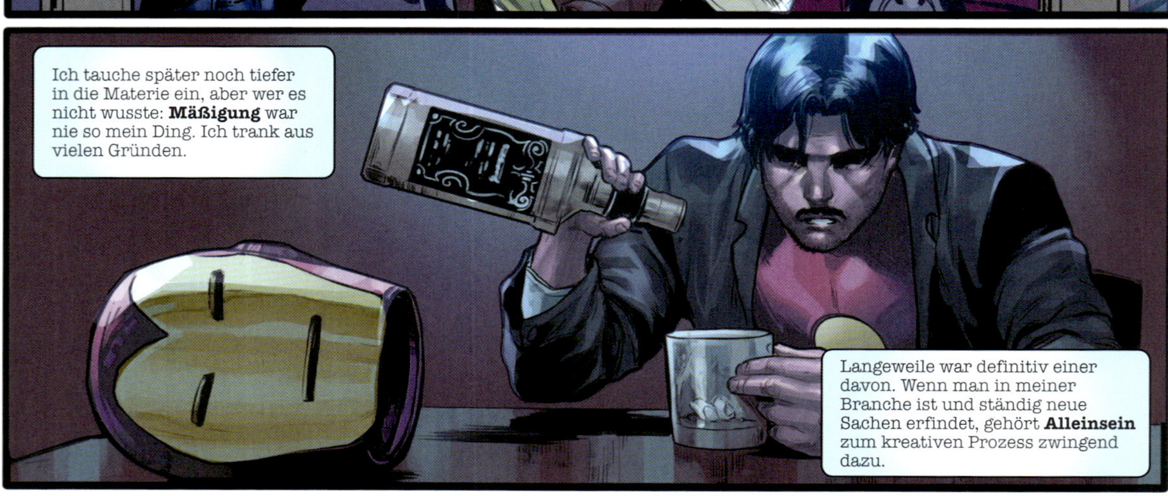
Ich tauche später noch tiefer in die Materie ein, aber wer es nicht wusste: **Mäßigung** war nie so mein Ding. Ich trank aus vielen Gründen.
Langeweile war definitiv einer davon. Wenn man in meiner Branche ist und ständig neue Sachen erfindet, gehört **Alleinsein** zum kreativen Prozess zwingend dazu.

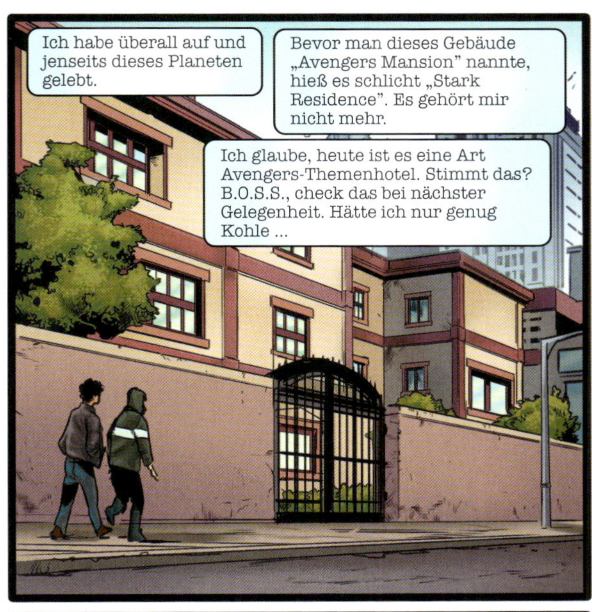
Ich habe überall auf und jenseits dieses Planeten gelebt.
Bevor man dieses Gebäude „Avengers Mansion" nannte, hieß es schlicht „Stark Residence". Es gehört mir nicht mehr.
Ich glaube, heute ist es eine Art Avengers-Themenhotel. Stimmt das? B.O.S.S., check das bei nächster Gelegenheit. Hätte ich nur genug Kohle ...

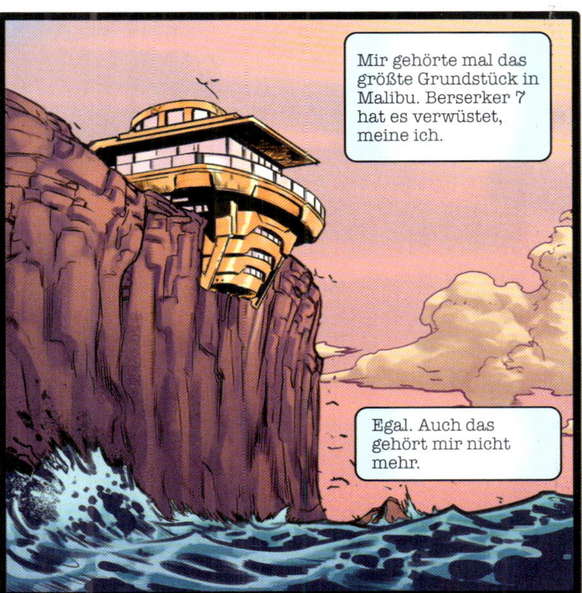
Mir gehörte mal das größte Grundstück in Malibu. Berserker 7 hat es verwüstet, meine ich.
Egal. Auch das gehört mir nicht mehr.

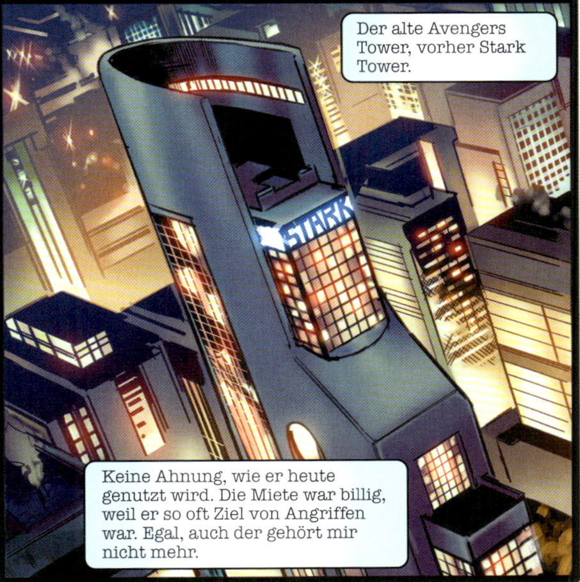
Der alte Avengers Tower, vorher Stark Tower.
STARK
Keine Ahnung, wie er heute genutzt wird. Die Miete war billig, weil er so oft Ziel von Angriffen war. Egal, auch der gehört mir nicht mehr.

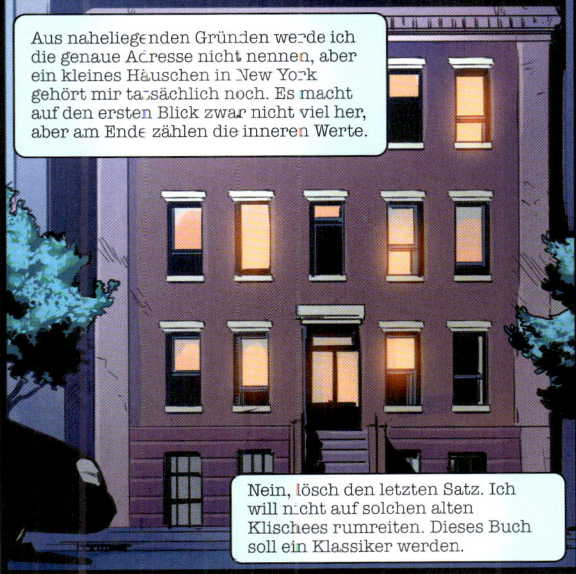
Aus naheliegenden Gründen werde ich die genaue Adresse nicht nennen, aber ein kleines Häuschen in New York gehört mir tatsächlich noch. Es macht auf den ersten Blick zwar nicht viel her, aber am Ende zählen die inneren Werte.
Nein, lösch den letzten Satz. Ich will nicht auf solchen alten Klischees rumreiten. Dieses Buch soll ein Klassiker werden.

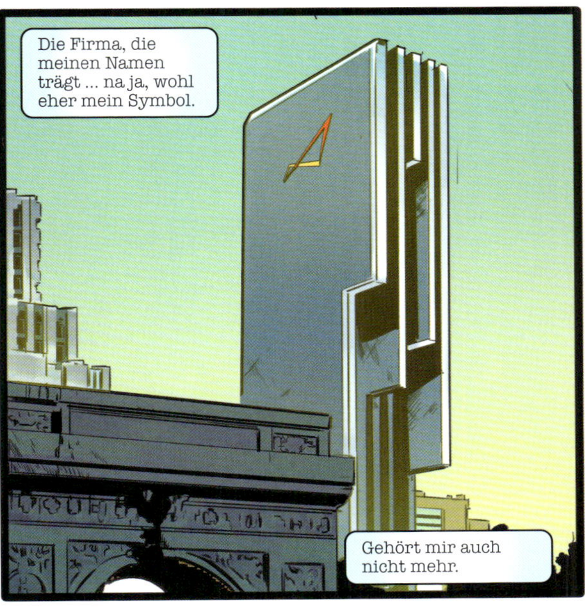
Die Firma, die meinen Namen trägt ... na ja, wohl eher mein Symbol.
Gehört mir auch nicht mehr.

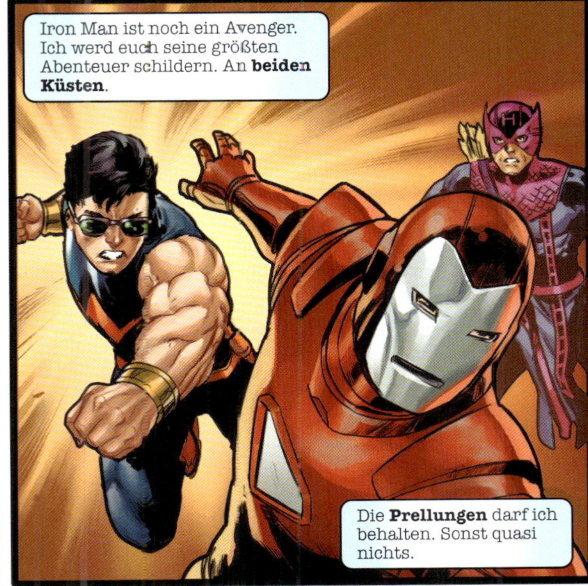
Iron Man ist noch ein Avenger. Ich werd euch seine größten Abenteuer schildern. An **beiden Küsten**.
Die **Prellungen** darf ich behalten. Sonst quasi nichts.

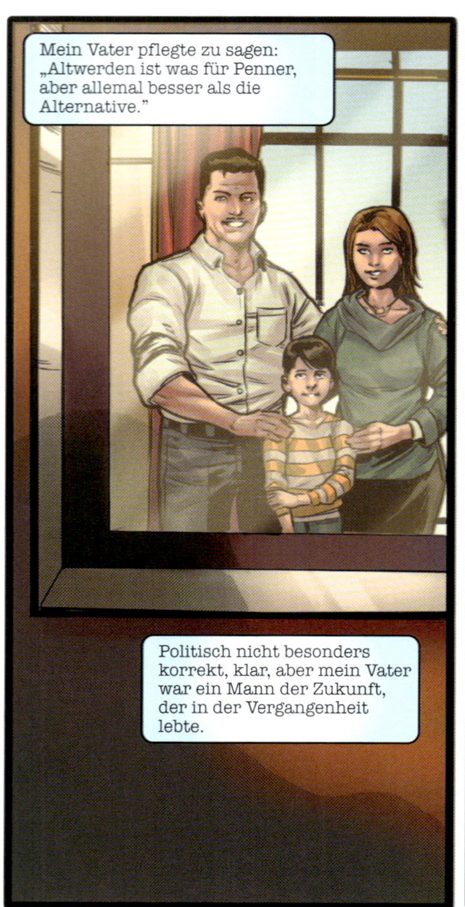

Mein Vater pflegte zu sagen: „Altwerden ist was für Penner, aber allemal besser als die Alternative.“
Politisch nicht besonders korrekt, klar, aber mein Vater war ein Mann der Zukunft, der in der Vergangenheit lebte.

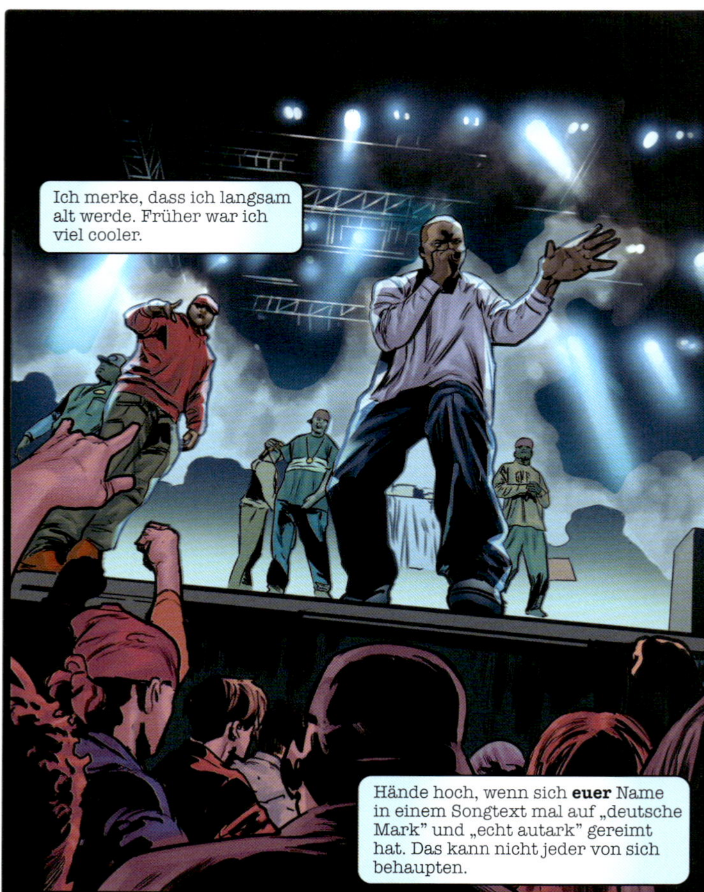

Ich merke, dass ich langsam alt werde. Früher war ich viel cooler.
Hände hoch, wenn sich **euer** Name in einem Songtext mal auf „deutsche Mark“ und „echt autark“ gereimt hat. Das kann nicht jeder von sich behaupten.

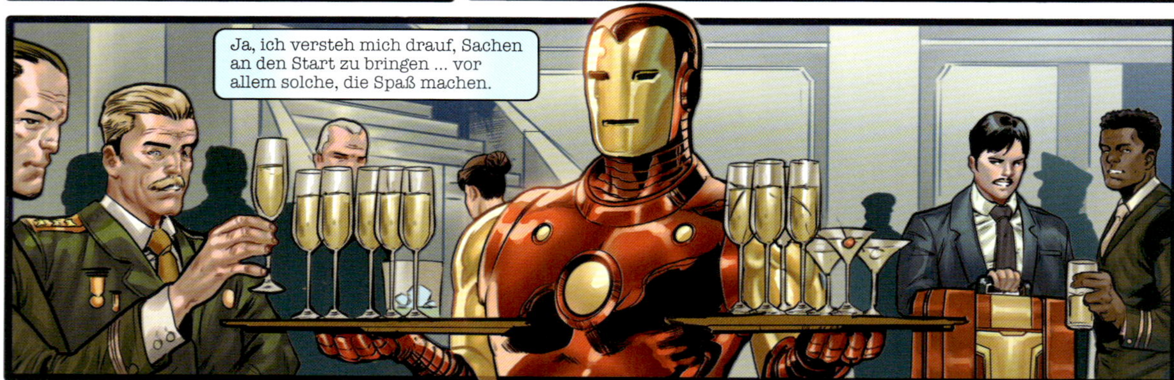

Ja, ich versteh mich drauf, Sachen an den Start zu bringen ... vor allem solche, die Spaß machen.

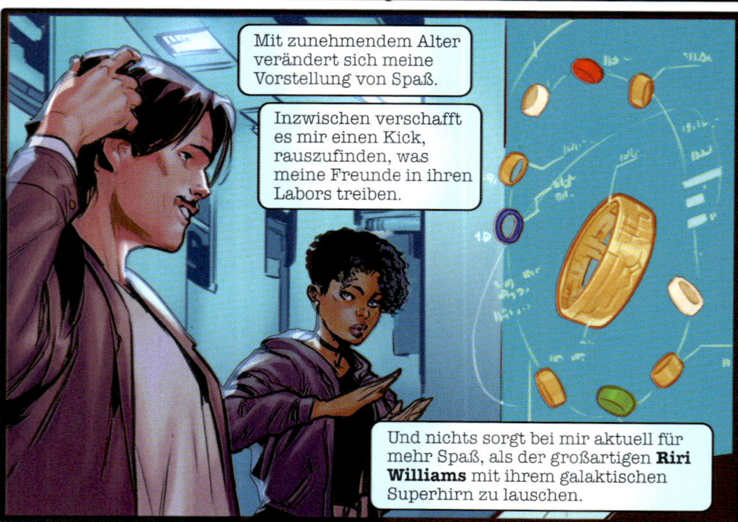

Mit zunehmendem Alter verändert sich meine Vorstellung von Spaß.
Inzwischen verschafft es mir einen Kick, rauszufinden, was meine Freunde in ihren Labors treiben.
Und nichts sorgt bei mir aktuell für mehr Spaß, als der großartigen **Riri Williams** mit ihrem galaktischen Superhirn zu lauschen.

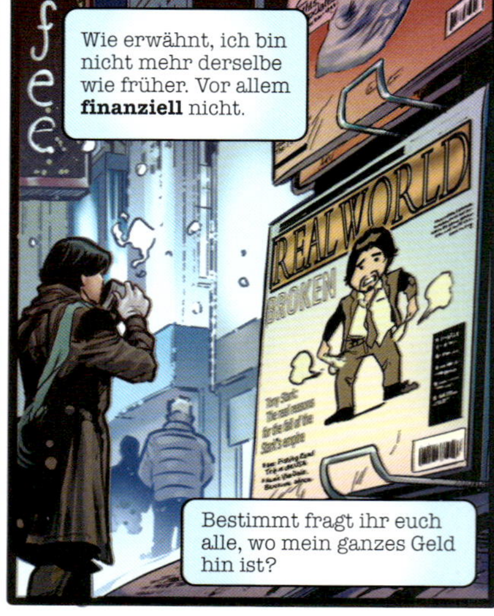

Wie erwähnt, ich bin nicht mehr derselbe wie früher. Vor allem **finanziell** nicht.
REALWORLD
BROKEN
Bestimmt fragt ihr euch alle, wo mein ganzes Geld hin ist?

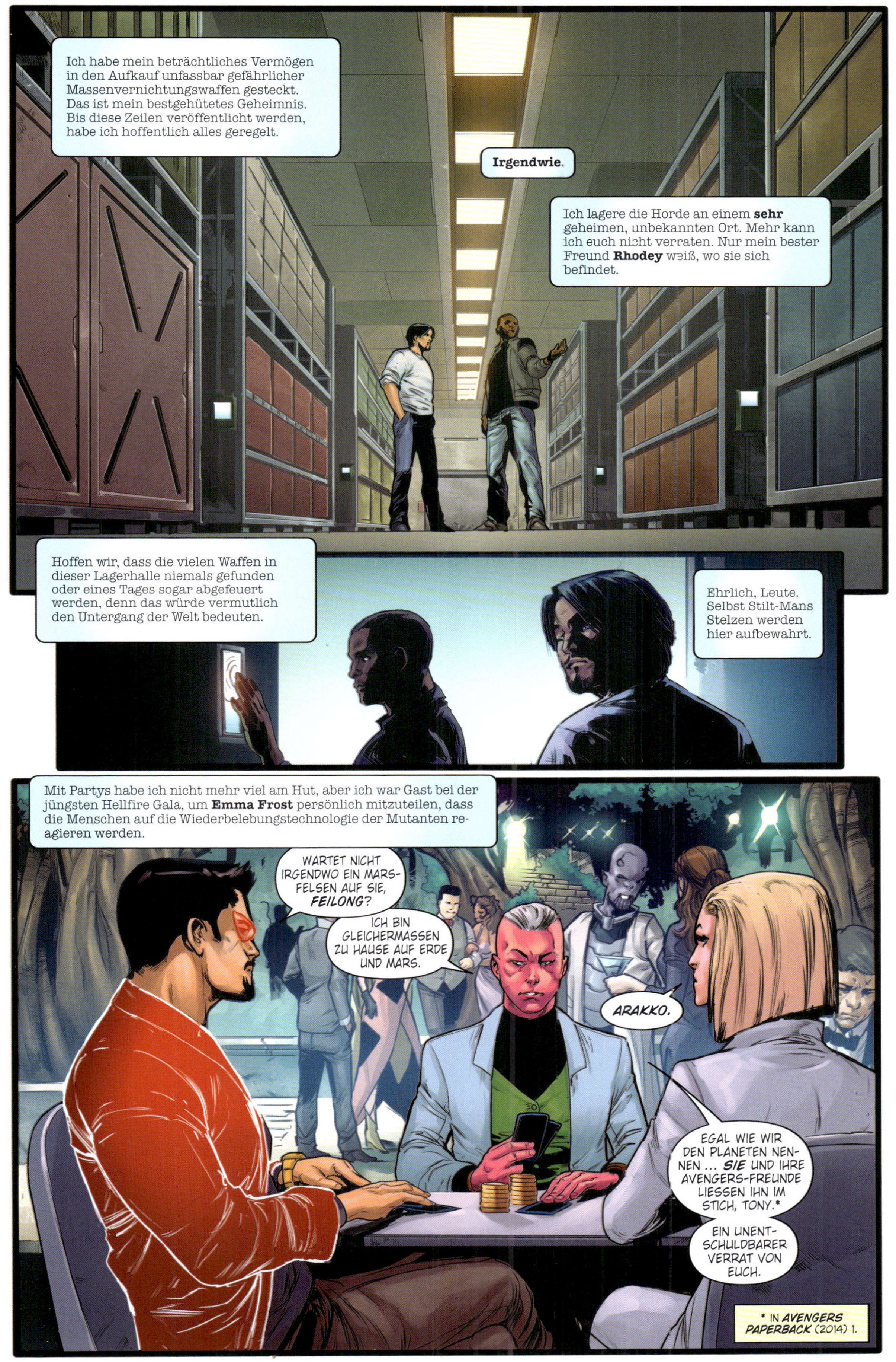
Ich habe mein beträchtliches Vermögen in den Aufkauf unfassbar gefährlicher Massenvernichtungswaffen gesteckt. Das ist mein bestgehütetes Geheimnis. Bis diese Zeilen veröffentlicht werden, habe ich hoffentlich alles geregelt.
Irgendwie.
Ich lagere die Horde an einem **sehr** geheimen, unbekannten Ort. Mehr kann ich euch nicht verraten. Nur mein bester Freund **Rhodey** weiß, wo sie sich befindet.
Hoffen wir, dass die vielen Waffen in dieser Lagerhalle niemals gefunden oder eines Tages sogar abgefeuert werden, denn das würde vermutlich den Untergang der Welt bedeuten.
Ehrlich, Leute. Selbst Stilt-Mans Stelzen werden hier aufbewahrt.
Mit Partys habe ich nicht mehr viel am Hut, aber ich war Gast bei der jüngsten Hellfire Gala, um **Emma Frost** persönlich mitzuteilen, dass die Menschen auf die Wiederbelebungstechnologie der Mutanten reagieren werden.
WARTET NICHT IRGENDWO EIN MARSFELSEN AUF SIE, *FEILONG*?
ICH BIN GLEICHERMASSEN ZU HAUSE AUF ERDE UND MARS.
ARAKKO.
EGAL WIE WIR DEN PLANETEN NENNEN ... *SIE* UND IHRE AVENGERS-FREUNDE LIESSEN IHN IM STICH, TONY.*
EIN UNENTSCHULDBARER VERRAT VON EUCH.
* IN *AVENGERS PAPERBACK* (2014) 1.

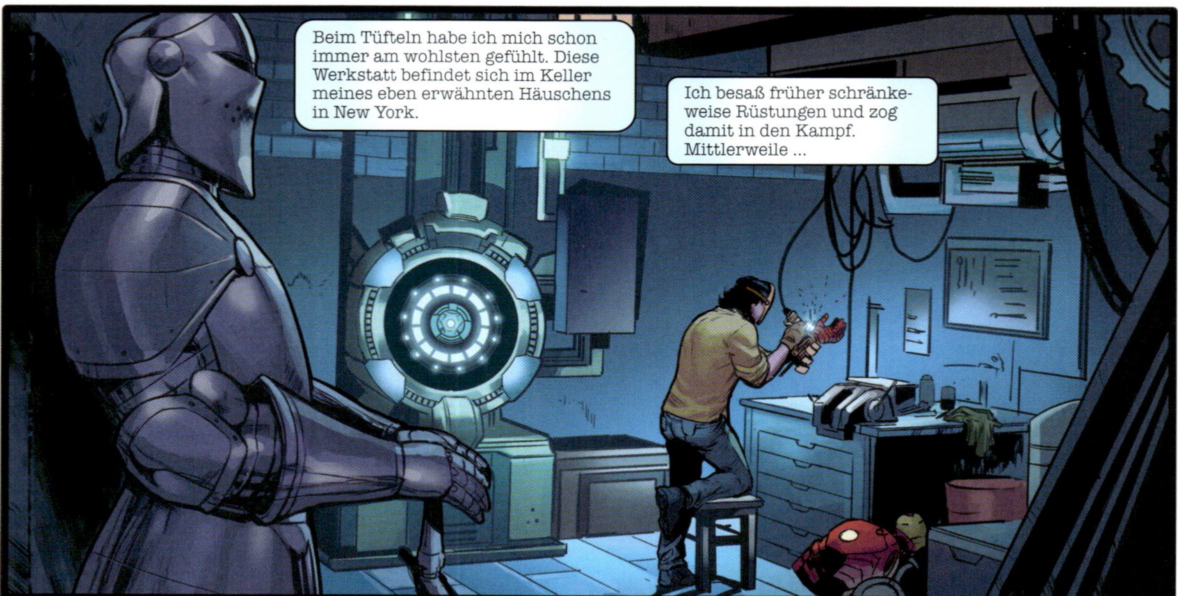
Beim Tüfteln habe ich mich schon immer am wohlsten gefühlt. Diese Werkstatt befindet sich im Keller meines eben erwähnten Häuschens in New York.
Ich besaß früher schränkeweise Rüstungen und zog damit in den Kampf. Mittlerweile ...

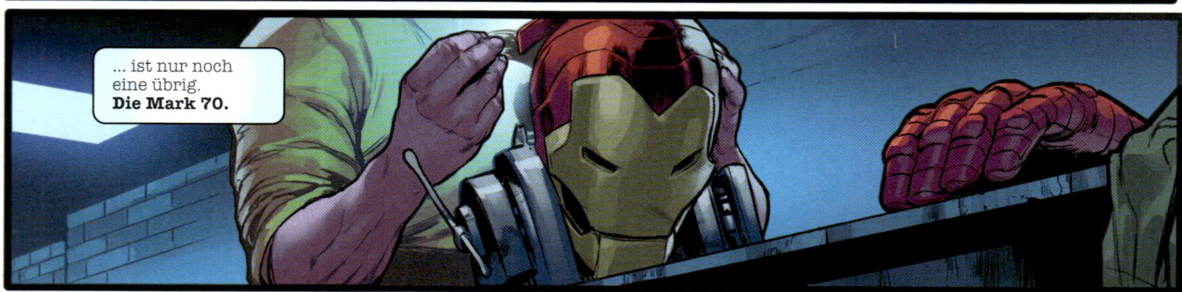
... ist nur noch eine übrig. **Die Mark 70.**

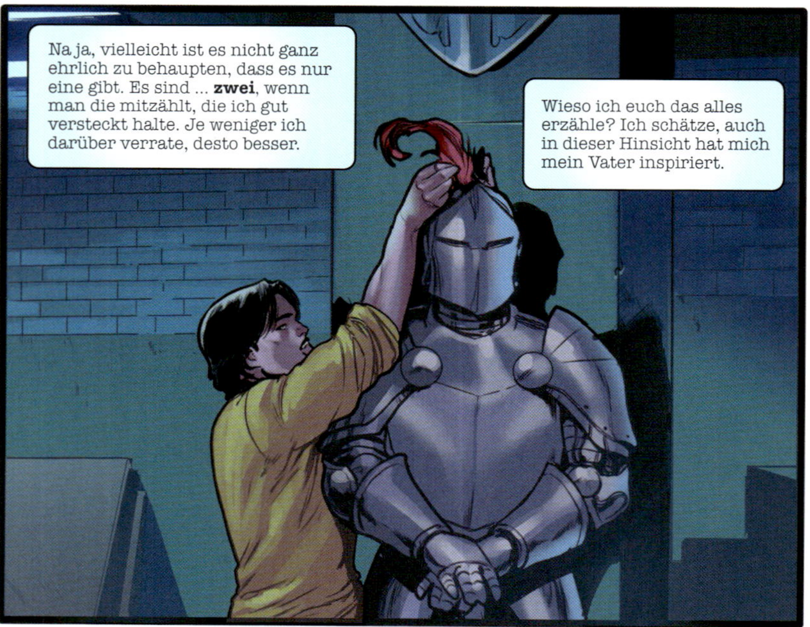
Na ja, vielleicht ist es nicht ganz ehrlich zu behaupten, dass es nur eine gibt. Es sind ... **zwei**, wenn man die mitzählt, die ich gut versteckt halte. Je weniger ich darüber verrate, desto besser.
Wieso ich euch das alles erzähle? Ich schätze, auch in dieser Hinsicht hat mich mein Vater inspiriert.

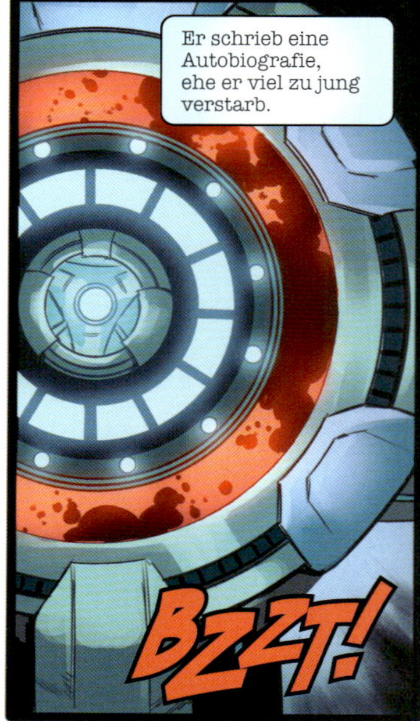
Er schrieb eine Autobiografie, ehe er viel zu jung verstarb.
BZZT!

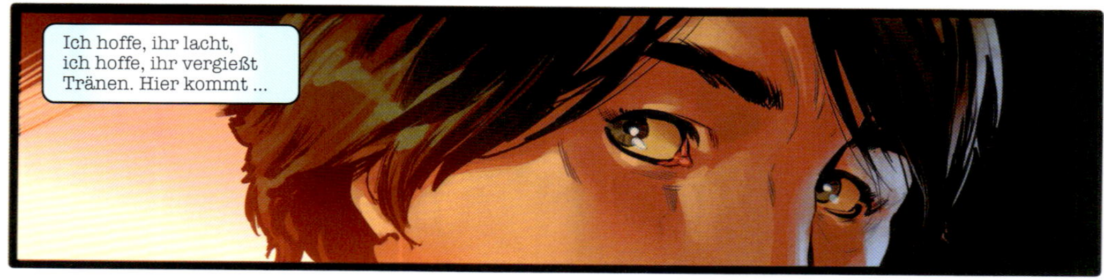
Ich hoffe, ihr lacht, ich hoffe, ihr vergießt Tränen. Hier kommt ...

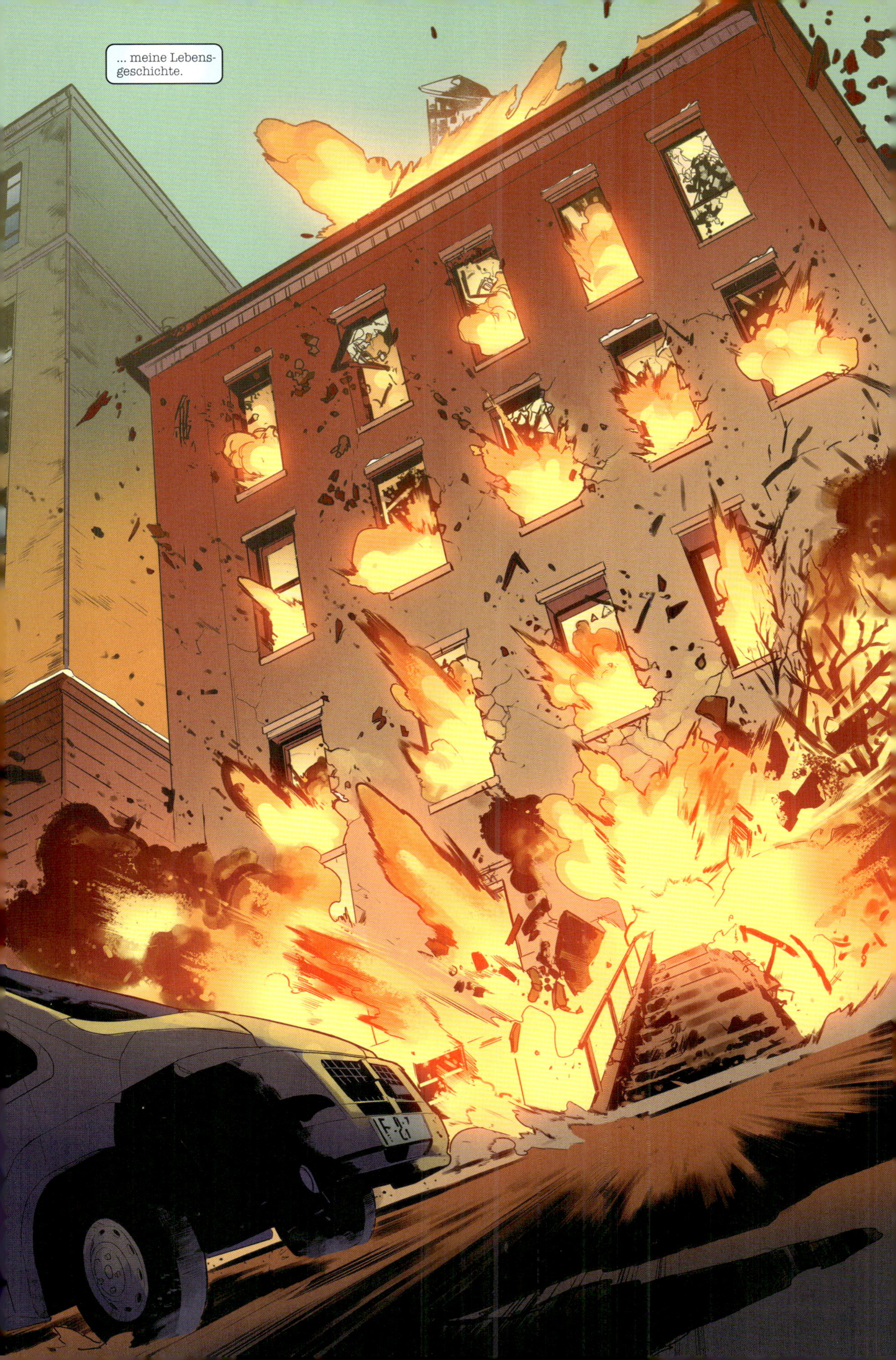
... meine Lebens-
geschichte.

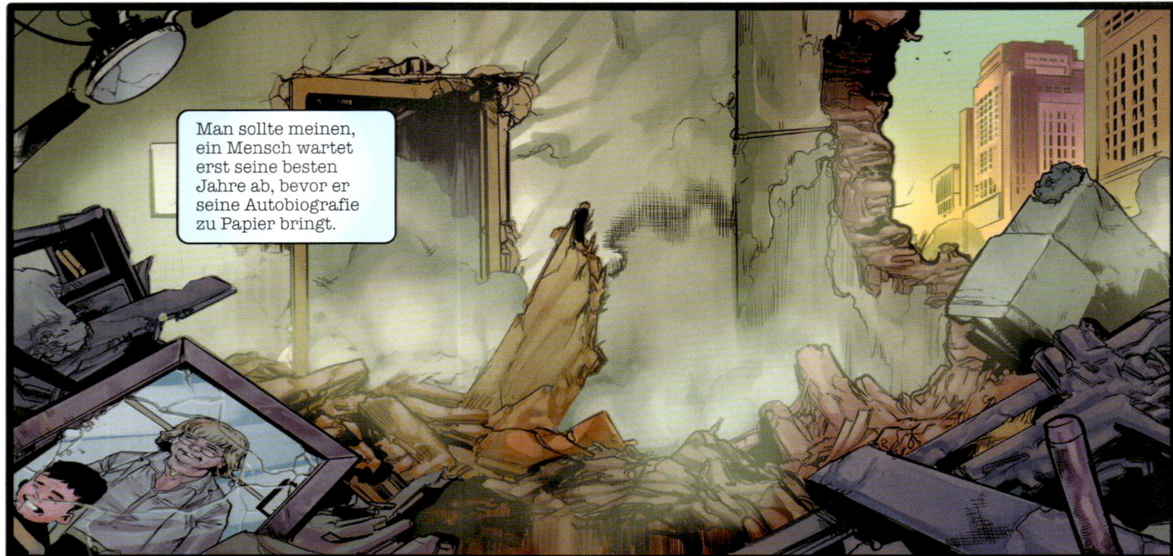
Man sollte meinen,
ein Mensch wartet
erst seine besten
Jahre ab, bevor er
seine Autobiografie
zu Papier bringt.

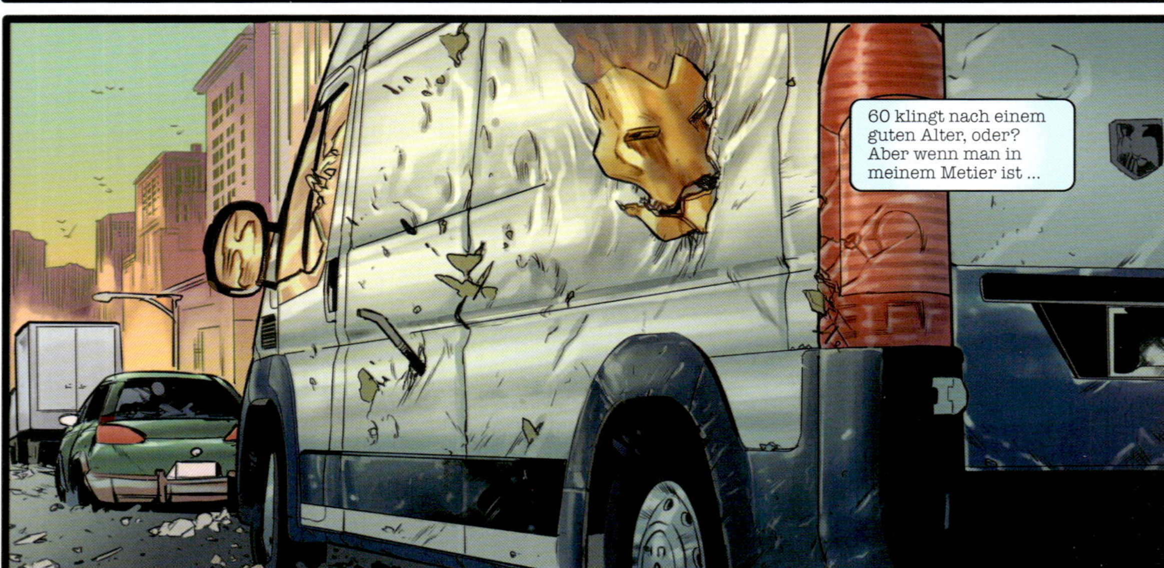
60 klingt nach einem
guten Alter, oder?
Aber wenn man in
meinem Metier ist ...

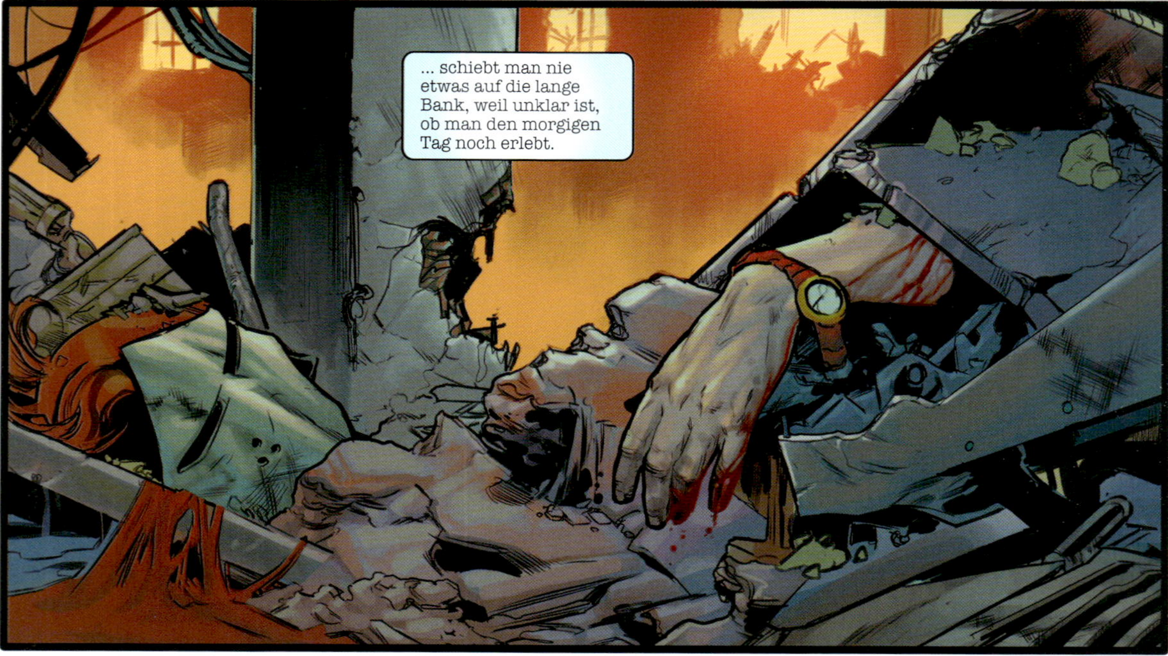
... schiebt man nie
etwas auf die lange
Bank, weil unklar ist,
ob man den morgigen
Tag noch erlebt.

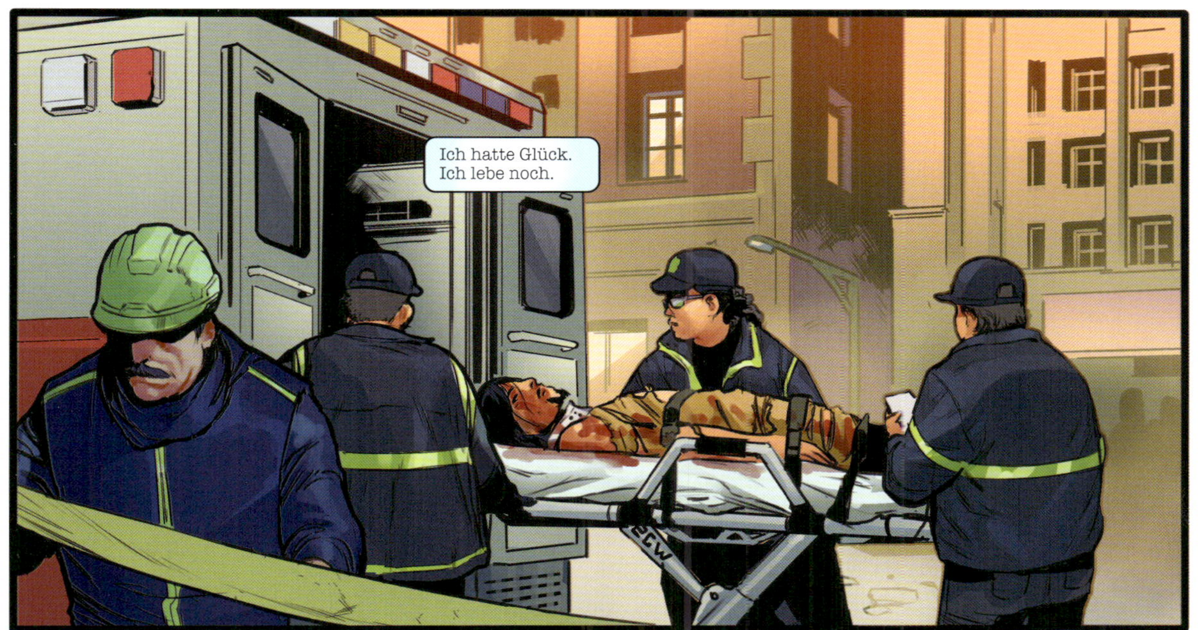

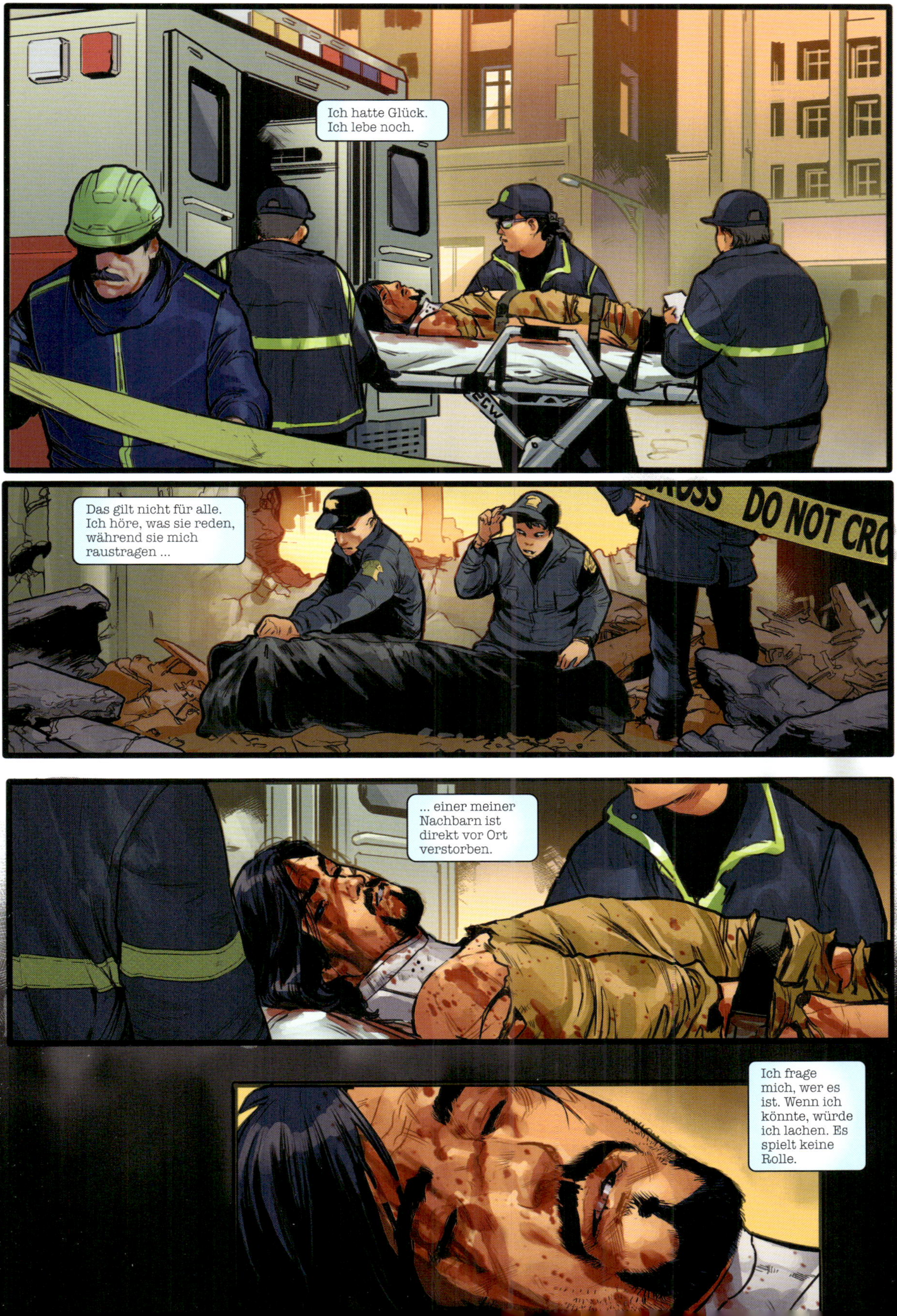

Ich hatte Glück.
Ich lebe noch.

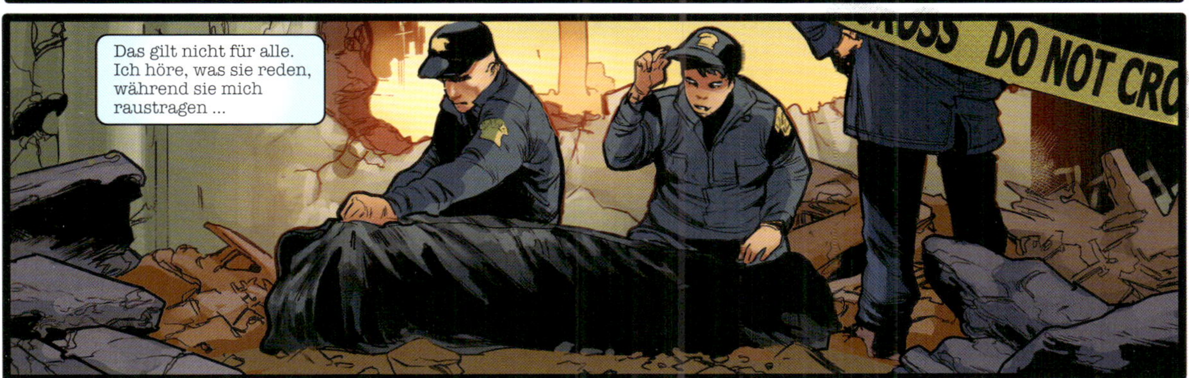

Das gilt nicht für alle. Ich höre, was sie reden, während sie mich raustragen ...
DO NOT CRO

... einer meiner Nachbarn ist direkt vor Ort verstorben.
Ich frage mich, wer es ist. Wenn ich könnte, würde ich lachen. Es spielt keine Rolle.

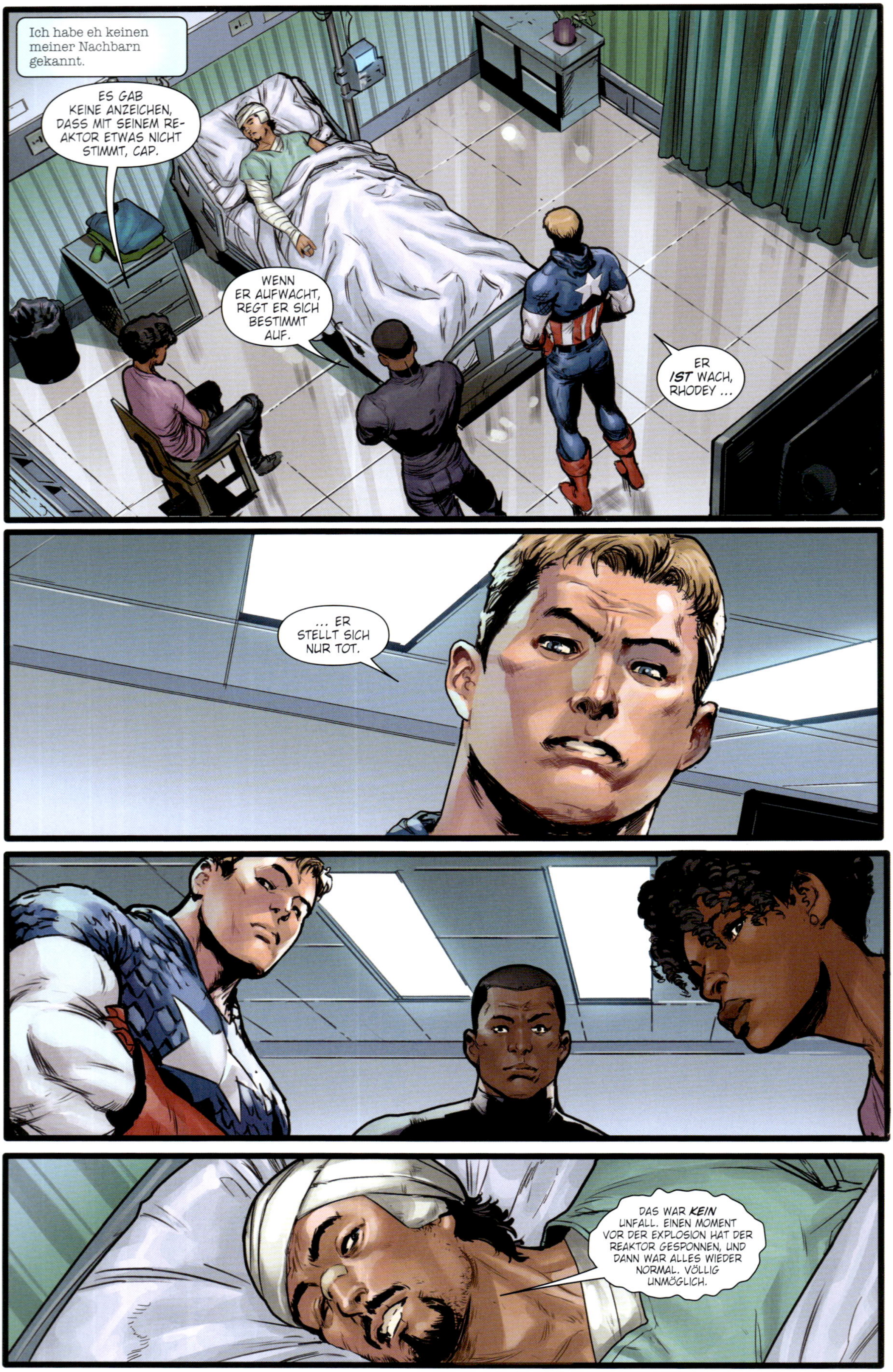

Ich habe eh keinen meiner Nachbarn gekannt.

ES GAB KEINE ANZEICHEN, DASS MIT SEINEM REAKTOR ETWAS NICHT STIMMT, CAP.

WENN ER AUFWACHT, REGT ER SICH BESTIMMT AUF.

ER *IST* WACH, RHODEY ...

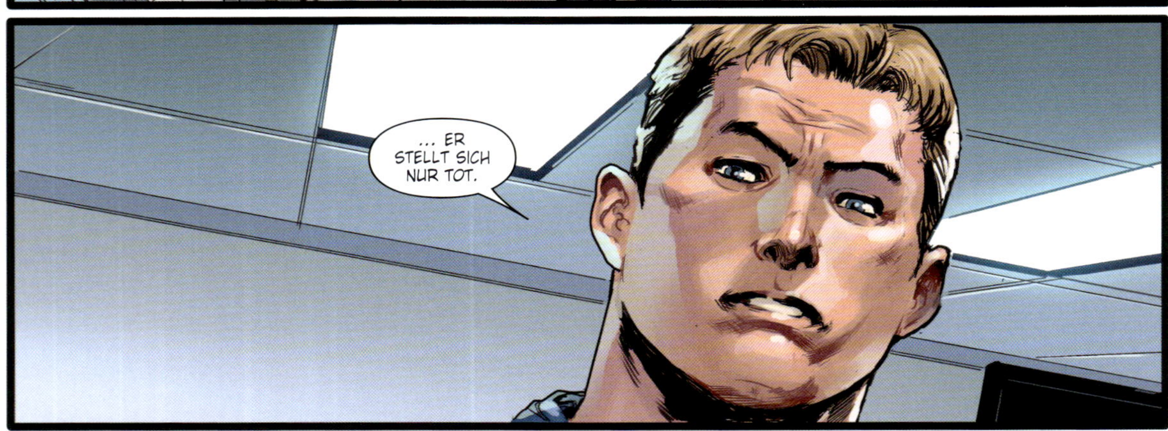

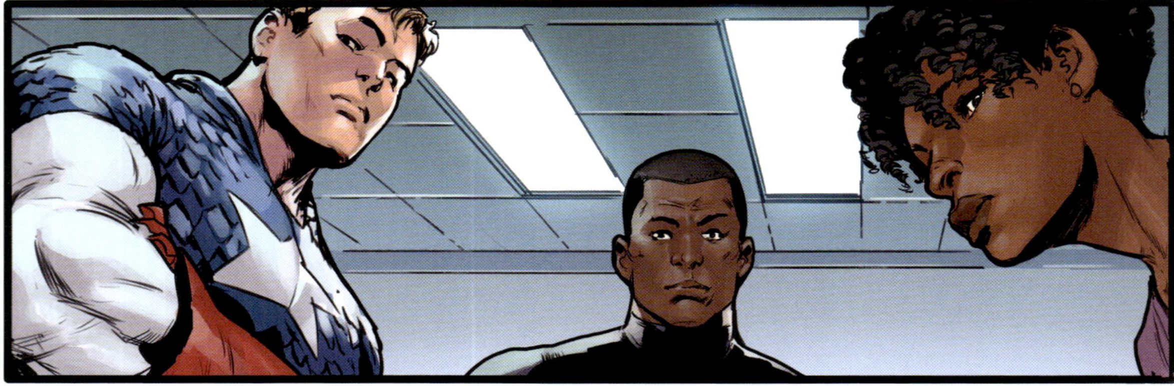

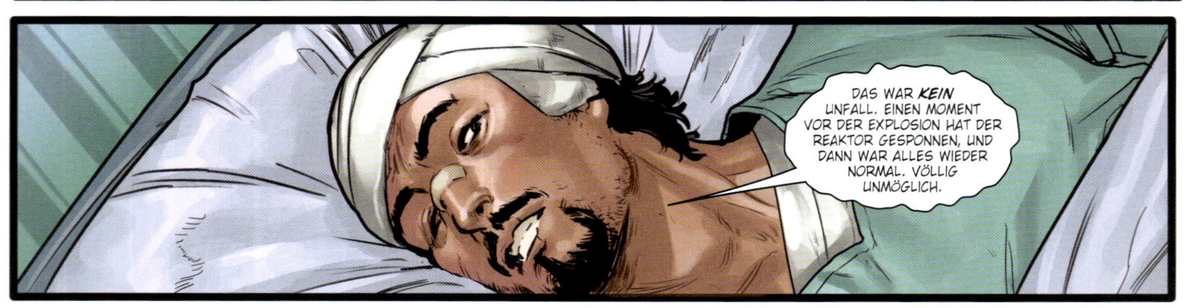

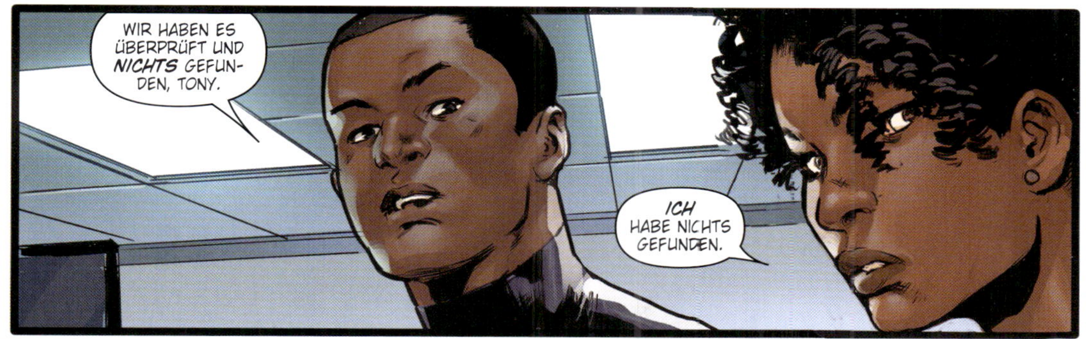
WIR HABEN ES ÜBERPRÜFT UND *NICHTS* GEFUNDEN, TONY.
ICH HABE NICHTS GEFUNDEN.

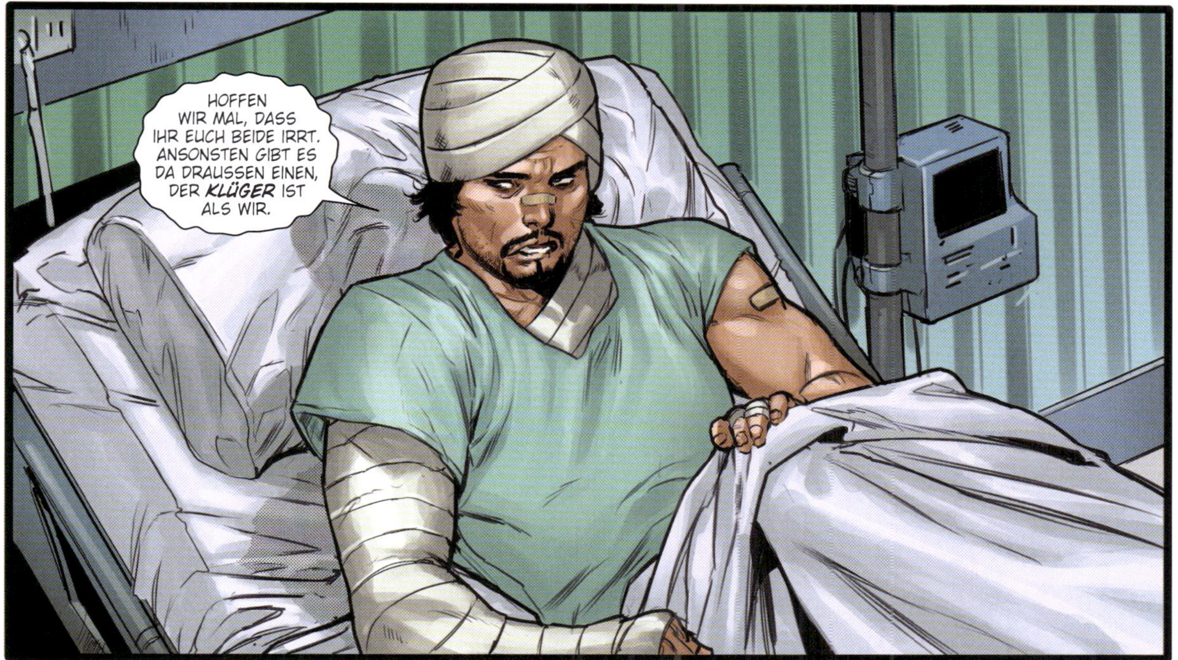
HOFFEN WIR MAL, DASS IHR EUCH BEIDE IRRT. ANSONSTEN GIBT ES DA DRAUSSEN EINEN, DER *KLÜGER* IST ALS WIR.

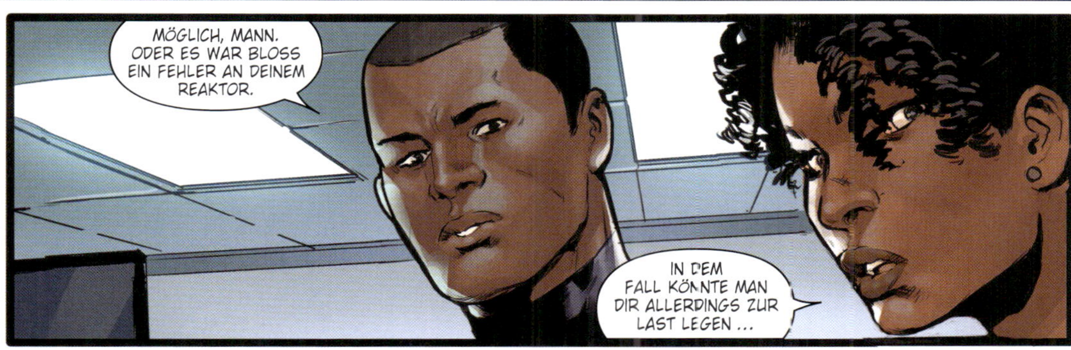
MÖGLICH, MANN. ODER ES WAR BLOSS EIN FEHLER AN DEINEM REAKTOR.
IN DEM FALL KÖNNTE MAN DIR ALLERDINGS ZUR LAST LEGEN …

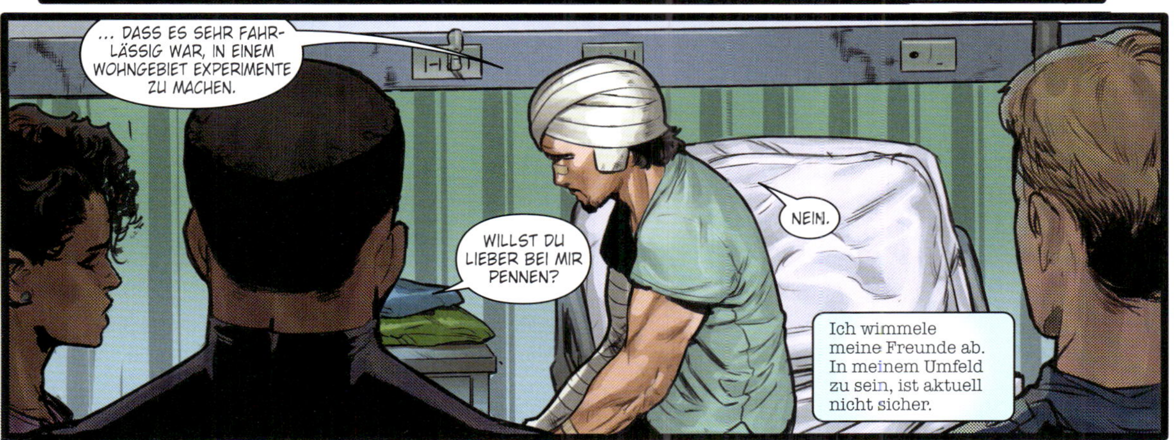
… DASS ES SEHR FAHRLÄSSIG WAR, IN EINEM WOHNGEBIET EXPERIMENTE ZU MACHEN.
WILLST DU LIEBER BEI MIR PENNEN?
NEIN.
Ich wimmele meine Freunde ab. In meinem Umfeld zu sein, ist aktuell nicht sicher.

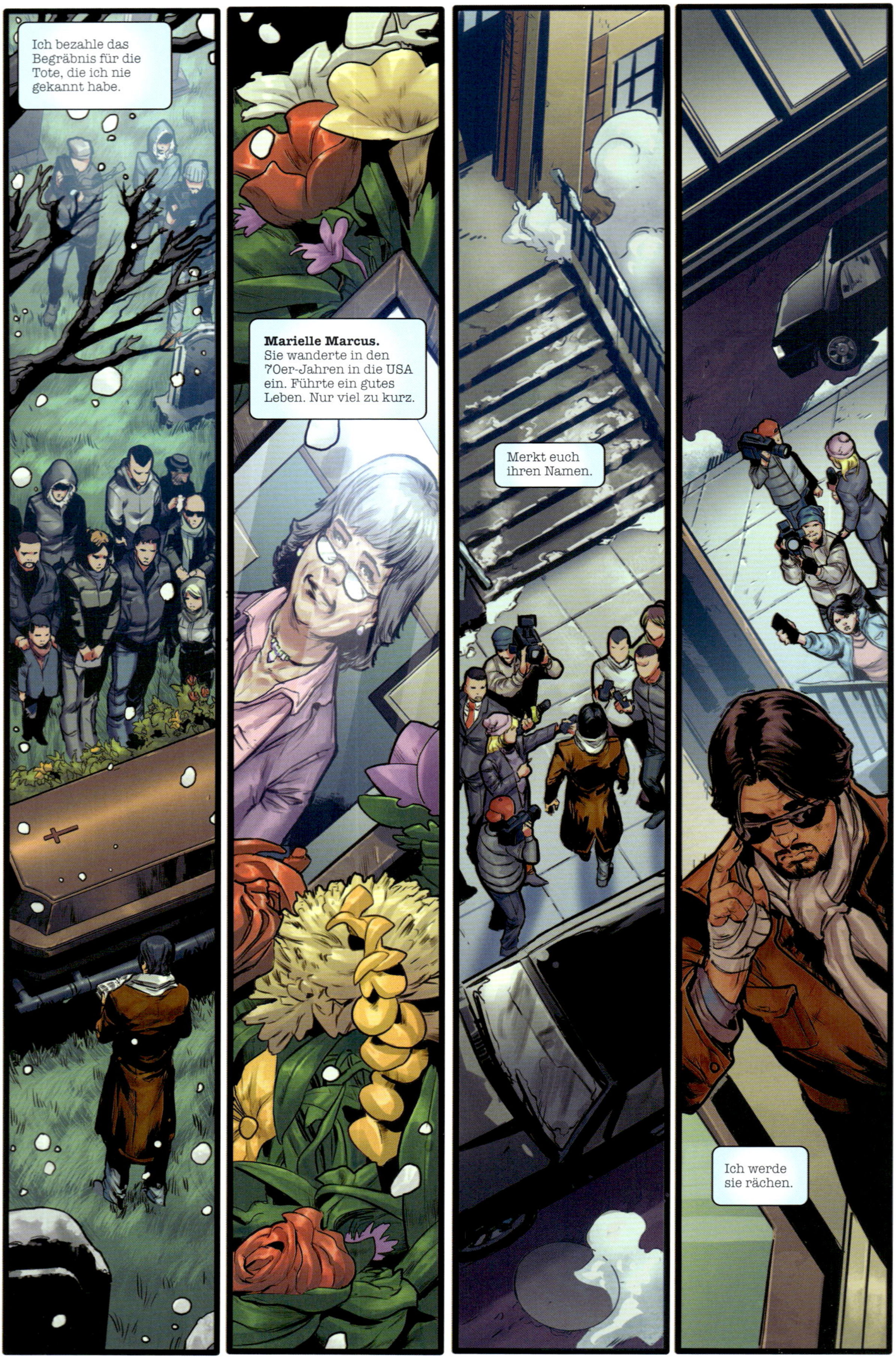

Ich bezahle das Begräbnis für die Tote, die ich nie gekannt habe.

Marielle Marcus. Sie wanderte in den 70er-Jahren in die USA ein. Führte ein gutes Leben. Nur viel zu kurz.

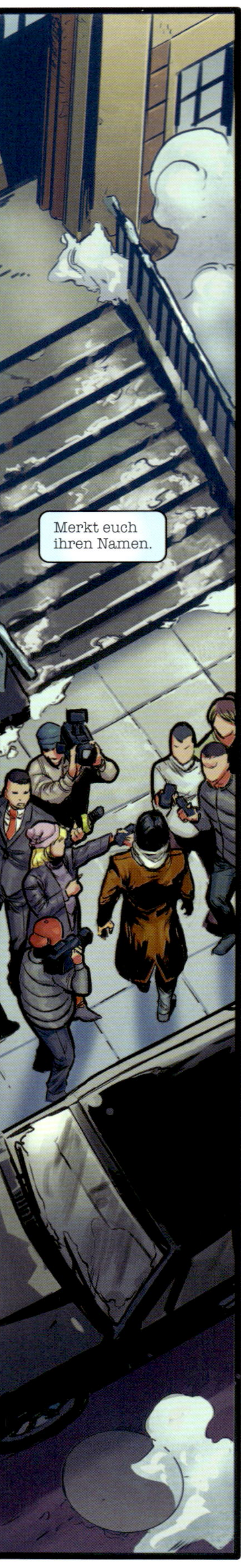

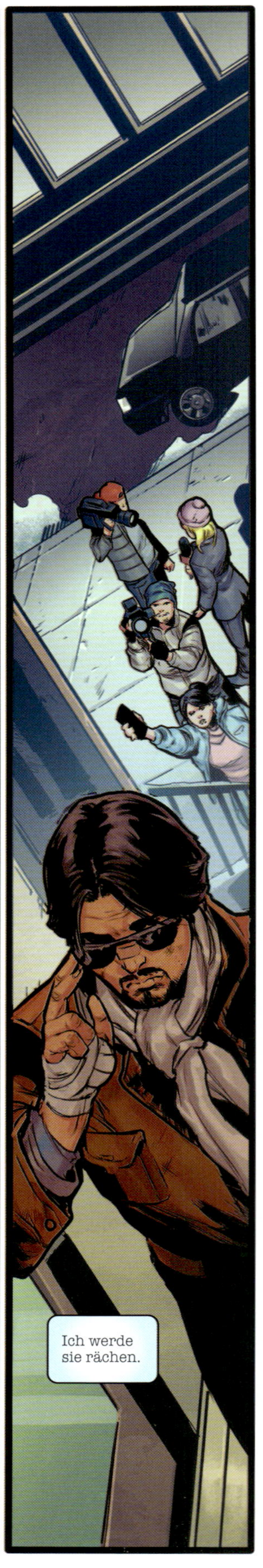

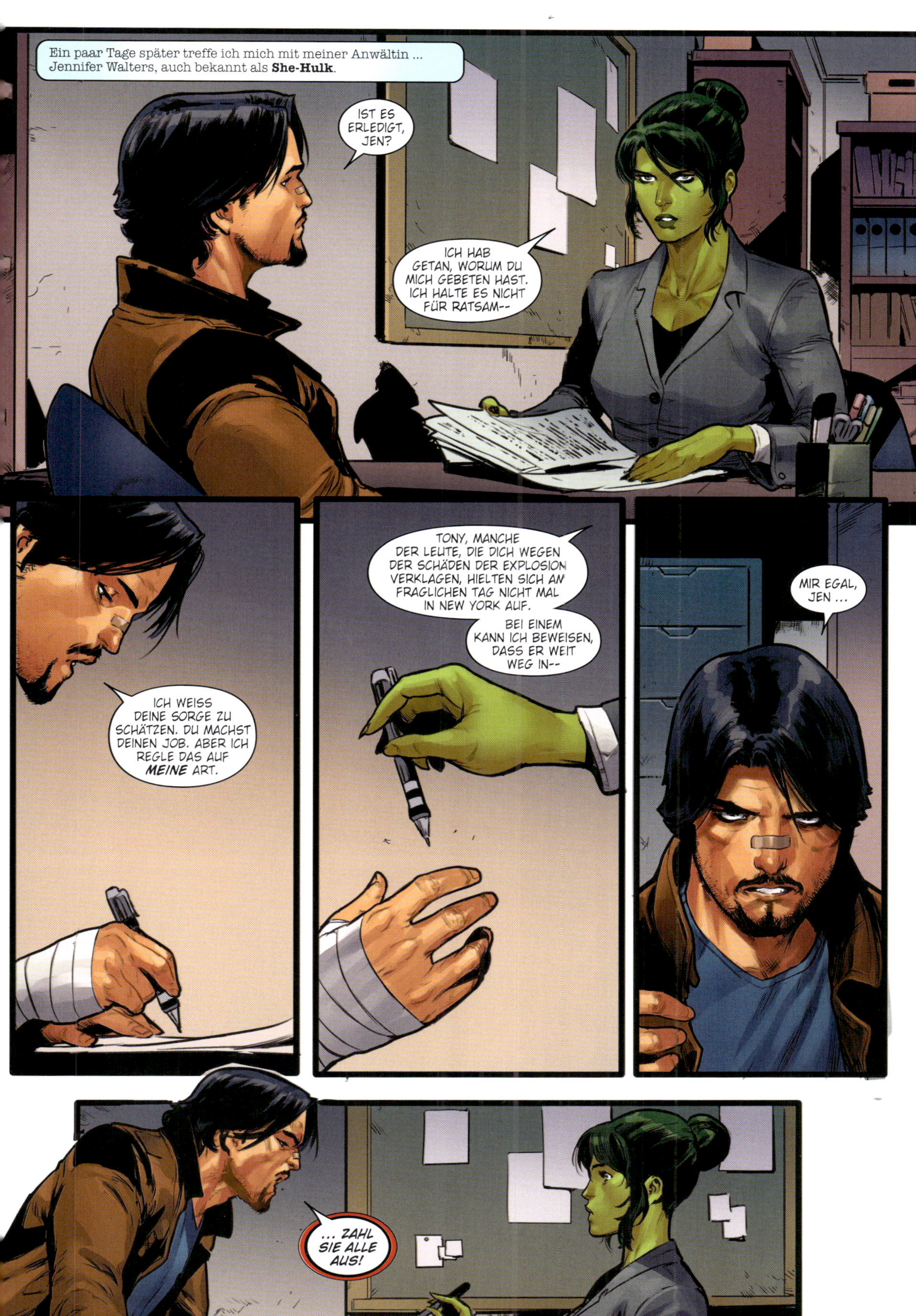
Ein paar Tage später treffe ich mich mit meiner Anwältin ...
Jennifer Walters, auch bekannt als **She-Hulk**.
IST ES ERLEDIGT, JEN?
ICH HAB GETAN, WORUM DU MICH GEBETEN HAST. ICH HALTE ES NICHT FÜR RATSAM--
ICH WEISS DEINE SORGE ZU SCHÄTZEN. DU MACHST DEINEN JOB. ABER ICH REGLE DAS AUF *MEINE* ART.
TONY, MANCHE DER LEUTE, DIE DICH WEGEN DER SCHÄDEN DER EXPLOSION VERKLAGEN, HIELTEN SICH AM FRAGLICHEN TAG NICHT MAL IN NEW YORK AUF.
BEI EINEM KANN ICH BEWEISEN, DASS ER WEIT WEG IN--
MIR EGAL, JEN ...
... ZAHL SIE ALLE AUS!

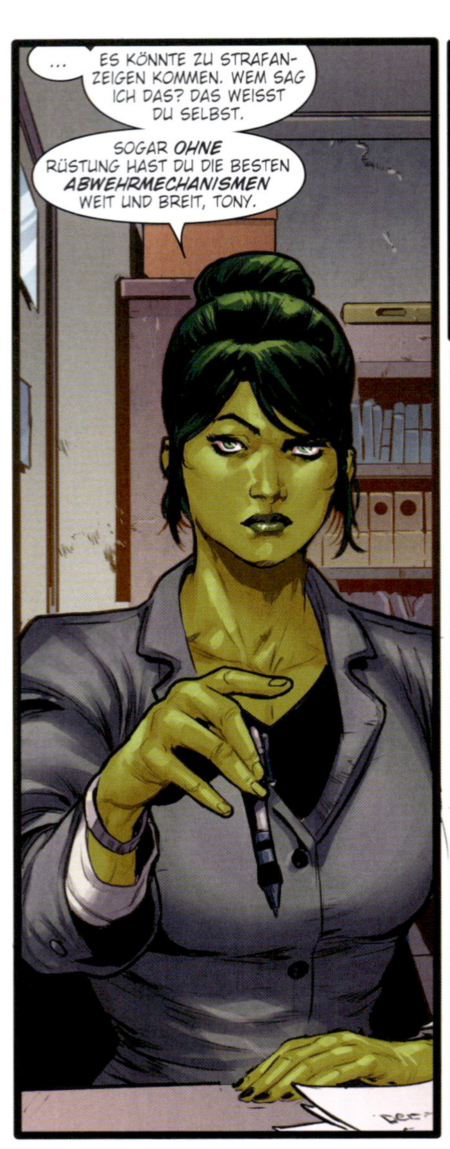
…
ES KÖNNTE ZU STRAFAN-ZEIGEN KOMMEN. WEM SAG ICH DAS? DAS WEISST DU SELBST.
SOGAR *OHNE* RÜSTUNG HAST DU DIE BESTEN ***ABWEHRMECHANISMEN*** WEIT UND BREIT, TONY.

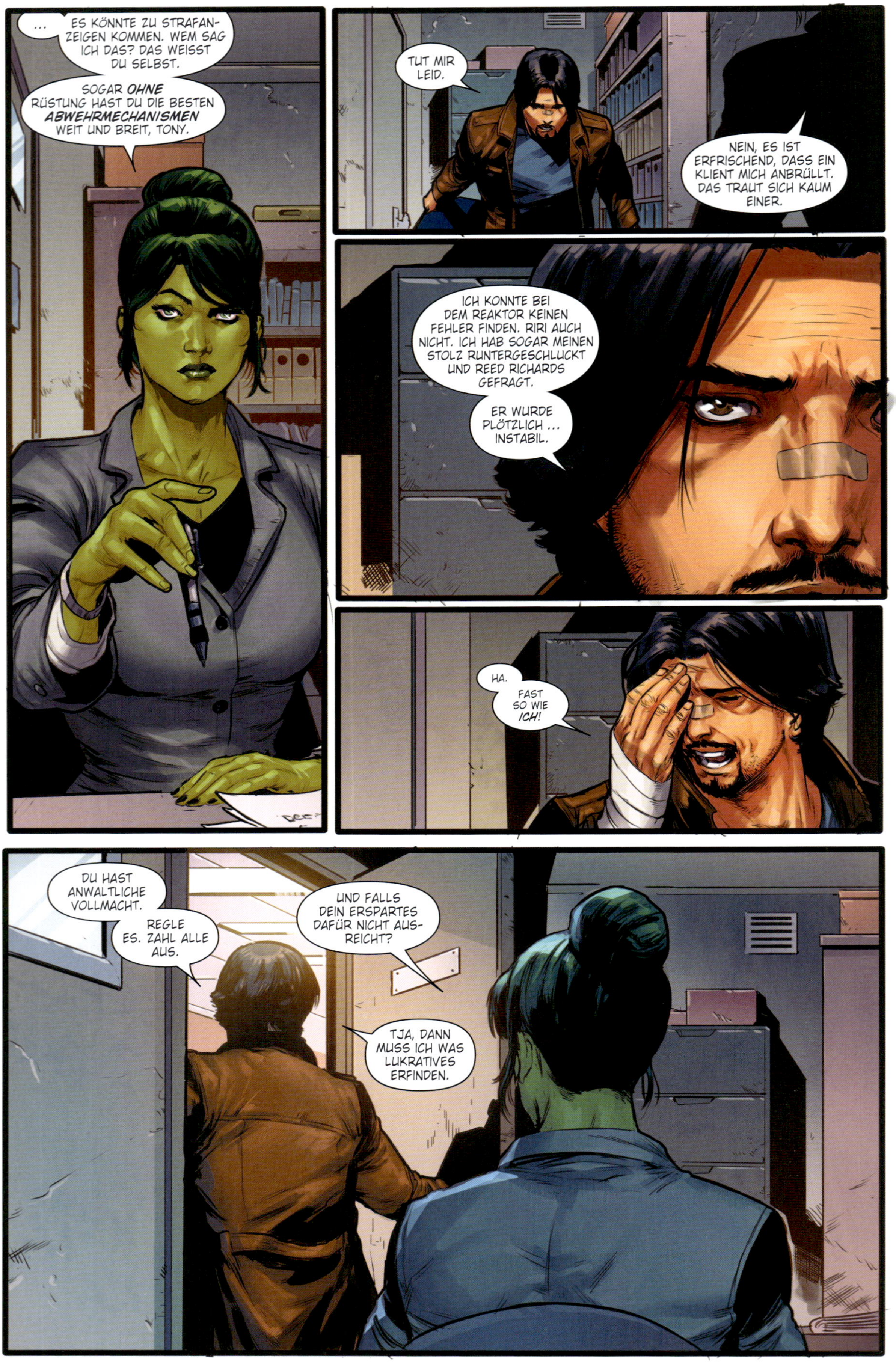

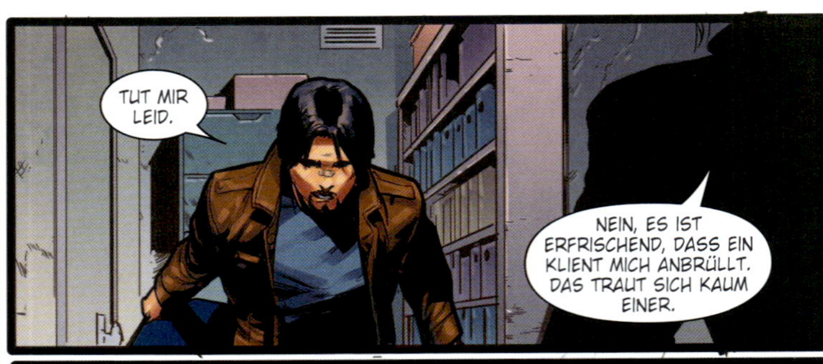
TUT MIR LEID.
NEIN, ES IST ERFRISCHEND, DASS EIN KLIENT MICH ANBRÜLLT. DAS TRAUT SICH KAUM EINER.

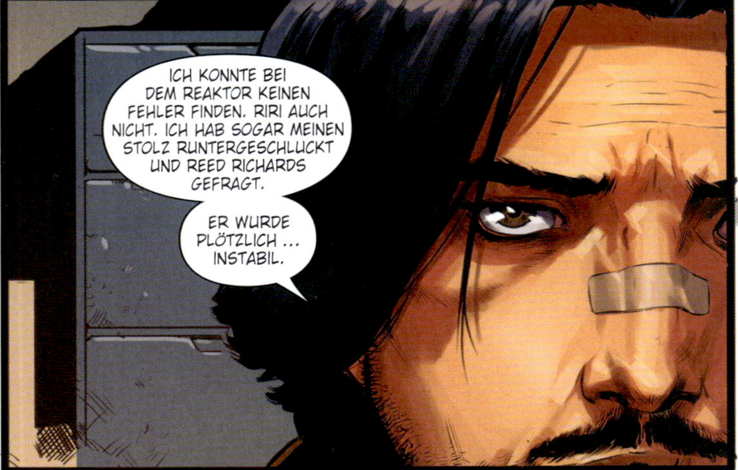
ICH KONNTE BEI DEM REAKTOR KEINEN FEHLER FINDEN. RIRI AUCH NICHT. ICH HAB SOGAR MEINEN STOLZ RUNTERGESCHLUCKT UND REED RICHARDS GEFRAGT.
ER WURDE PLÖTZLICH … INSTABIL.

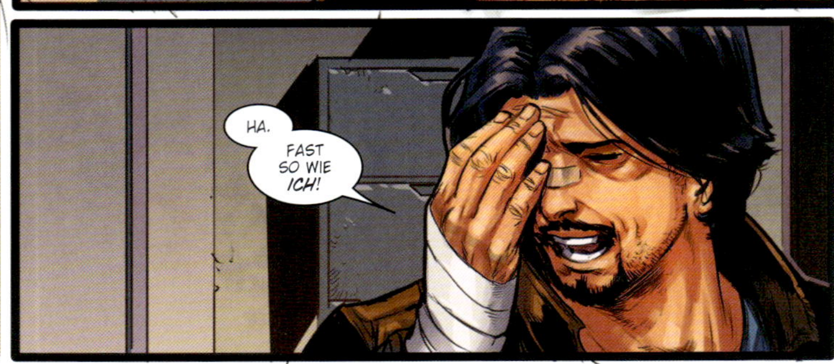
HA.
FAST SO WIE *ICH!*

DU HAST ANWALTLICHE VOLLMACHT.
REGLE ES. ZAHL ALLE AUS.
UND FALLS DEIN ERSPARTES DAFÜR NICHT AUS-REICHT?
TJA, DANN MUSS ICH WAS LUKRATIVES ERFINDEN.

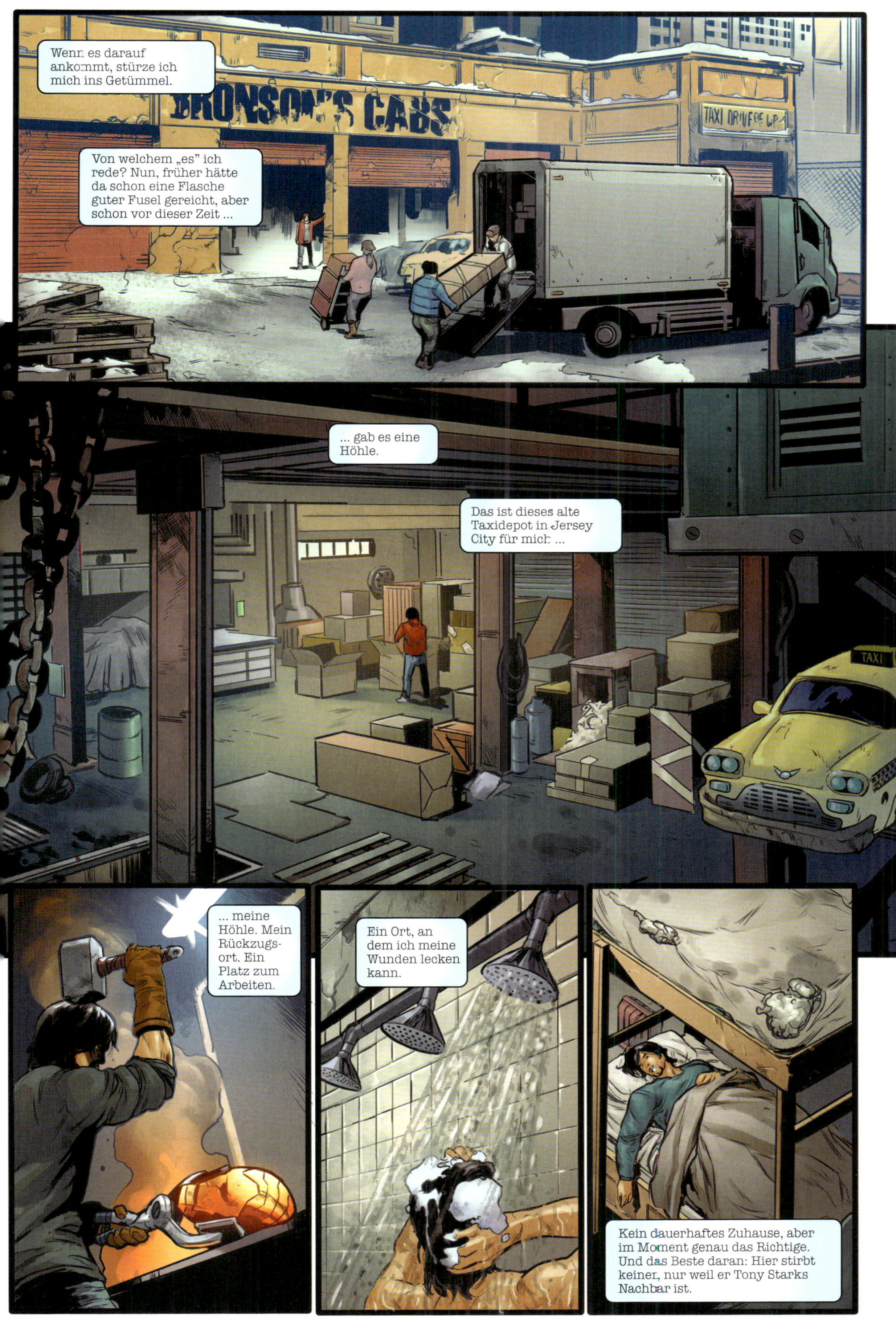
Wenn es darauf ankommt, stürze ich mich ins Getümmel.
BRONSON'S CABS
TAXI DRIVERS UP
Von welchem „es" ich rede? Nun, früher hätte da schon eine Flasche guter Fusel gereicht, aber schon vor dieser Zeit …
… gab es eine Höhle.
Das ist dieses alte Taxidepot in Jersey City für mich …
TAXI
… meine Höhle. Mein Rückzugs-ort. Ein Platz zum Arbeiten.
Ein Ort, an dem ich meine Wunden lecken kann.
Kein dauerhaftes Zuhause, aber im Moment genau das Richtige. Und das Beste daran: Hier stirbt keiner, nur weil er Tony Starks Nachbar ist.

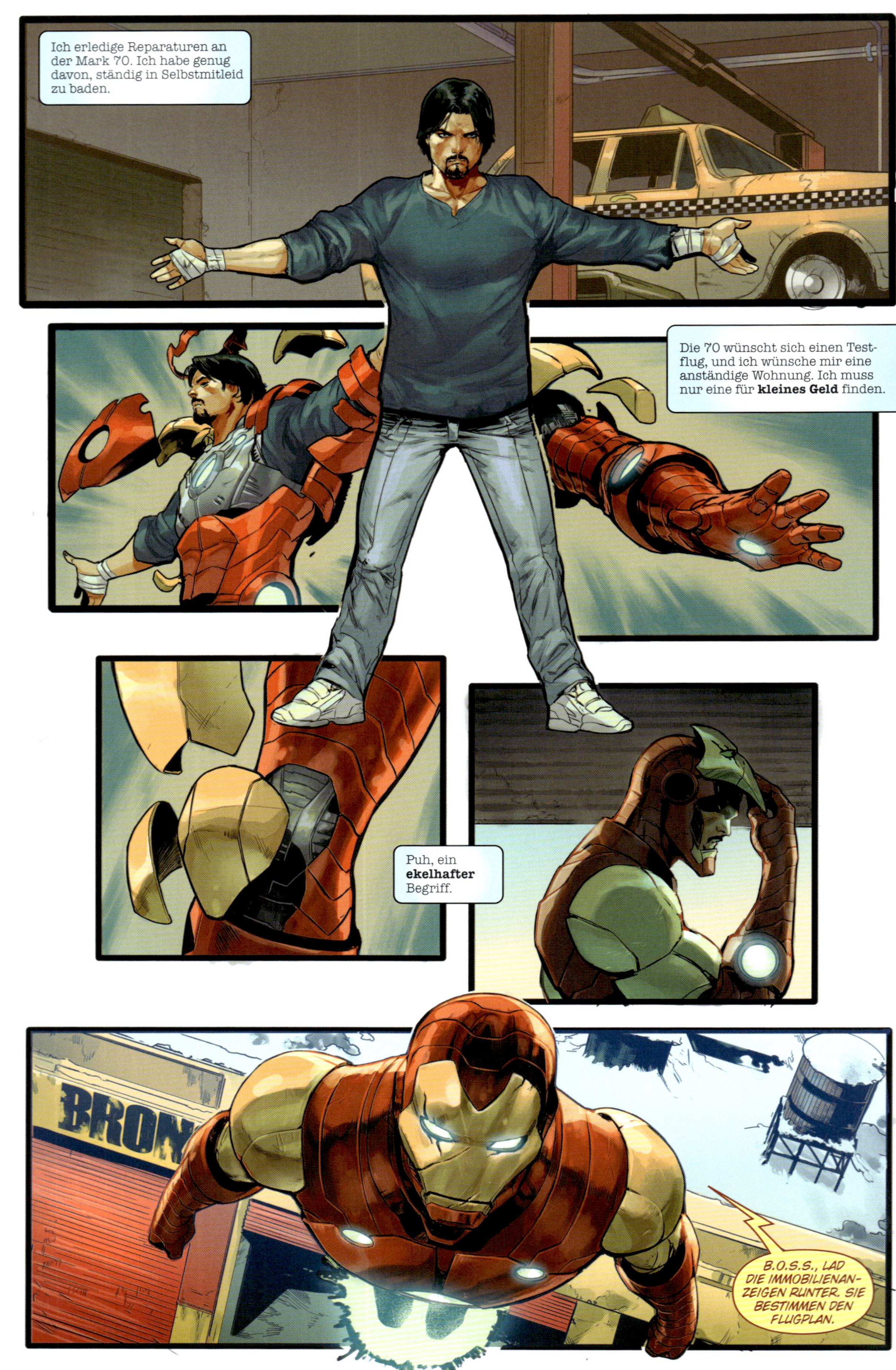
Ich erledige Reparaturen an der Mark 70. Ich habe genug davon, ständig in Selbstmitleid zu baden.
Die 70 wünscht sich einen Testflug, und ich wünsche mir eine anständige Wohnung. Ich muss nur eine für **kleines Geld** finden.
Puh, ein **ekelhafter** Begriff.
BRON
B.O.S.S., LAD DIE IMMOBILIENANZEIGEN RUNTER. SIE BESTIMMEN DEN FLUGPLAN.

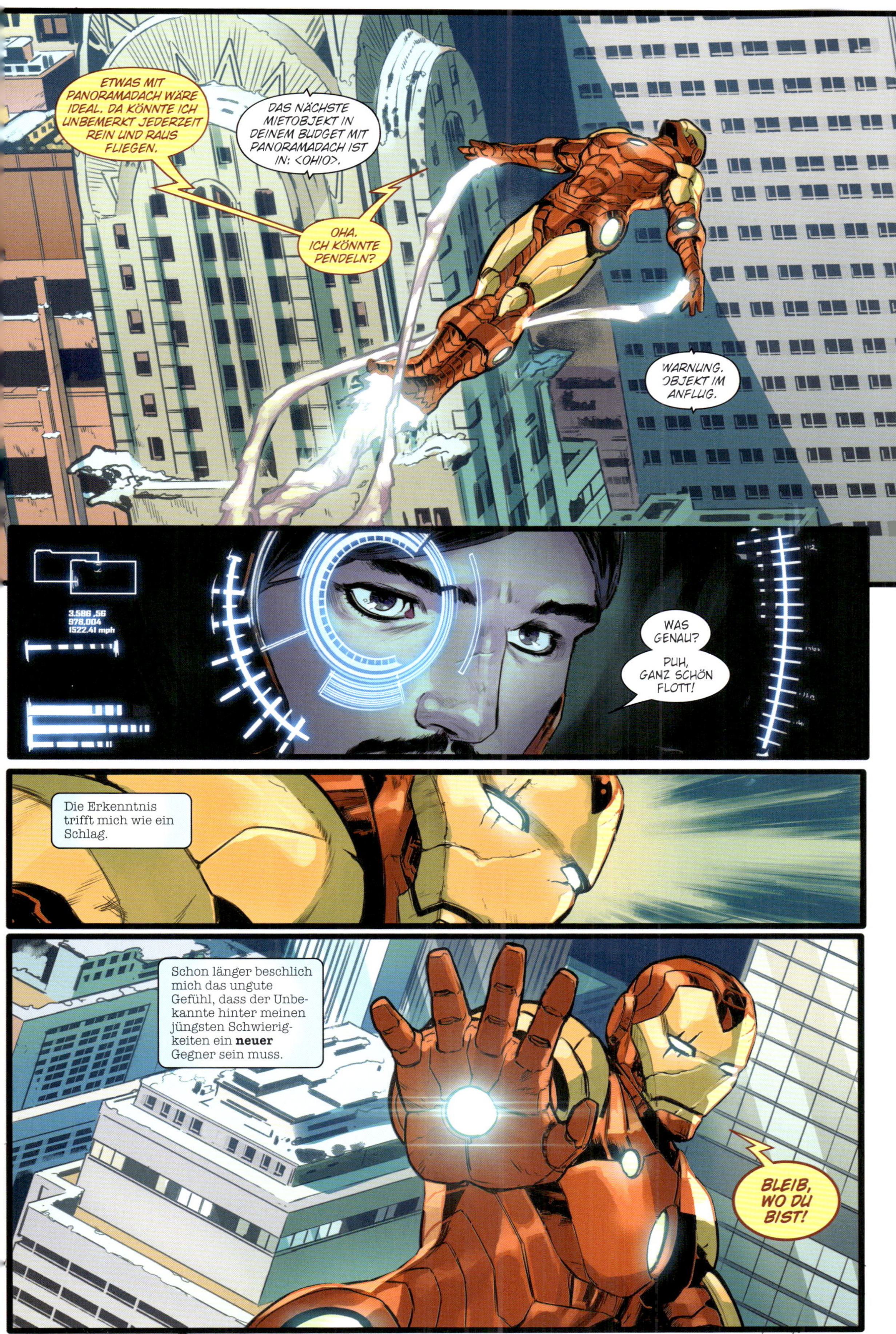

ETWAS MIT PANORAMADACH WÄRE IDEAL. DA KÖNNTE ICH UNBEMERKT JEDERZEIT REIN UND RAUS FLIEGEN.
DAS NÄCHSTE MIETOBJEKT IN DEINEM BUDGET MIT PANORAMADACH IST IN: <OHIO>.
OHA. ICH KÖNNTE PENDELN?
WARNUNG. OBJEKT IM ANFLUG.
WAS GENAU?
PUH, GANZ SCHÖN FLOTT!
Die Erkenntnis trifft mich wie ein Schlag.
Schon länger beschlich mich das ungute Gefühl, dass der Unbekannte hinter meinen jüngsten Schwierigkeiten ein **neuer** Gegner sein muss.
BLEIB, WO DU BIST!

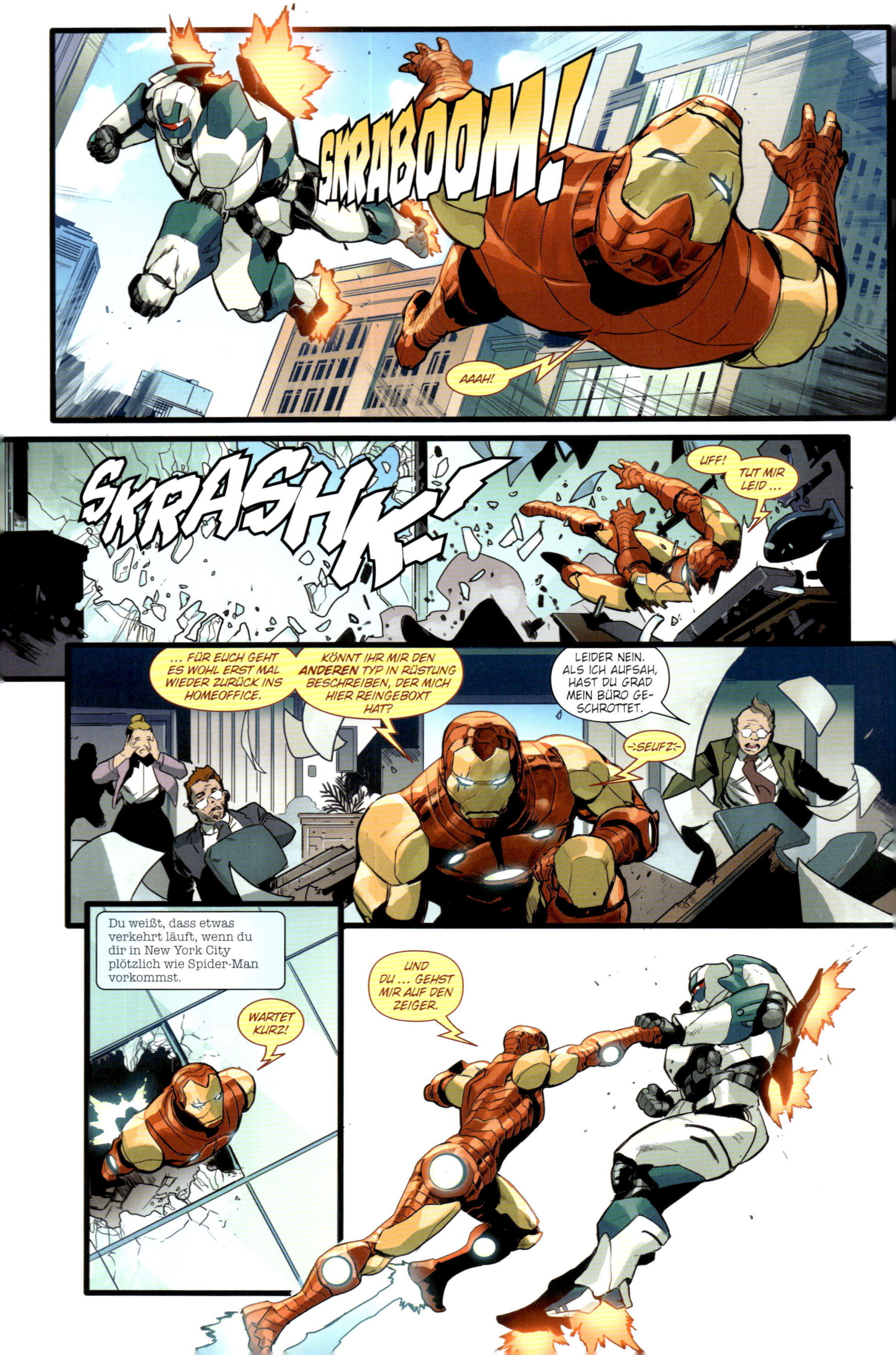

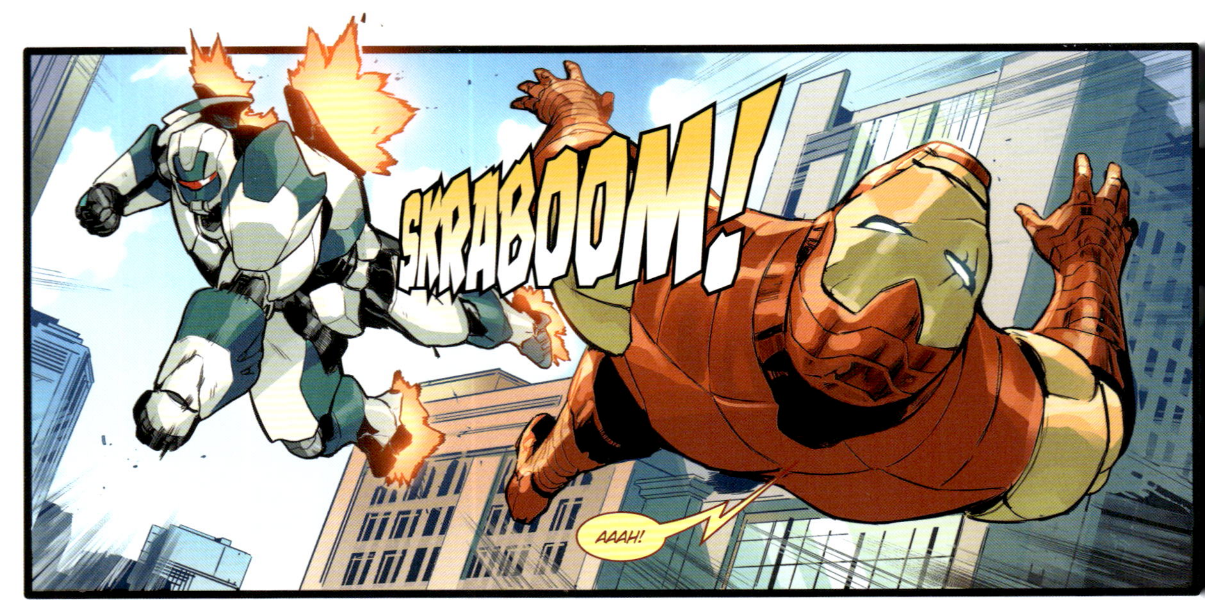
SKRABOOM!
AAAH!

SKRASHK!
UFF!
TUT MIR LEID ...
... FÜR EUCH GEHT ES WOHL ERST MAL WIEDER ZURÜCK INS HOMEOFFICE.
KÖNNT IHR MIR DEN **ANDEREN** TYP IN RÜSTUNG BESCHREIBEN, DER MICH HIER REINGEBOXT HAT?
LEIDER NEIN. ALS ICH AUFSAH, HAST DU GRAD MEIN BÜRO GESCHROTTET.
-SEUFZ-
Du weißt, dass etwas verkehrt läuft, wenn du dir in New York City plötzlich wie Spider-Man vorkommst.
WARTET KURZ!
UND DU ... GEHST MIR AUF DEN ZEIGER.

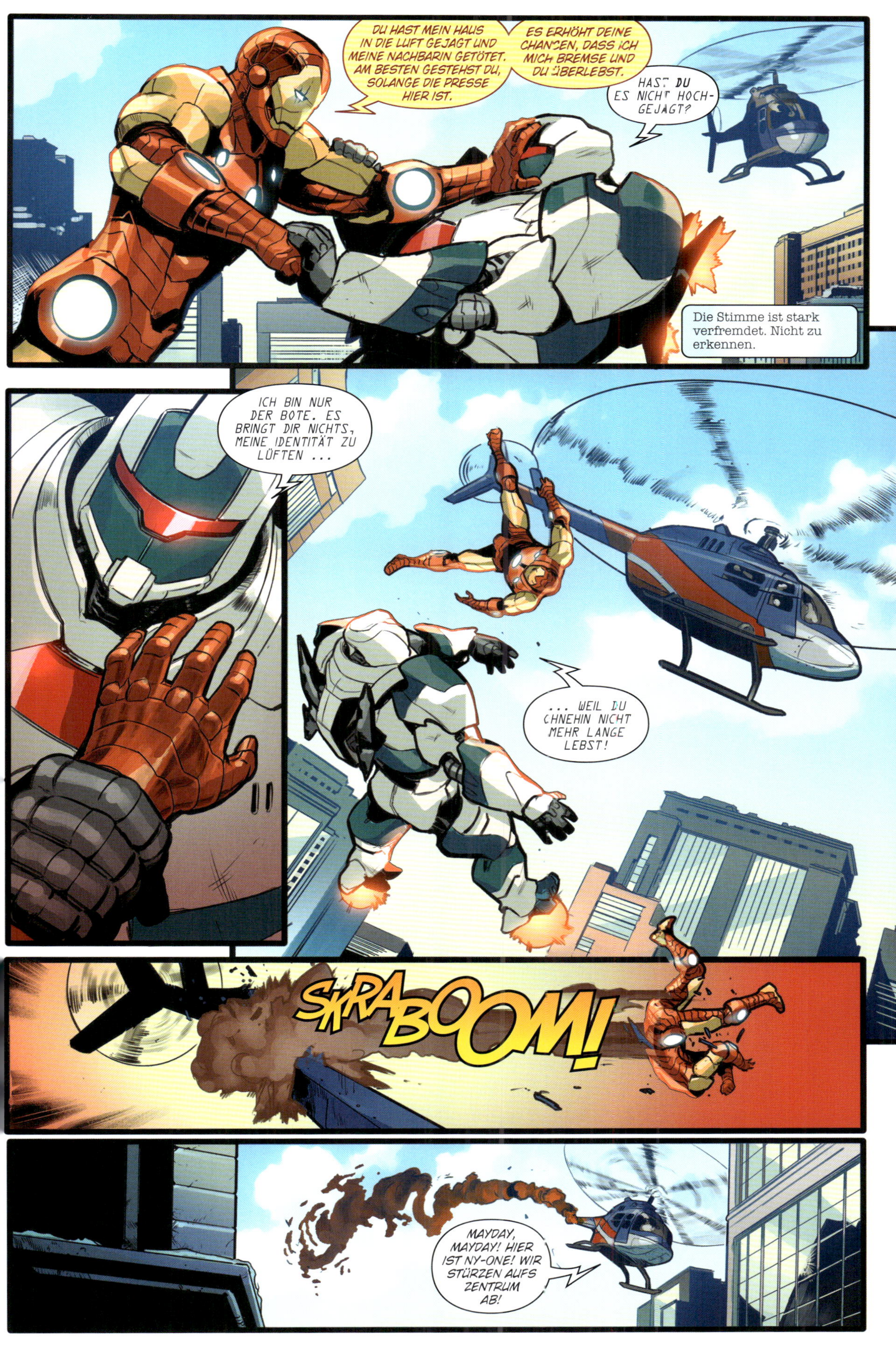
DU HAST MEIN HAUS IN DIE LUFT GEJAGT UND MEINE NACHBARIN GETÖTET. AM BESTEN GESTEHST DU, SOLANGE DIE PRESSE HIER IST.
ES ERHÖHT DEINE CHANCEN, DASS ICH MICH BREMSE UND DU ÜBERLEBST.
HAST DU ES NICHT HOCHGEJAGT?
Die Stimme ist stark verfremdet. Nicht zu erkennen.
ICH BIN NUR DER BOTE. ES BRINGT DIR NICHTS, MEINE IDENTITÄT ZU LÜFTEN ...
... WEIL DU OHNEHIN NICHT MEHR LANGE LEBST!
SKRABOOOM!
MAYDAY, MAYDAY! HIER IST NY-ONE! WIR STÜRZEN AUFS ZENTRUM AB!

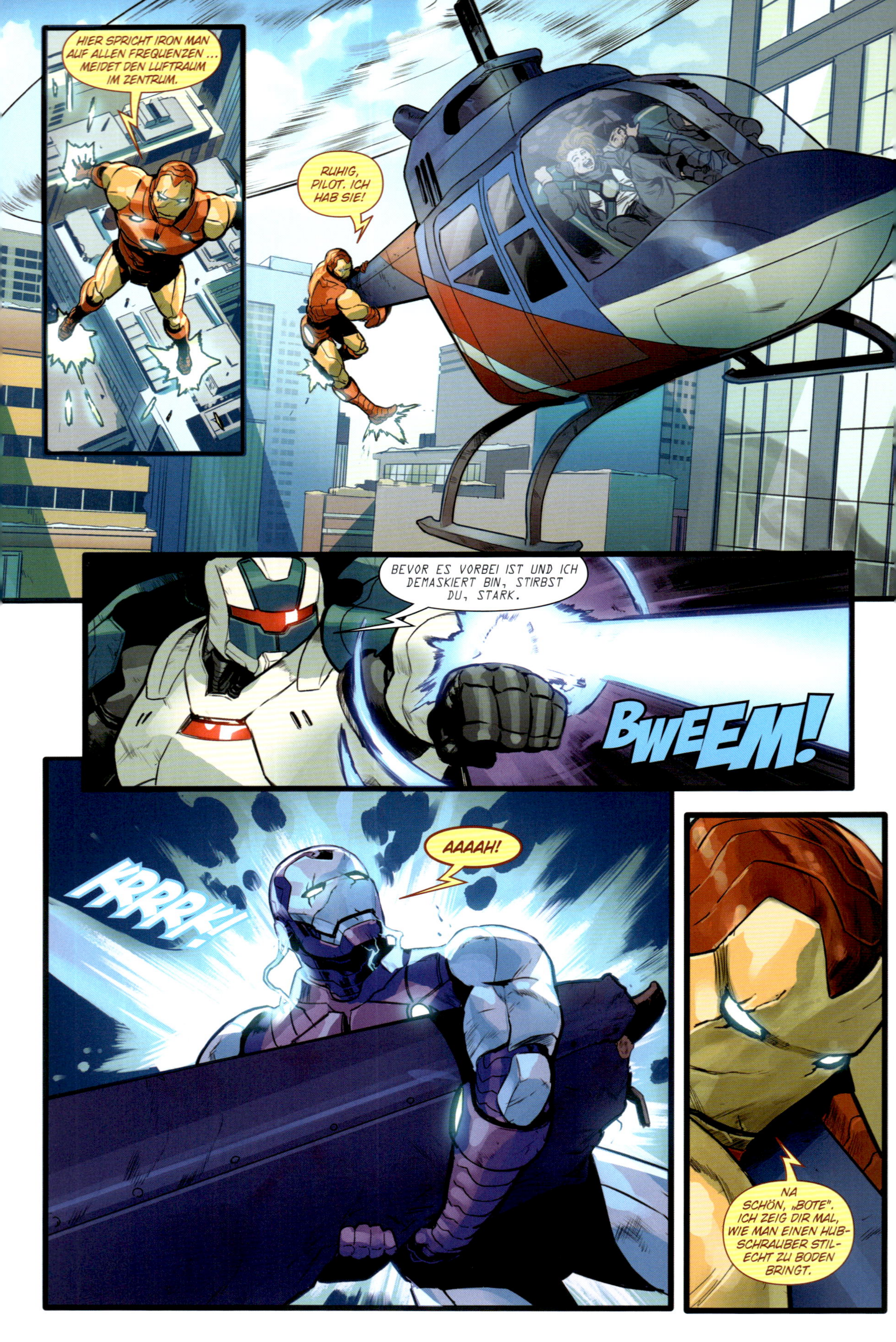
HIER SPRICHT IRON MAN AUF ALLEN FREQUENZEN ... MEIDET DEN LUFTRAUM IM ZENTRUM.
RUHIG, PILOT. ICH HAB SIE!
BEVOR ES VORBEI IST UND ICH DEMASKIERT BIN, STIRBST DU, STARK.
BWEEM!
KRRRK!
AAAAH!
NA SCHÖN, „BOTE". ICH ZEIG DIR MAL, WIE MAN EINEN HUBSCHRAUBER STILECHT ZU BODEN BRINGT.

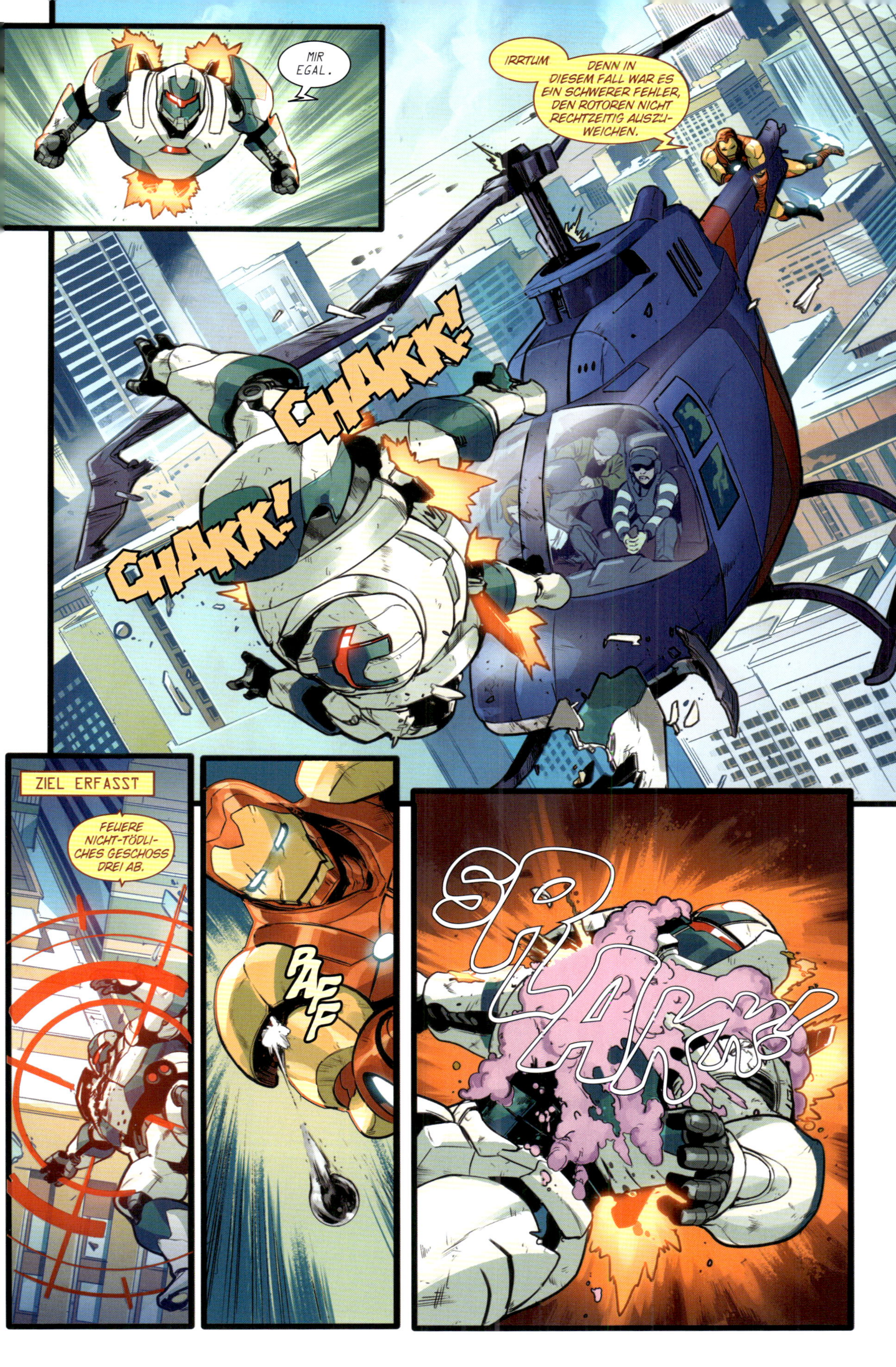
MIR EGAL.
IRRTUM
DENN IN DIESEM FALL WAR ES EIN SCHWERER FEHLER, DEN ROTOREN NICHT RECHTZEITIG AUSZUWEICHEN.
CHAKK!
CHAKK!
ZIEL ERFASST
FEUERE NICHT-TÖDLICHES GESCHOSS DREI AB.
PAFF

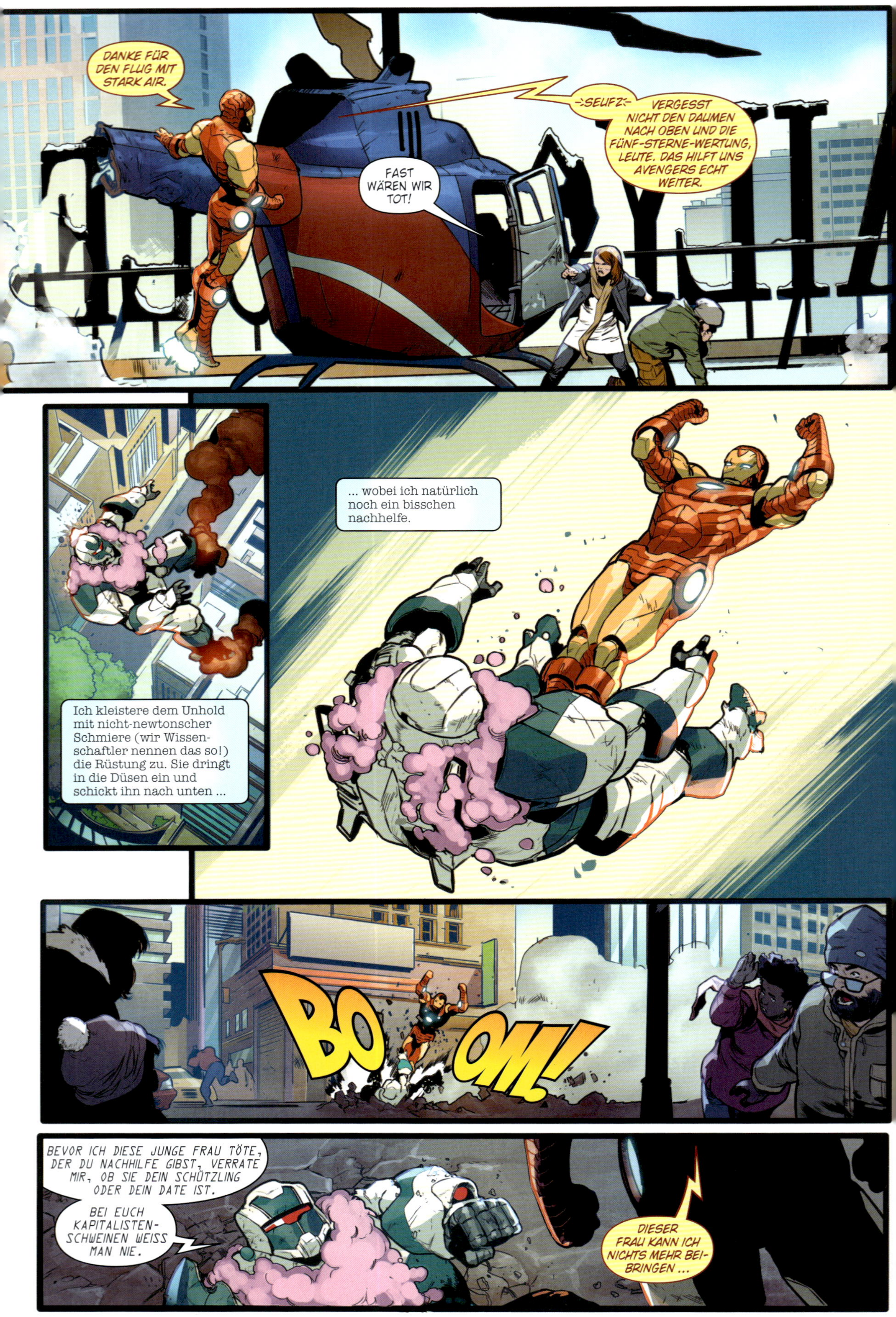
DANKE FÜR DEN FLUG MIT STARK AIR.
FAST WÄREN WIR TOT!
-SEUFZ- VERGESST NICHT DEN DAUMEN NACH OBEN UND DIE FÜNF-STERNE-WERTUNG, LEUTE. DAS HILFT UNS AVENGERS ECHT WEITER.
Ich kleistere dem Unhold mit nicht-newtonscher Schmiere (wir Wissenschaftler nennen das so!) die Rüstung zu. Sie dringt in die Düsen ein und schickt ihn nach unten ...
... wobei ich natürlich noch ein bisschen nachhelfe.
BOOM!
BEVOR ICH DIESE JUNGE FRAU TÖTE, DER DU NACHHILFE GIBST, VERRATE MIR, OB SIE DEIN SCHÜTZLING ODER DEIN DATE IST.
BEI EUCH KAPITALISTENSCHWEINEN WEISS MAN NIE.
DIESER FRAU KANN ICH NICHTS MEHR BEIBRINGEN ...

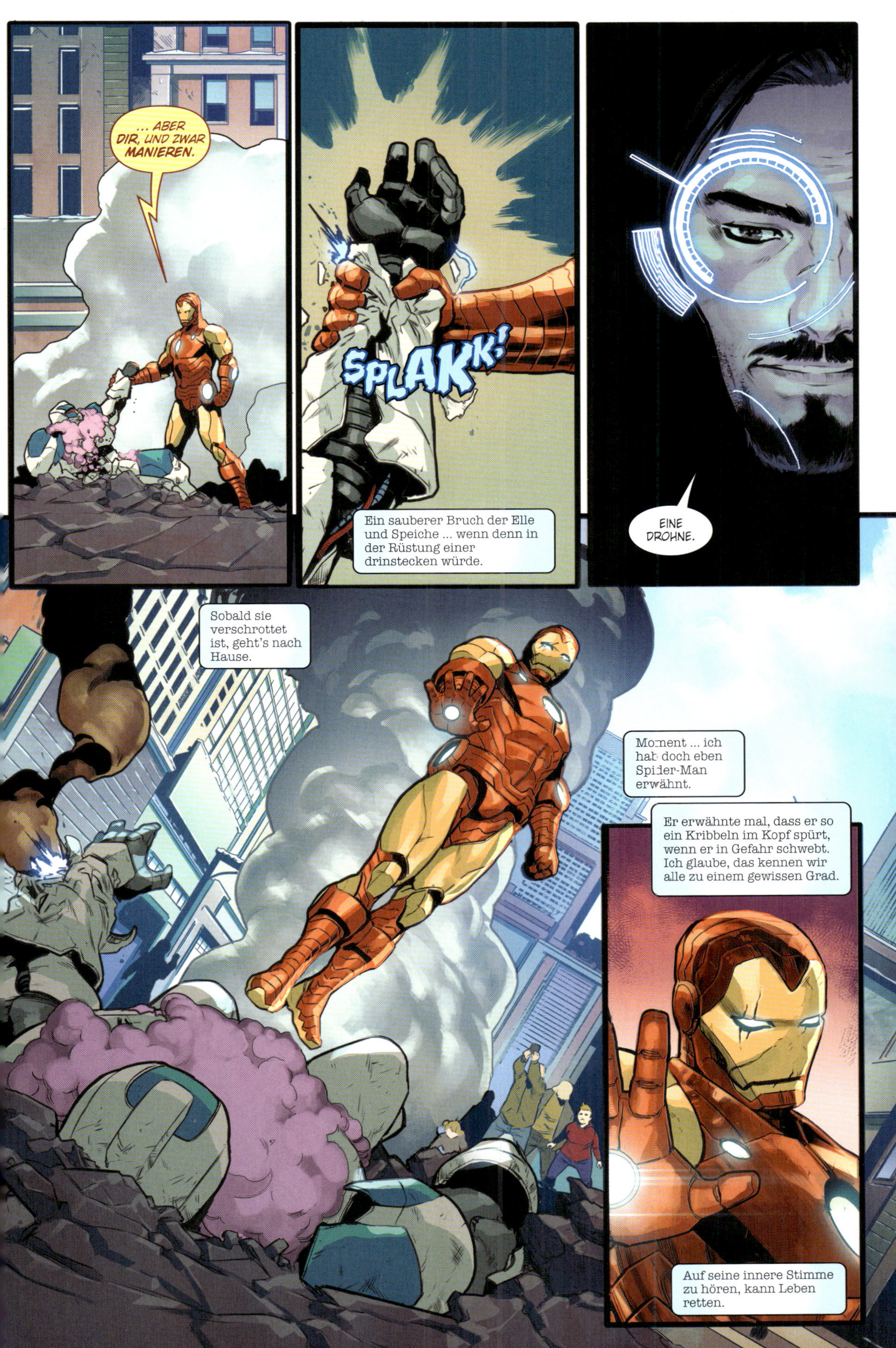
... ABER DIR, UND ZWAR MANIEREN.
SPLAKK!
Ein sauberer Bruch der Elle und Speiche ... wenn denn in der Rüstung einer drinstecken würde.
EINE DROHNE.
Sobald sie verschrottet ist, geht's nach Hause.
Moment ... ich hab doch eben Spider-Man erwähnt.
Er erwähnte mal, dass er so ein Kribbeln im Kopf spürt, wenn er in Gefahr schwebt. Ich glaube, das kennen wir alle zu einem gewissen Grad.
Auf seine innere Stimme zu hören, kann Leben retten.

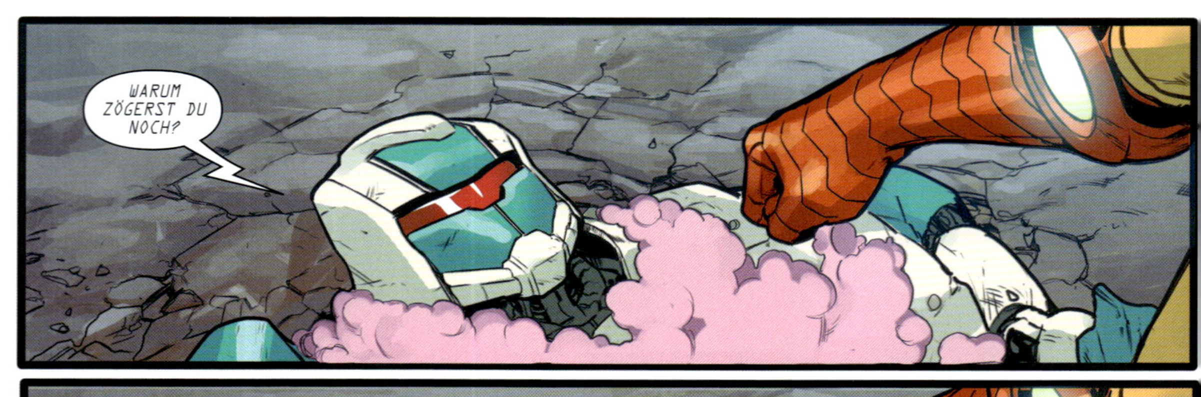
WARUM ZÖGERST DU NOCH?

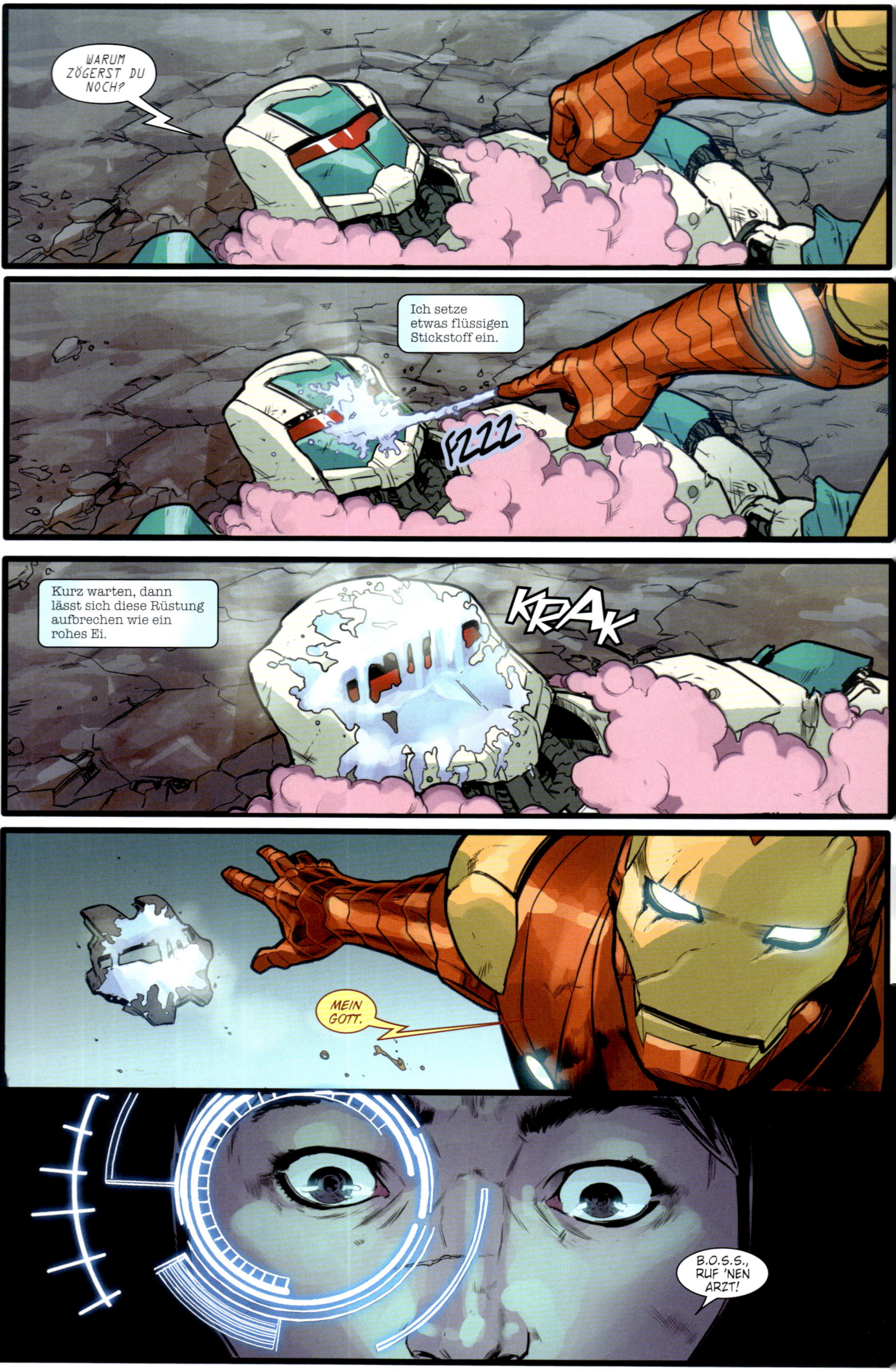

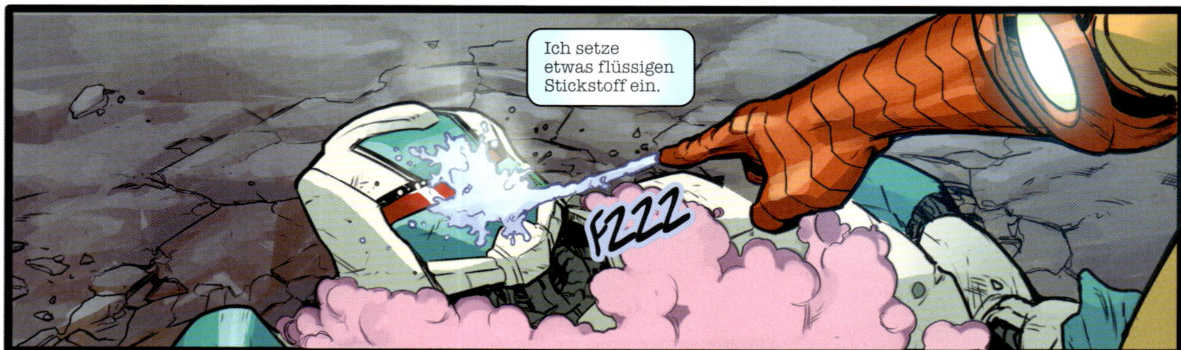
Ich setze etwas flüssigen Stickstoff ein.
FZZZ

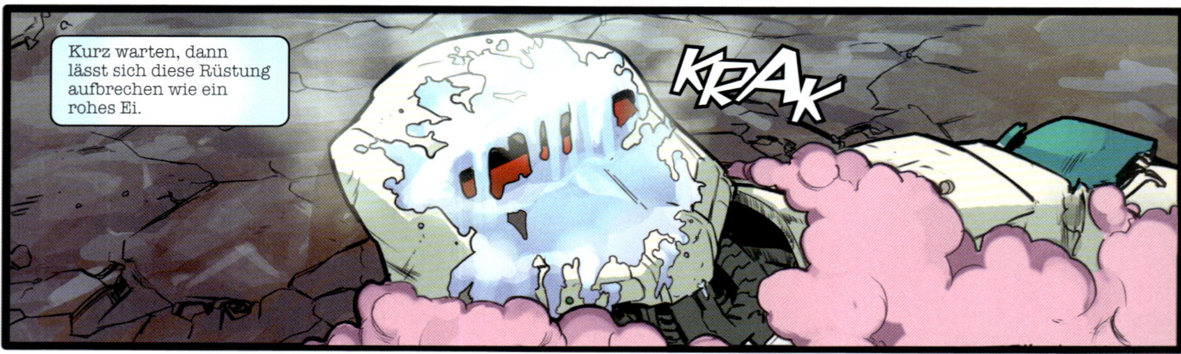
Kurz warten, dann lässt sich diese Rüstung aufbrechen wie ein rohes Ei.
KRAK

MEIN GOTT.
B.O.S.S., RUF 'NEN ARZT!

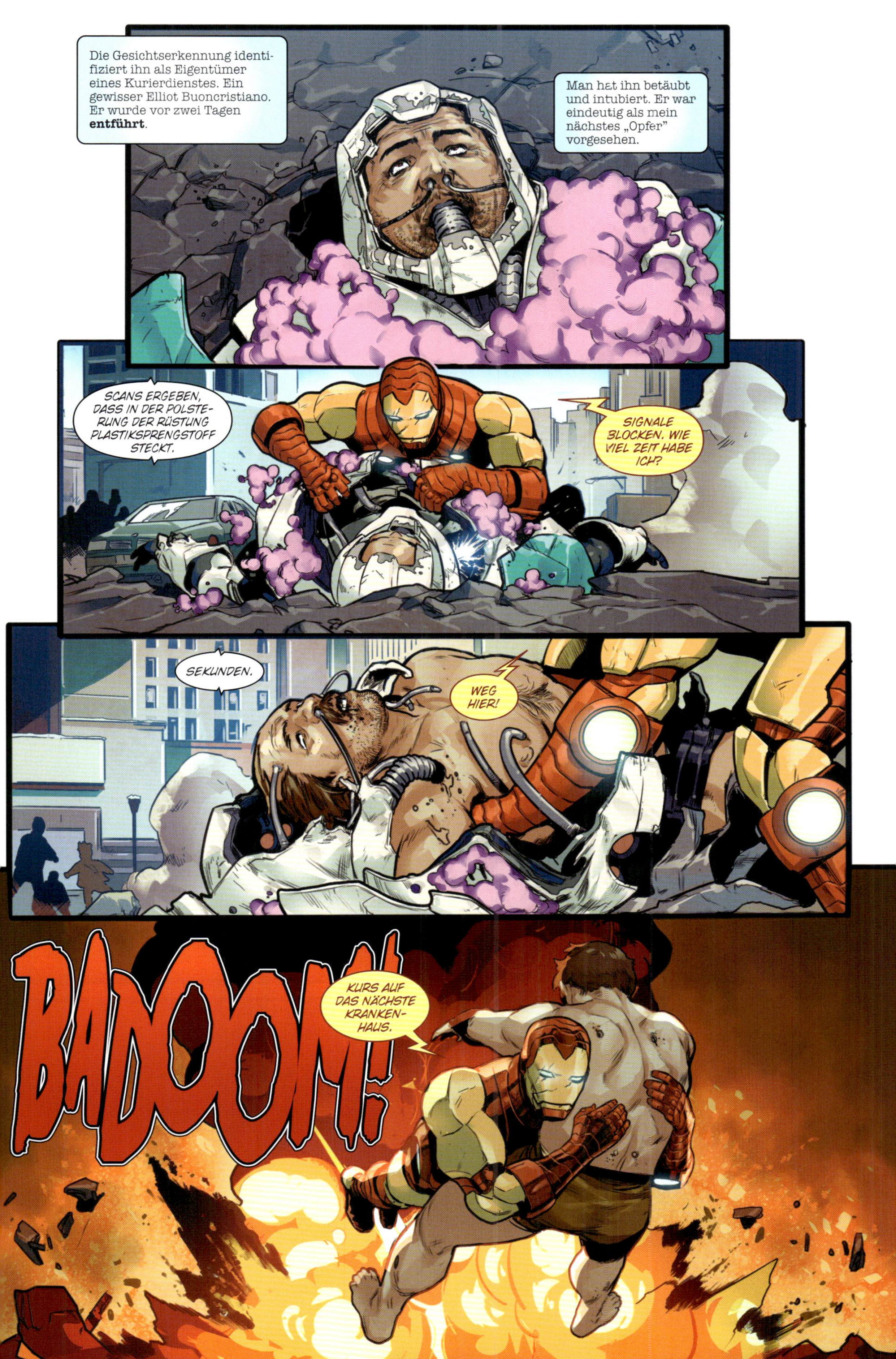
Die Gesichtserkennung identifiziert ihn als Eigentümer eines Kurierdienstes. Ein gewisser Elliot Buoncristiano. Er wurde vor zwei Tagen **entführt**.
Man hat ihn betäubt und intubiert. Er war eindeutig als mein nächstes „Opfer" vorgesehen.
SCANS ERGEBEN, DASS IN DER POLSTERUNG DER RÜSTUNG PLASTIKSPRENGSTOFF STECKT.
SIGNALE BLOCKEN. WIE VIEL ZEIT HABE ICH?
SEKUNDEN.
WEG HIER!
BADOOOM!
KURS AUF DAS NÄCHSTE KRANKENHAUS.

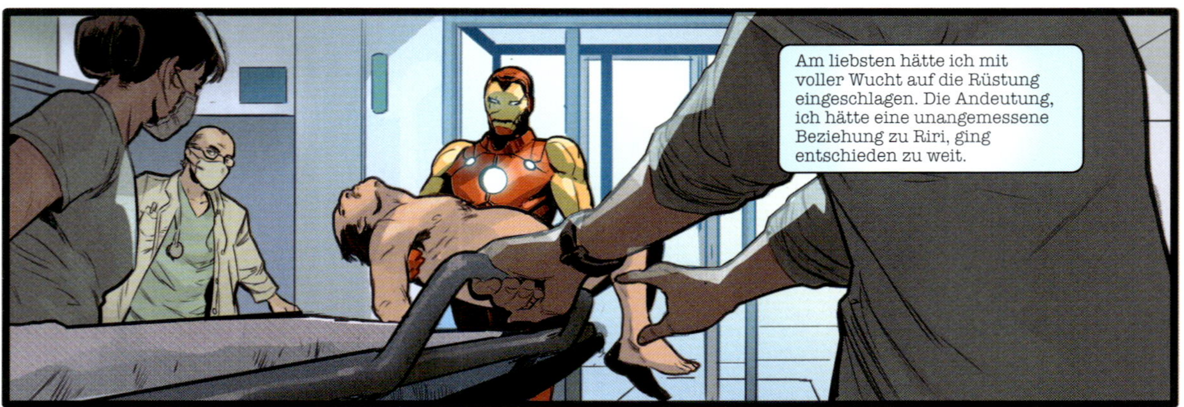
Am liebsten hätte ich mit voller Wucht auf die Rüstung eingeschlagen. Die Andeutung, ich hätte eine unangemessene Beziehung zu Riri, ging entschieden zu weit.

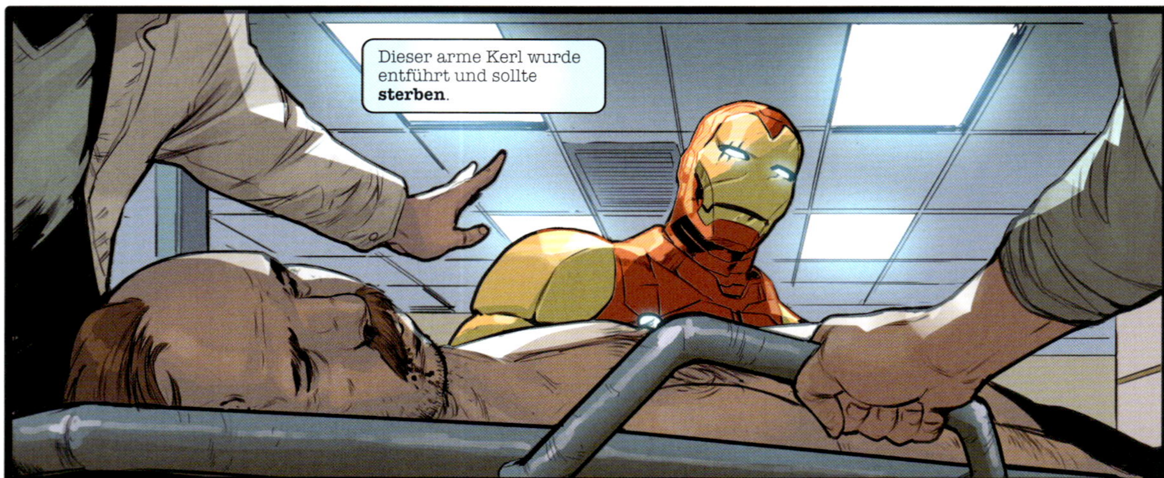
Dieser arme Kerl wurde entführt und sollte **sterben**.

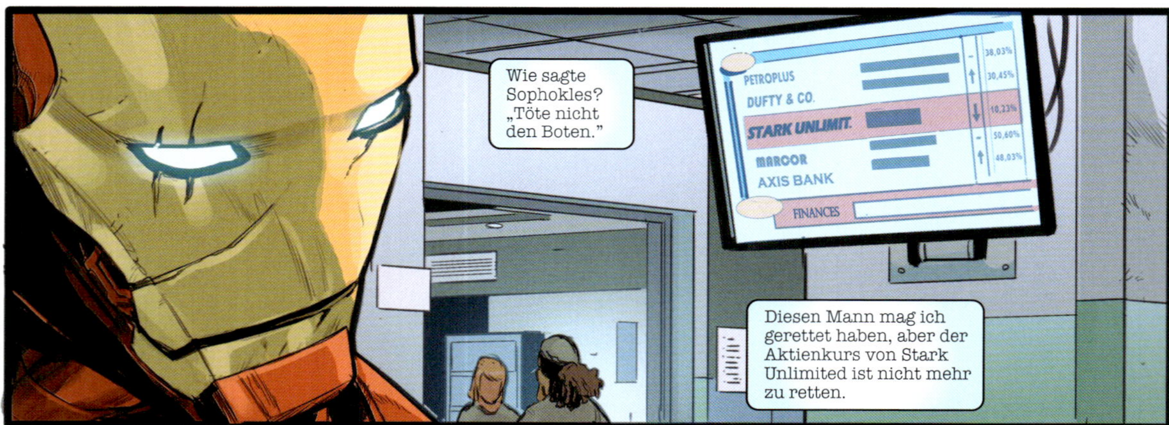
Wie sagte Sophokles? „Töte nicht den Boten."
PETROPLUS
DUFTY & CO.
STARK UNLIMIT.
MAROOR
AXIS BANK
FINANCES
Diesen Mann mag ich gerettet haben, aber der Aktienkurs von Stark Unlimited ist nicht mehr zu retten.

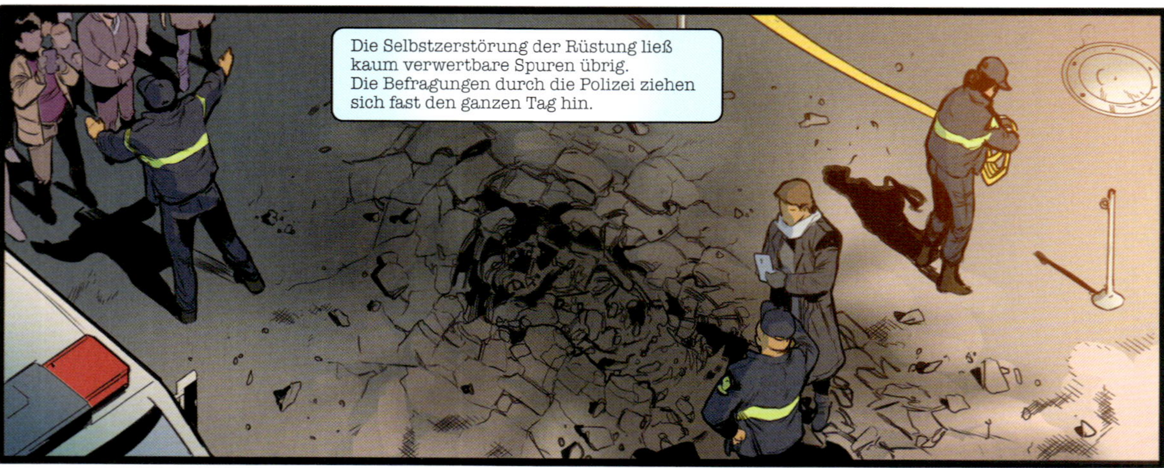
Die Selbstzerstörung der Rüstung ließ kaum verwertbare Spuren übrig.
Die Befragungen durch die Polizei ziehen sich fast den ganzen Tag hin.

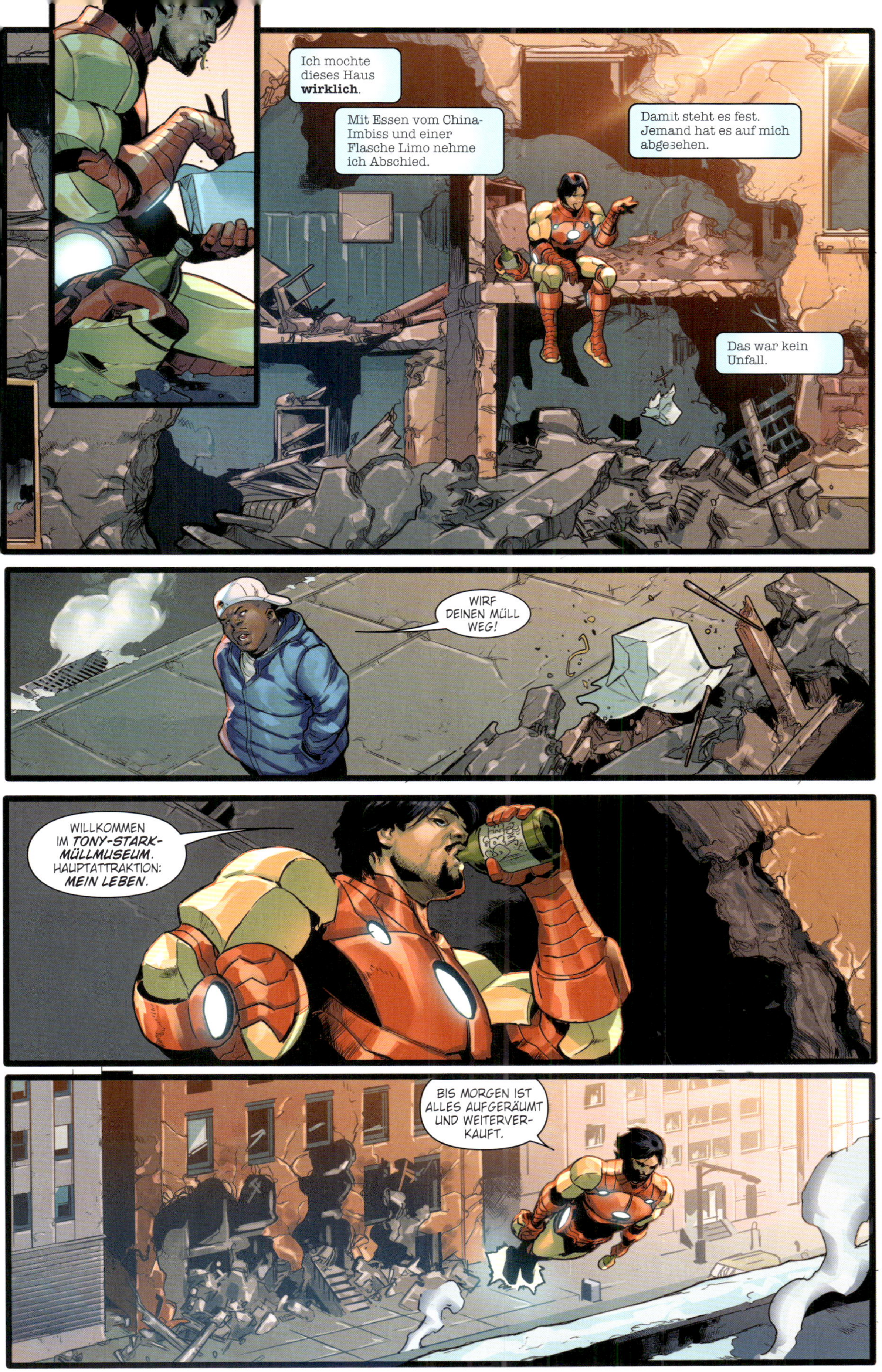

Ich mochte dieses Haus **wirklich**.

Mit Essen vom China-Imbiss und einer Flasche Limo nehme ich Abschied.

Damit steht es fest. Jemand hat es auf mich abgesehen.

Das war kein Unfall.

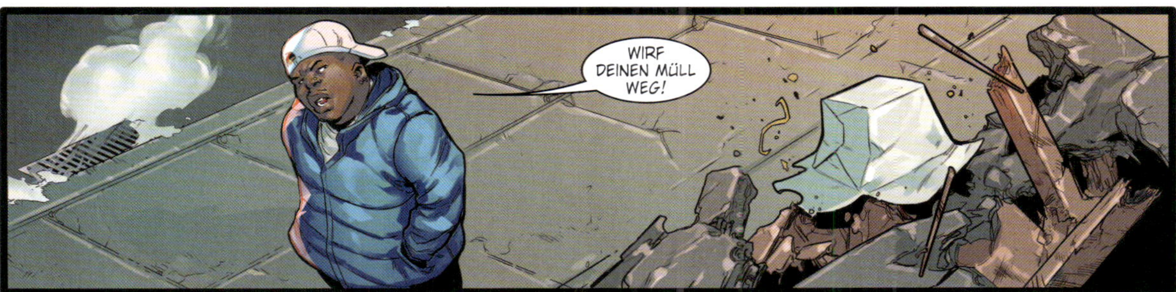

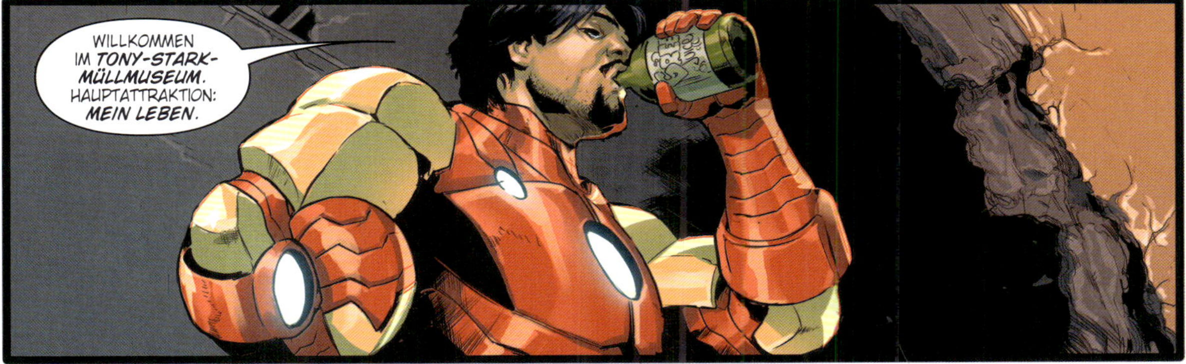

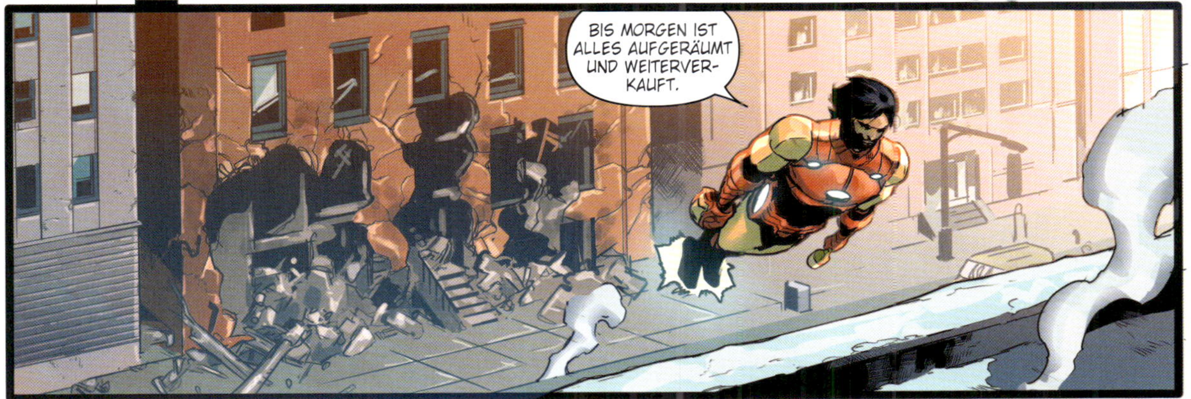

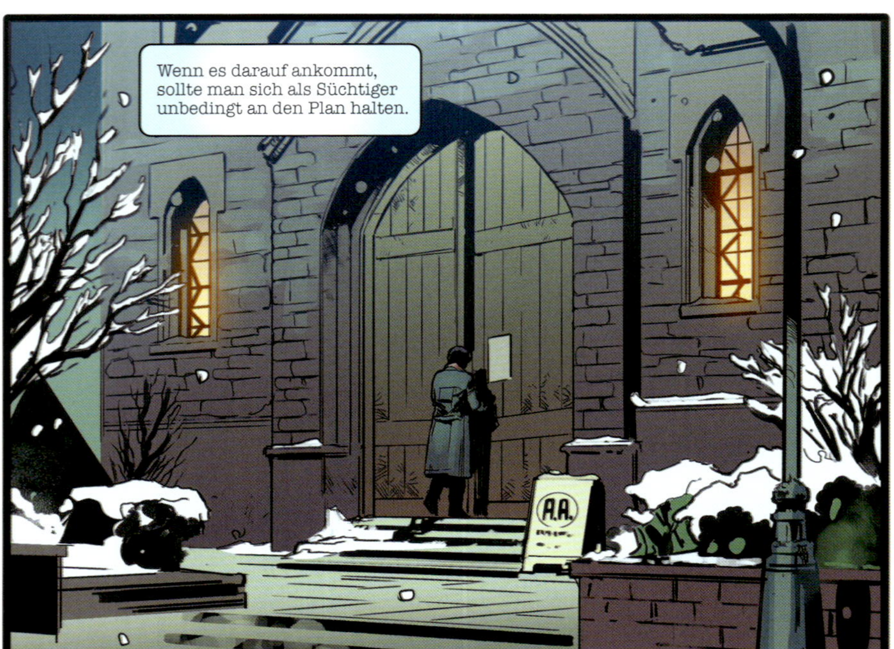
Wenn es darauf ankommt, sollte man sich als Süchtiger unbedingt an den Plan halten.
A.A.

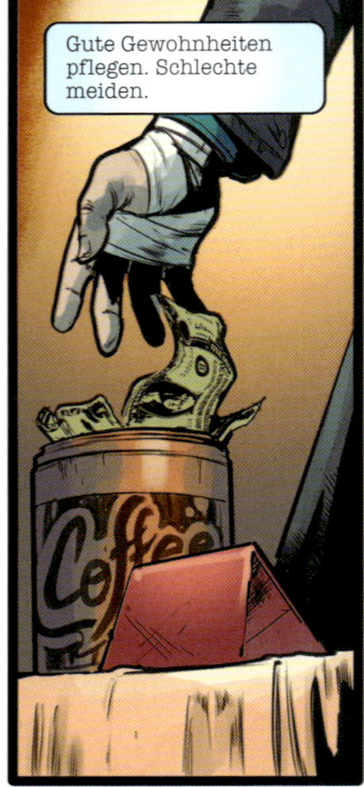
Gute Gewohnheiten pflegen. Schlechte meiden.
Coffee

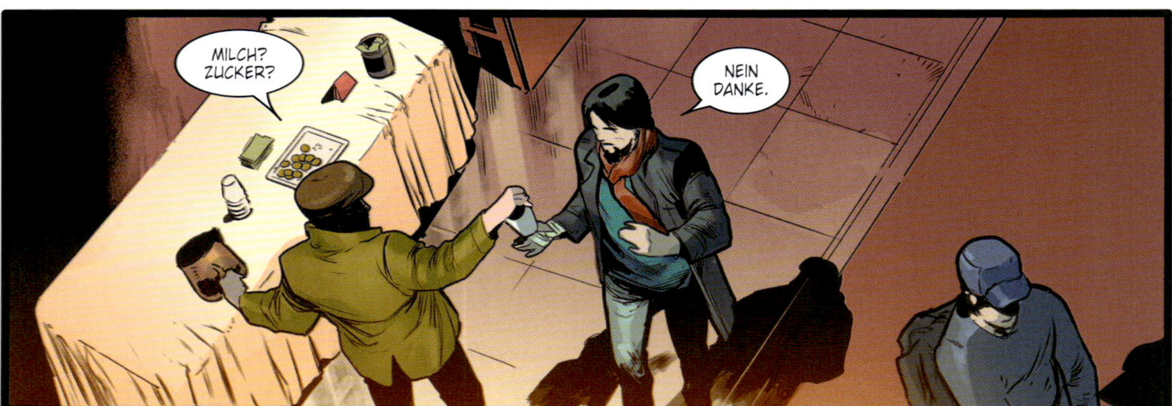
MILCH? ZUCKER?
NEIN DANKE.

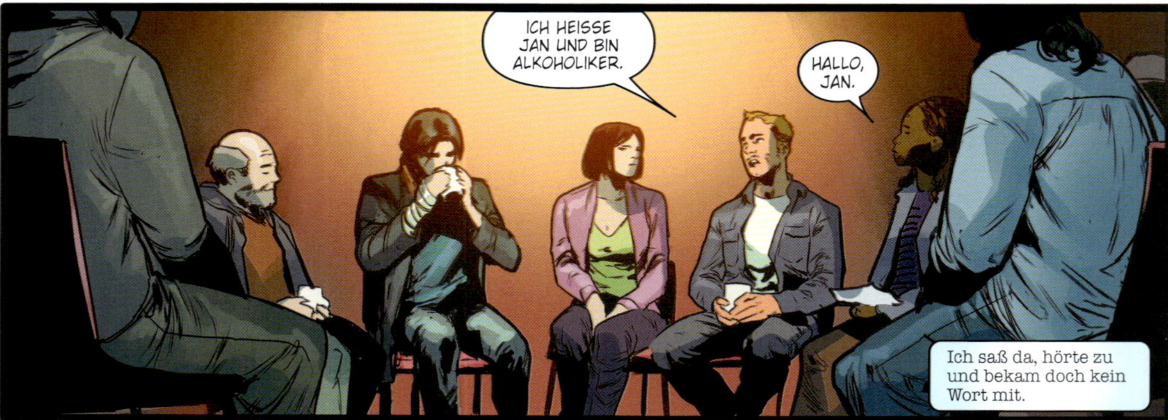
ICH HEISSE JAN UND BIN ALKOHOLIKER.
HALLO, JAN.
Ich saß da, hörte zu und bekam doch kein Wort mit.

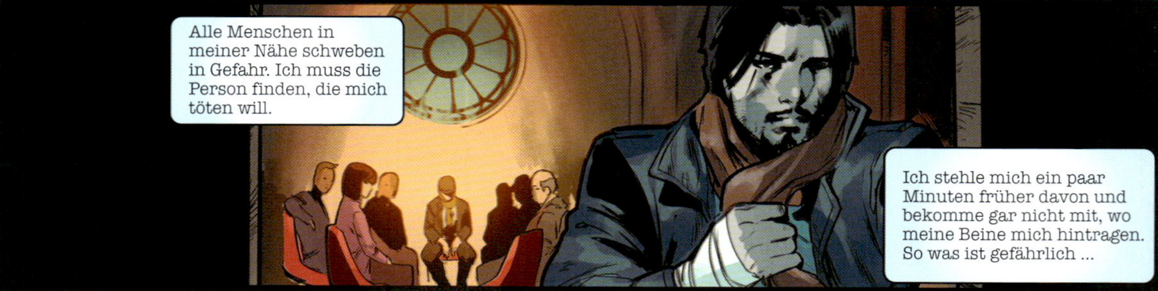
Alle Menschen in meiner Nähe schweben in Gefahr. Ich muss die Person finden, die mich töten will.
Ich stehle mich ein paar Minuten früher davon und bekomme gar nicht mit, wo meine Beine mich hintragen. So was ist gefährlich ...

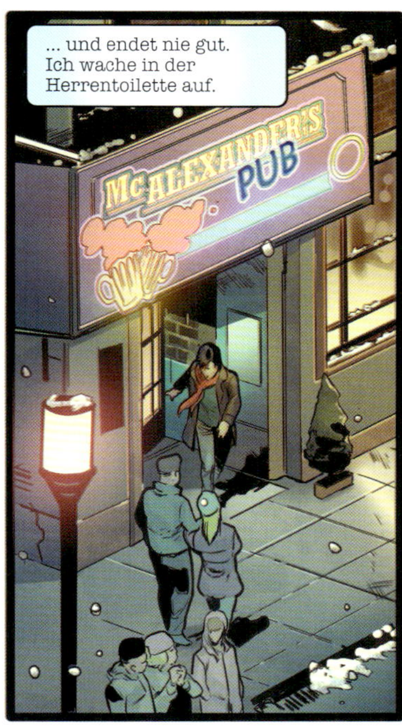
… und endet nie gut. Ich wache in der Herrentoilette auf.
McALEXANDER'S PUB

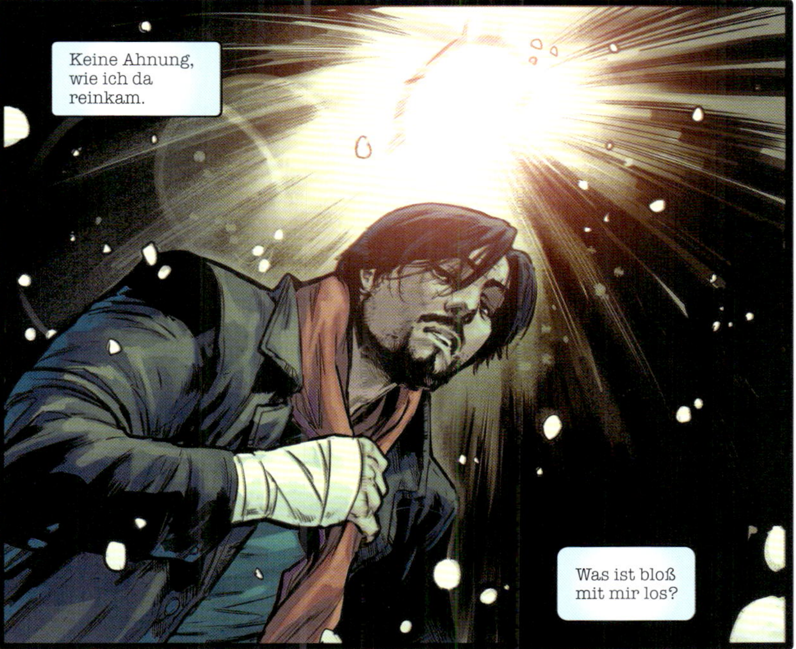
Keine Ahnung, wie ich da reinkam.
Was ist bloß mit mir los?

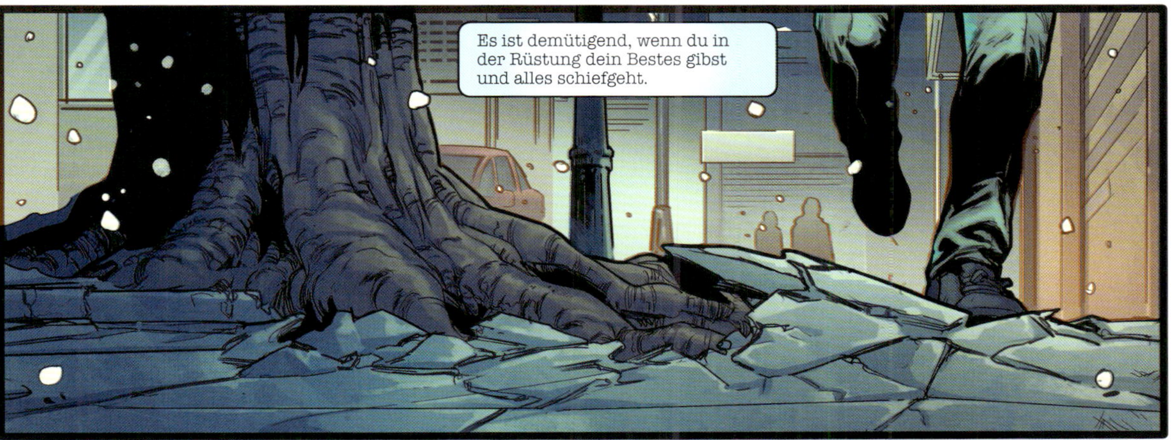
Es ist demütigend, wenn du in der Rüstung dein Bestes gibst und alles schiefgeht.

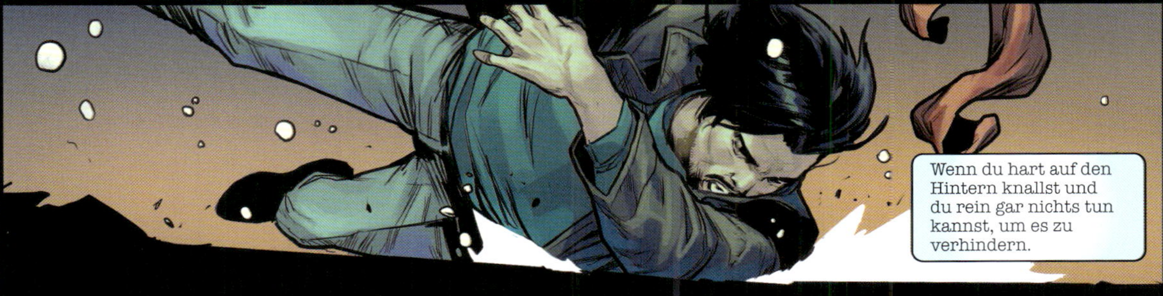
Wenn du hart auf den Hintern knallst und du rein gar nichts tun kannst, um es zu verhindern.

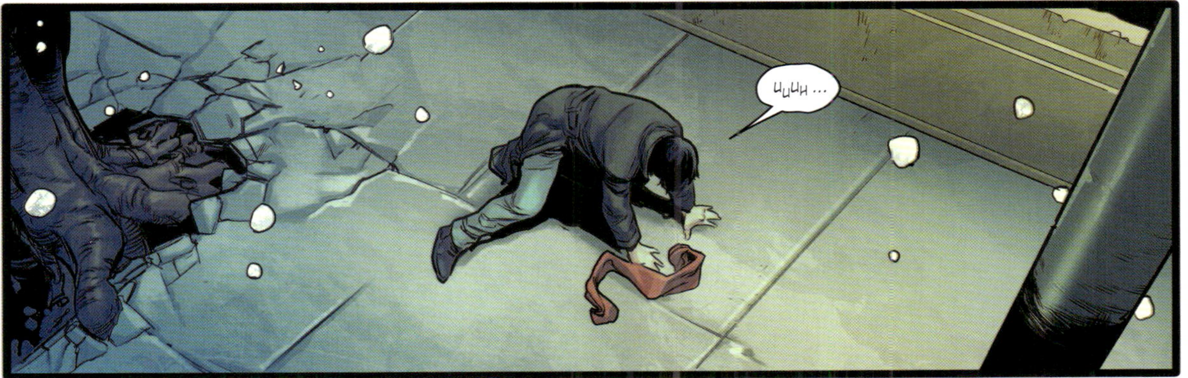
uuuh …

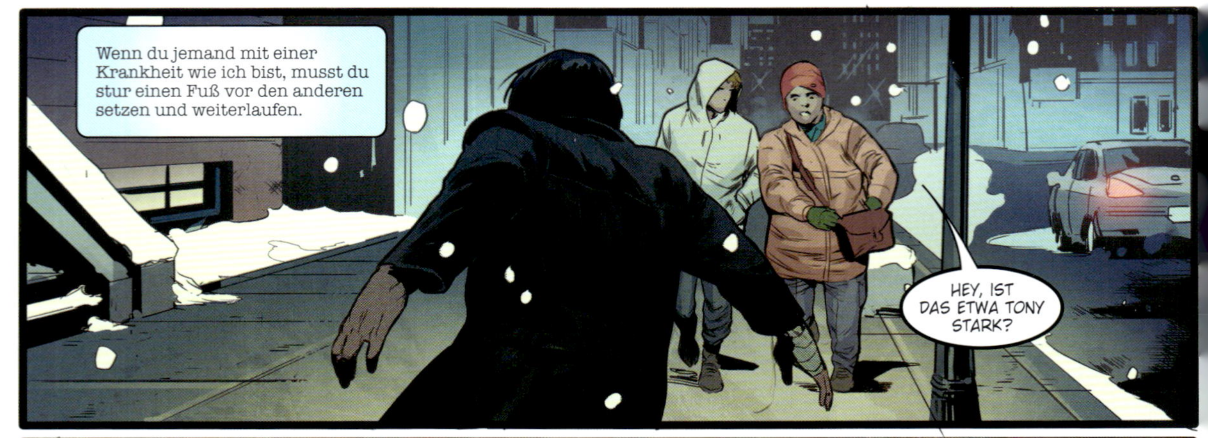
Wenn du jemand mit einer Krankheit wie ich bist, musst du stur einen Fuß vor den anderen setzen und weiterlaufen.
HEY, IST DAS ETWA TONY STARK?

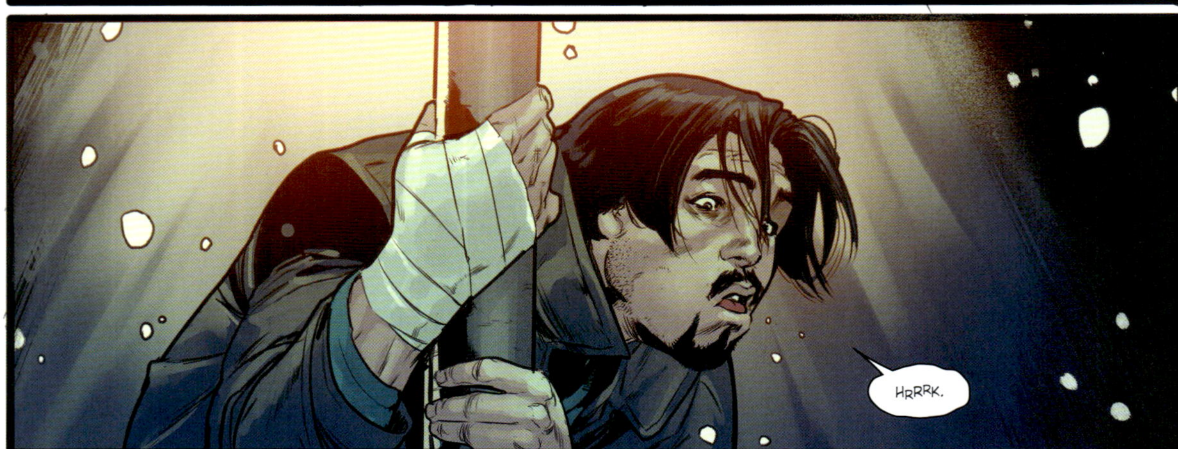
HRRRK.

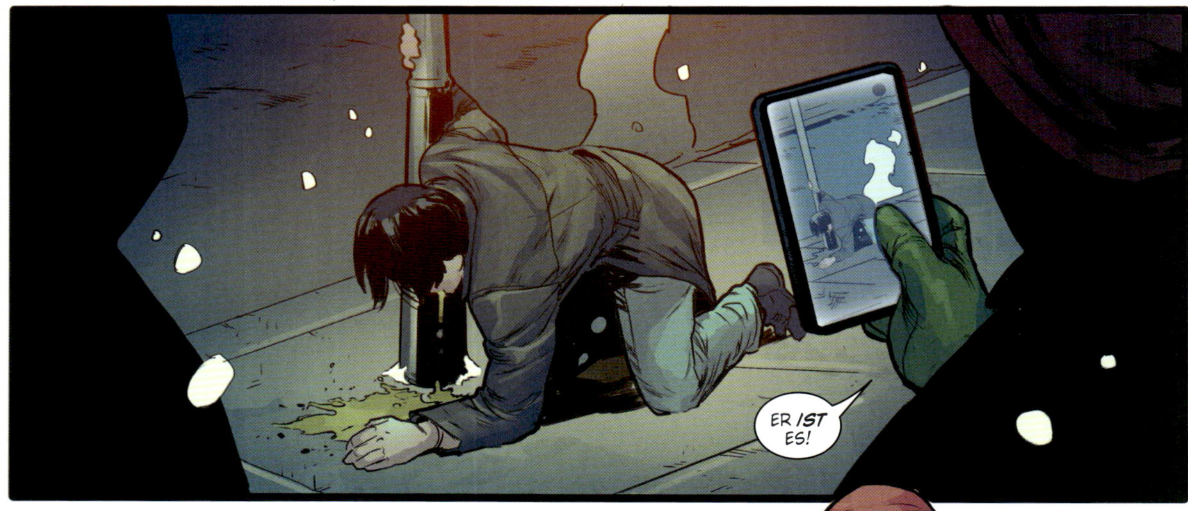
ER *IST* ES!

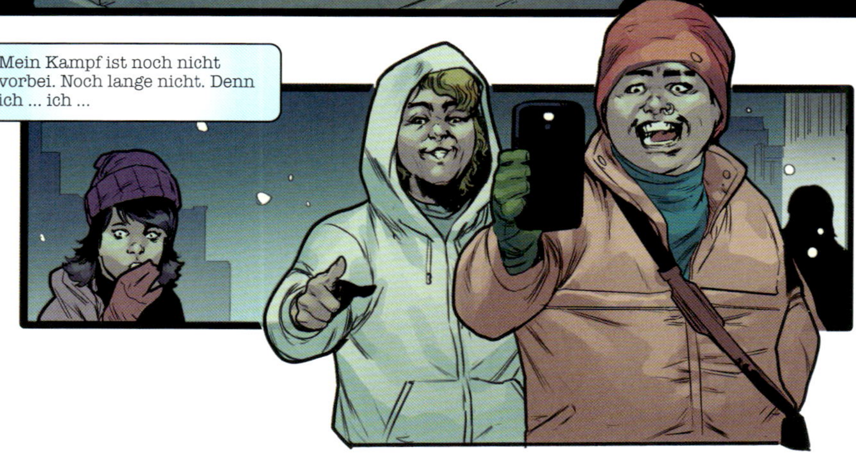
Mein Kampf ist noch nicht vorbei. Noch lange nicht. Denn ich ... ich ...

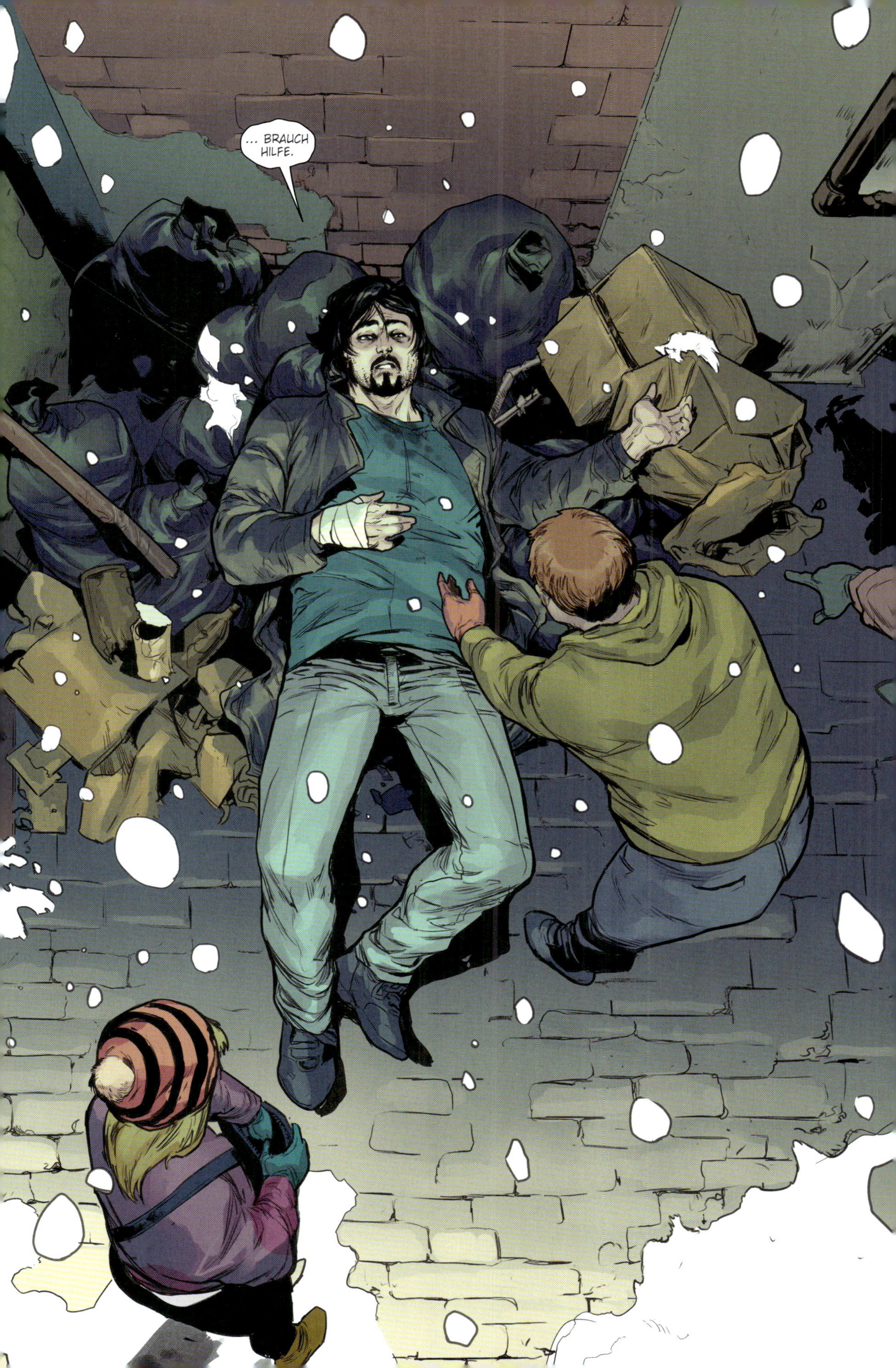
... BRAUCH HILFE.

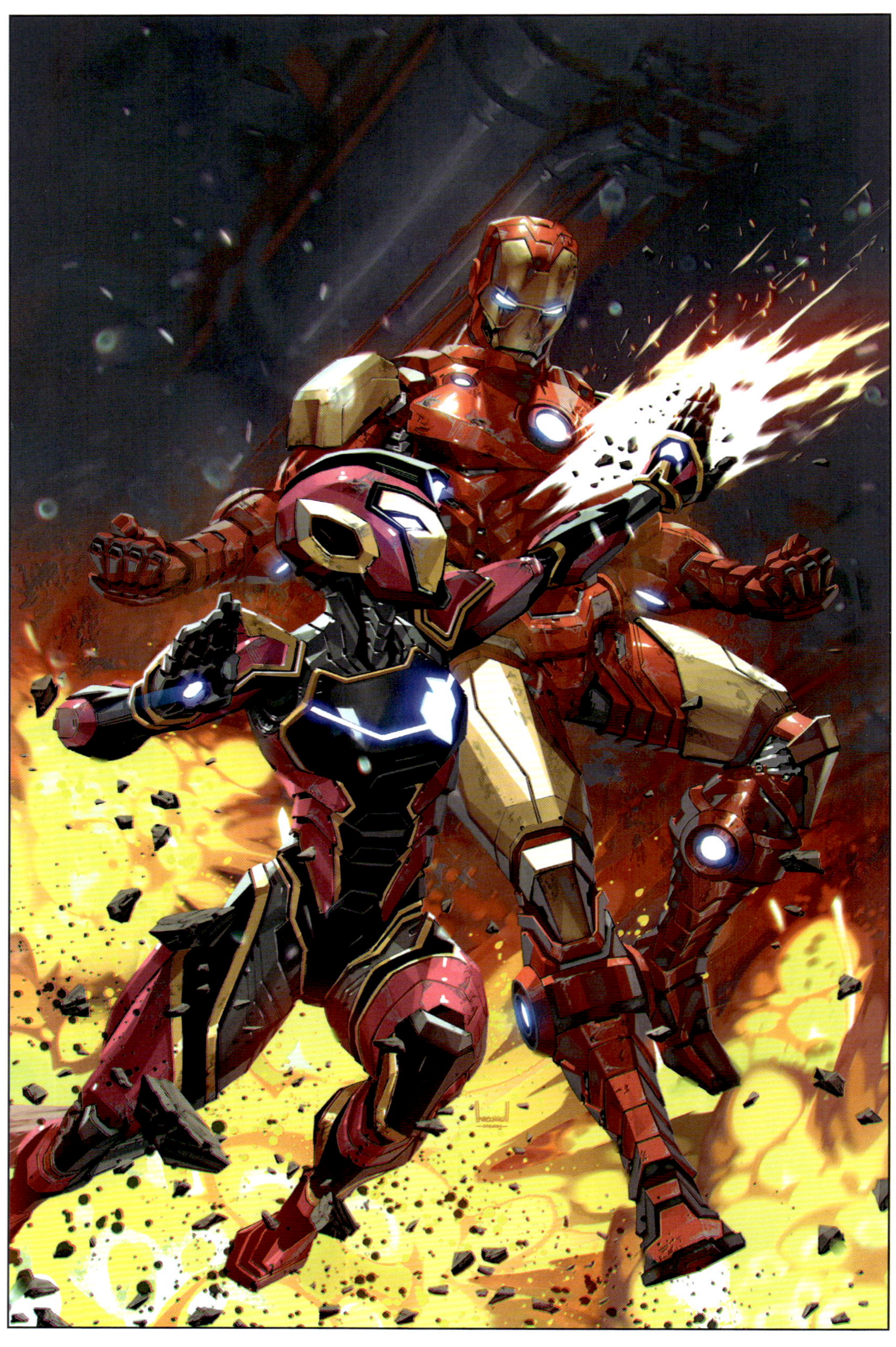

Invincible Iron Man (2022) 2
Cover von **KAEL NGU**

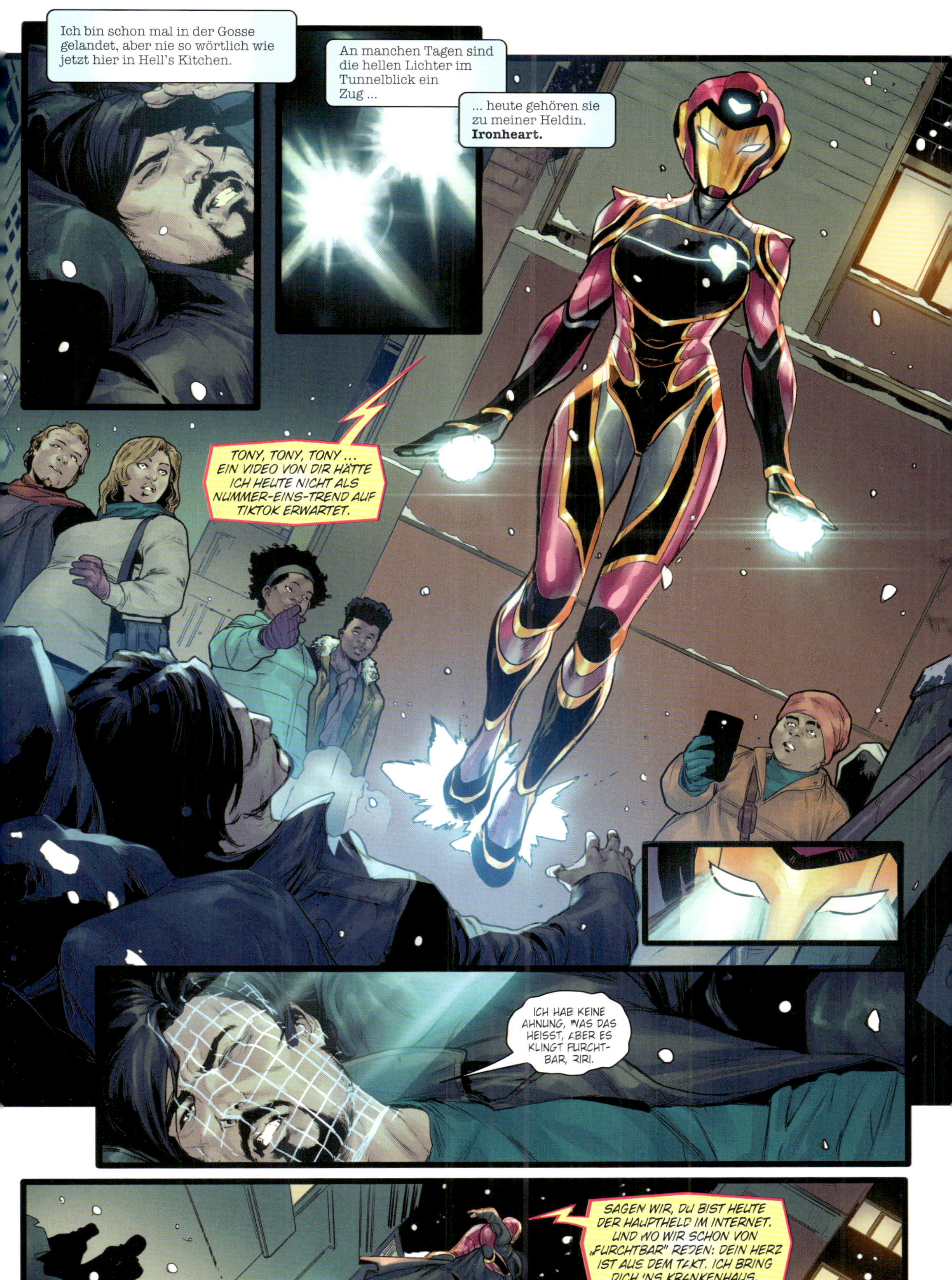
Ich bin schon mal in der Gosse gelandet, aber nie so wörtlich wie jetzt hier in Hell's Kitchen.
An manchen Tagen sind die hellen Lichter im Tunnelblick ein Zug ...
... heute gehören sie zu meiner Heldin. Ironheart.
TONY, TONY, TONY ... EIN VIDEO VON DIR HÄTTE ICH HEUTE NICHT ALS NUMMER-EINS-TREND AUF TIKTOK ERWARTET.
ICH HAB KEINE AHNUNG, WAS DAS HEISST, ABER ES KLINGT FURCHTBAR, RIRI.
SAGEN WIR, DU BIST HEUTE DER HAUPTHELD IM INTERNET. UND WO WIR SCHON VON „FURCHTBAR" REDEN: DEIN HERZ IST AUS DEM TAKT. ICH BRING DICH INS KRANKENHAUS.
NEIN! NICHT INS KRANKENHAUS ... BRING MICH ZUR RÜSTUNG.

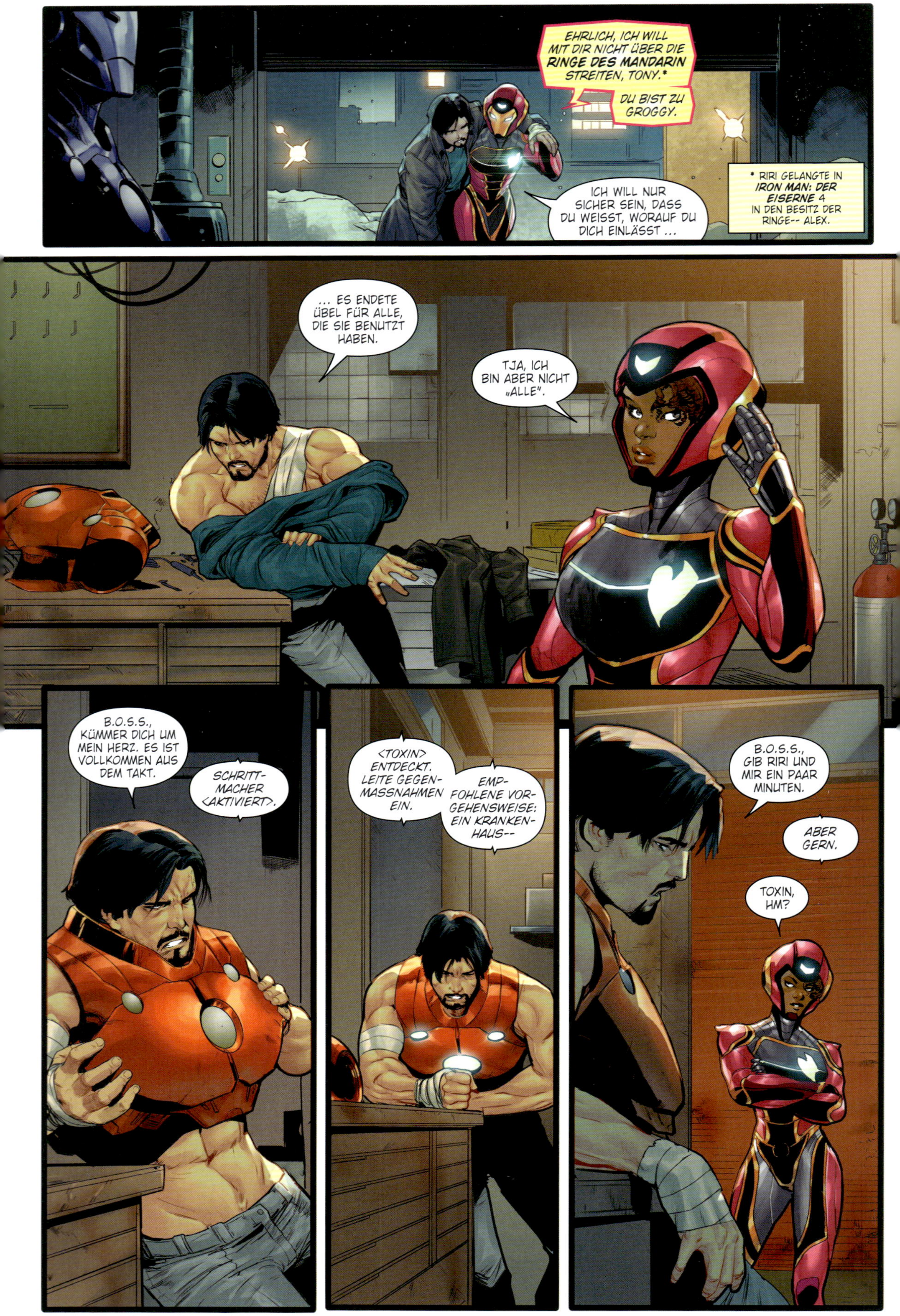

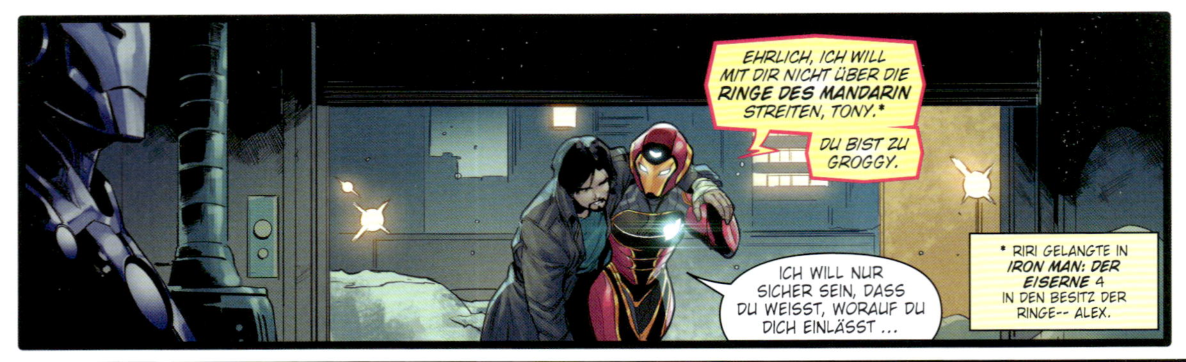

... ES ENDETE ÜBEL FÜR ALLE, DIE SIE BENUTZT HABEN.

TJA, ICH BIN ABER NICHT „ALLE".

B.O.S.S., KÜMMER DICH UM MEIN HERZ. ES IST VOLLKOMMEN AUS DEM TAKT.

SCHRITT-MACHER <AKTIVIERT>.

<TOXIN> ENTDECKT. LEITE GEGEN-MASSNAHMEN EIN.

EMP-FOHLENE VOR-GEHENSWEISE: EIN KRANKEN-HAUS--

B.O.S.S., GIB RIRI UND MIR EIN PAAR MINUTEN.

ABER GERN.

TOXIN, HM?

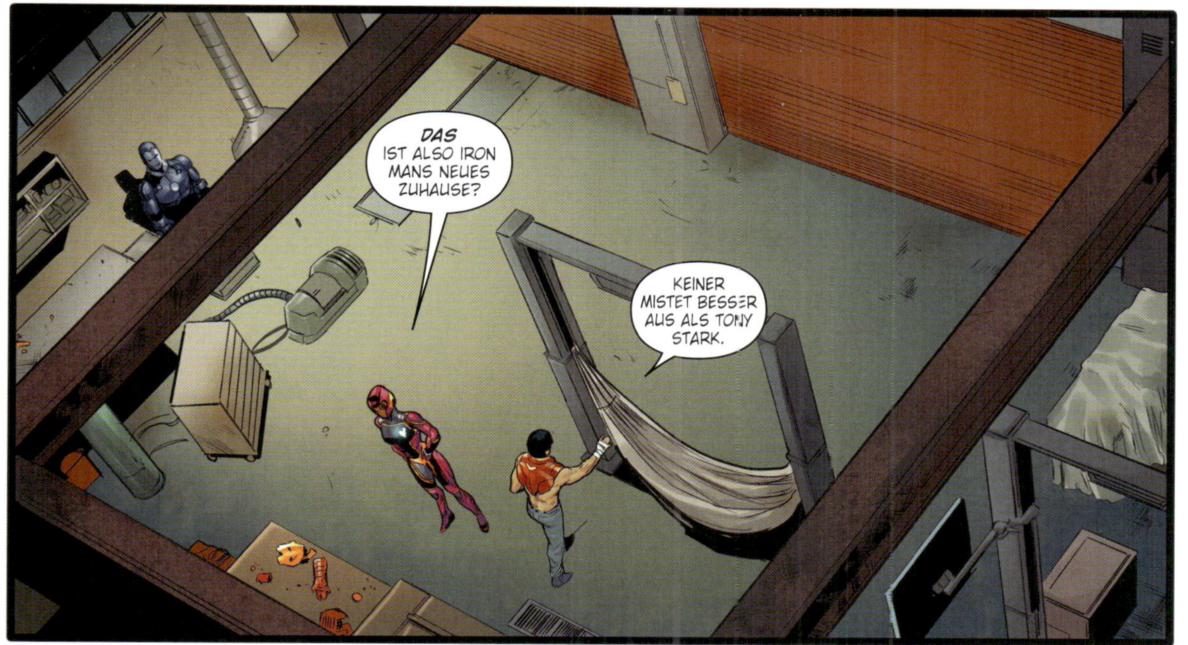
DAS IST ALSO IRON MANS NEUES ZUHAUSE?
KEINER MISTET BESSER AUS ALS TONY STARK.

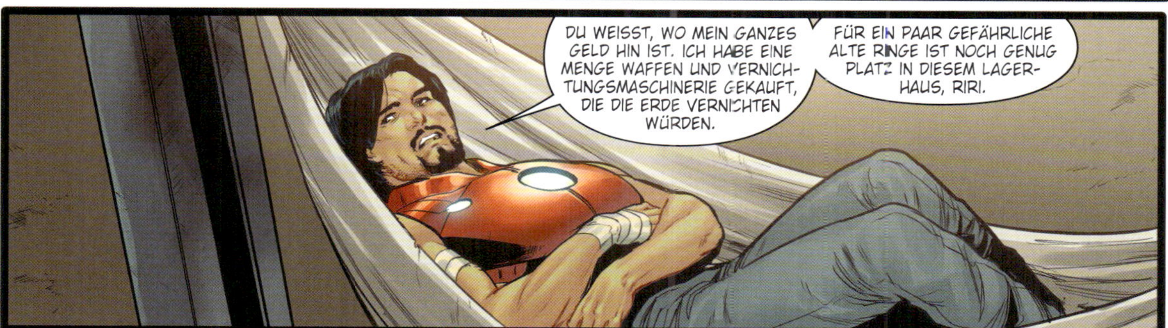
DU WEISST, WO MEIN GANZES GELD HIN IST. ICH HABE EINE MENGE WAFFEN UND VERNICHTUNGSMASCHINERIE GEKAUFT, DIE DIE ERDE VERNICHTEN WÜRDEN.
FÜR EIN PAAR GEFÄHRLICHE ALTE RINGE IST NOCH GENUG PLATZ IN DIESEM LAGERHAUS, RIRI.

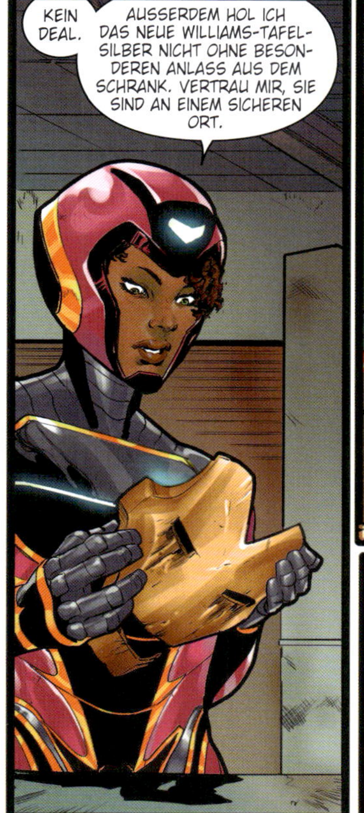
KEIN DEAL.
AUSSERDEM HOL ICH DAS NEUE WILLIAMS-TAFELSILBER NICHT OHNE BESONDEREN ANLASS AUS DEM SCHRANK. VERTRAU MIR, SIE SIND AN EINEM SICHEREN ORT.

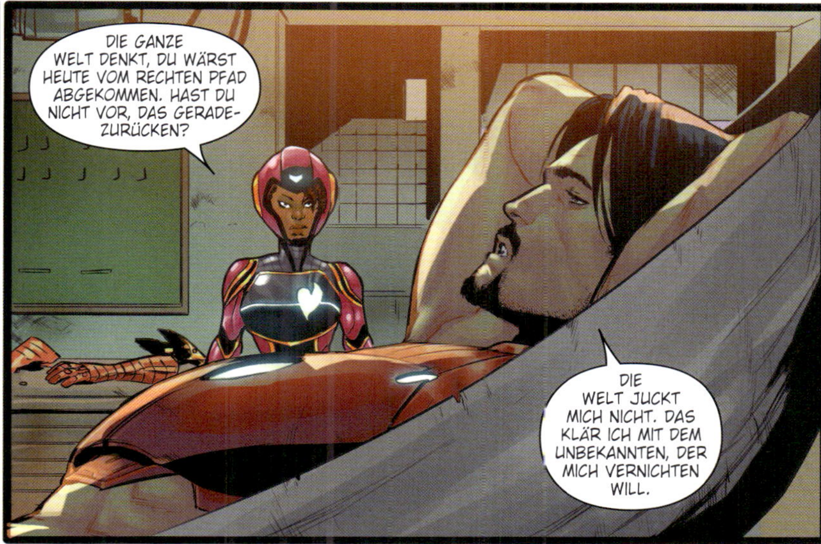
DIE GANZE WELT DENKT, DU WÄRST HEUTE VOM RECHTEN PFAD ABGEKOMMEN. HAST DU NICHT VOR, DAS GERADEZURÜCKEN?
DIE WELT JUCKT MICH NICHT. DAS KLÄR ICH MIT DEM UNBEKANNTEN, DER MICH VERNICHTEN WILL.

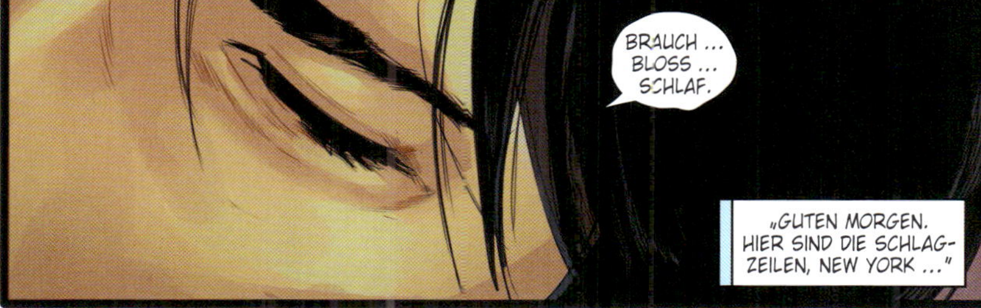
BRAUCH ... BLOSS ... SCHLAF.
„GUTEN MORGEN. HIER SIND DIE SCHLAGZEILEN, NEW YORK ...“

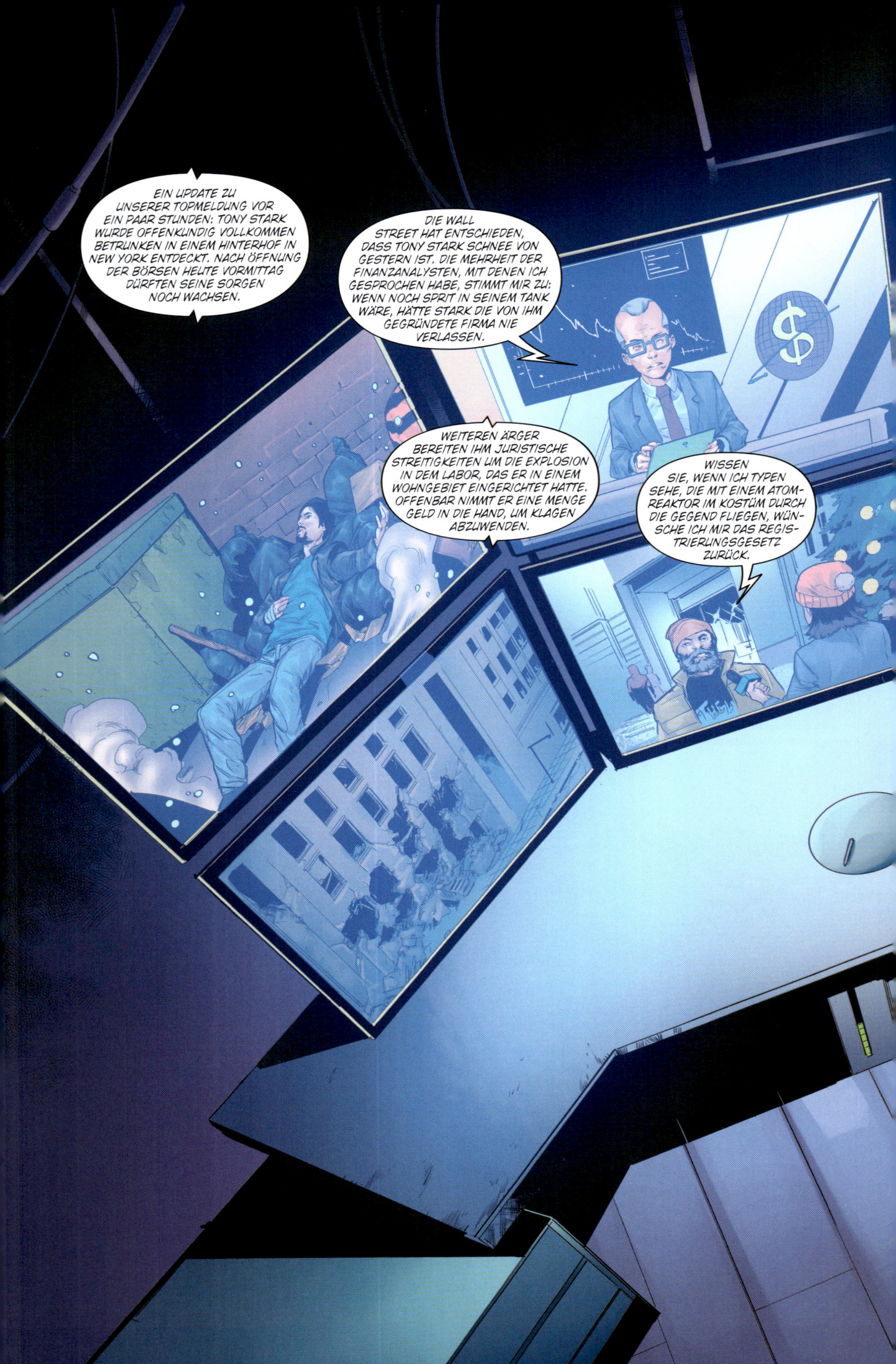
EIN UPDATE ZU UNSERER TOPMELDUNG VOR EIN PAAR STUNDEN: TONY STARK WURDE OFFENKUNDIG VOLLKOMMEN BETRUNKEN IN EINEM HINTERHOF IN NEW YORK ENTDECKT. NACH ÖFFNUNG DER BÖRSEN HEUTE VORMITTAG DÜRFTEN SEINE SORGEN NOCH WACHSEN.
DIE WALL STREET HAT ENTSCHIEDEN, DASS TONY STARK SCHNEE VON GESTERN IST. DIE MEHRHEIT DER FINANZANALYSTEN, MIT DENEN ICH GESPROCHEN HABE, STIMMT MIR ZU: WENN NOCH SPRIT IN SEINEM TANK WÄRE, HÄTTE STARK DIE VON IHM GEGRÜNDETE FIRMA NIE VERLASSEN.
WEITEREN ÄRGER BEREITEN IHM JURISTISCHE STREITIGKEITEN UM DIE EXPLOSION IN DEM LABOR, DAS ER IN EINEM WOHNGEBIET EINGERICHTET HATTE. OFFENBAR NIMMT ER EINE MENGE GELD IN DIE HAND, UM KLAGEN ABZUWENDEN.
WISSEN SIE, WENN ICH TYPEN SEHE, DIE MIT EINEM ATOMREAKTOR IM KOSTÜM DURCH DIE GEGEND FLIEGEN, WÜNSCHE ICH MIR DAS REGISTRIERUNGSGESETZ ZURÜCK.

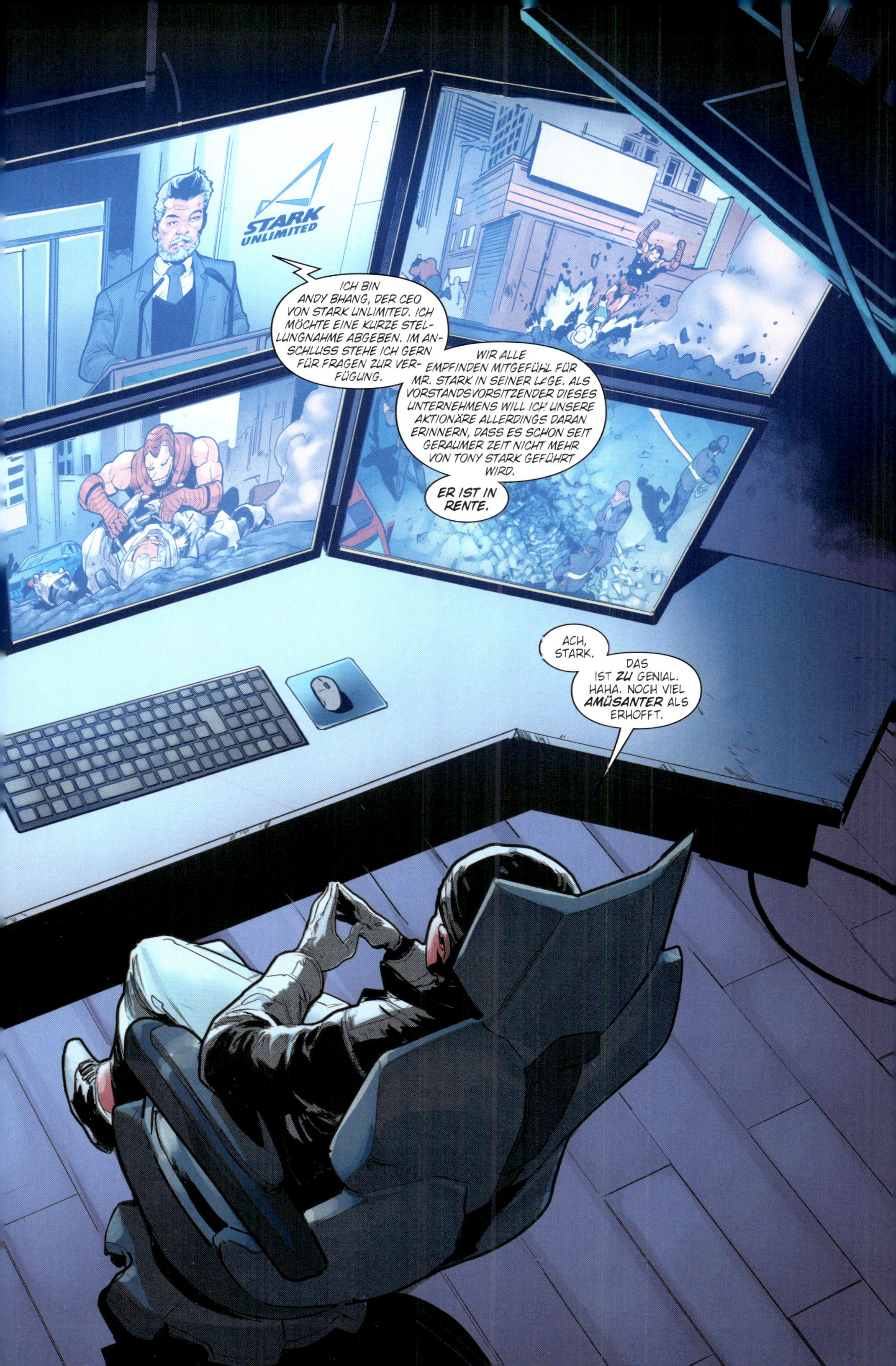
STARK UNLIMITED
ICH BIN ANDY BHANG, DER CEO VON STARK UNLIMITED. ICH MÖCHTE EINE KURZE STELLUNGNAHME ABGEBEN. IM ANSCHLUSS STEHE ICH GERN FÜR FRAGEN ZUR VERFÜGUNG.
WIR ALLE EMPFINDEN MITGEFÜHL FÜR MR. STARK IN SEINER LAGE. ALS VORSTANDSVORSITZENDER DIESES UNTERNEHMENS WILL ICH UNSERE AKTIONÄRE ALLERDINGS DARAN ERINNERN, DASS ES SCHON SEIT GERAUMER ZEIT NICHT MEHR VON TONY STARK GEFÜHRT WIRD.
ER IST IN RENTE.
ACH, STARK.
DAS IST ***ZU*** GENIAL. HAHA. NOCH VIEL **AMÜSANTER** ALS ERHOFFT.

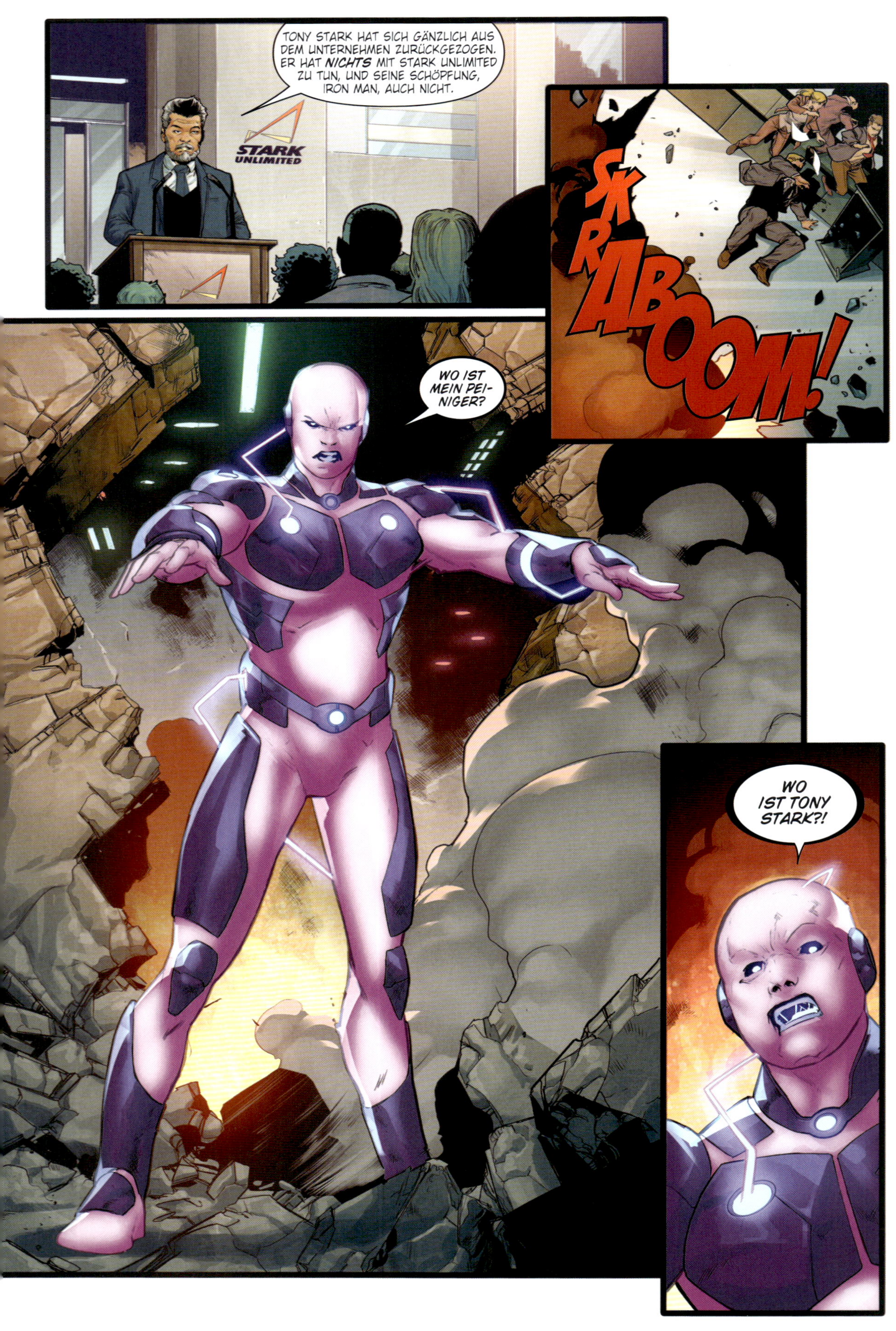

TONY STARK HAT SICH GÄNZLICH AUS DEM UNTERNEHMEN ZURÜCKGEZOGEN. ER HAT NICHTS MIT STARK UNLIMITED ZU TUN, UND SEINE SCHÖPFUNG, IRON MAN, AUCH NICHT.
STARK UNLIMITED
SKRABOOM!
WO IST MEIN PEINIGER?
WO IST TONY STARK?!

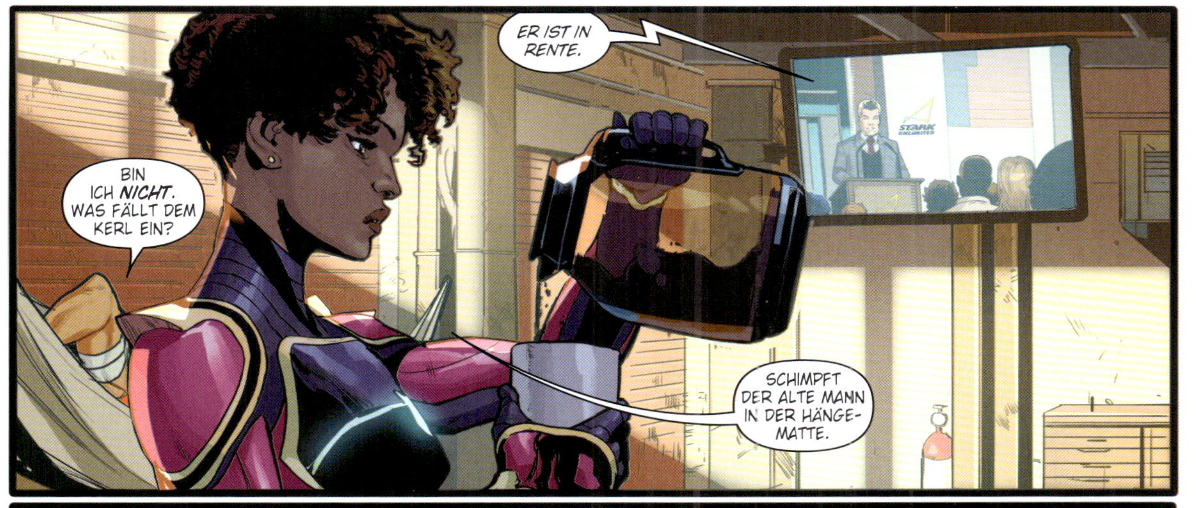

BIN ICH NICHT. WAS FÄLLT DEM KERL EIN?
ER IST IN RENTE.
SCHIMPFT DER ALTE MANN IN DER HÄNGEMATTE.

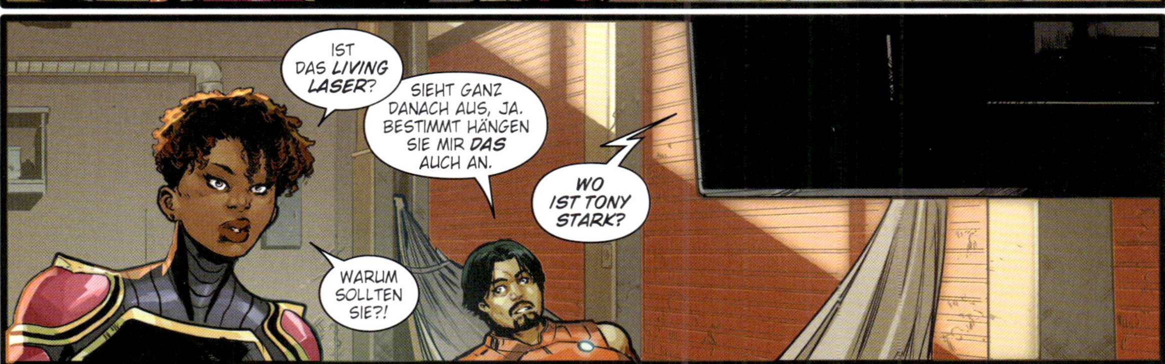

IST DAS LIVING LASER?
SIEHT GANZ DANACH AUS, JA. BESTIMMT HÄNGEN SIE MIR DAS AUCH AN.
WO IST TONY STARK?
WARUM SOLLTEN SIE?!

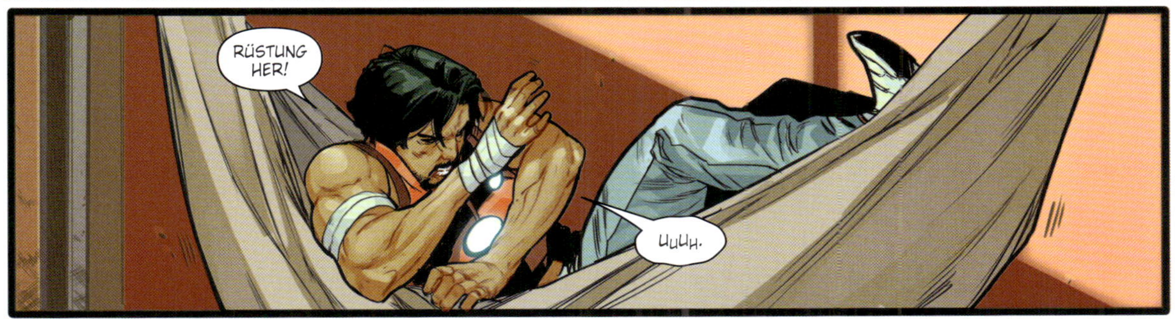

RÜSTUNG HER!
UUUH.

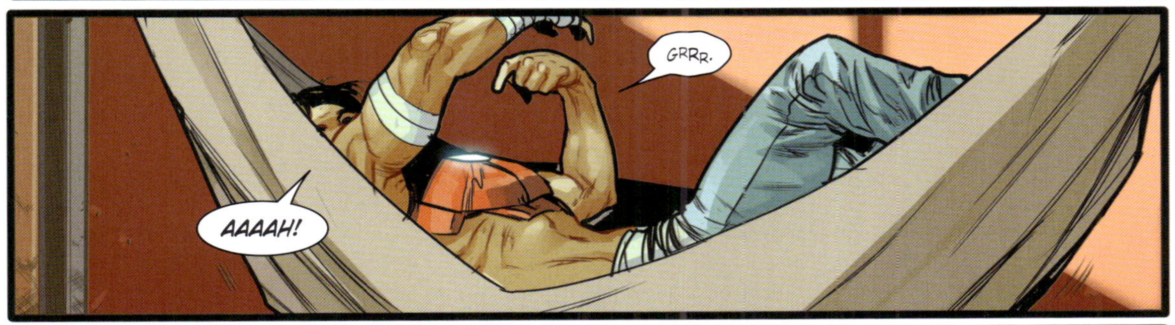

GRRR.
AAAAH!

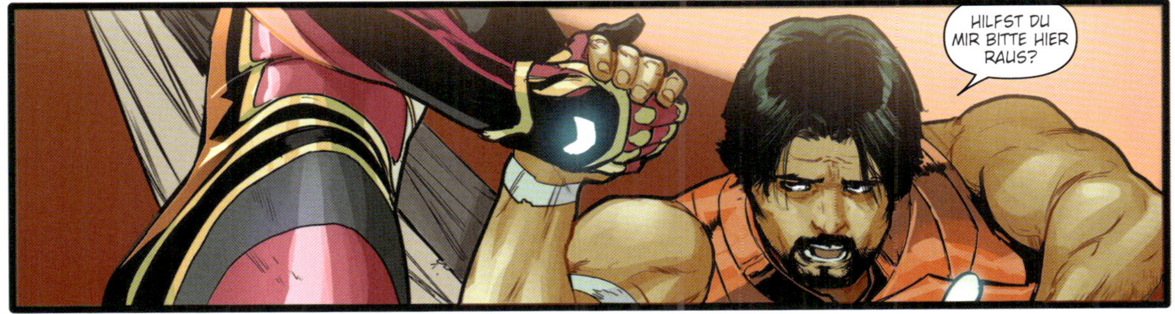

HILFST DU MIR BITTE HIER RAUS?

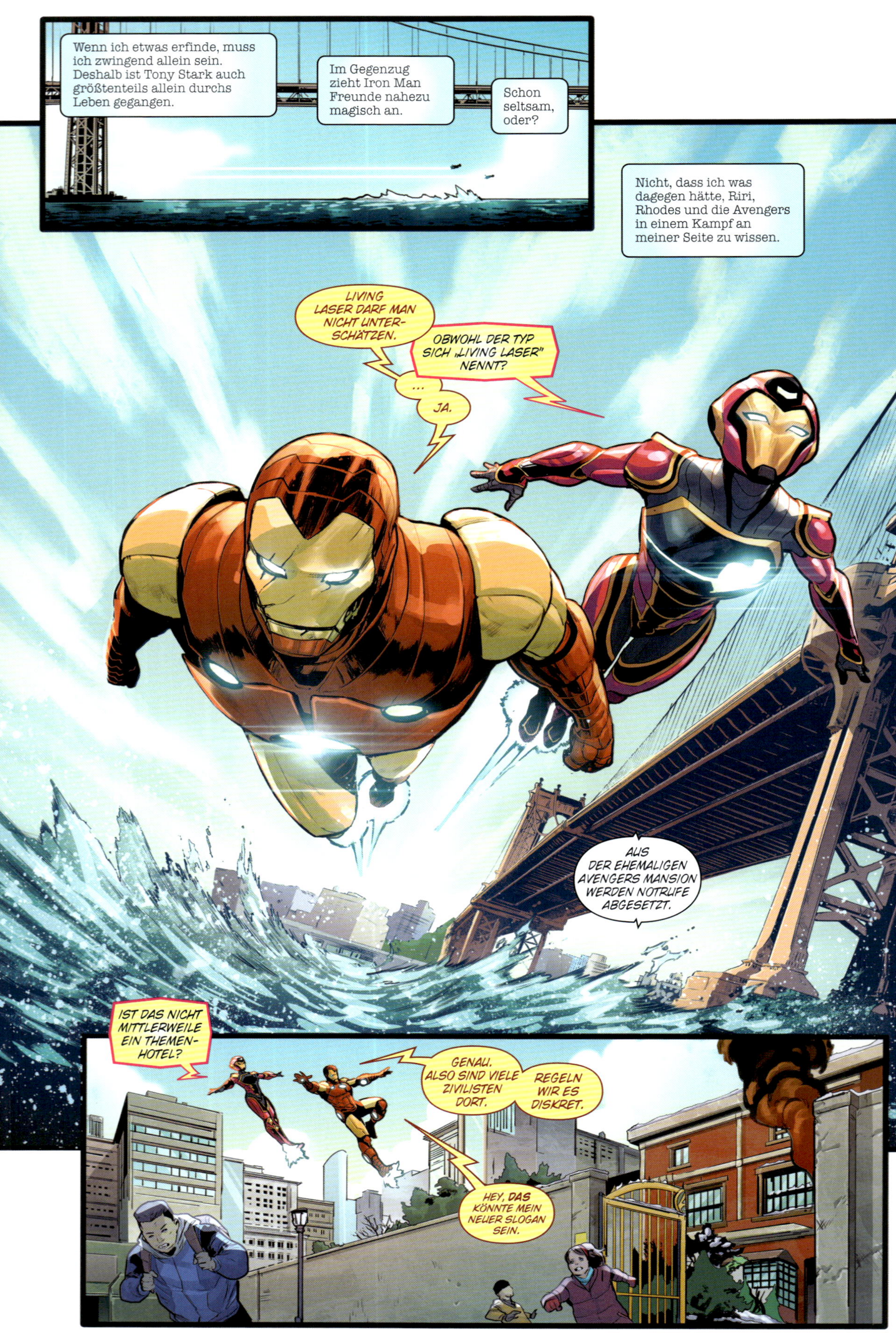
Wenn ich etwas erfinde, muss ich zwingend allein sein. Deshalb ist Tony Stark auch größtenteils allein durchs Leben gegangen.
Im Gegenzug zieht Iron Man Freunde nahezu magisch an.
Schon seltsam, oder?
Nicht, dass ich was dagegen hätte, Riri, Rhodes und die Avengers in einem Kampf an meiner Seite zu wissen.
LIVING LASER DARF MAN NICHT UNTER-SCHÄTZEN.
OBWOHL DER TYP SICH „LIVING LASER" NENNT?
...
JA.
AUS DER EHEMALIGEN AVENGERS MANSION WERDEN NOTRUFE ABGESETZT.
IST DAS NICHT MITTLERWEILE EIN THEMEN-HOTEL?
GENAU. ALSO SIND VIELE ZIVILISTEN DORT.
REGELN WIR ES DISKRET.
HEY, DAS KÖNNTE MEIN NEUER SLOGAN SEIN.

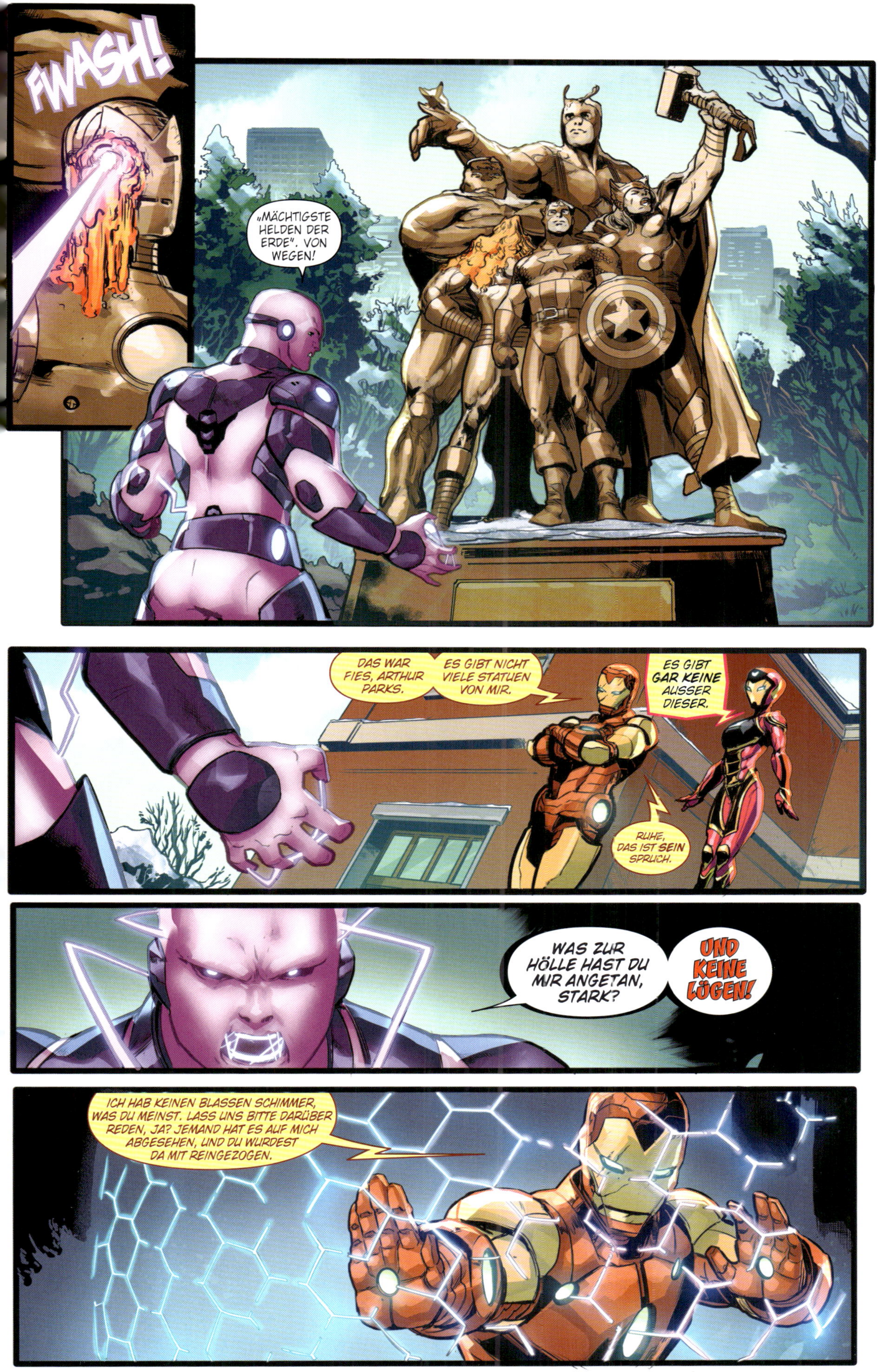

FWASH!

„MÄCHTIGSTE HELDEN DER ERDE“. VON WEGEN!

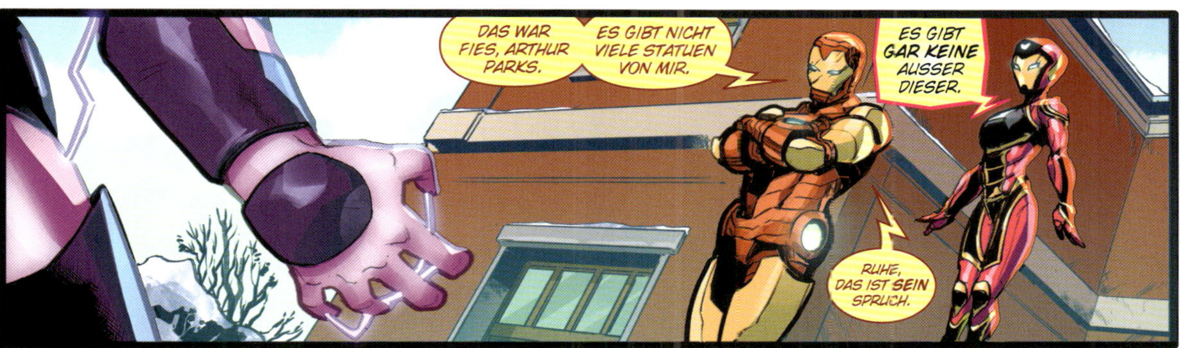

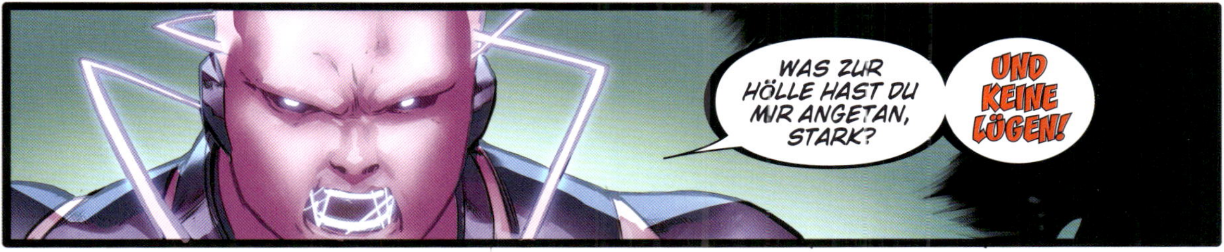

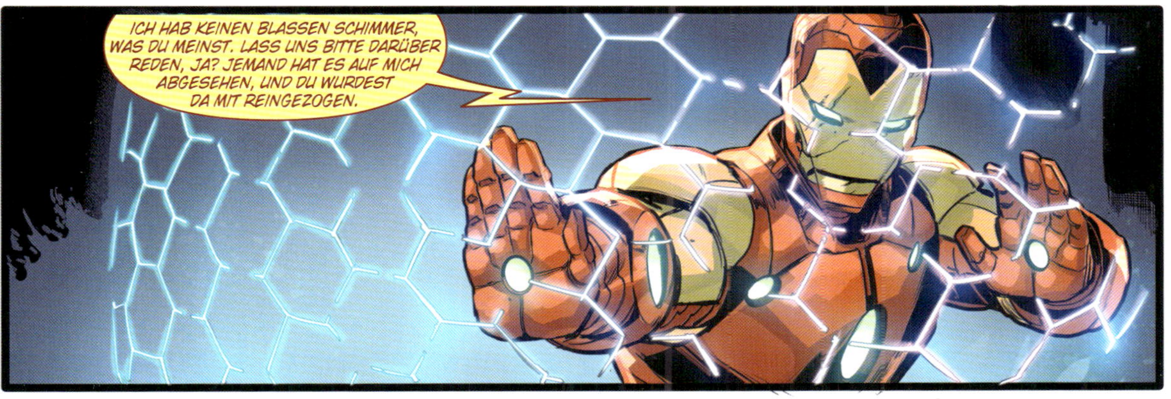

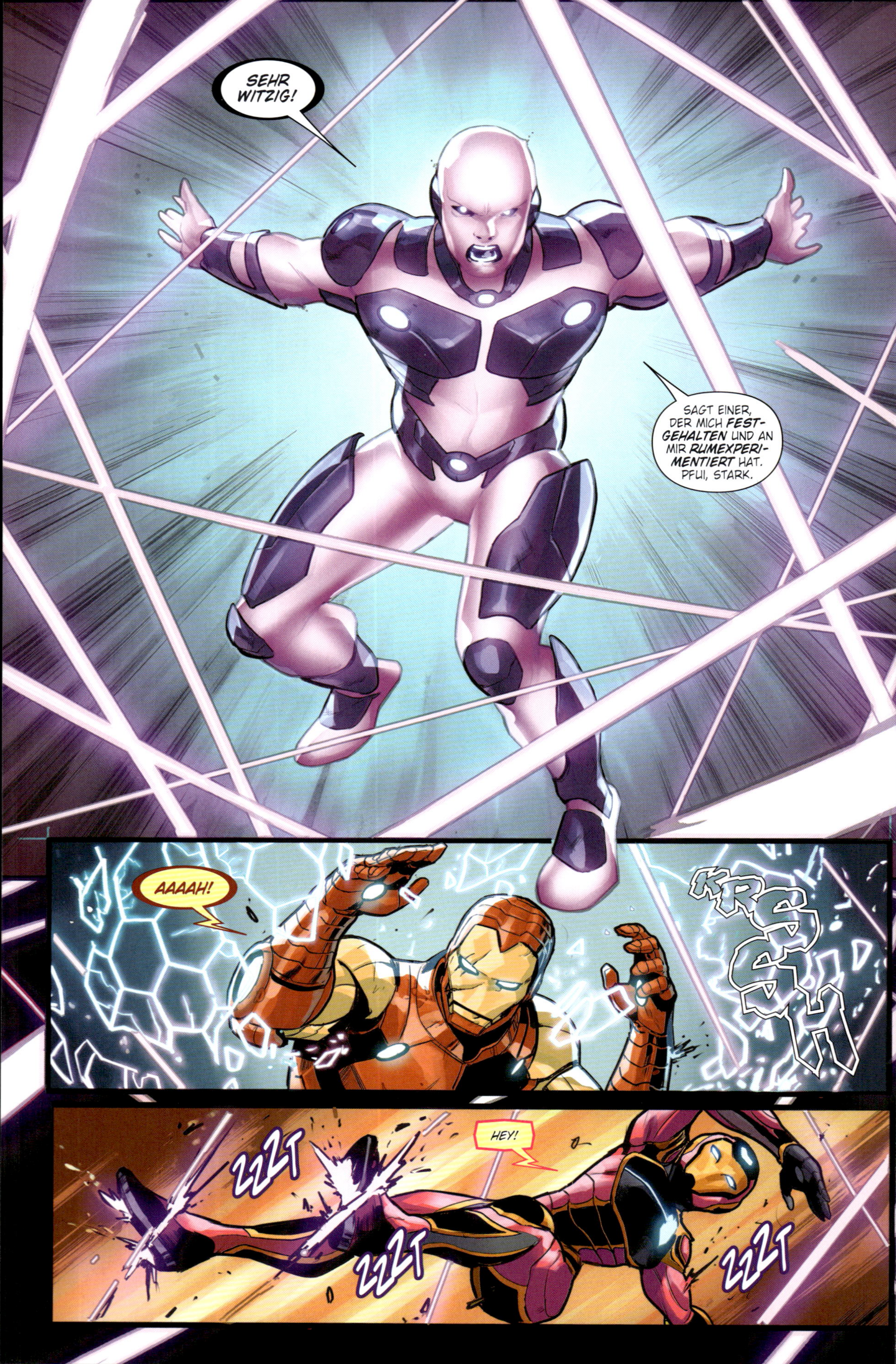
SEHR WITZIG!
SAGT EINER, DER MICH FEST-GEHALTEN UND AN MIR RUMEXPERI-MENTIERT HAT. PFUI, STARK.
AAAAH!
KRSSH
HEY!
ZZZT
ZZZT
ZZZT

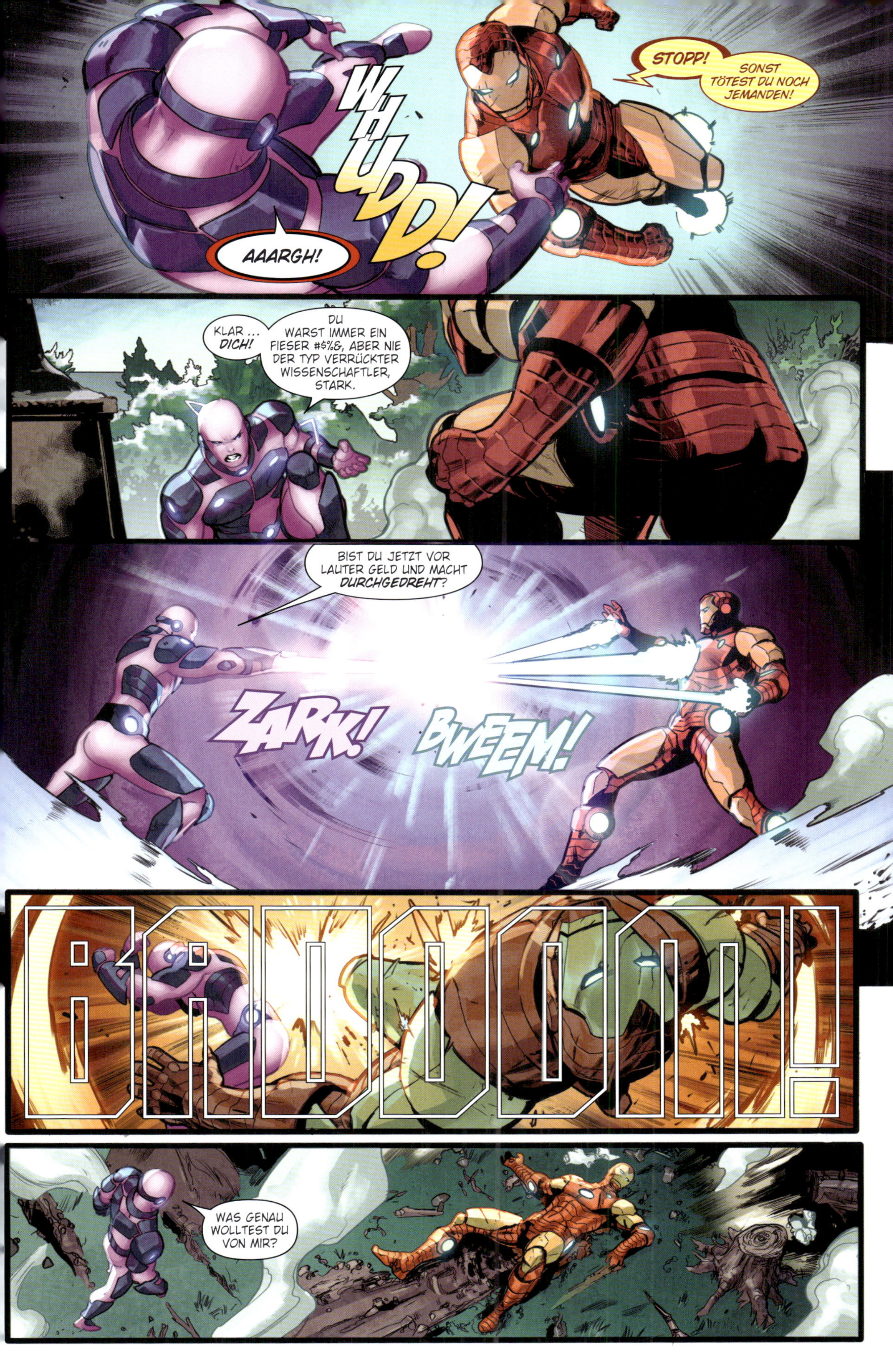
WHUDD!
AAARGH!
STOPP!
SONST TÖTEST DU NOCH JEMANDEN!
KLAR ... DICH!
DU WARST IMMER EIN FIESER #$%&, ABER NIE DER TYP VERRÜCKTER WISSENSCHAFTLER, STARK.
BIST DU JETZT VOR LAUTER GELD UND MACHT DURCHGEDREHT?
ZARK!
BWEEM!
BADOOM!
WAS GENAU WOLLTEST DU VON MIR?

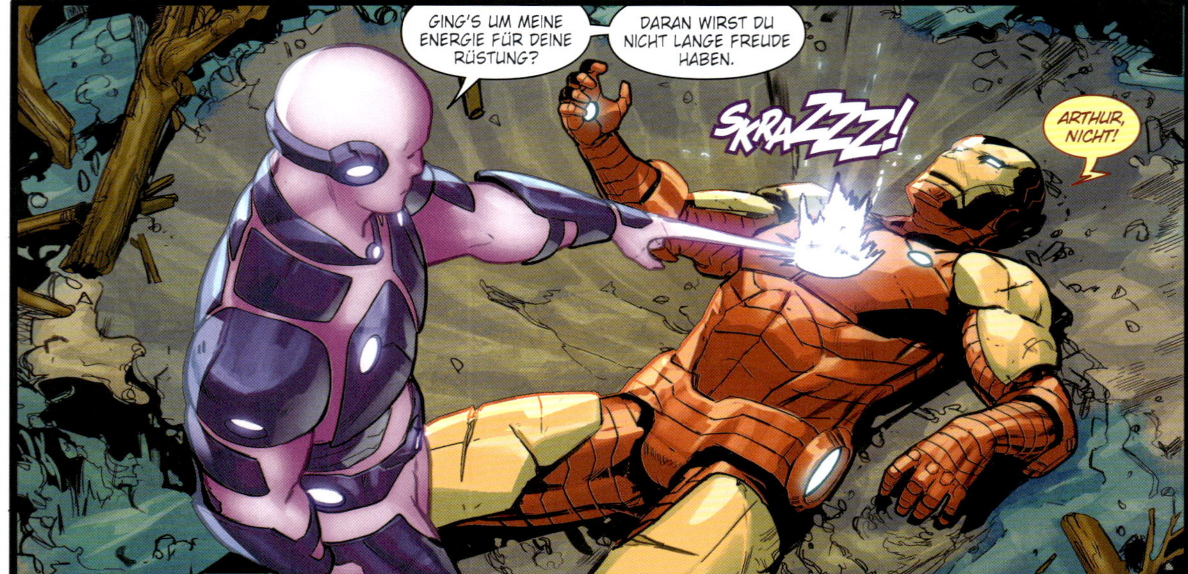
GING'S UM MEINE ENERGIE FÜR DEINE RÜSTUNG?
DARAN WIRST DU NICHT LANGE FREUDE HABEN.
SKRAZZZZ!
ARTHUR, NICHT!

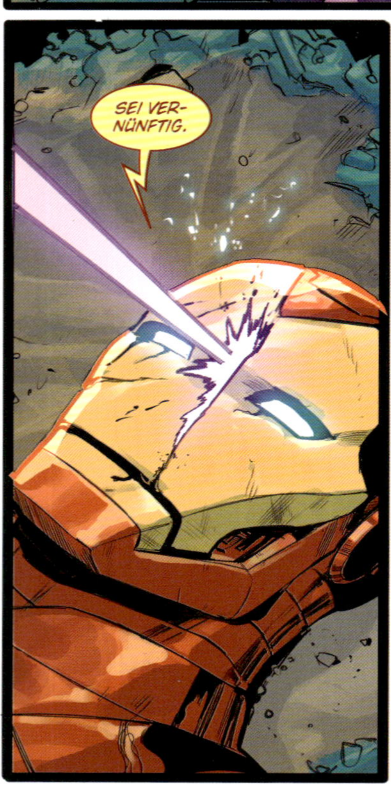
SEI VERNÜNFTIG.

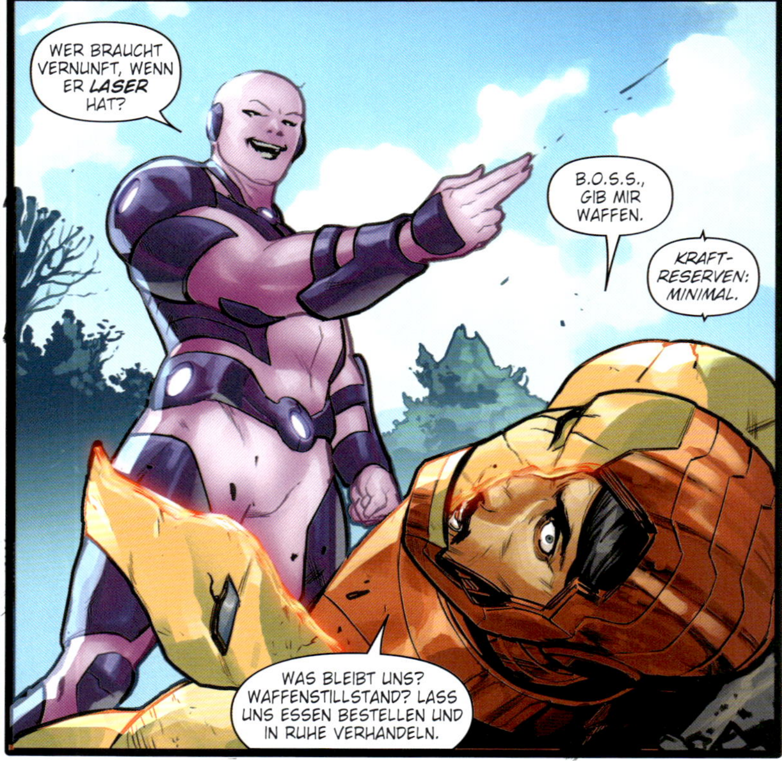
WER BRAUCHT VERNUNFT, WENN ER *LASER* HAT?
B.O.S.S., GIB MIR WAFFEN.
KRAFT-RESERVEN: MINIMAL.
WAS BLEIBT UNS? WAFFENSTILLSTAND? LASS UNS ESSEN BESTELLEN UND IN RUHE VERHANDELN.

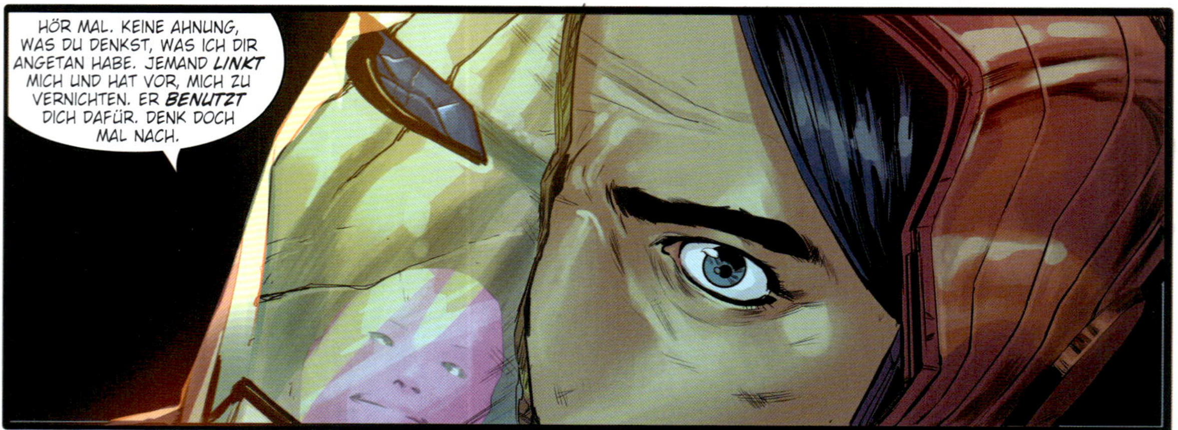
HÖR MAL. KEINE AHNUNG, WAS DU DENKST, WAS ICH DIR ANGETAN HABE. JEMAND ***LINKT*** MICH UND HAT VOR, MICH ZU VERNICHTEN. ER ***BENUTZT*** DICH DAFÜR. DENK DOCH MAL NACH.

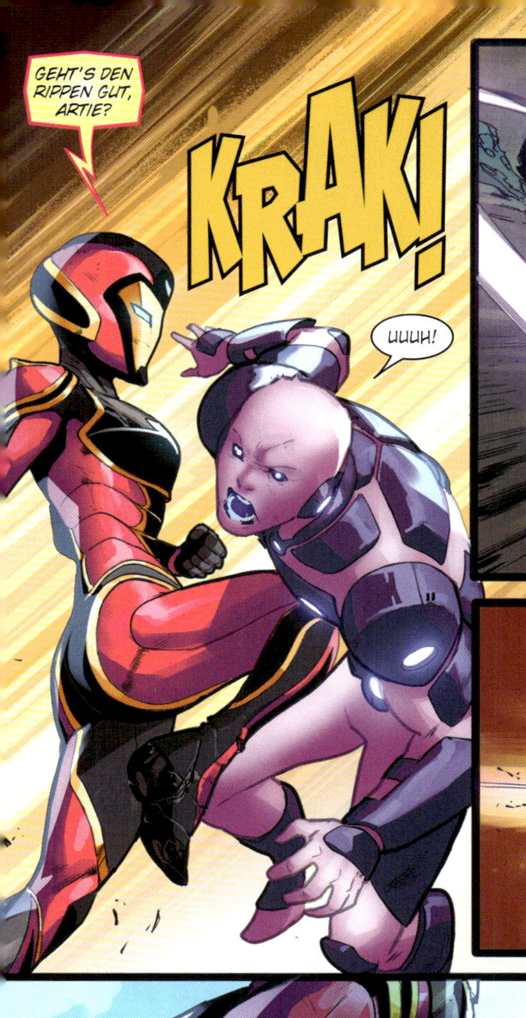

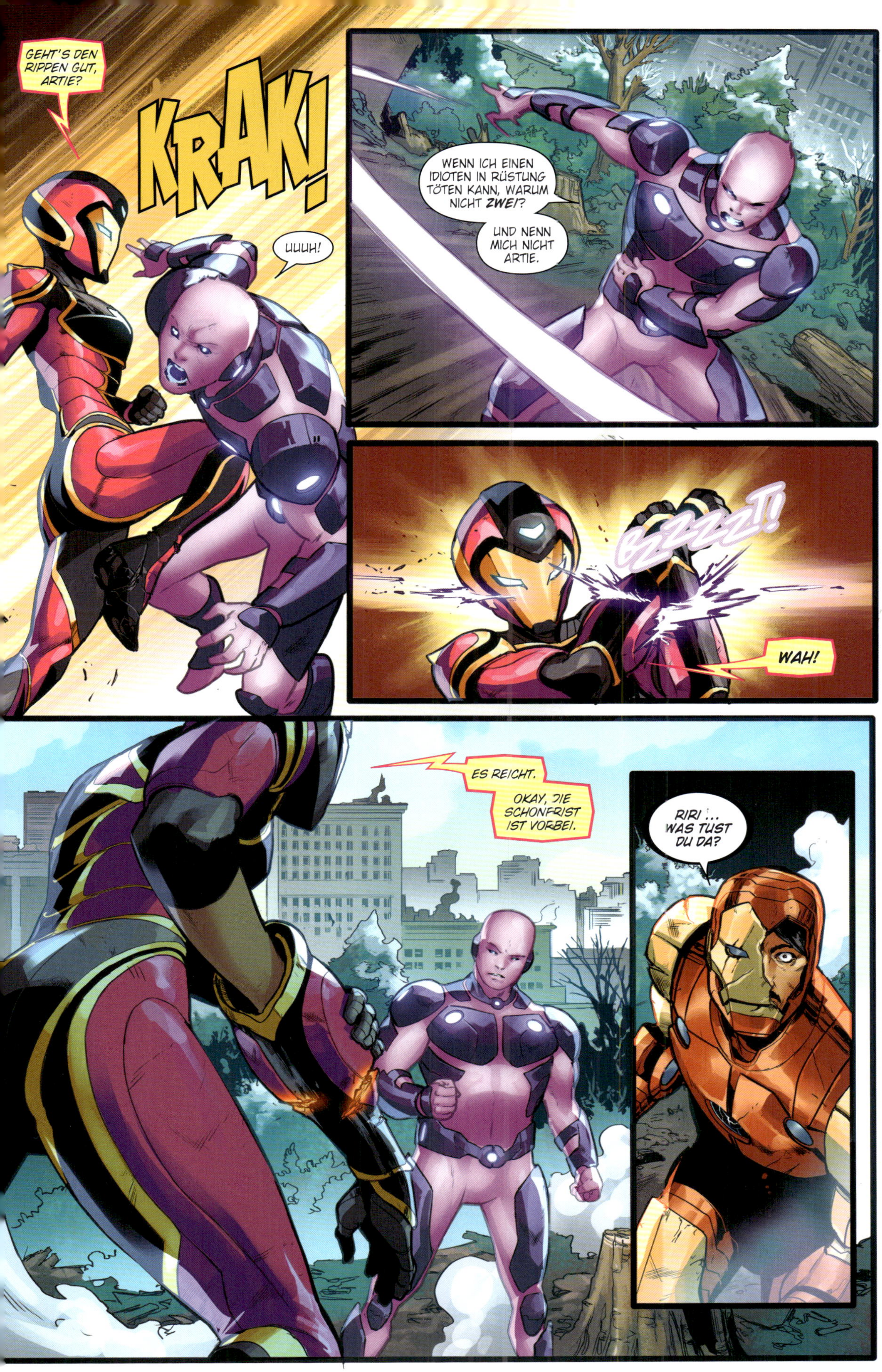

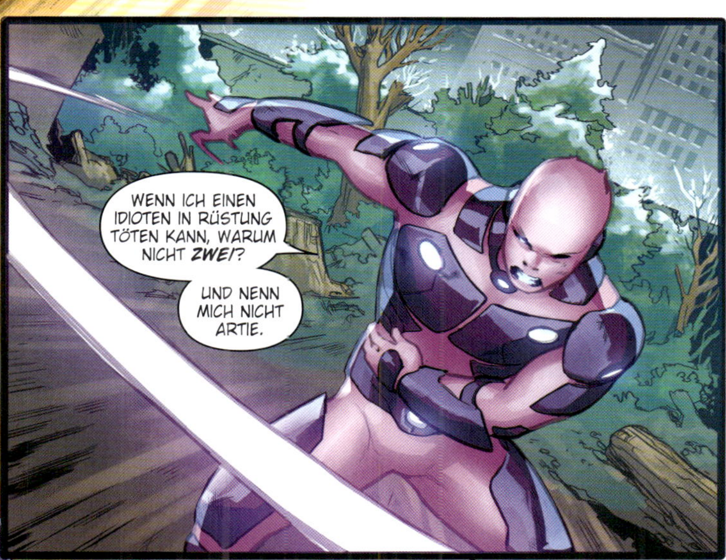

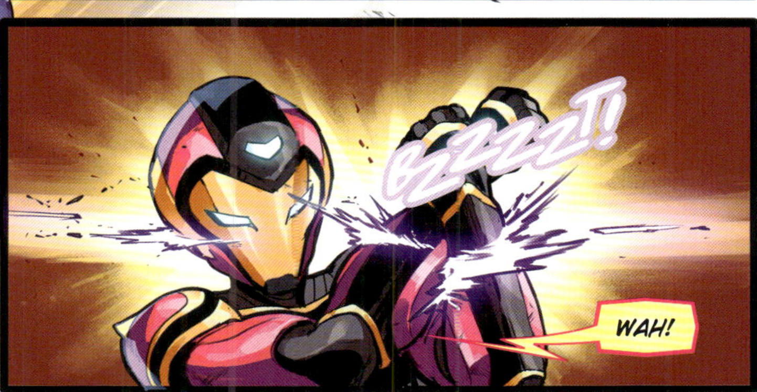

ES REICHT.

OKAY, DIE SCHONFRIST IST VORBEI.

RIRI ... WAS TUST DU DA?

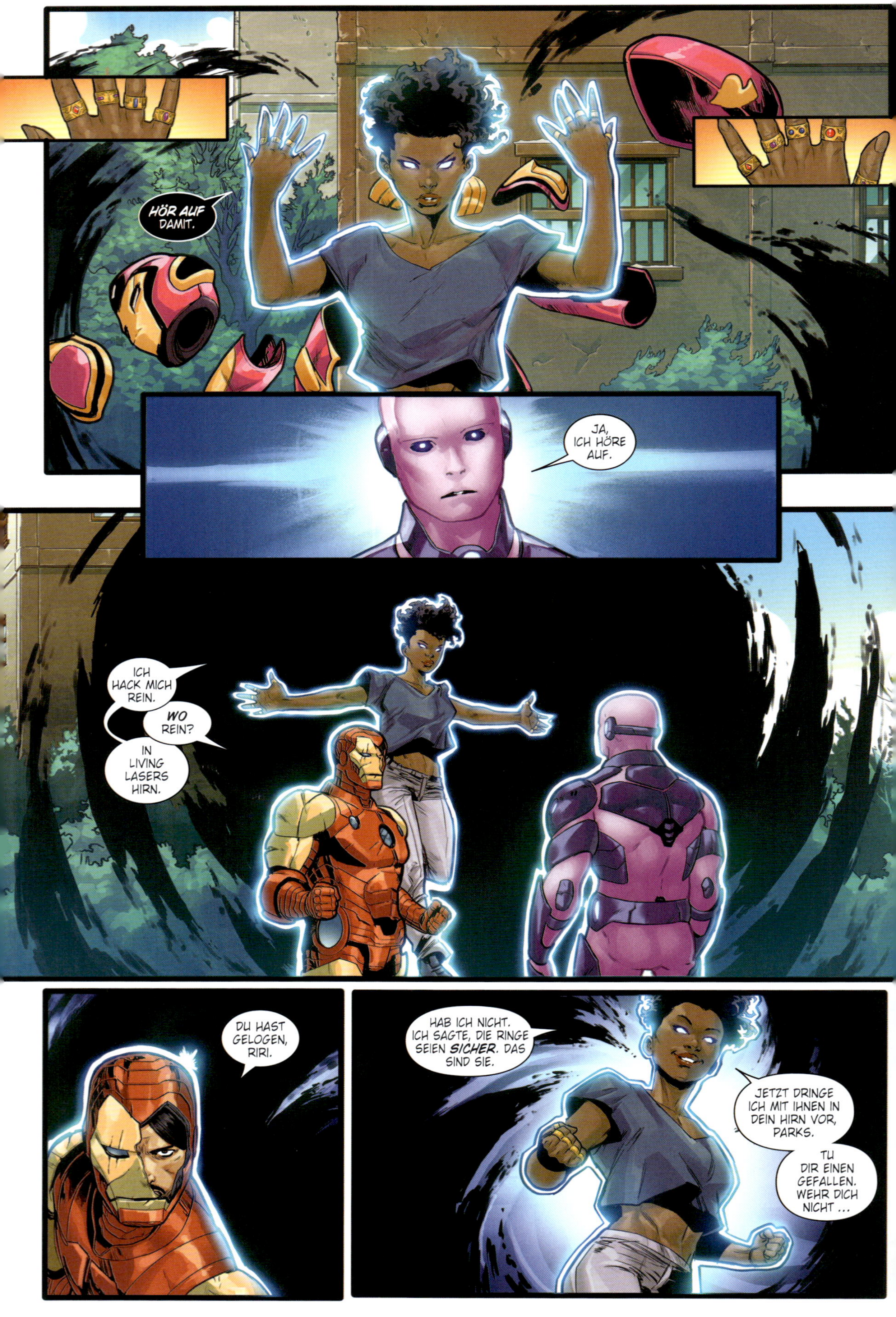

HÖR AUF DAMIT.

JA, ICH HÖRE AUF.

ICH HACK MICH REIN.

WO REIN?

IN LIVING LASERS HIRN.

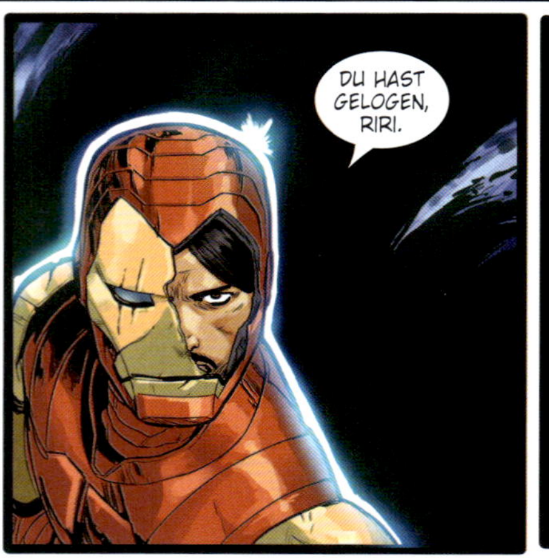

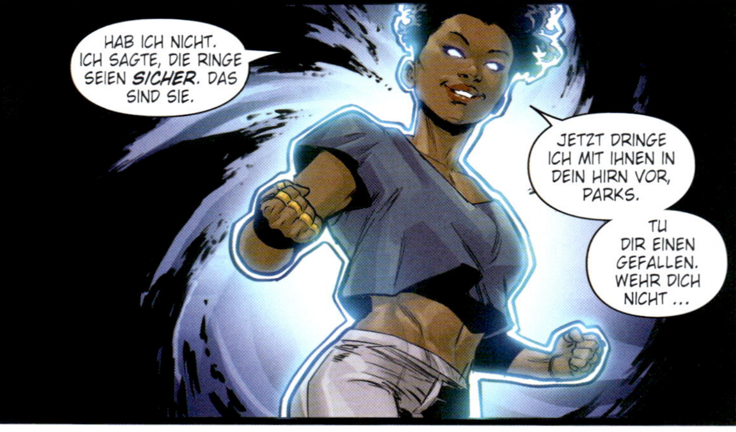

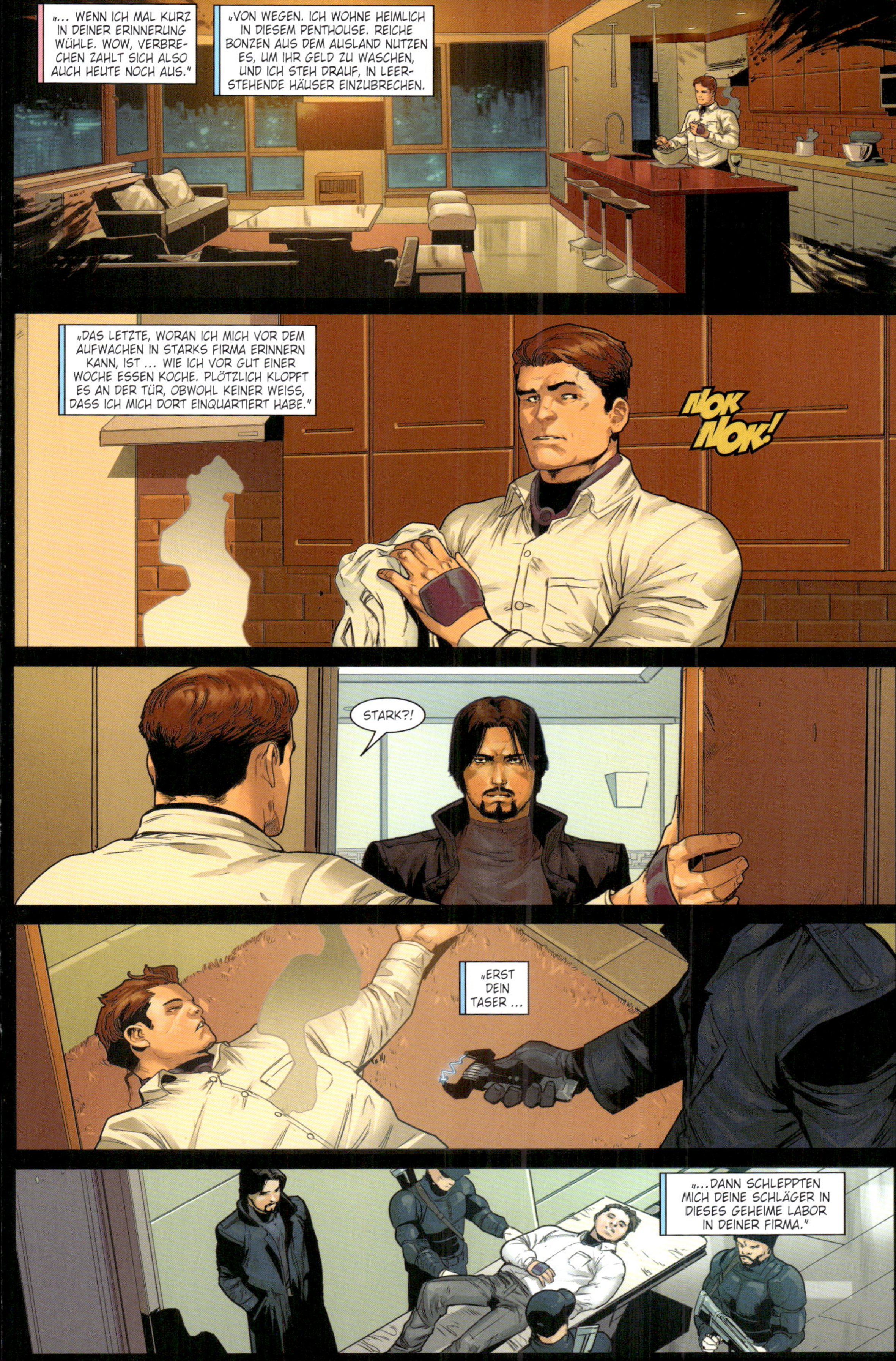
„… WENN ICH MAL KURZ IN DEINER ERINNERUNG WÜHLE. WOW, VERBRECHEN ZAHLT SICH ALSO AUCH HEUTE NOCH AUS."
„VON WEGEN. ICH WOHNE HEIMLICH IN DIESEM PENTHOUSE. REICHE BONZEN AUS DEM AUSLAND NUTZEN ES, UM IHR GELD ZU WASCHEN, UND ICH STEH DRAUF, IN LEERSTEHENDE HÄUSER EINZUBRECHEN.
„DAS LETZTE, WORAN ICH MICH VOR DEM AUFWACHEN IN STARKS FIRMA ERINNERN KANN, IST … WIE ICH VOR GUT EINER WOCHE ESSEN KOCHE. PLÖTZLICH KLOPFT ES AN DER TÜR, OBWOHL KEINER WEISS, DASS ICH MICH DORT EINQUARTIERT HABE."
NOK NOK!
STARK?!
„ERST DEIN TASER …
„…DANN SCHLEPPTEN MICH DEINE SCHLÄGER IN DIESES GEHEIME LABOR IN DEINER FIRMA."

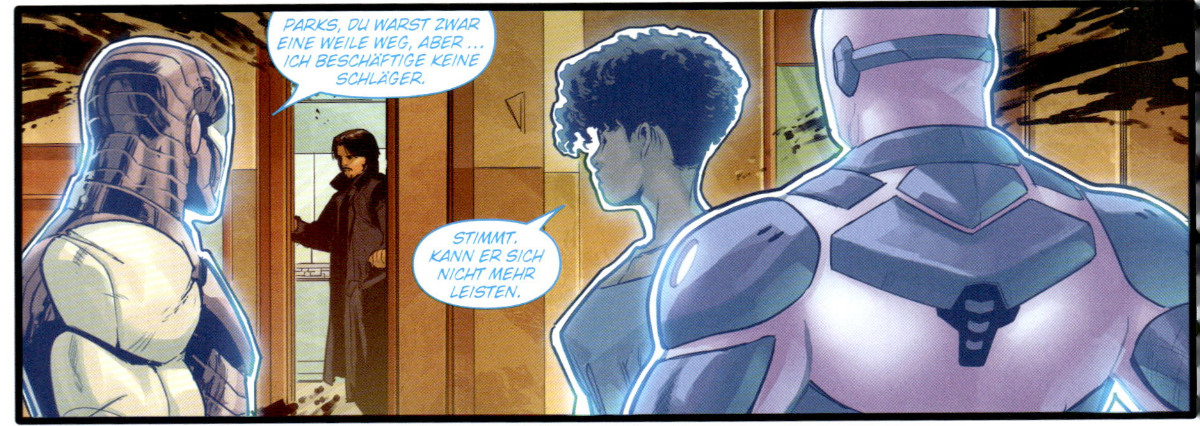
PARKS, DU WARST ZWAR EINE WEILE WEG, ABER ... ICH BESCHÄFTIGE KEINE SCHLÄGER.
STIMMT. KANN ER SICH NICHT MEHR LEISTEN.

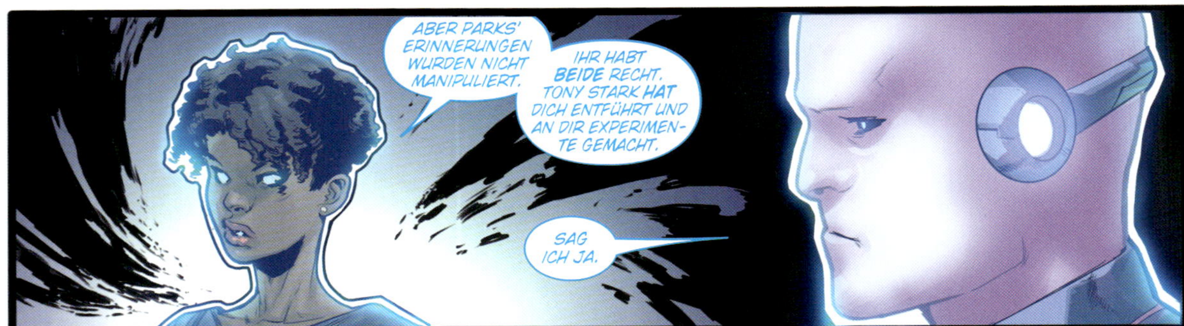
ABER PARKS' ERINNERUNGEN WURDEN NICHT MANIPULIERT.
IHR HABT BEIDE RECHT. TONY STARK HAT DICH ENTFÜHRT UND AN DIR EXPERIMENTE GEMACHT.
SAG ICH JA.

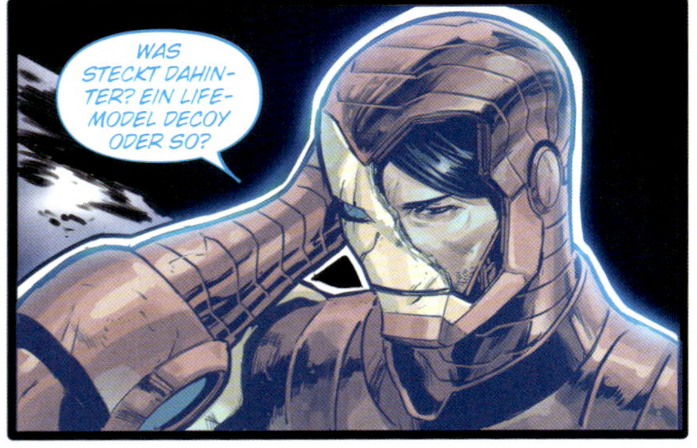
WAS STECKT DAHINTER? EIN LIFE-MODEL DECOY ODER SO?

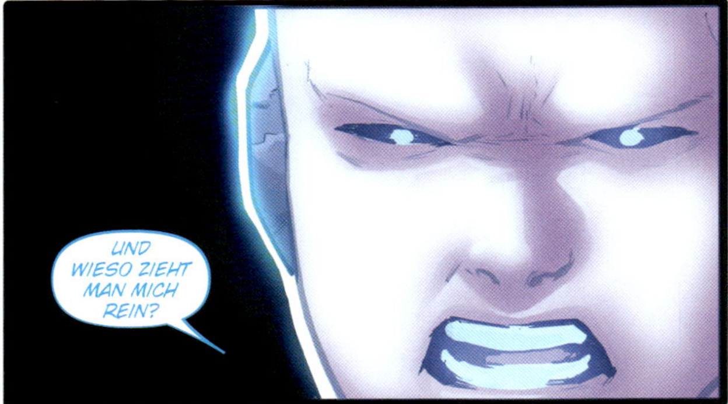
UND WIESO ZIEHT MAN MICH REIN?

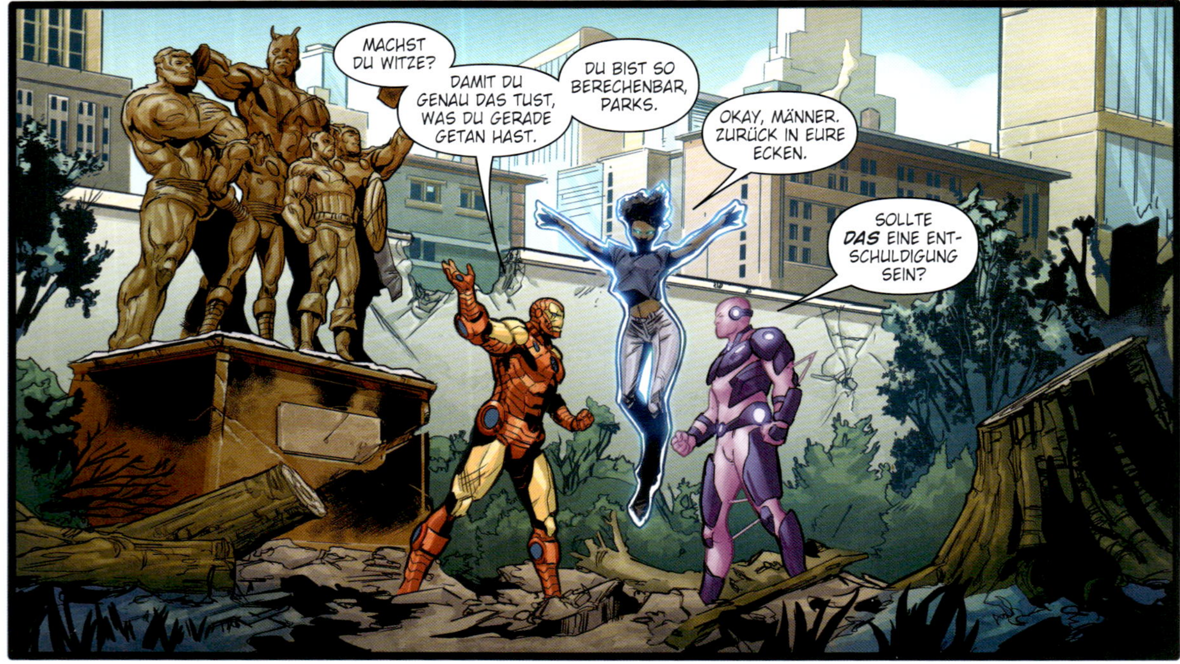
MACHST DU WITZE?
DAMIT DU GENAU DAS TUST, WAS DU GERADE GETAN HAST.
DU BIST SO BERECHENBAR, PARKS.
OKAY, MÄNNER. ZURÜCK IN EURE ECKEN.
SOLLTE DAS EINE ENTSCHULDIGUNG SEIN?

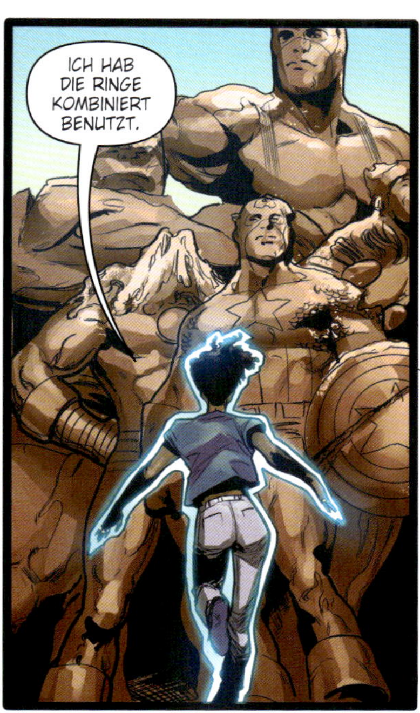
ICH HAB DIE RINGE KOMBINIERT BENUTZT.

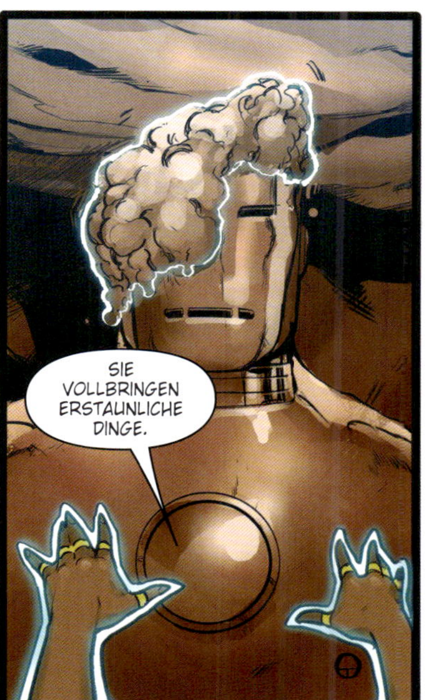
SIE VOLLBRINGEN ERSTAUNLICHE DINGE.

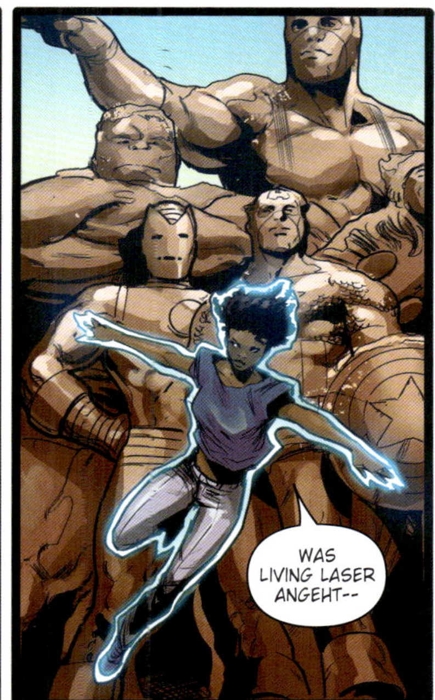
WAS LIVING LASER ANGEHT--

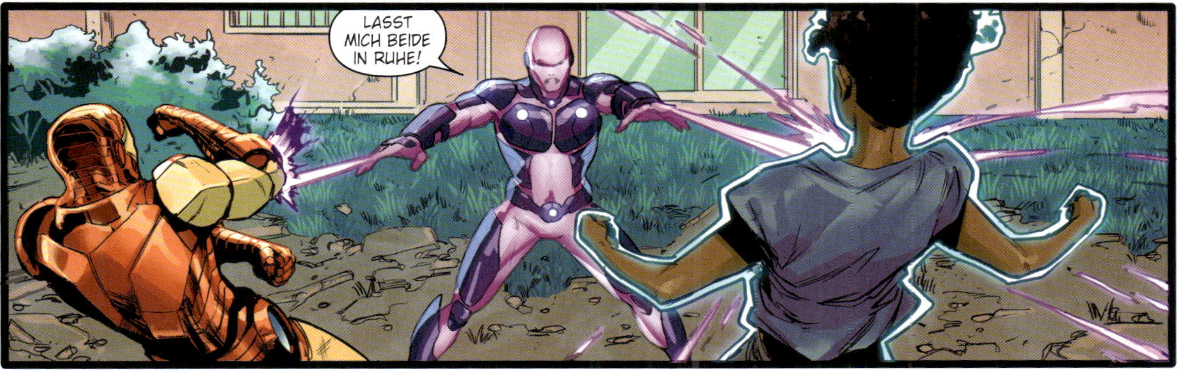
LASST MICH BEIDE IN RUHE!

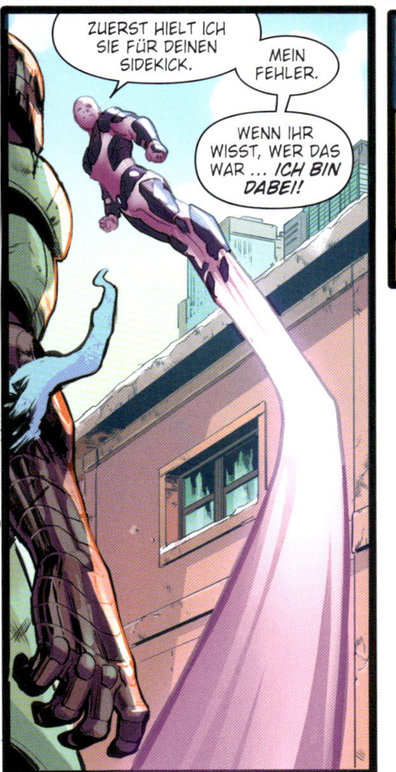
ZUERST HIELT ICH SIE FÜR DEINEN SIDEKICK.
MEIN FEHLER.
WENN IHR WISST, WER DAS WAR ... *ICH BIN DABEI!*

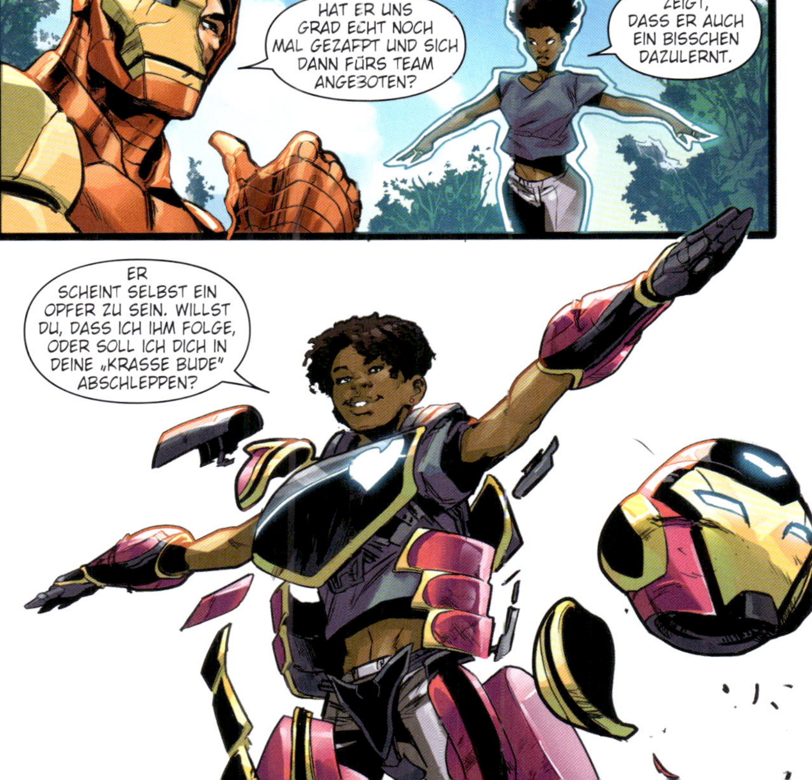
HAT ER UNS GRAD ECHT NOCH MAL GEZAPFT UND SICH DANN FÜRS TEAM ANGEBOTEN?
ZEIGT, DASS ER AUCH EIN BISSCHEN DAZULERNT.
ER SCHEINT SELBST EIN OPFER ZU SEIN. WILLST DU, DASS ICH IHM FOLGE, ODER SOLL ICH DICH IN DEINE „KRASSE BUDE" ABSCHLEPPEN?

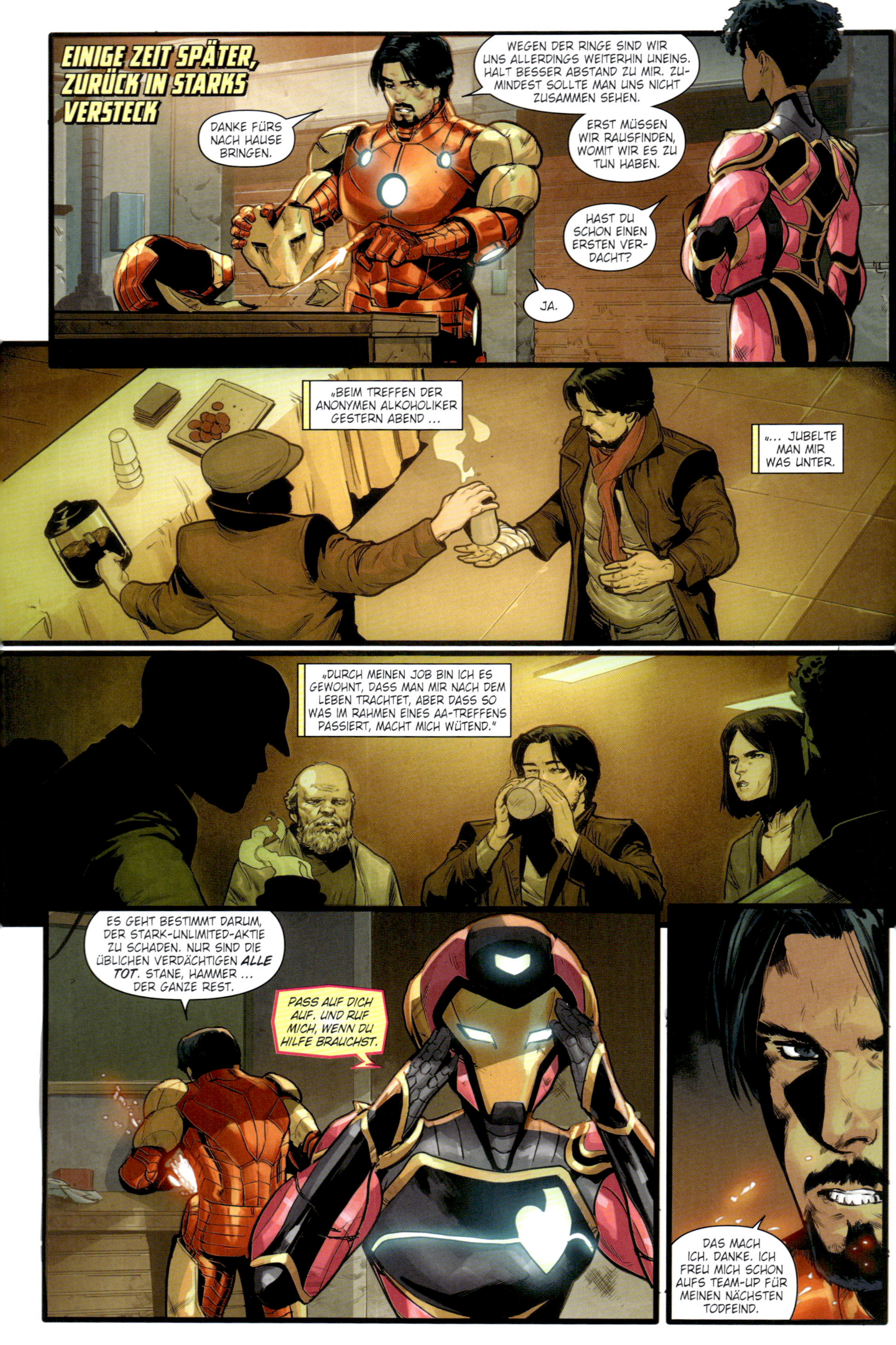
EINIGE ZEIT SPÄTER, ZURÜCK IN STARKS VERSTECK
DANKE FÜRS NACH HAUSE BRINGEN.
WEGEN DER RINGE SIND WIR UNS ALLERDINGS WEITERHIN UNEINS. HALT BESSER ABSTAND ZU MIR. ZUMINDEST SOLLTE MAN UNS NICHT ZUSAMMEN SEHEN.
ERST MÜSSEN WIR RAUSFINDEN, WOMIT WIR ES ZU TUN HABEN.
HAST DU SCHON EINEN ERSTEN VERDACHT?
JA.
„BEIM TREFFEN DER ANONYMEN ALKOHOLIKER GESTERN ABEND ...
„... JUBELTE MAN MIR WAS UNTER.
„DURCH MEINEN JOB BIN ICH ES GEWOHNT, DASS MAN MIR NACH DEM LEBEN TRACHTET, ABER DASS SO WAS IM RAHMEN EINES AA-TREFFENS PASSIERT, MACHT MICH WÜTEND."
ES GEHT BESTIMMT DARUM, DER STARK-UNLIMITED-AKTIE ZU SCHADEN. NUR SIND DIE ÜBLICHEN VERDÄCHTIGEN ***ALLE TOT***. STANE, HAMMER ... DER GANZE REST.
PASS AUF DICH AUF. UND RUF MICH, WENN DU HILFE BRAUCHST.
DAS MACH ICH. DANKE. ICH FREU MICH SCHON AUFS TEAM-UP FÜR MEINEN NÄCHSTEN TODFEIND.

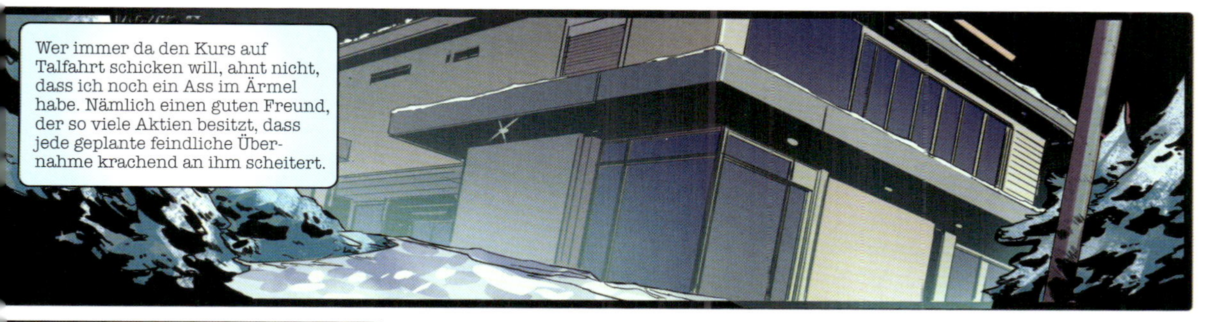

Eine Autobiografie zu schreiben, ist furchtbar. Nicht nur unangenehm, es kommt mir auch unanständig vor.

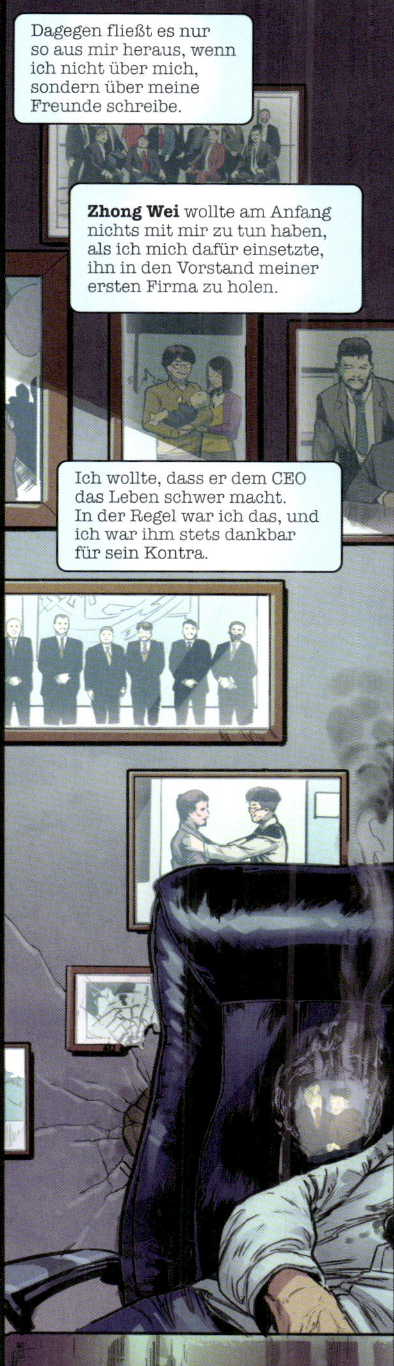

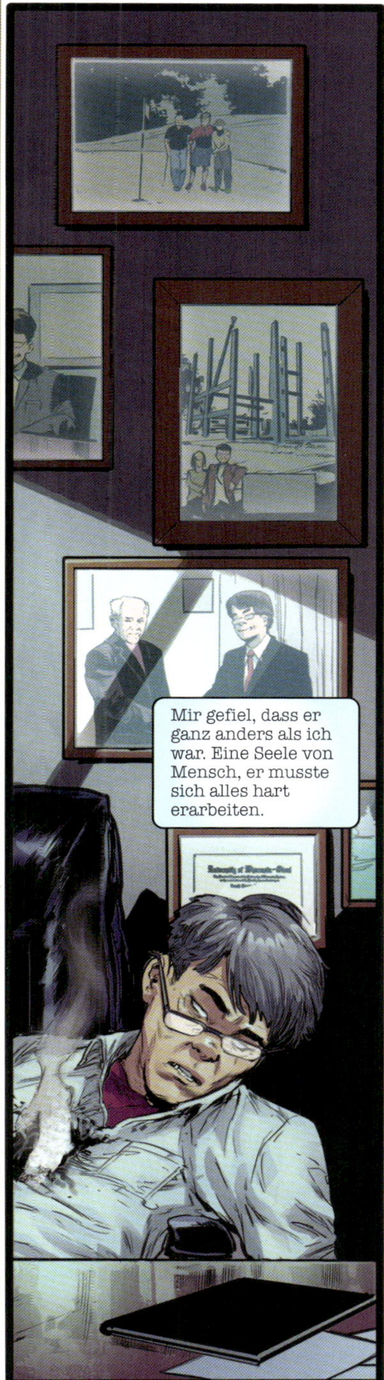

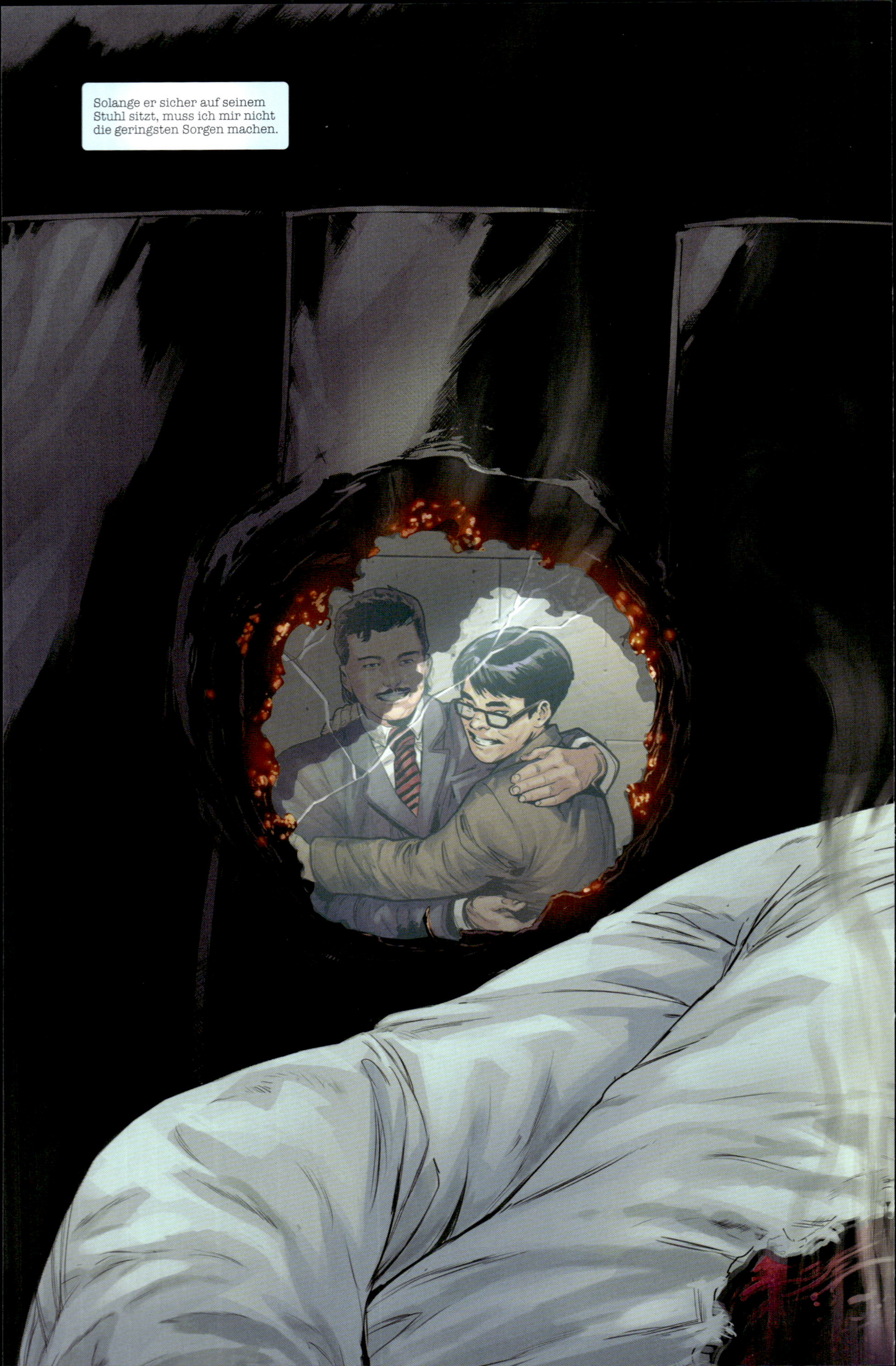
Solange er sicher auf seinem Stuhl sitzt, muss ich mir nicht die geringsten Sorgen machen.

DAS LEBEN DES TONY STARK, KAPITEL 3

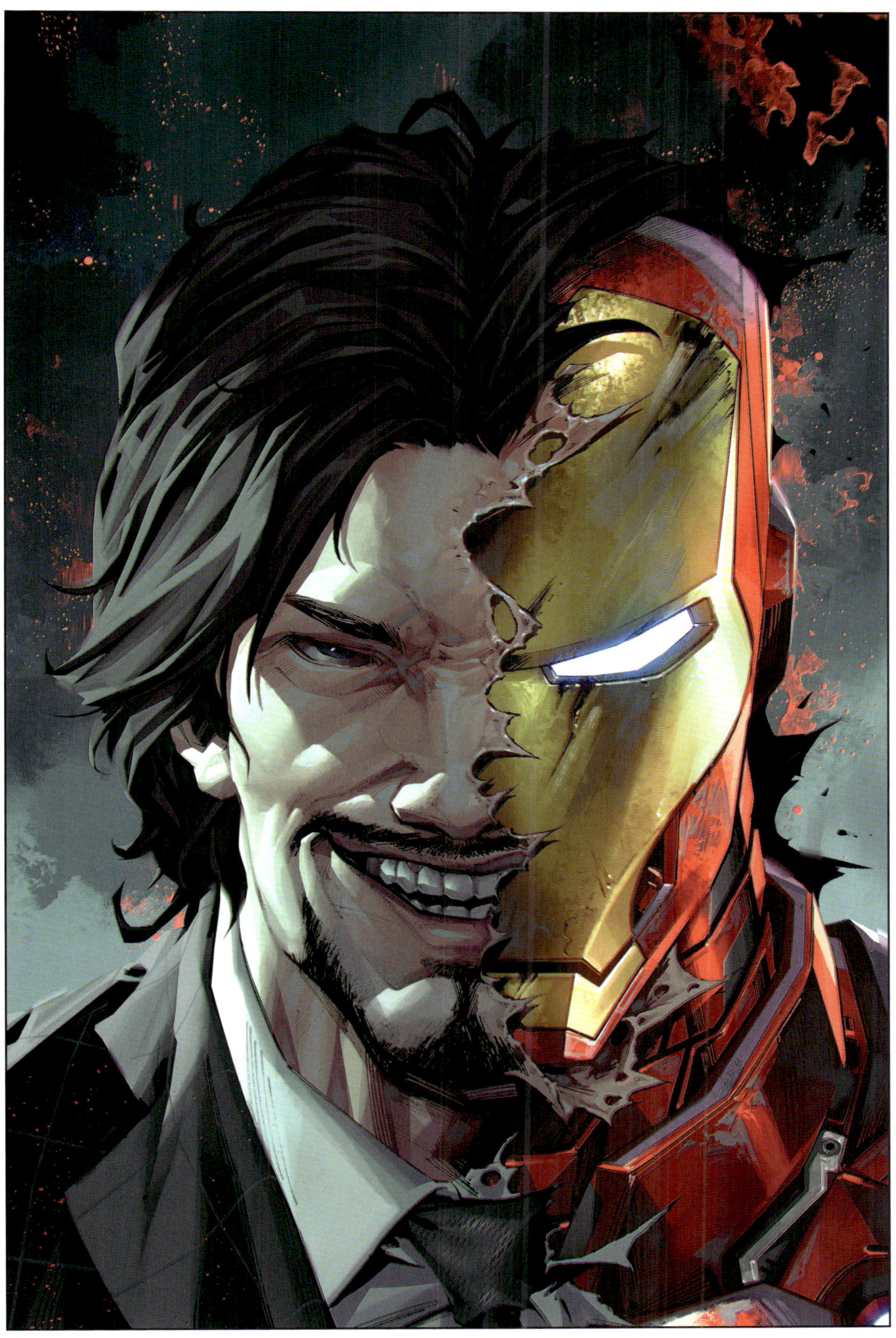

Invincible Iron Man (2022) 3
Cover von **KAEL NGU**

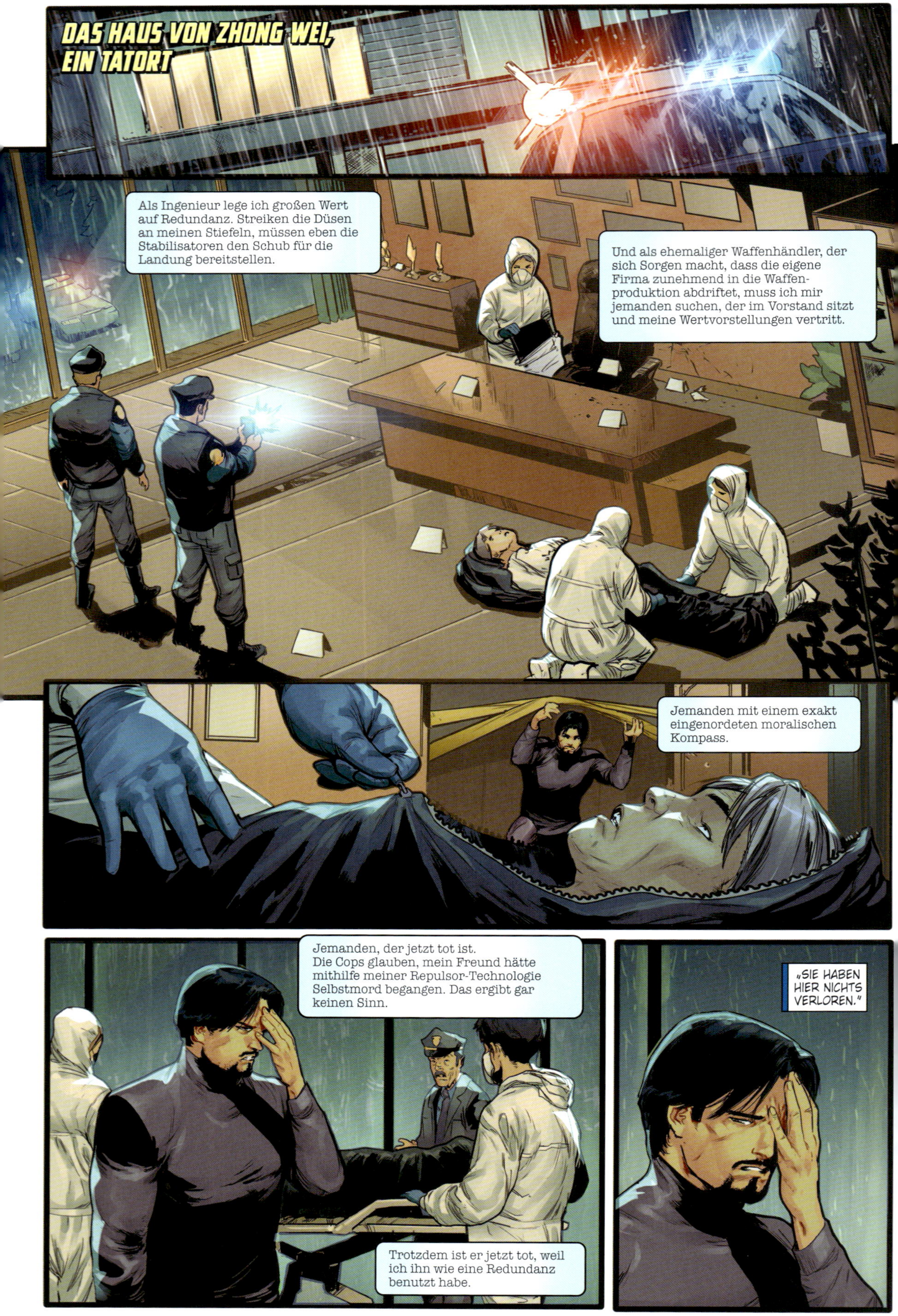

DAS HAUS VON ZHONG WEI, EIN TATORT

Als Ingenieur lege ich großen Wert auf Redundanz. Streiken die Düsen an meinen Stiefeln, müssen eben die Stabilisatoren den Schub für die Landung bereitstellen.

Und als ehemaliger Waffenhändler, der sich Sorgen macht, dass die eigene Firma zunehmend in die Waffenproduktion abdriftet, muss ich mir jemanden suchen, der im Vorstand sitzt und meine Wertvorstellungen vertritt.

Jemanden mit einem exakt eingenordeten moralischen Kompass.

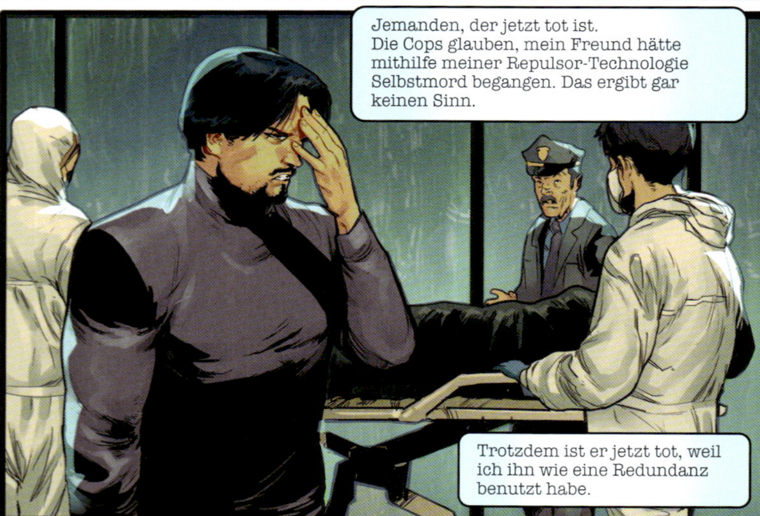

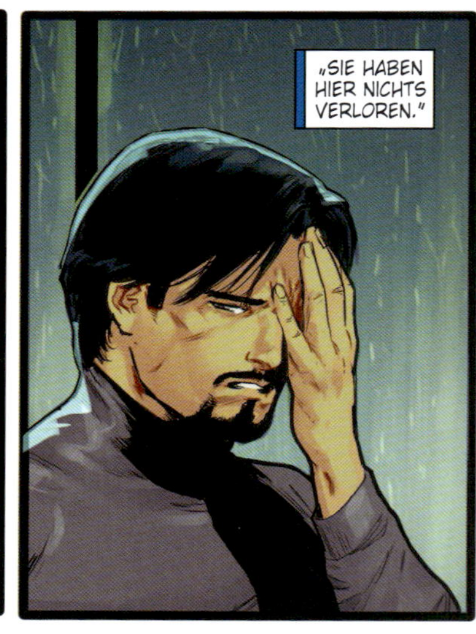

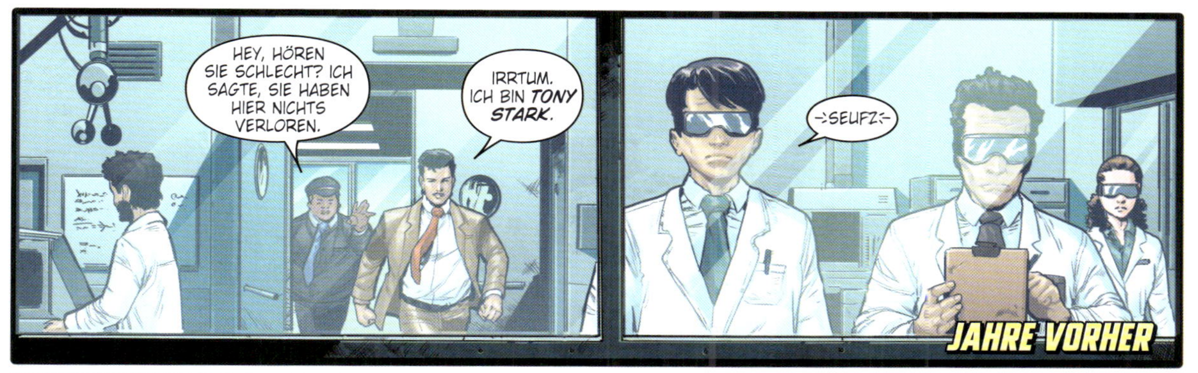
HEY, HÖREN SIE SCHLECHT? ICH SAGTE, SIE HABEN HIER NICHTS VERLOREN.
IRRTUM. ICH BIN TONY STARK.
-SEUFZ-
JAHRE VORHER

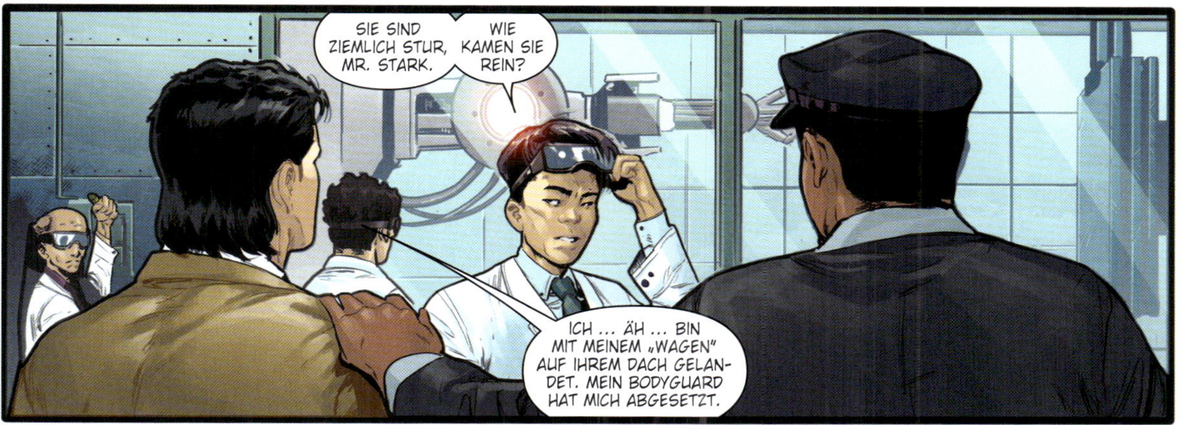
SIE SIND ZIEMLICH STUR, MR. STARK.
WIE KAMEN SIE REIN?
ICH ... ÄH ... BIN MIT MEINEM „WAGEN" AUF IHREM DACH GELANDET. MEIN BODYGUARD HAT MICH ABGESETZT.

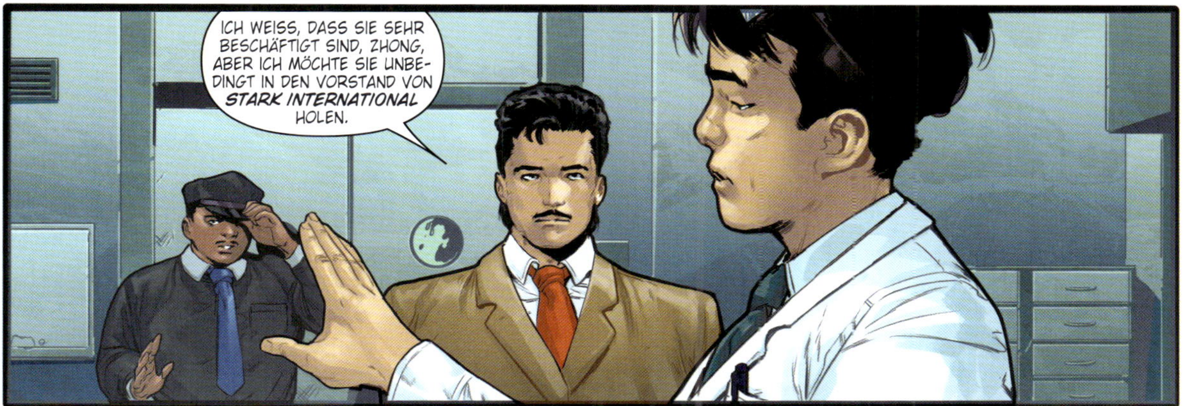
ICH WEISS, DASS SIE SEHR BESCHÄFTIGT SIND, ZHONG, ABER ICH MÖCHTE SIE UNBEDINGT IN DEN VORSTAND VON STARK INTERNATIONAL HOLEN.

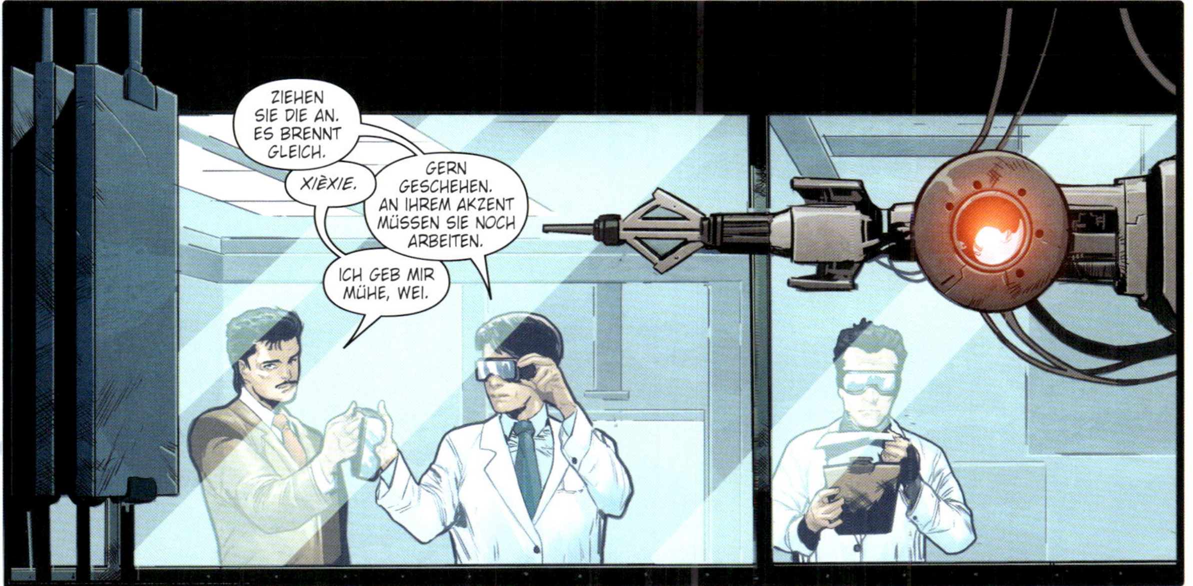
ZIEHEN SIE DIE AN. ES BRENNT GLEICH.
XIÈXIE.
GERN GESCHEHEN. AN IHREM AKZENT MÜSSEN SIE NOCH ARBEITEN.
ICH GEB MIR MÜHE, WEI.

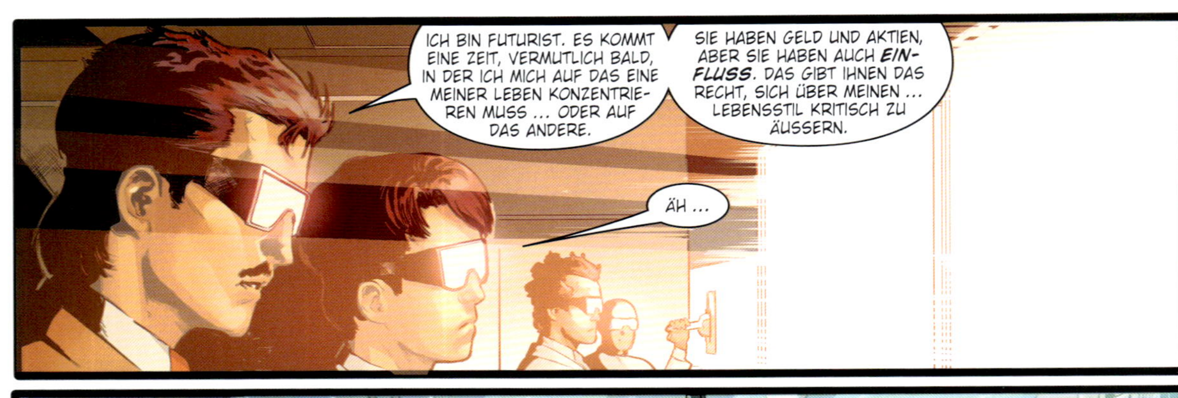
ICH BIN FUTURIST. ES KOMMT EINE ZEIT, VERMUTLICH BALD, IN DER ICH MICH AUF DAS EINE MEINER LEBEN KONZENTRIEREN MUSS ... ODER AUF DAS ANDERE.
SIE HABEN GELD UND AKTIEN, ABER SIE HABEN AUCH **EINFLUSS**. DAS GIBT IHNEN DAS RECHT, SICH ÜBER MEINEN ... LEBENSSTIL KRITISCH ZU ÄUSSERN.
ÄH ...

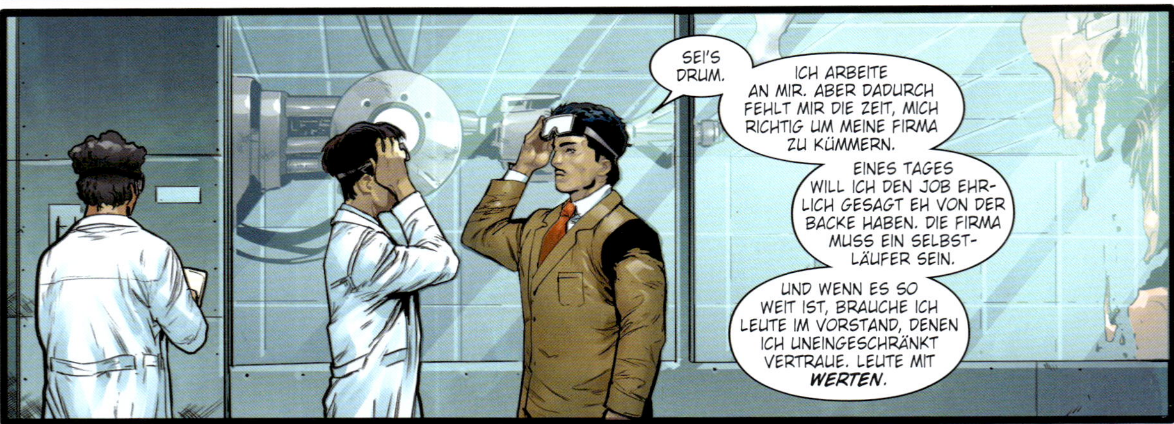
SEI'S DRUM.
ICH ARBEITE AN MIR. ABER DADURCH FEHLT MIR DIE ZEIT, MICH RICHTIG UM MEINE FIRMA ZU KÜMMERN.
EINES TAGES WILL ICH DEN JOB EHRLICH GESAGT EH VON DER BACKE HABEN. DIE FIRMA MUSS EIN SELBSTLÄUFER SEIN.
UND WENN ES SO WEIT IST, BRAUCHE ICH LEUTE IM VORSTAND, DENEN ICH UNEINGESCHRÄNKT VERTRAUE. LEUTE MIT **WERTEN**.

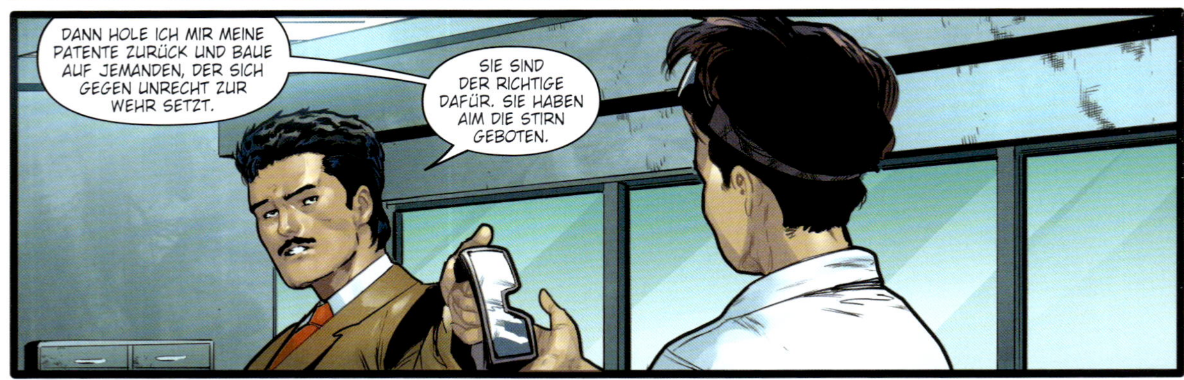
DANN HOLE ICH MIR MEINE PATENTE ZURÜCK UND BAUE AUF JEMANDEN, DER SICH GEGEN UNRECHT ZUR WEHR SETZT.
SIE SIND DER RICHTIGE DAFÜR. SIE HABEN AIM DIE STIRN GEBOTEN.

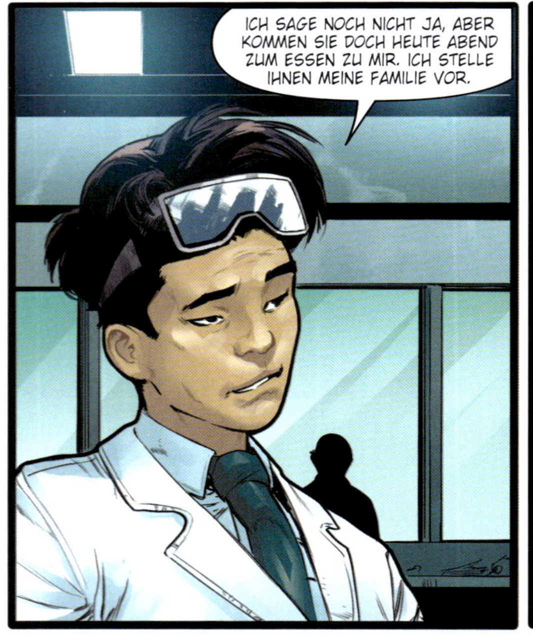
ICH SAGE NOCH NICHT JA, ABER KOMMEN SIE DOCH HEUTE ABEND ZUM ESSEN ZU MIR. ICH STELLE IHNEN MEINE FAMILIE VOR.

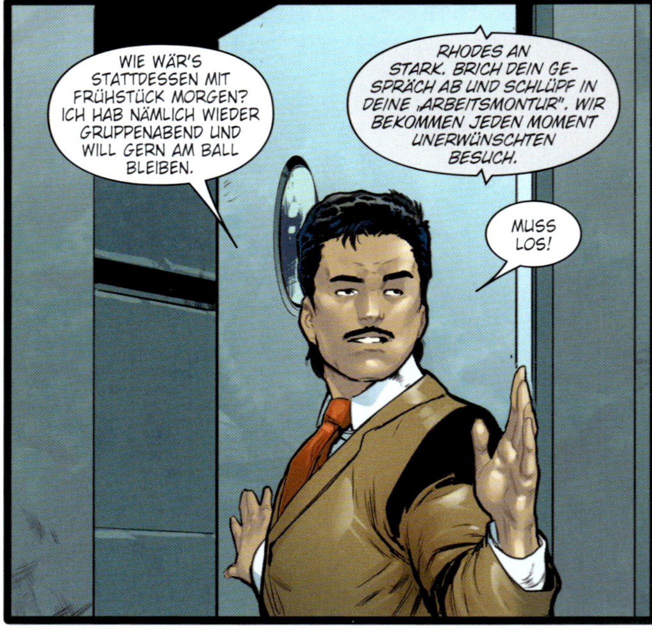
WIE WÄR'S STATTDESSEN MIT FRÜHSTÜCK MORGEN? ICH HAB NÄMLICH WIEDER GRUPPENABEND UND WILL GERN AM BALL BLEIBEN.
RHODES AN STARK. BRICH DEIN GESPRÄCH AB UND SCHLÜPF IN DEINE „ARBEITSMONTUR". WIR BEKOMMEN JEDEN MOMENT UNERWÜNSCHTEN BESUCH.
MUSS LOS!

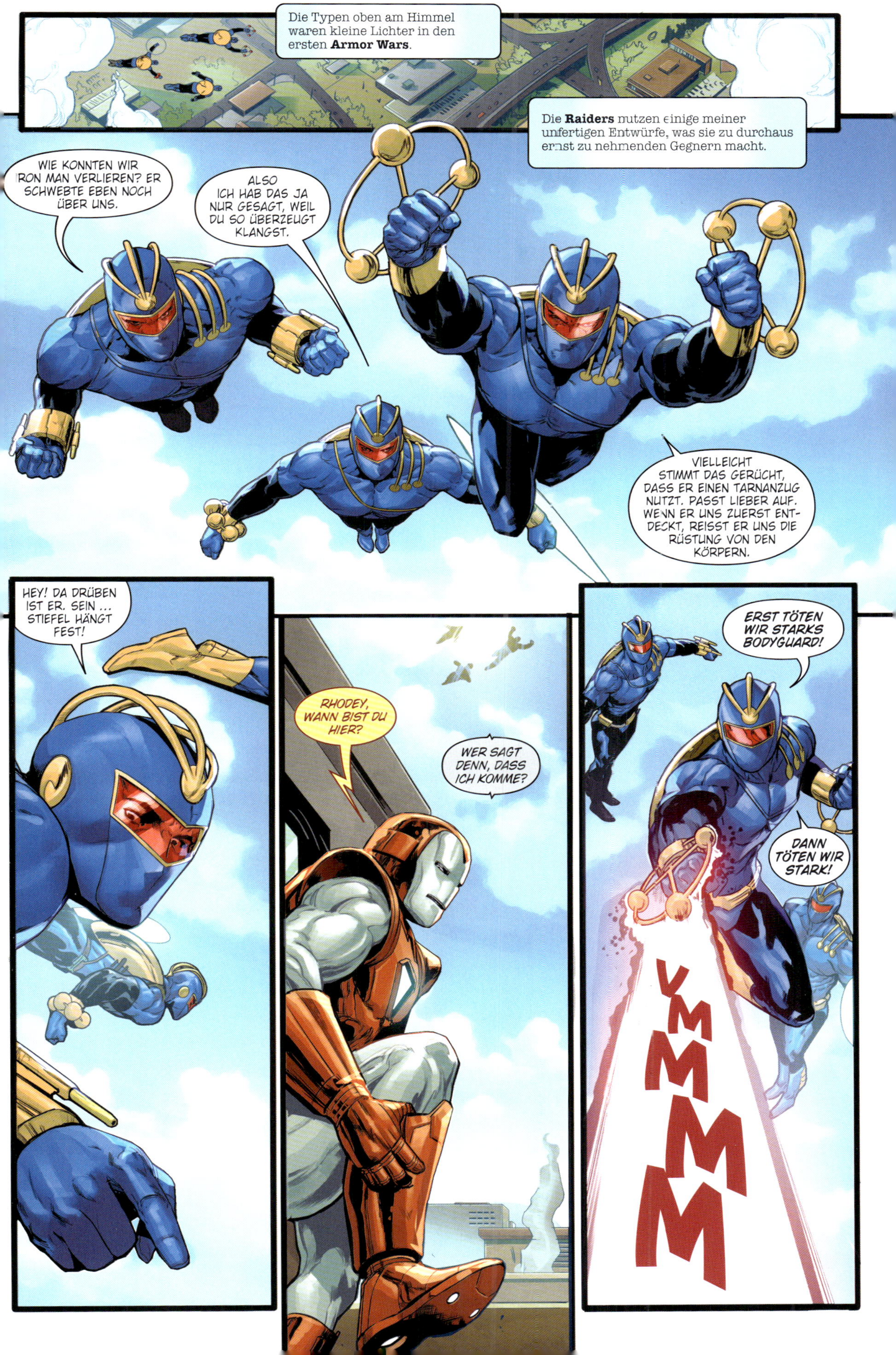

Die Typen oben am Himmel waren kleine Lichter in den ersten **Armor Wars**.

Die **Raiders** nutzen einige meiner unfertigen Entwürfe, was sie zu durchaus ernst zu nehmenden Gegnern macht.

WIE KONNTEN WIR RON MAN VERLIEREN? ER SCHWEBTE EBEN NOCH ÜBER UNS.

ALSO ICH HAB DAS JA NUR GESAGT, WEIL DU SO ÜBERZEUGT KLANGST.

VIELLEICHT STIMMT DAS GERÜCHT, DASS ER EINEN TARNANZUG NUTZT. PASST LIEBER AUF. WENN ER UNS ZUERST ENTDECKT, REISST ER UNS DIE RÜSTUNG VON DEN KÖRPERN.

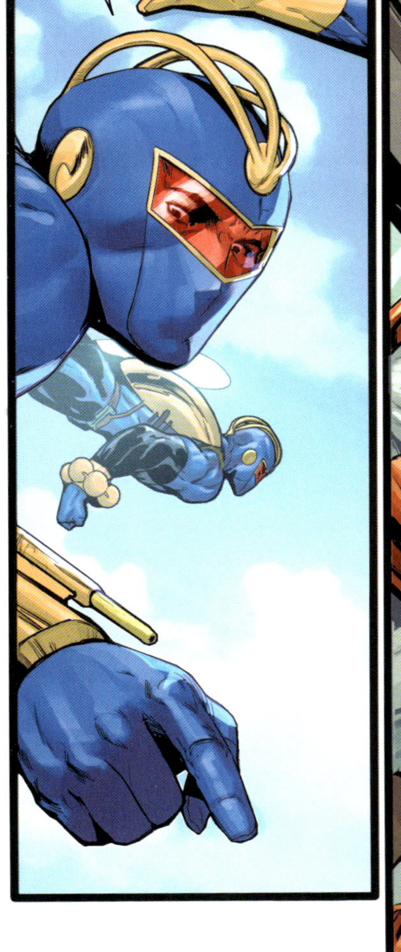

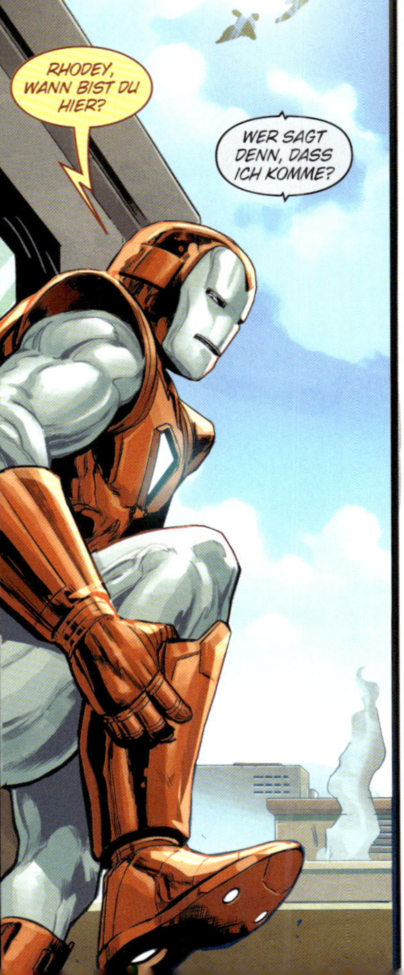

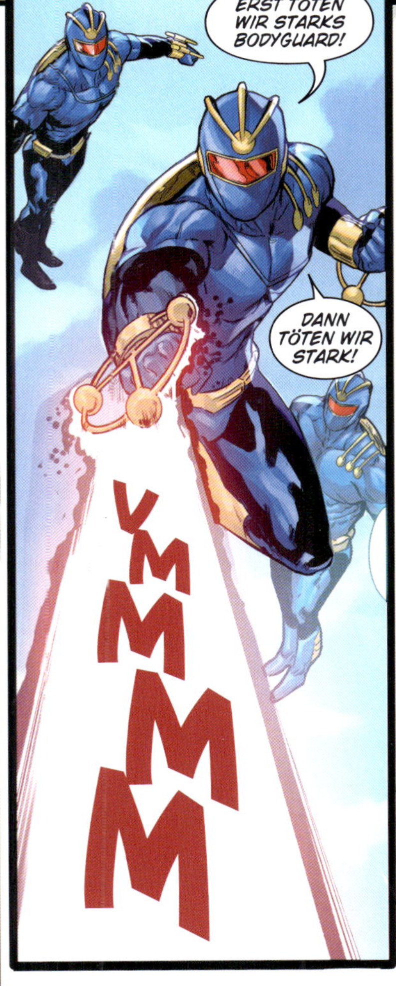

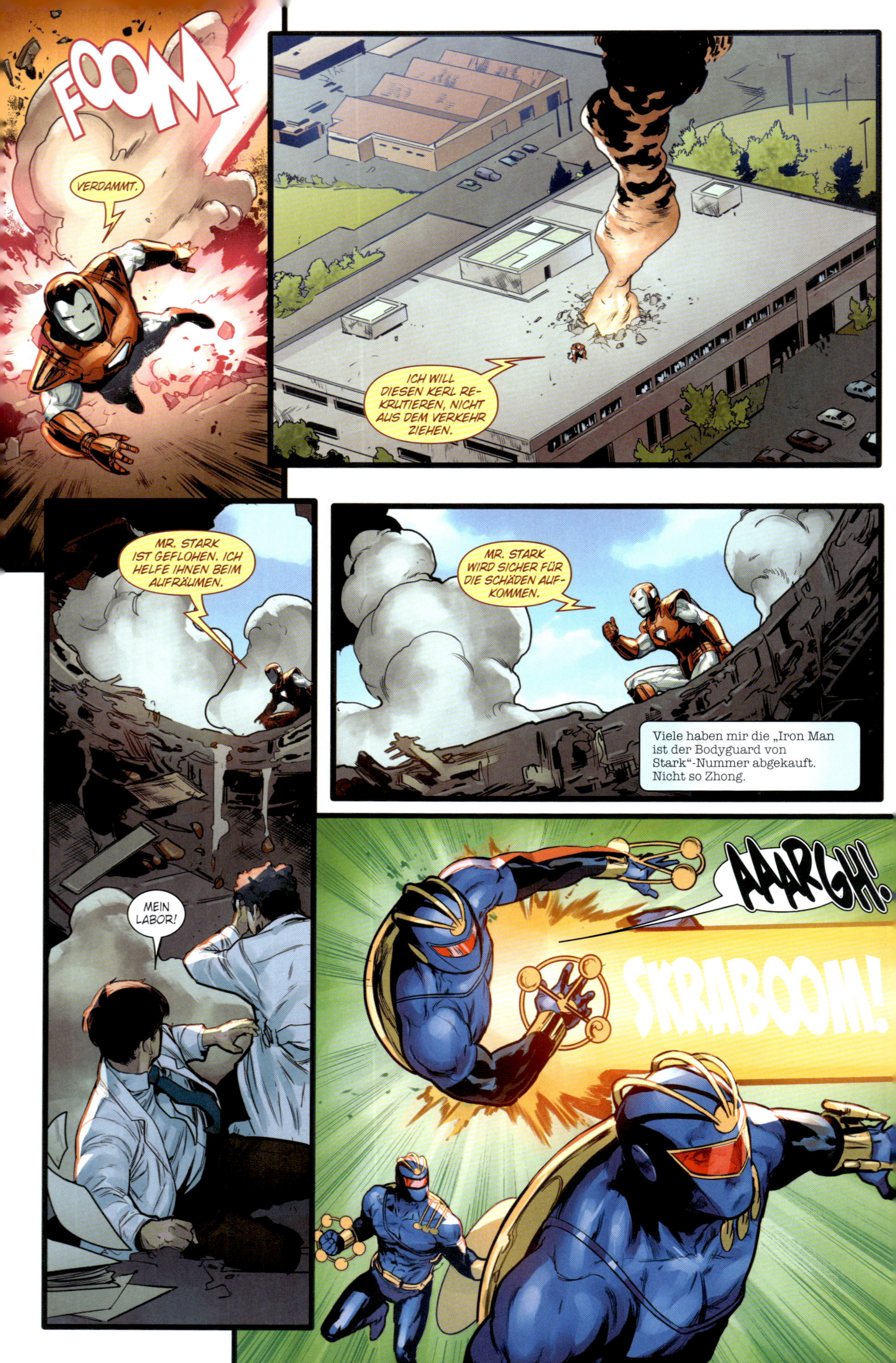
FOOM
VERDAMMT.
ICH WILL DIESEN KERL REKRUTIEREN, NICHT AUS DEM VERKEHR ZIEHEN.
MR. STARK IST GEFLOHEN. ICH HELFE IHNEN BEIM AUFRÄUMEN.
MR. STARK WIRD SICHER FÜR DIE SCHÄDEN AUFKOMMEN.
Viele haben mir die „Iron Man ist der Bodyguard von Stark“-Nummer abgekauft. Nicht so Zhong.
MEIN LABOR!
AAARGH!
SKRABOOM!

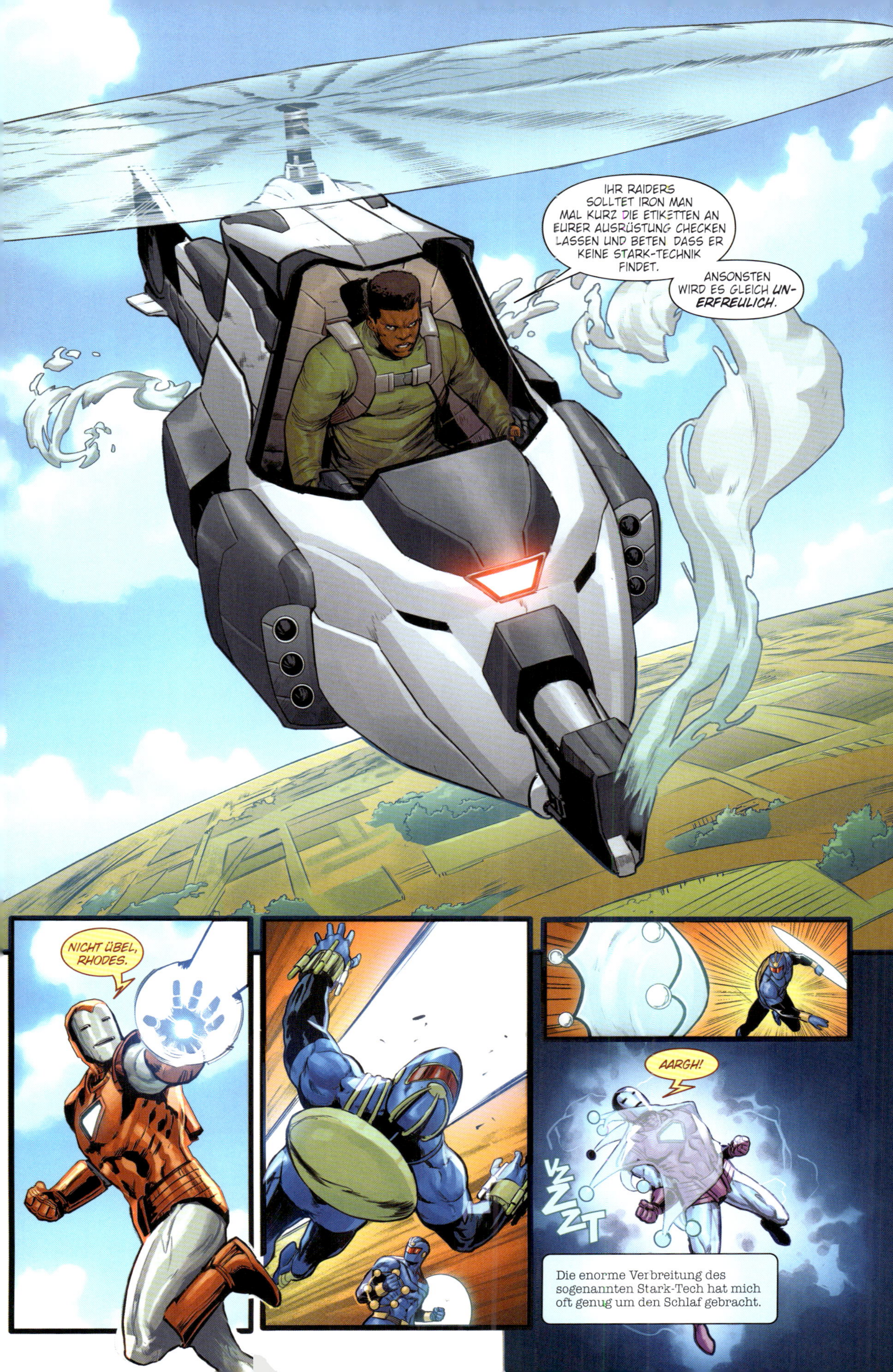
IHR RAIDERS SOLLTET IRON MAN MAL KURZ DIE ETIKETTEN AN EURER AUSRÜSTUNG CHECKEN LASSEN UND BETEN, DASS ER KEINE STARK-TECHNIK FINDET.
ANSONSTEN WIRD ES GLEICH UNERFREULICH.
NICHT ÜBEL, RHODES.
AARGH!
VZZZT
Die enorme Verbreitung des sogenannten Stark-Tech hat mich oft genug um den Schlaf gebracht.

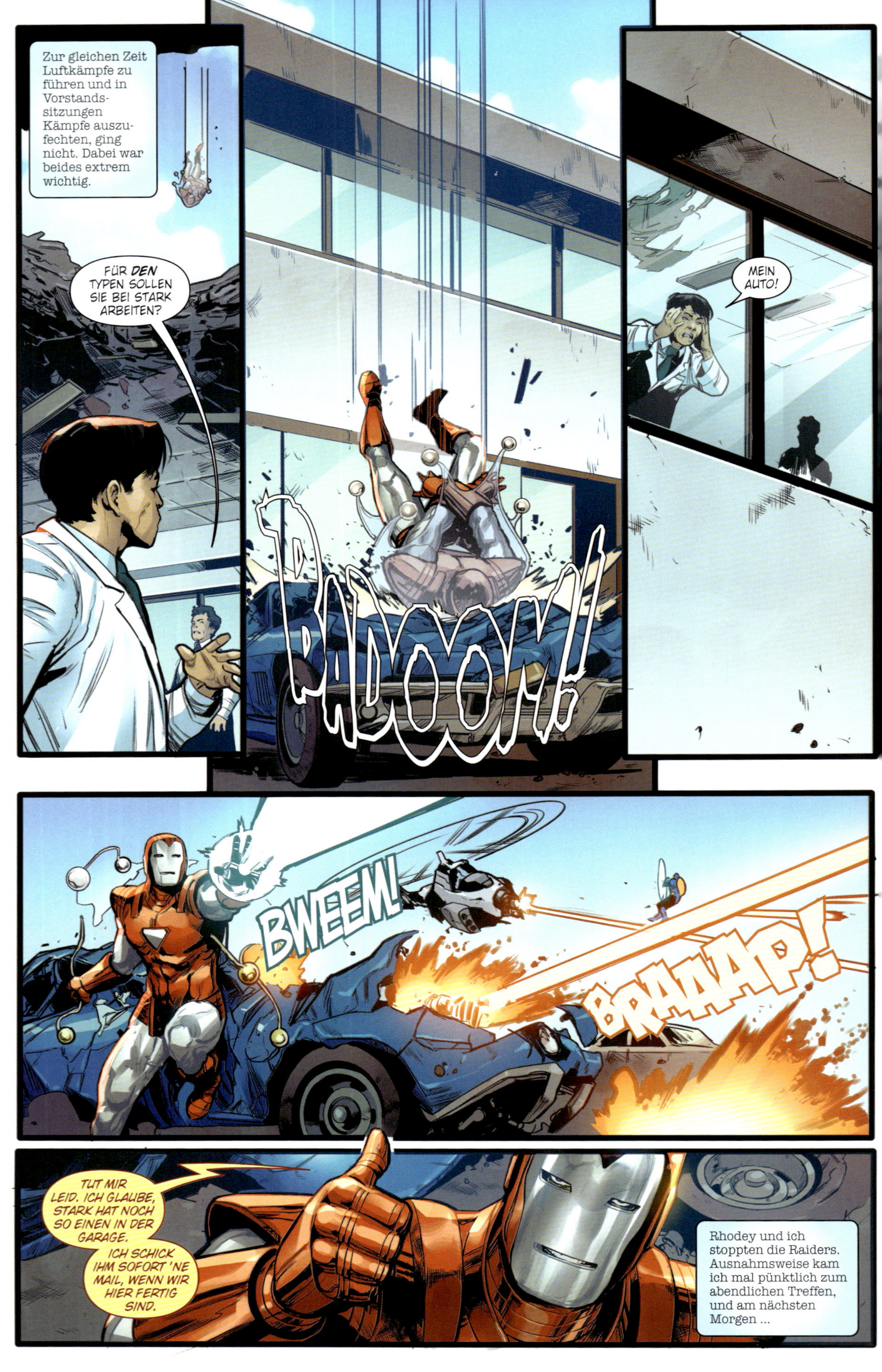
Zur gleichen Zeit Luftkämpfe zu führen und in Vorstandssitzungen Kämpfe auszufechten, ging nicht. Dabei war beides extrem wichtig.
FÜR DEN TYPEN SOLLEN SIE BEI STARK ARBEITEN?
BADOOM!
MEIN AUTO!
BWEEM!
BRAAAP!
TUT MIR LEID. ICH GLAUBE, STARK HAT NOCH SO EINEN IN DER GARAGE.
ICH SCHICK IHM SOFORT 'NE MAIL, WENN WIR HIER FERTIG SIND.
Rhodey und ich stoppten die Raiders. Ausnahmsweise kam ich mal pünktlich zum abendlichen Treffen, und am nächsten Morgen ...

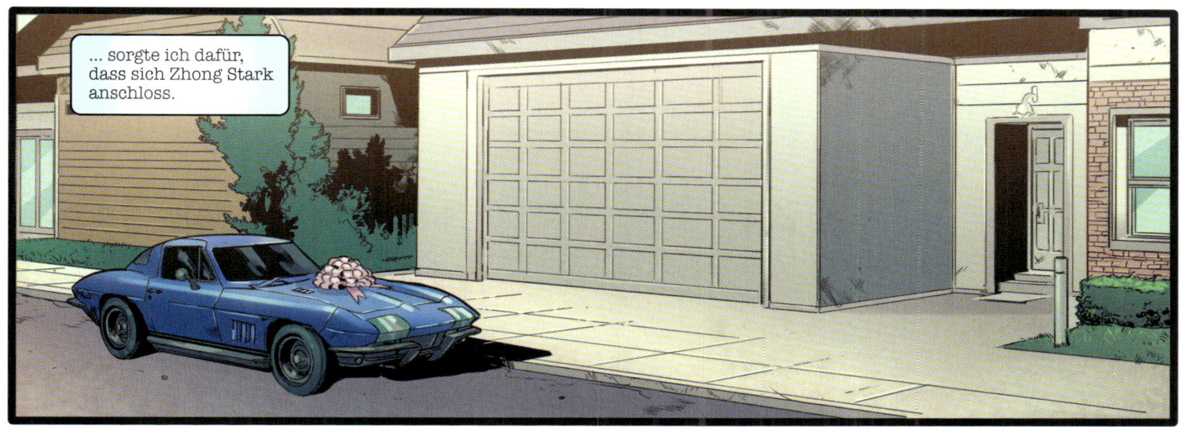
... sorgte ich dafür, dass sich Zhong Stark anschloss.

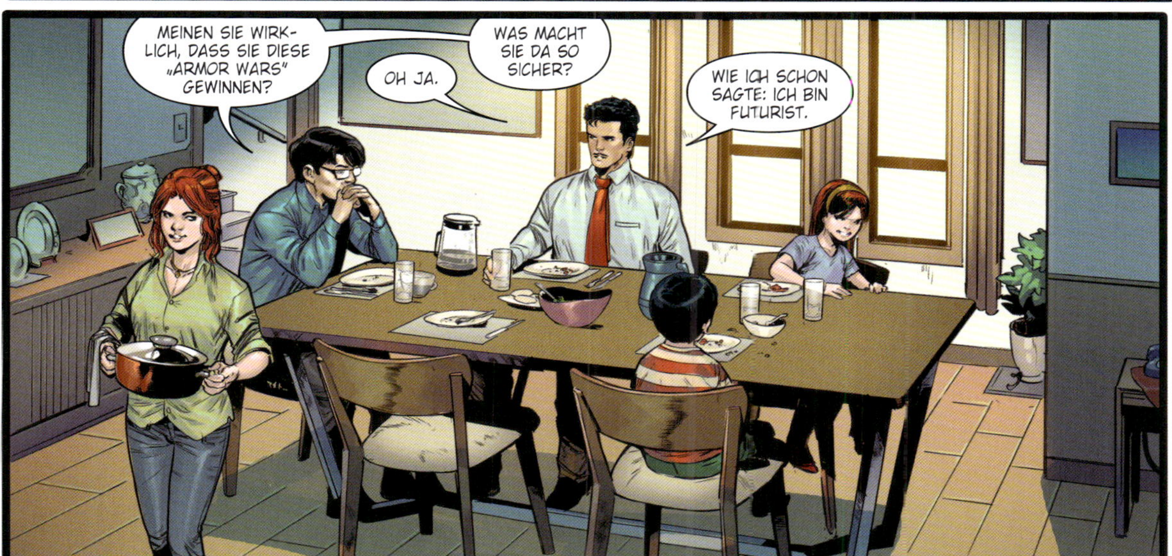
MEINEN SIE WIRKLICH, DASS SIE DIESE „ARMOR WARS" GEWINNEN?
OH JA.
WAS MACHT SIE DA SO SICHER?
WIE ICH SCHON SAGTE: ICH BIN FUTURIST.

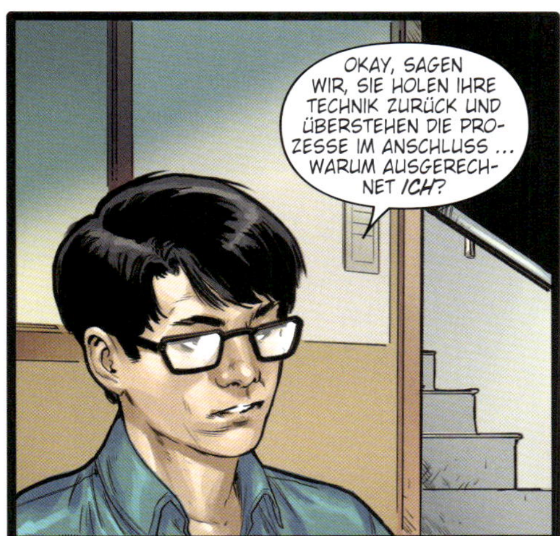
OKAY, SAGEN WIR, SIE HOLEN IHRE TECHNIK ZURÜCK UND ÜBERSTEHEN DIE PROZESSE IM ANSCHLUSS ... WARUM AUSGERECHNET *ICH*?

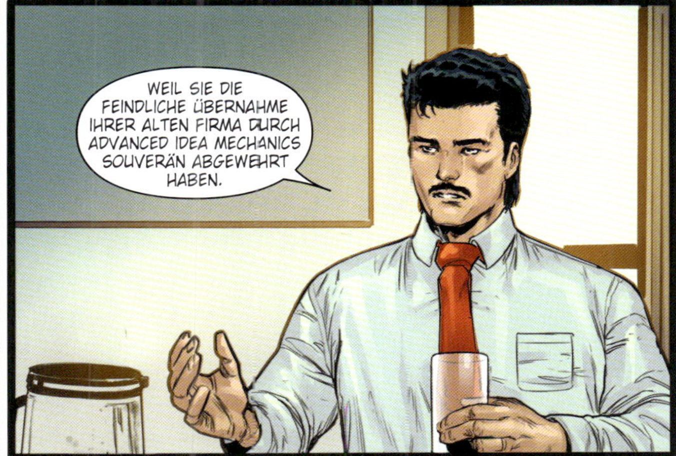
WEIL SIE DIE FEINDLICHE ÜBERNAHME IHRER ALTEN FIRMA DURCH ADVANCED IDEA MECHANICS SOUVERÄN ABGEWEHRT HABEN.

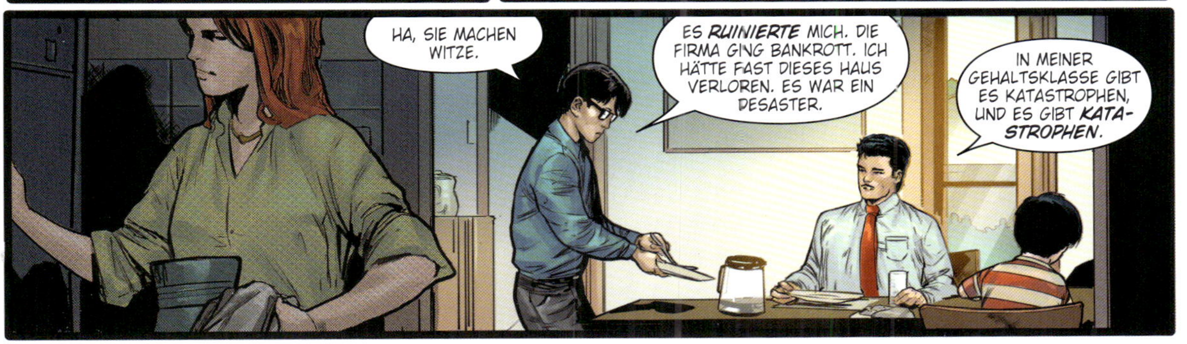
HA, SIE MACHEN WITZE.
ES *RUINIERTE* MICH. DIE FIRMA GING BANKROTT. ICH HÄTTE FAST DIESES HAUS VERLOREN. ES WAR EIN DESASTER.
IN MEINER GEHALTSKLASSE GIBT ES KATASTROPHEN, UND ES GIBT *KATASTROPHEN*.

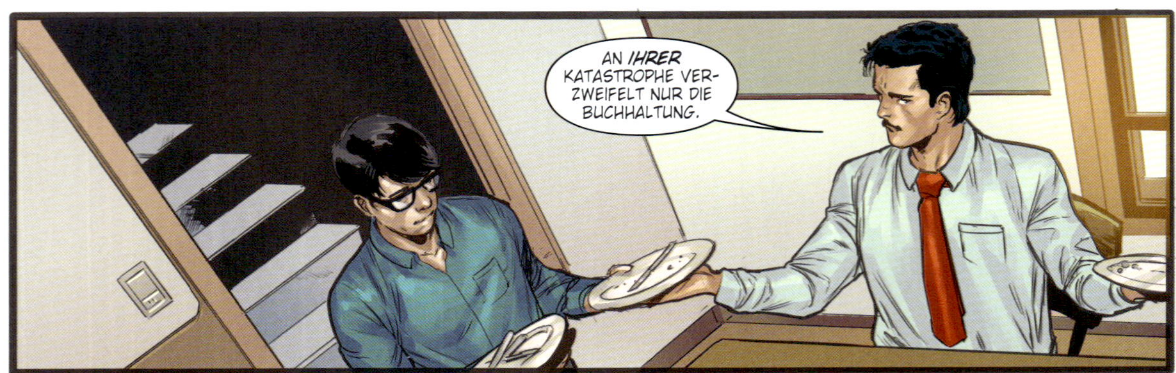
AN *IHRER* KATASTROPHE VERZWEIFELT NUR DIE BUCHHALTUNG.

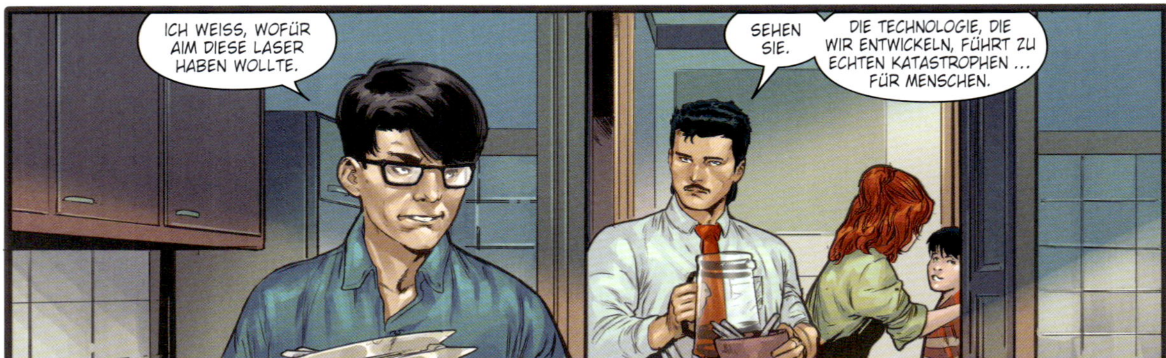
ICH WEISS, WOFÜR AIM DIESE LASER HABEN WOLLTE.
SEHEN SIE.
DIE TECHNOLOGIE, DIE WIR ENTWICKELN, FÜHRT ZU ECHTEN KATASTROPHEN ... FÜR MENSCHEN.

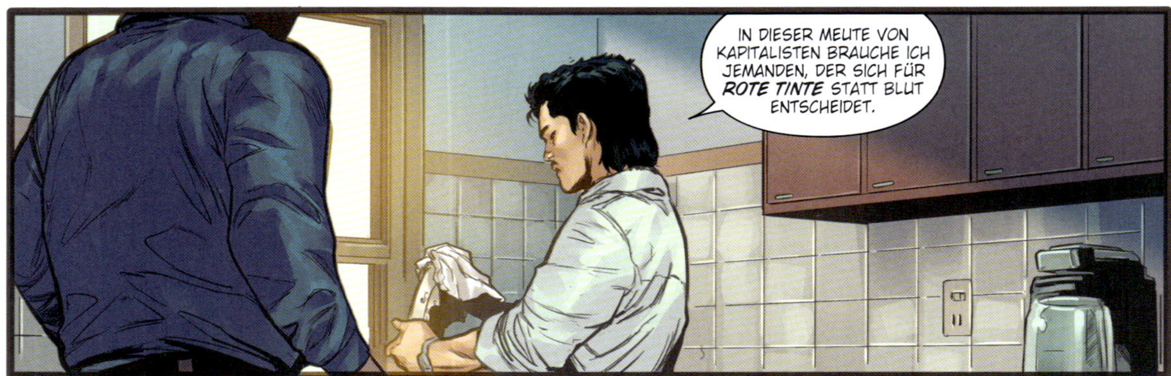
IN DIESER MEUTE VON KAPITALISTEN BRAUCHE ICH JEMANDEN, DER SICH FÜR *ROTE TINTE* STATT BLUT ENTSCHEIDET.

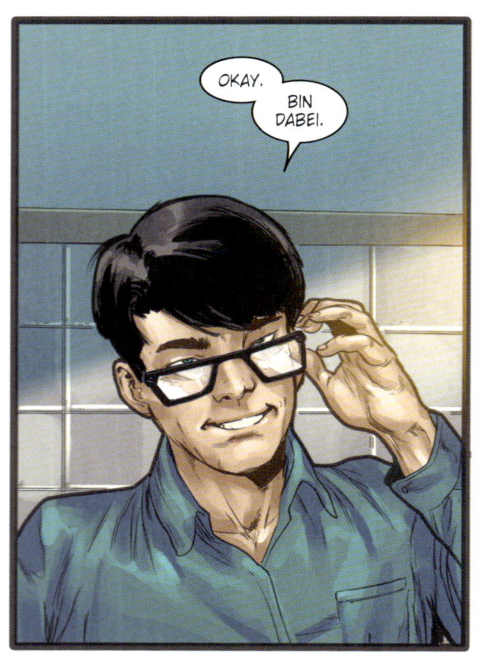
OKAY.
BIN DABEI.

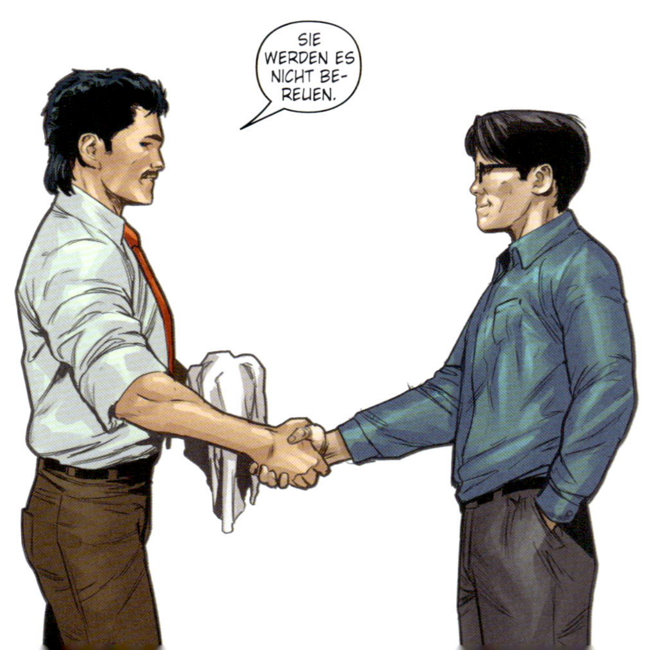
SIE WERDEN ES NICHT BEREUEN.

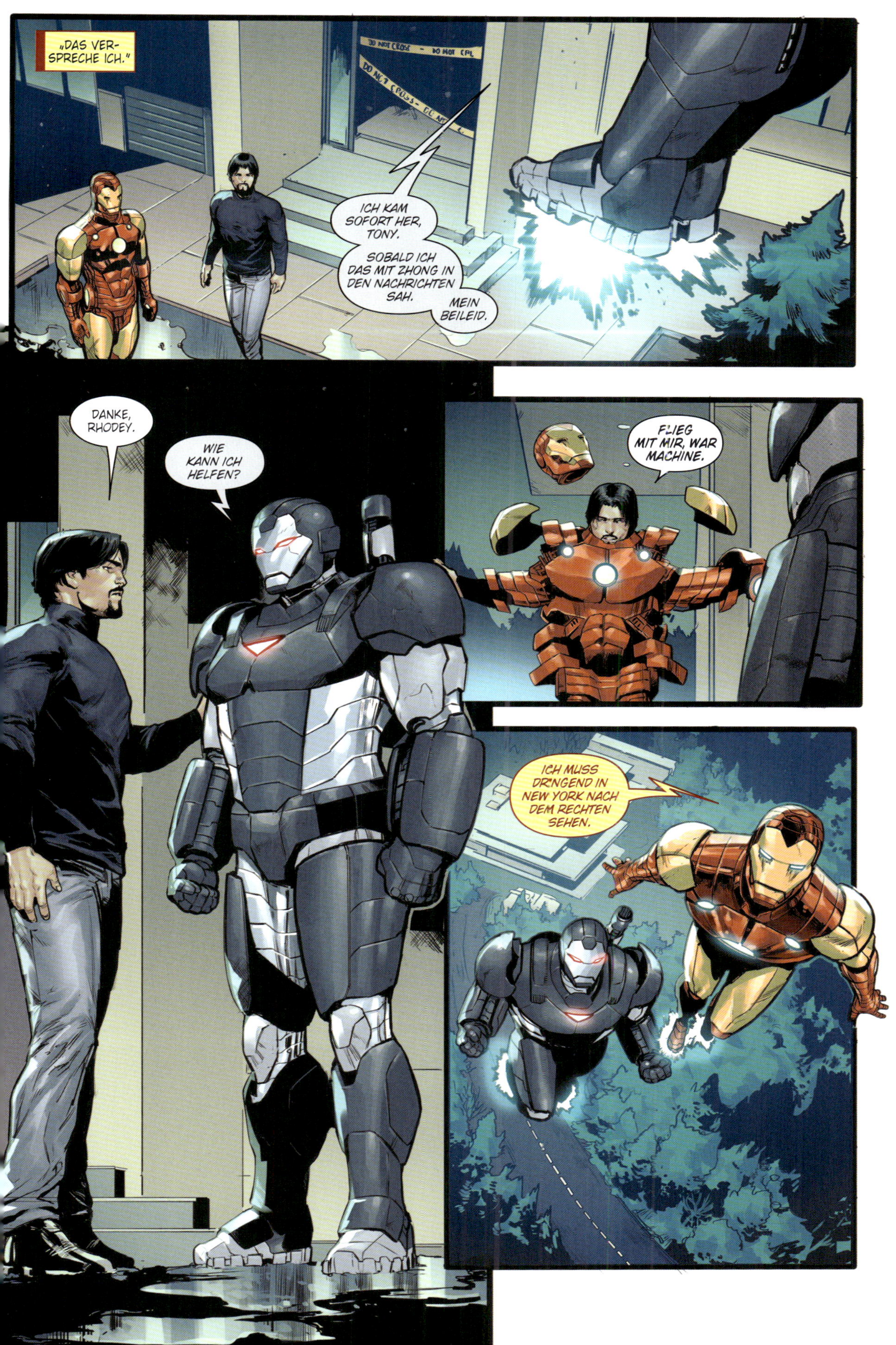
„DAS VERSPRECHE ICH."
ICH KAM SOFORT HER, TONY.
SOBALD ICH DAS MIT ZHONG IN DEN NACHRICHTEN SAH.
MEIN BEILEID.
DANKE, RHODEY.
WIE KANN ICH HELFEN?
FLIEG MIT MIR, WAR MACHINE.
ICH MUSS DRINGEND IN NEW YORK NACH DEM RECHTEN SEHEN.

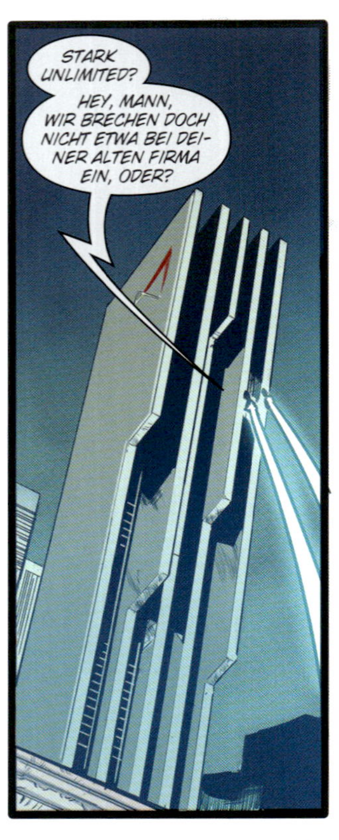
STARK UNLIMITED?
HEY, MANN, WIR BRECHEN DOCH NICHT ETWA BEI DEINER ALTEN FIRMA EIN, ODER?

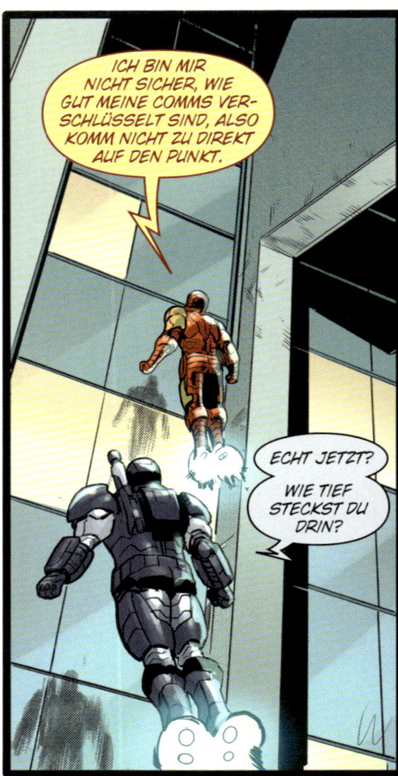
ICH BIN MIR NICHT SICHER, WIE GUT MEINE COMMS VERSCHLÜSSELT SIND, ALSO KOMM NICHT ZU DIREKT AUF DEN PUNKT.
ECHT JETZT?
WIE TIEF STECKST DU DRIN?

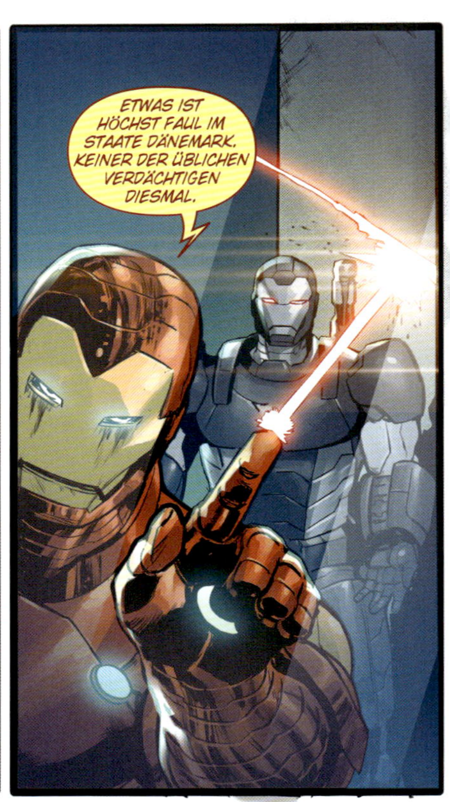
ETWAS IST HÖCHST FAUL IM STAATE DÄNEMARK. KEINER DER ÜBLICHEN VERDÄCHTIGEN DIESMAL.

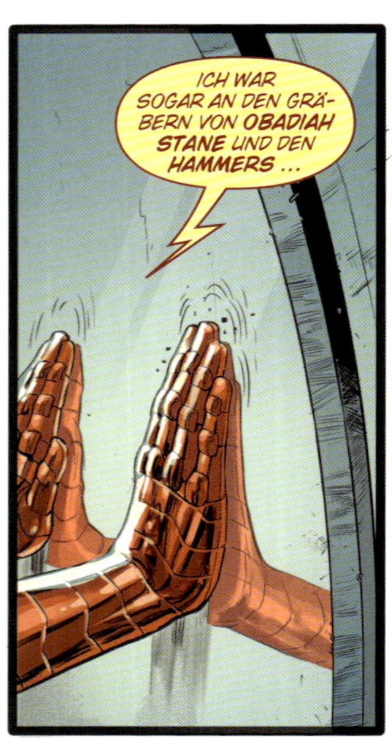
ICH WAR SOGAR AN DEN GRÄBERN VON OBADIAH STANE UND DEN HAMMERS ...

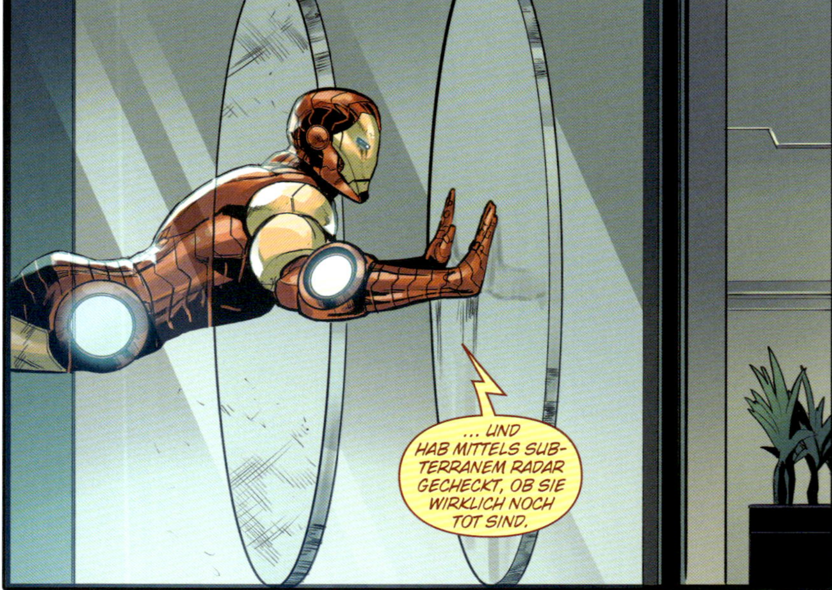
... UND HAB MITTELS SUBTERRANEM RADAR GECHECKT, OB SIE WIRKLICH NOCH TOT SIND.

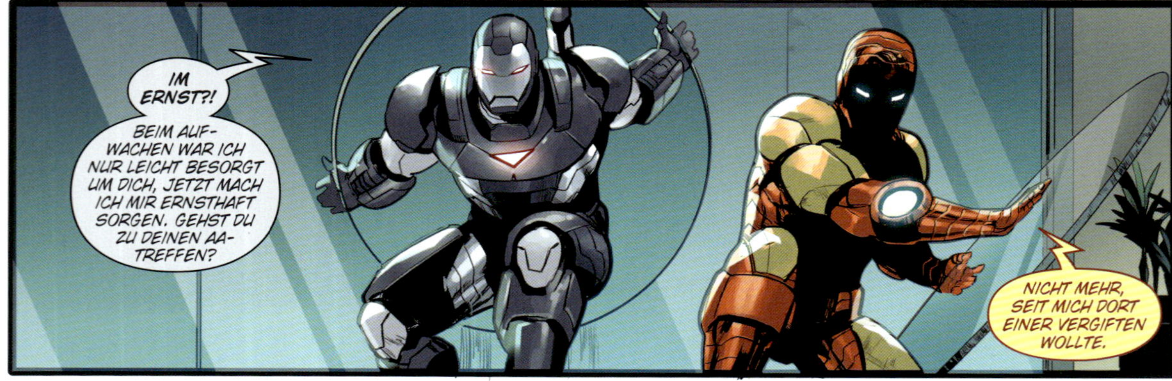
IM ERNST?!
BEIM AUFWACHEN WAR ICH NUR LEICHT BESORGT UM DICH, JETZT MACH ICH MIR ERNSTHAFT SORGEN. GEHST DU ZU DEINEN AA-TREFFEN?
NICHT MEHR, SEIT MICH DORT EINER VERGIFTEN WOLLTE.

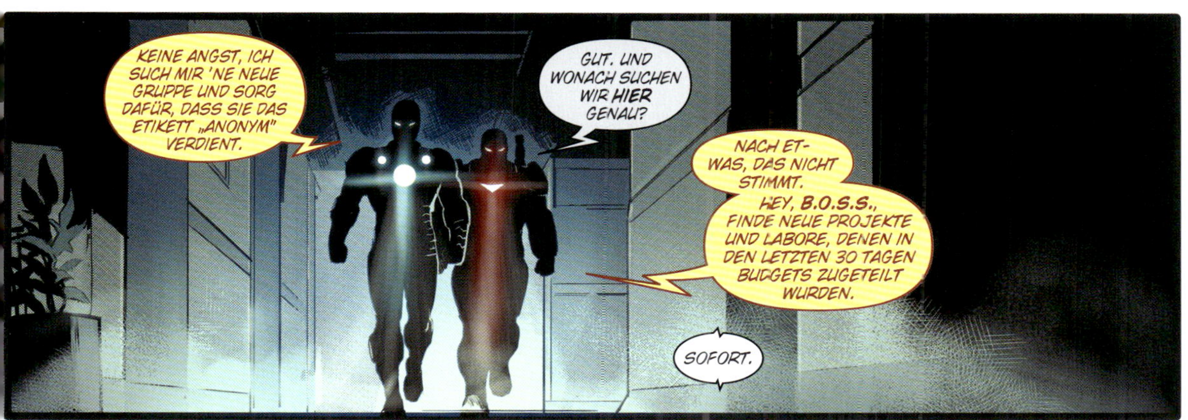
KEINE ANGST, ICH SUCH MIR 'NE NEUE GRUPPE UND SORG DAFÜR, DASS SIE DAS ETIKETT „ANONYM" VERDIENT.
GUT. UND WONACH SUCHEN WIR HIER GENAU?
NACH ETWAS, DAS NICHT STIMMT.
HEY, B.O.S.S., FINDE NEUE PROJEKTE UND LABORE, DENEN IN DEN LETZTEN 30 TAGEN BUDGETS ZUGETEILT WURDEN.
SOFORT.

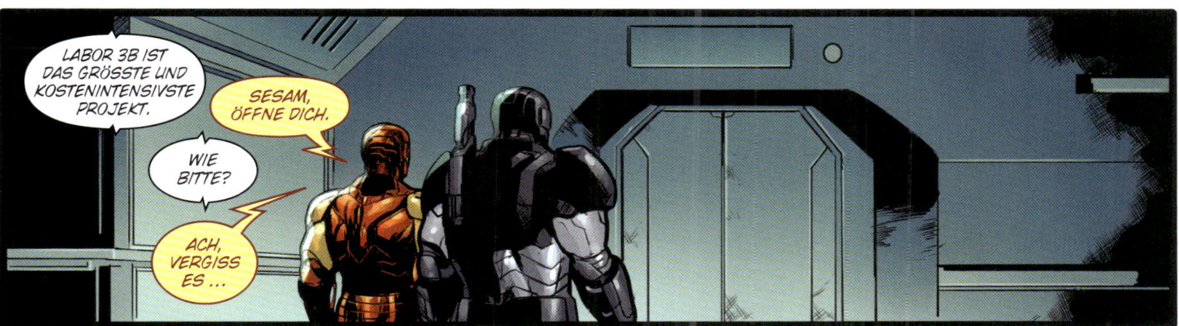
LABOR 3B IST DAS GRÖSSTE UND KOSTENINTENSIVSTE PROJEKT.
SESAM, ÖFFNE DICH.
WIE BITTE?
ACH, VERGISS ES ...

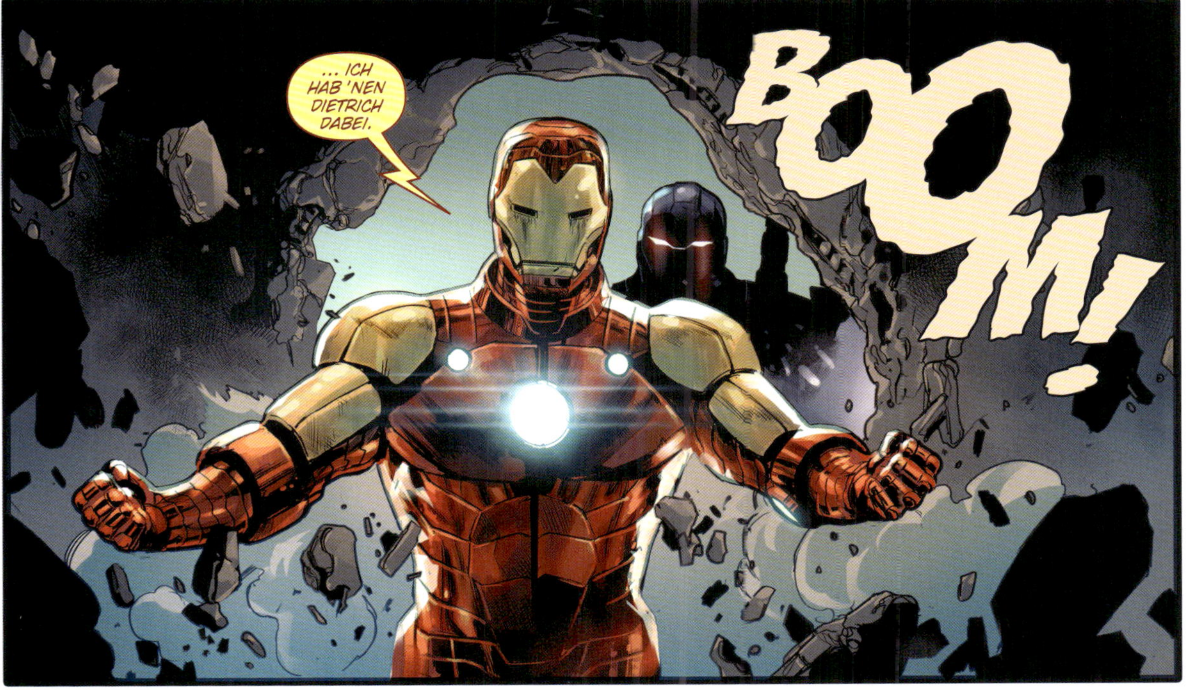
... ICH HAB 'NEN DIETRICH DABEI.
BOOM!

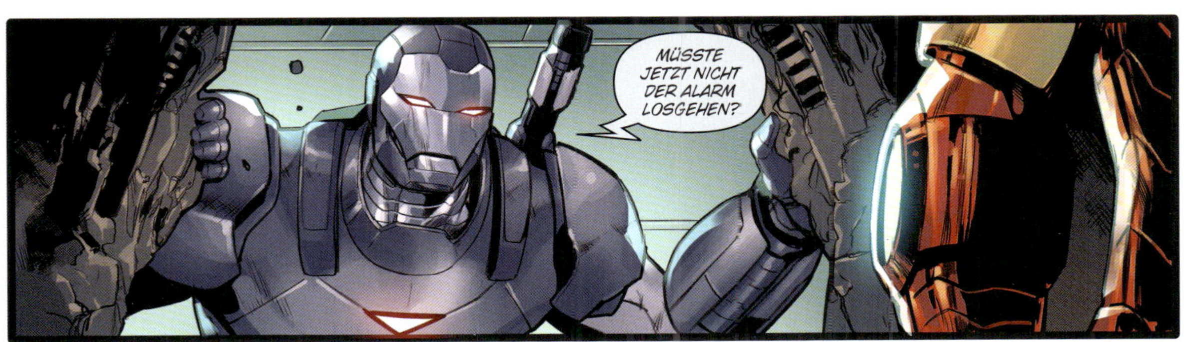
MÜSSTE JETZT NICHT DER ALARM LOSGEHEN?

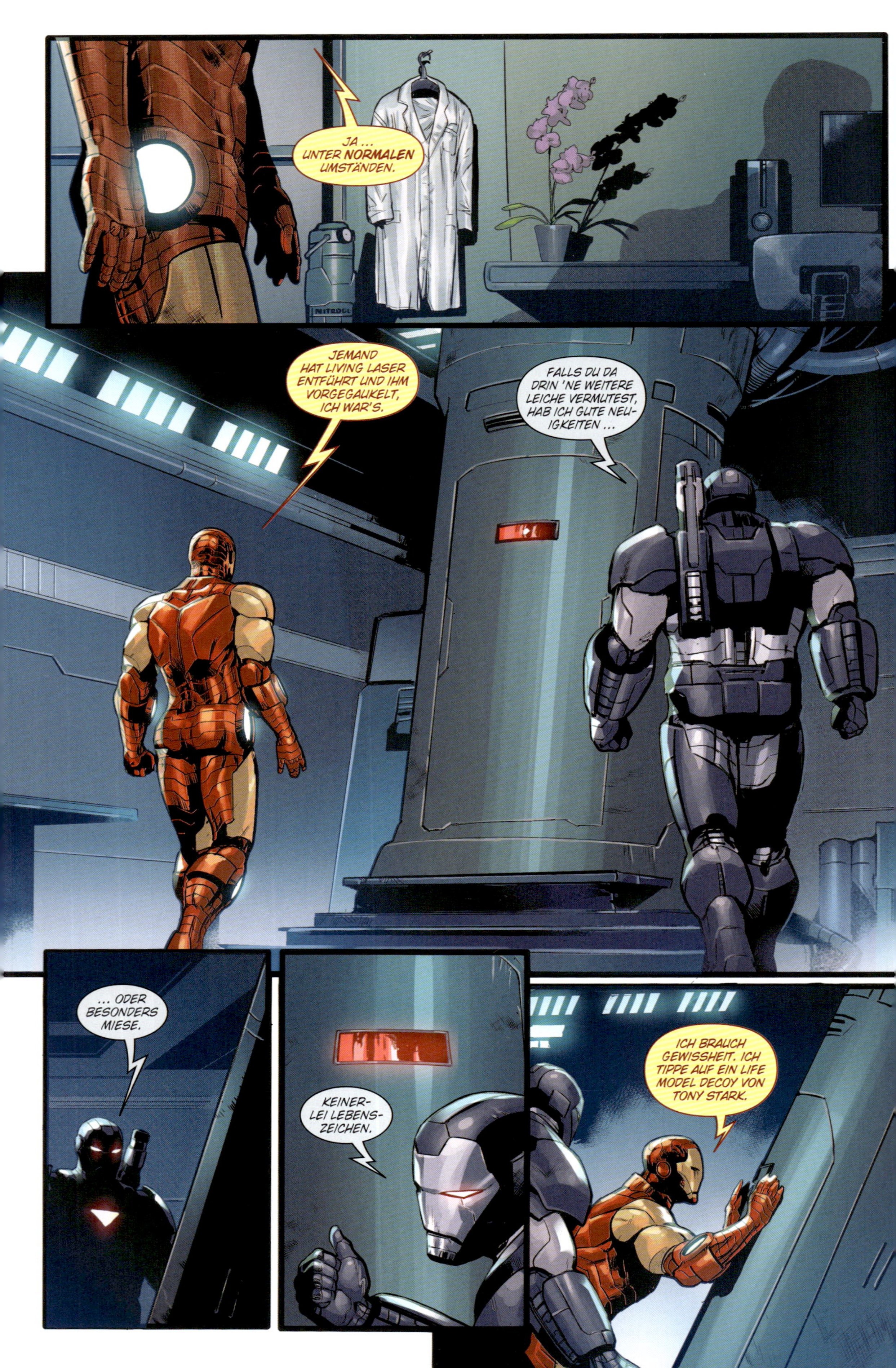
JA ... UNTER NORMALEN UMSTÄNDEN.
NITROG
JEMAND HAT LIVING LASER ENTFÜHRT UND IHM VORGEGAUKELT, ICH WAR'S.
FALLS DU DA DRIN 'NE WEITERE LEICHE VERMUTEST, HAB ICH GUTE NEUIGKEITEN ...
... ODER BESONDERS MIESE.
KEINERLEI LEBENSZEICHEN.
ICH BRAUCH GEWISSHEIT. ICH TIPPE AUF EIN LIFE MODEL DECOY VON TONY STARK.

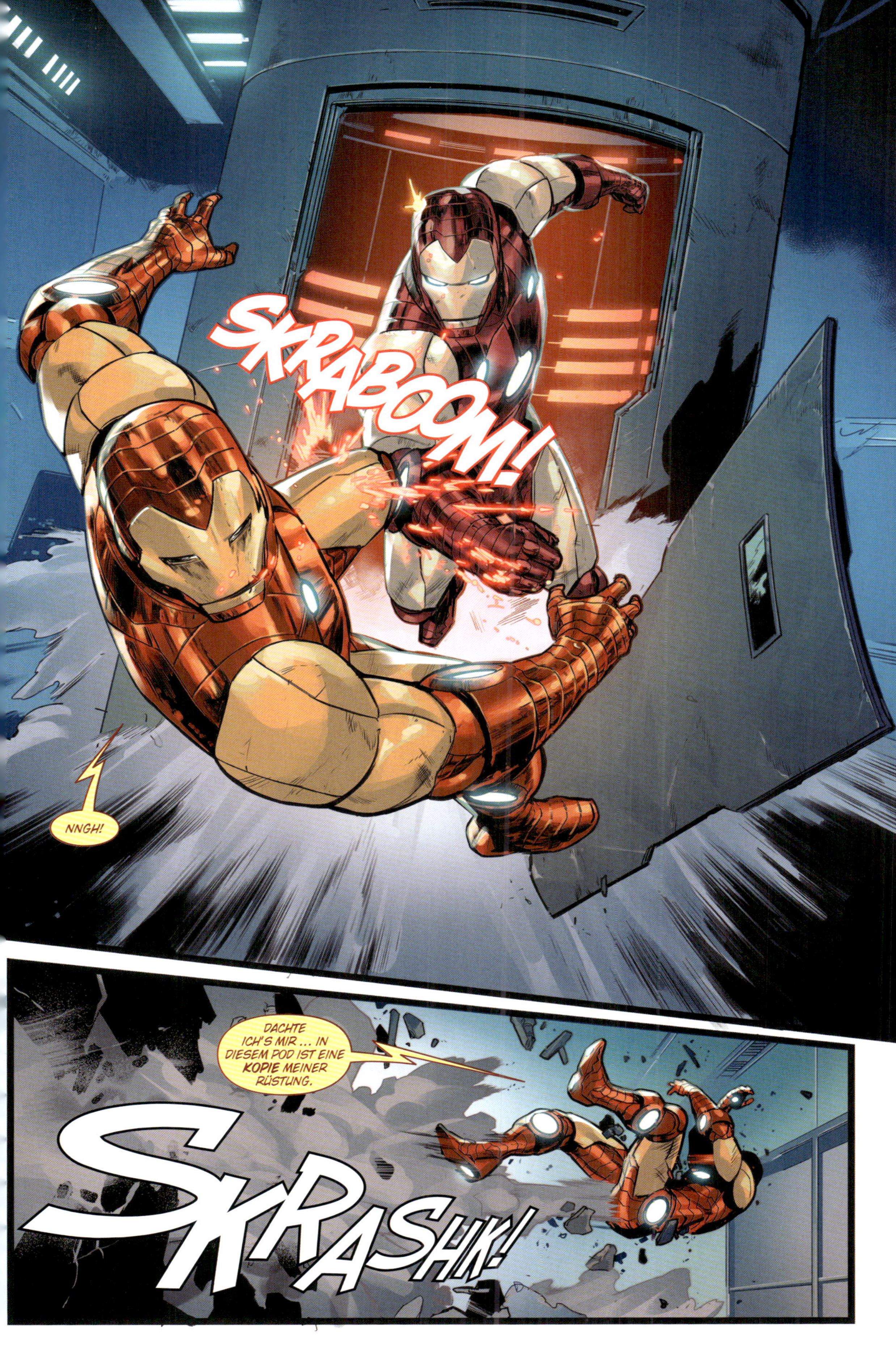
SKRABOOM!
NNGH!
DACHTE ICH'S MIR ... IN DIESEM POD IST EINE **KOPIE** MEINER RÜSTUNG.
SKRASHK!

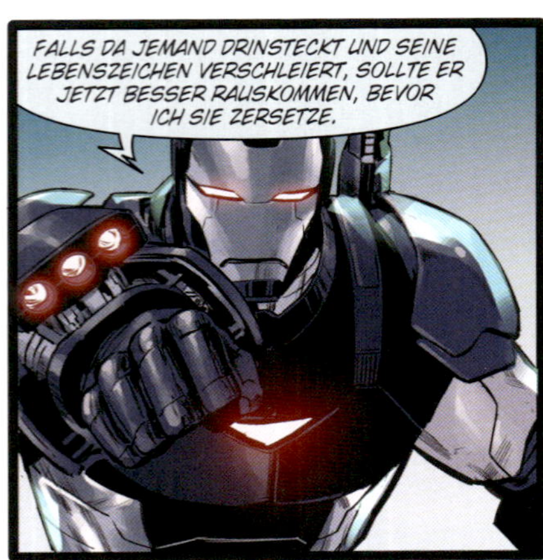
FALLS DA JEMAND DRINSTECKT UND SEINE LEBENSZEICHEN VERSCHLEIERT, SOLLTE ER JETZT BESSER RAUSKOMMEN, BEVOR ICH SIE ZERSETZE.

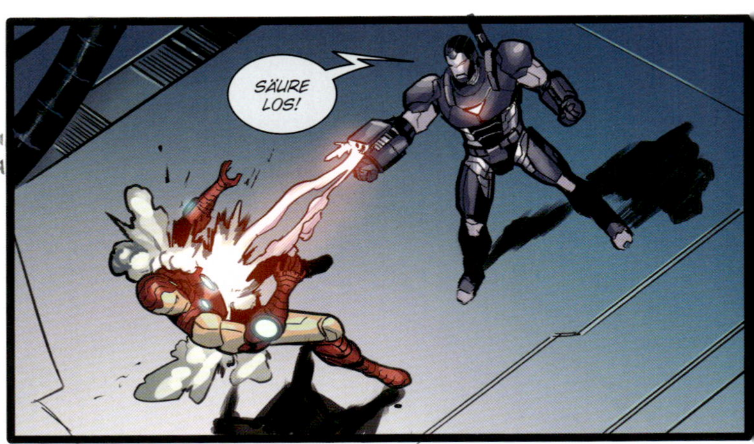
SÄURE LOS!

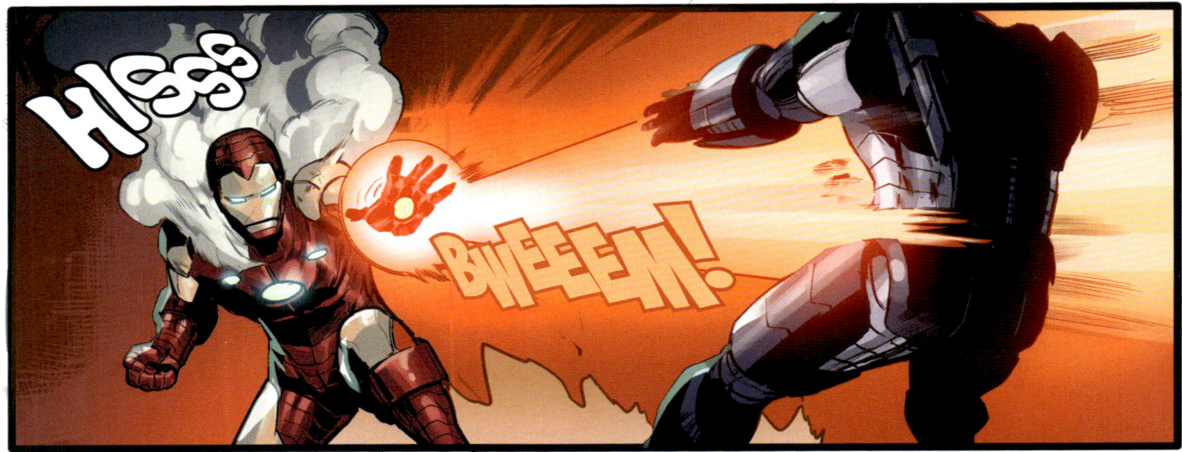
HISSS
BWEEEM!

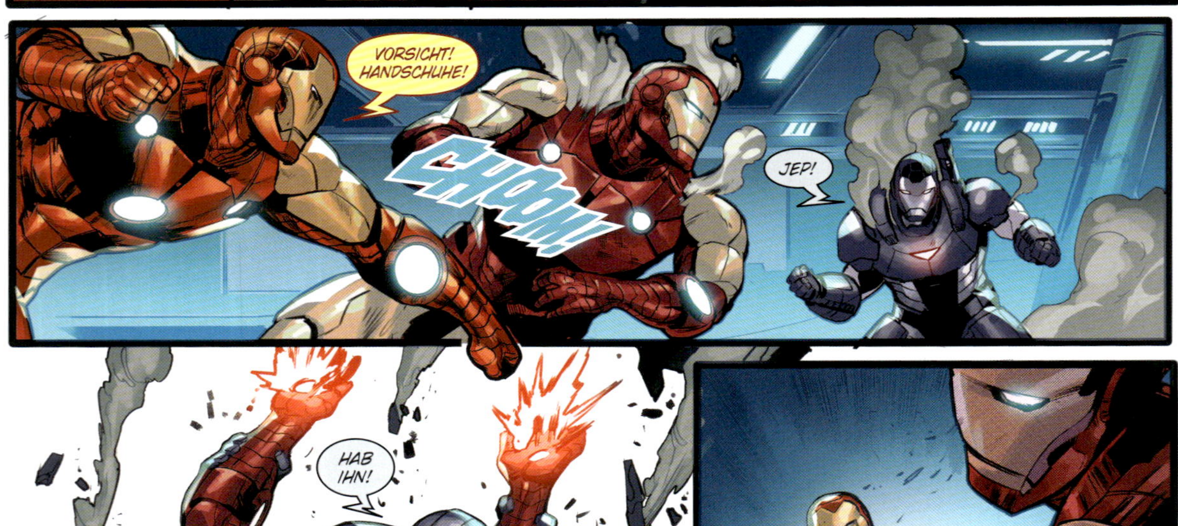
VORSICHT! HANDSCHUHE!
CHOOM!
JEP!

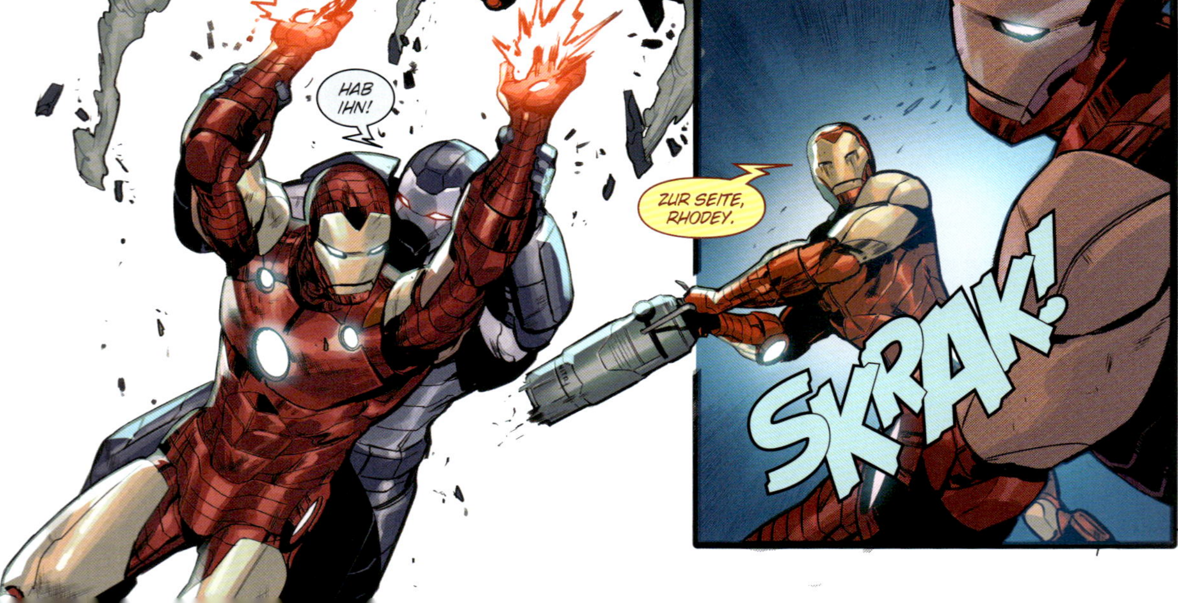
HAB IHN!
ZUR SEITE, RHODEY.
SKRAK!

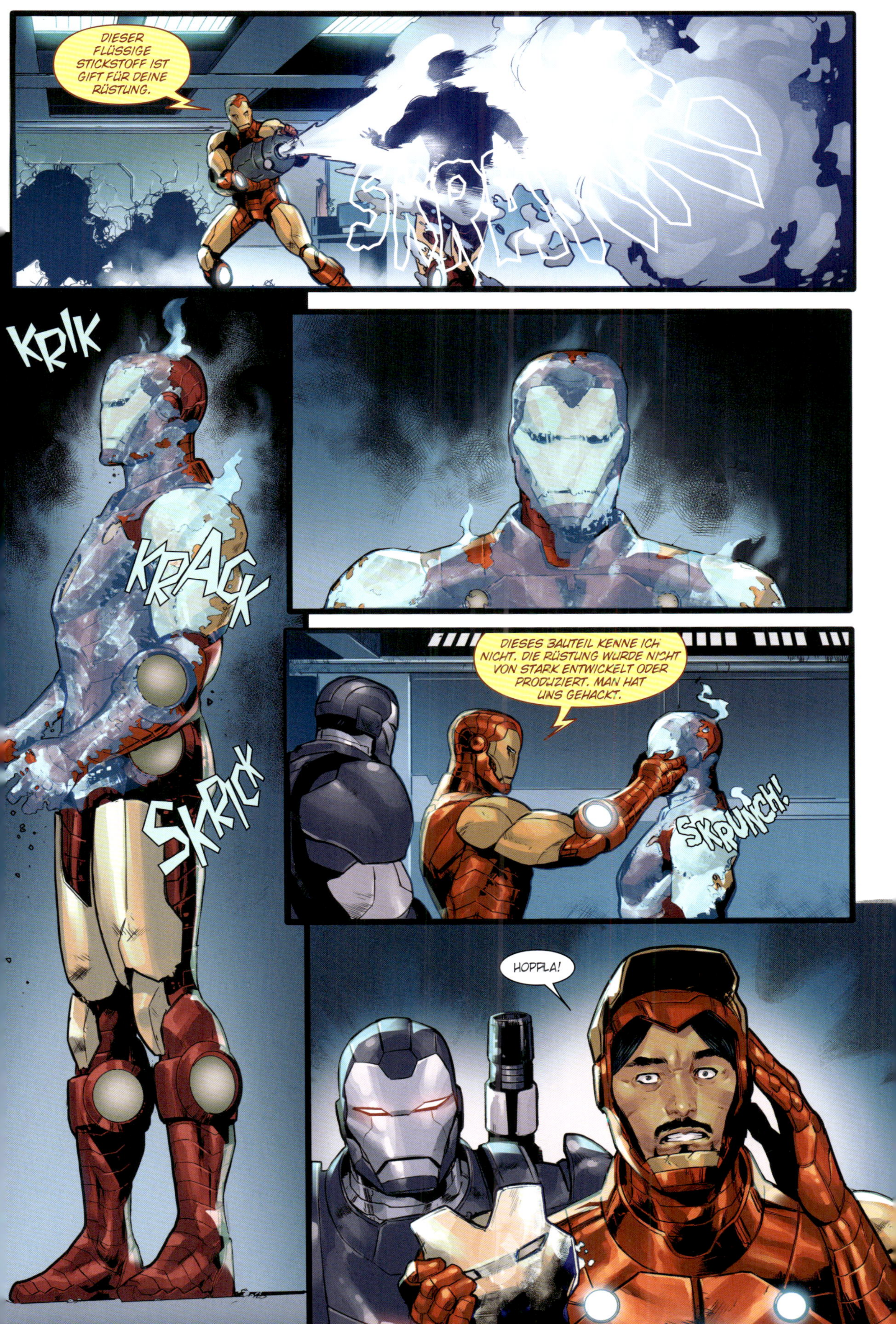
DIESER FLÜSSIGE STICKSTOFF IST GIFT FÜR DEINE RÜSTUNG.
SPRASH
KRIK
KRACK
SKRICK
DIESES BAUTEIL KENNE ICH NICHT. DIE RÜSTUNG WURDE NICHT VON STARK ENTWICKELT ODER PRODUZIERT. MAN HAT UNS GEHACKT.
SKRUNCH!
HOPPLA!

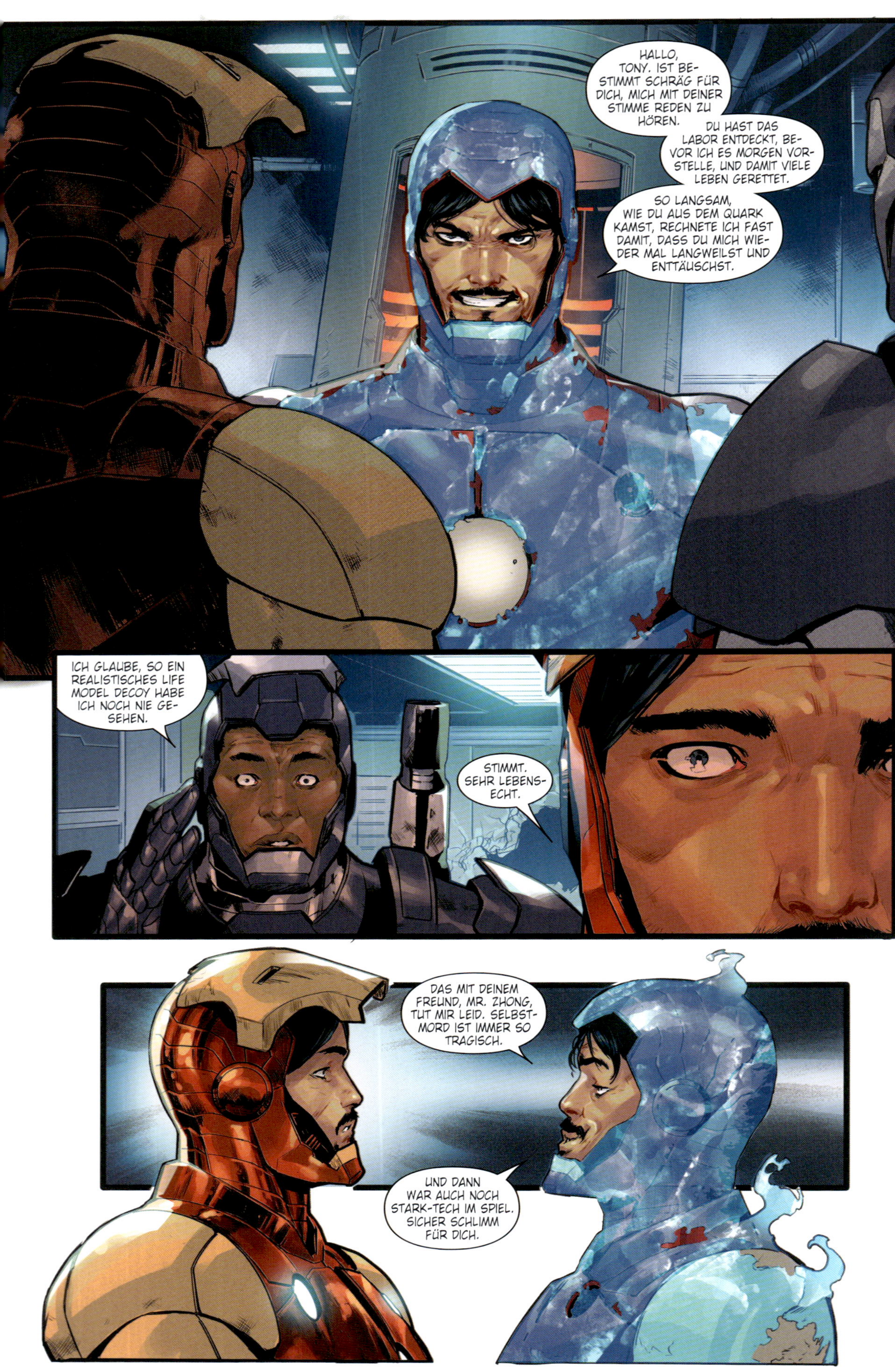
HALLO, TONY. IST BESTIMMT SCHRÄG FÜR DICH, MICH MIT DEINER STIMME REDEN ZU HÖREN.
DU HAST DAS LABOR ENTDECKT, BEVOR ICH ES MORGEN VORSTELLE, UND DAMIT VIELE LEBEN GERETTET.
SO LANGSAM, WIE DU AUS DEM QUARK KAMST, RECHNETE ICH FAST DAMIT, DASS DU MICH WIEDER MAL LANGWEILST UND ENTTÄUSCHST.
ICH GLAUBE, SO EIN REALISTISCHES LIFE MODEL DECOY HABE ICH NOCH NIE GESEHEN.
STIMMT. SEHR LEBENSECHT.
DAS MIT DEINEM FREUND, MR. ZHONG, TUT MIR LEID. SELBSTMORD IST IMMER SO TRAGISCH.
UND DANN WAR AUCH NOCH STARK-TECH IM SPIEL. SICHER SCHLIMM FÜR DICH.

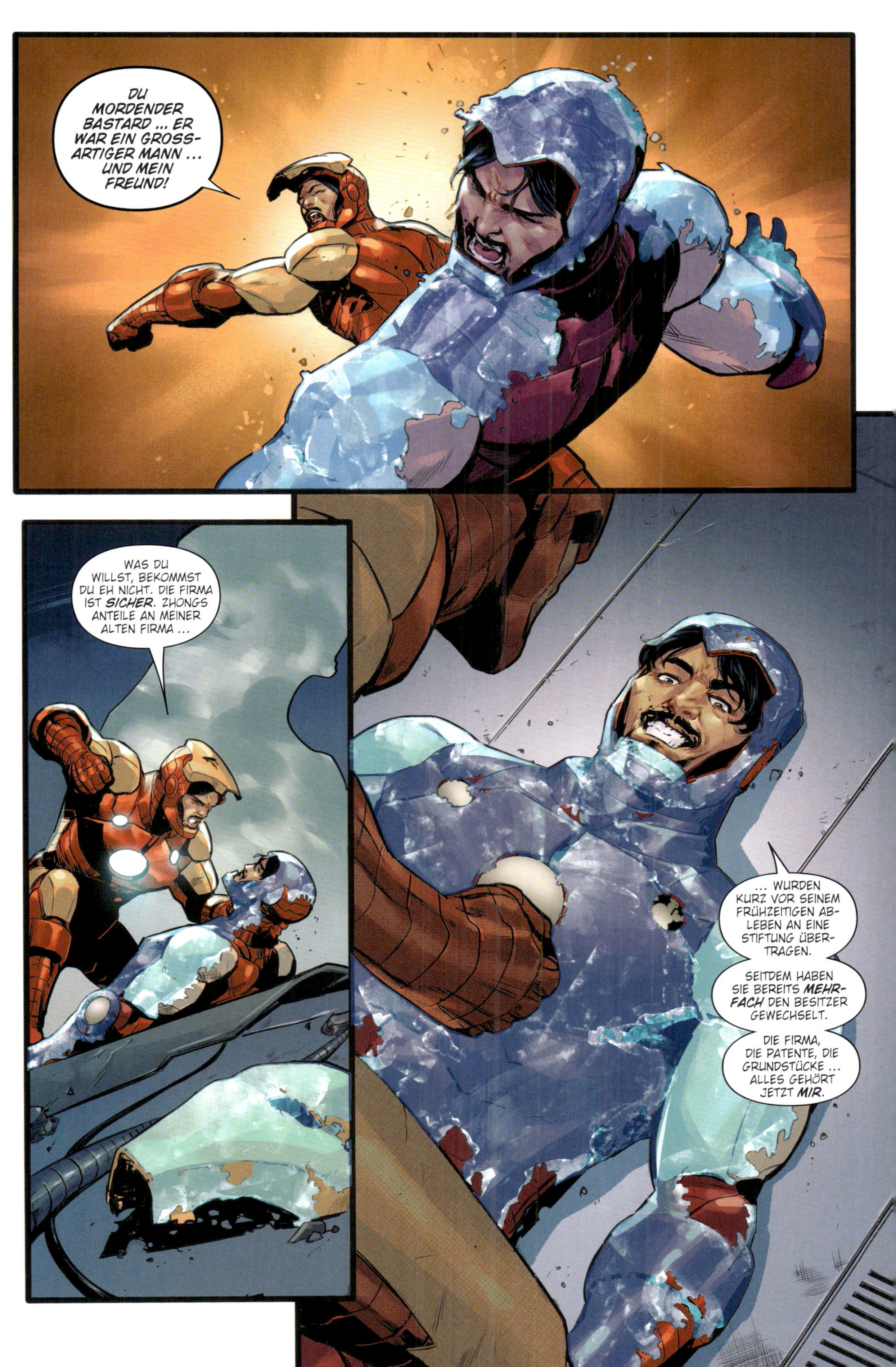
DU MORDENDER BASTARD ... ER WAR EIN GROSS-ARTIGER MANN ... UND MEIN FREUND!
WAS DU WILLST, BEKOMMST DU EH NICHT. DIE FIRMA IST SICHER. ZHONGS ANTEILE AN MEINER ALTEN FIRMA ...
... WURDEN KURZ VOR SEINEM FRÜHZEITIGEN AB-LEBEN AN EINE STIFTUNG ÜBER-TRAGEN.
SEITDEM HABEN SIE BEREITS MEHR-FACH DEN BESITZER GEWECHSELT.
DIE FIRMA, DIE PATENTE, DIE GRUNDSTÜCKE ... ALLES GEHÖRT JETZT MIR.

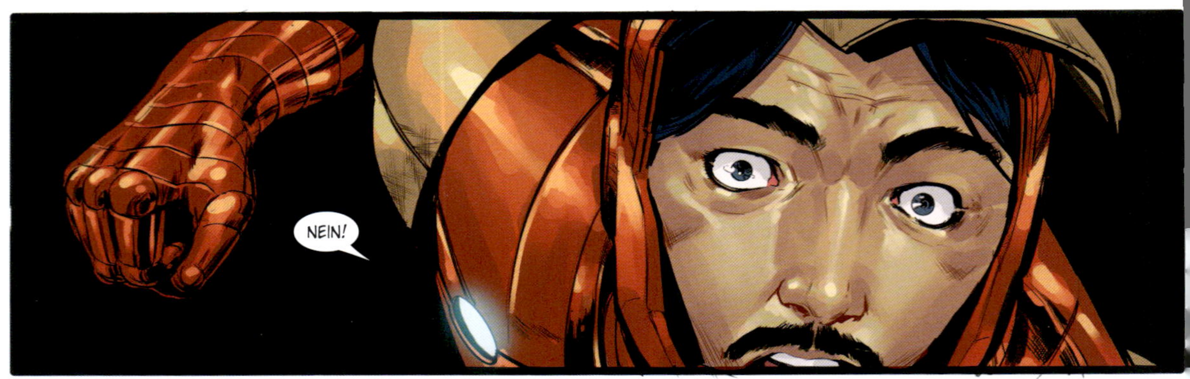
NEIN!

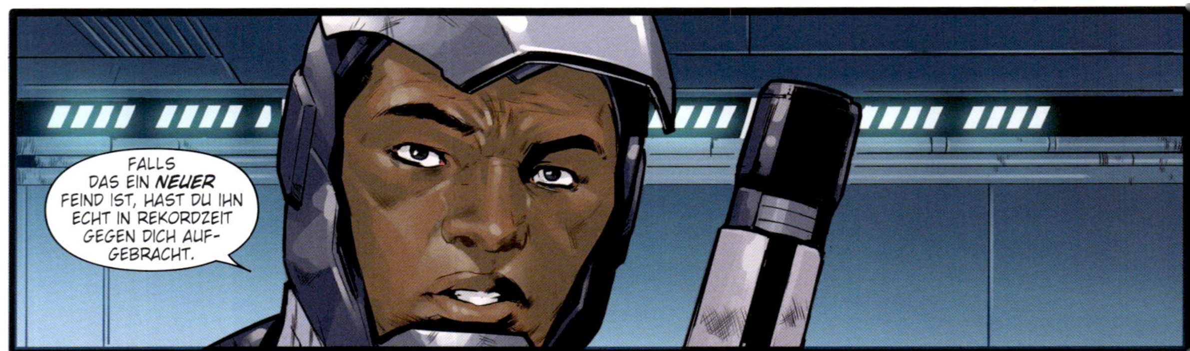
FALLS DAS EIN ***NEUER*** FEIND IST, HAST DU IHN ECHT IN REKORDZEIT GEGEN DICH AUFGEBRACHT.

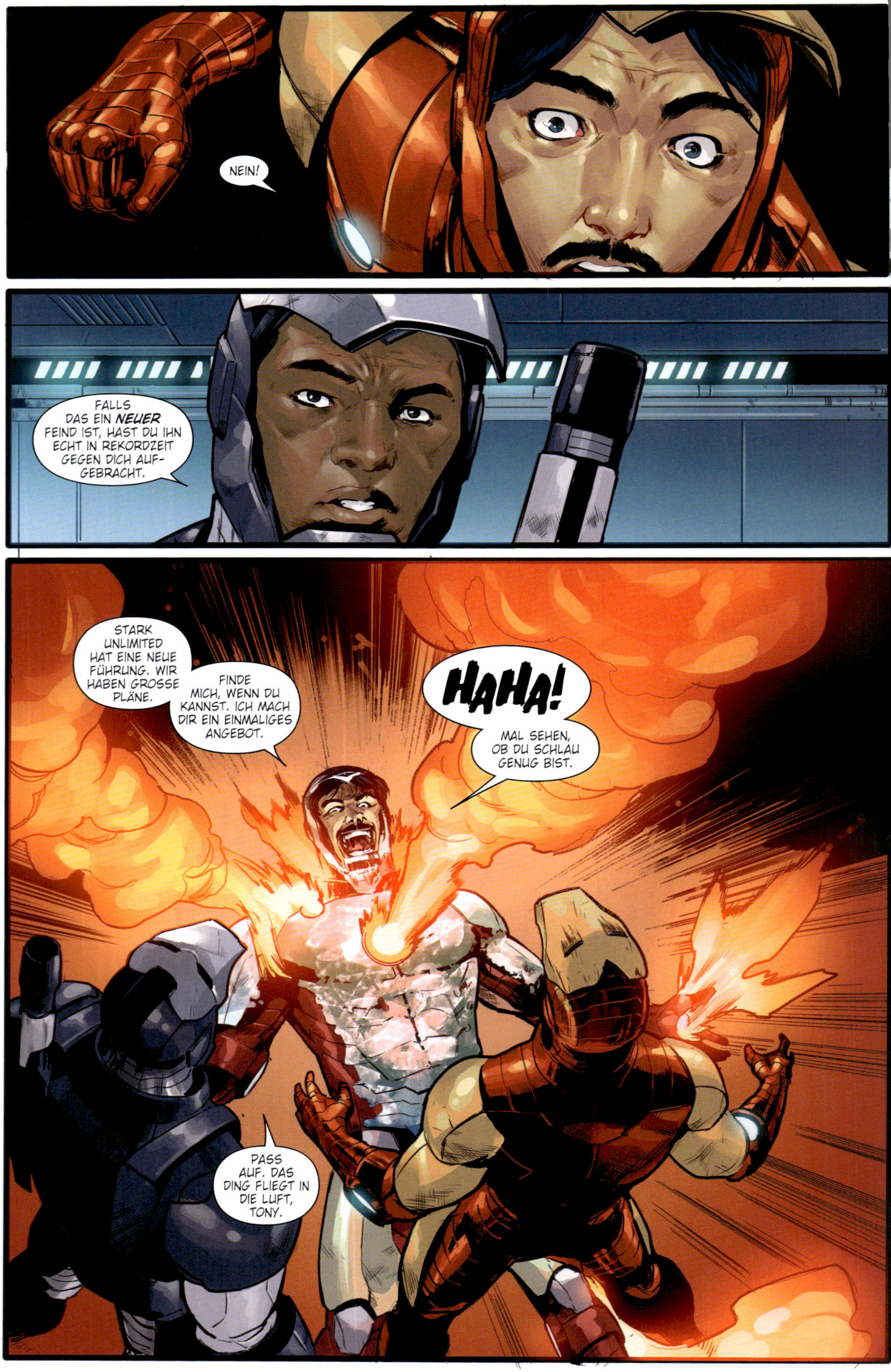

STARK UNLIMITED HAT EINE NEUE FÜHRUNG. WIR HABEN GROSSE PLÄNE.
FINDE MICH, WENN DU KANNST. ICH MACH DIR EIN EINMALIGES ANGEBOT.
HAHA!
MAL SEHEN, OB DU SCHLAU GENUG BIST.
PASS AUF. DAS DING FLIEGT IN DIE LUFT, TONY.

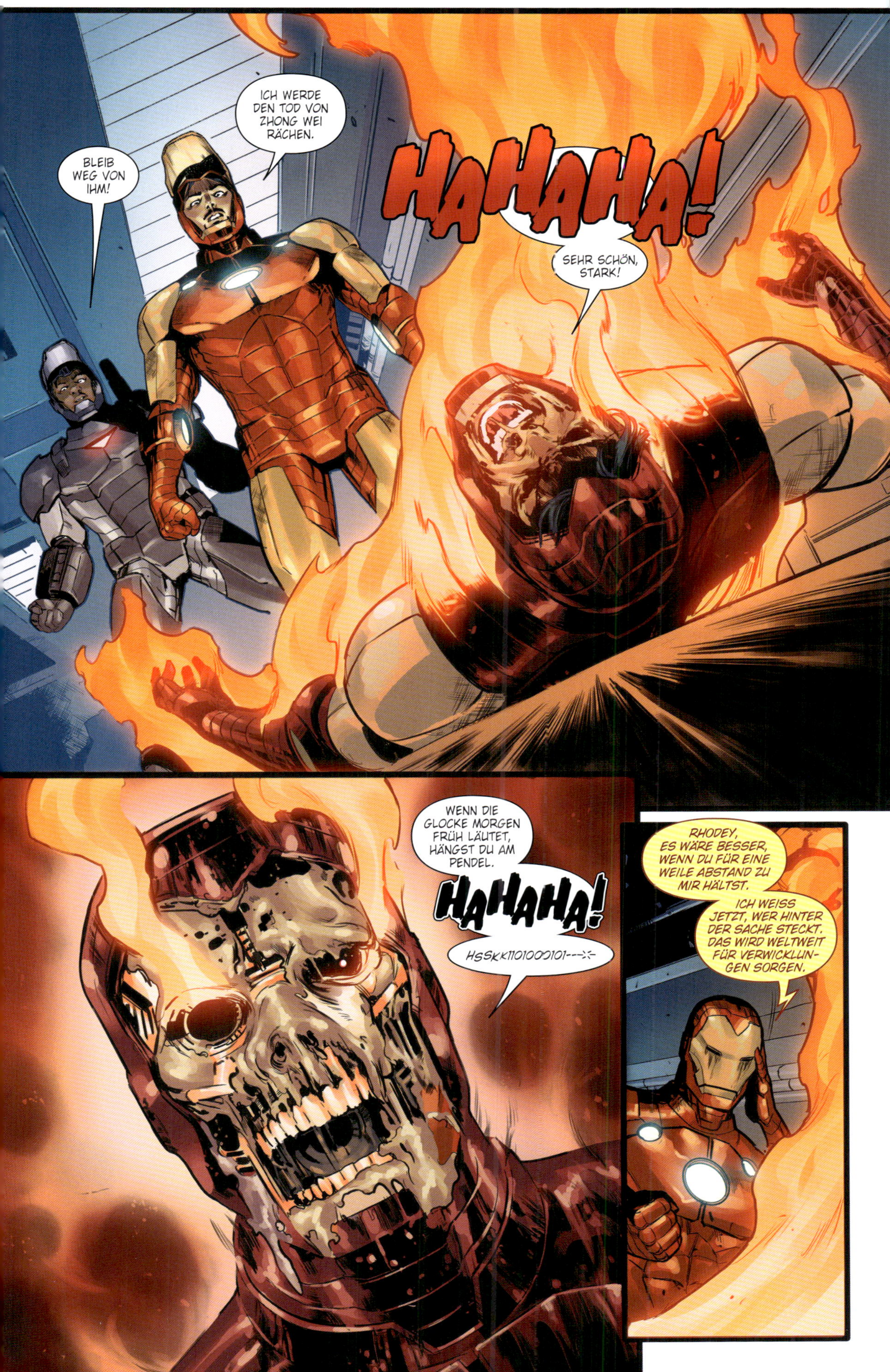
BLEIB WEG VON IHM!
ICH WERDE DEN TOD VON ZHONG WEI RÄCHEN.
HAHAHA!
SEHR SCHÖN, STARK!
WENN DIE GLOCKE MORGEN FRÜH LÄUTET, HÄNGST DU AM PENDEL.
HAHAHA!
HSSKK1101000101---
RHODEY, ES WÄRE BESSER, WENN DU FÜR EINE WEILE ABSTAND ZU MIR HÄLTST.
ICH WEISS JETZT, WER HINTER DER SACHE STECKT. DAS WIRD WELTWEIT FÜR VERWICKLUNGEN SORGEN.

DAS LEBEN DES TONY STARK, KAPITEL 4

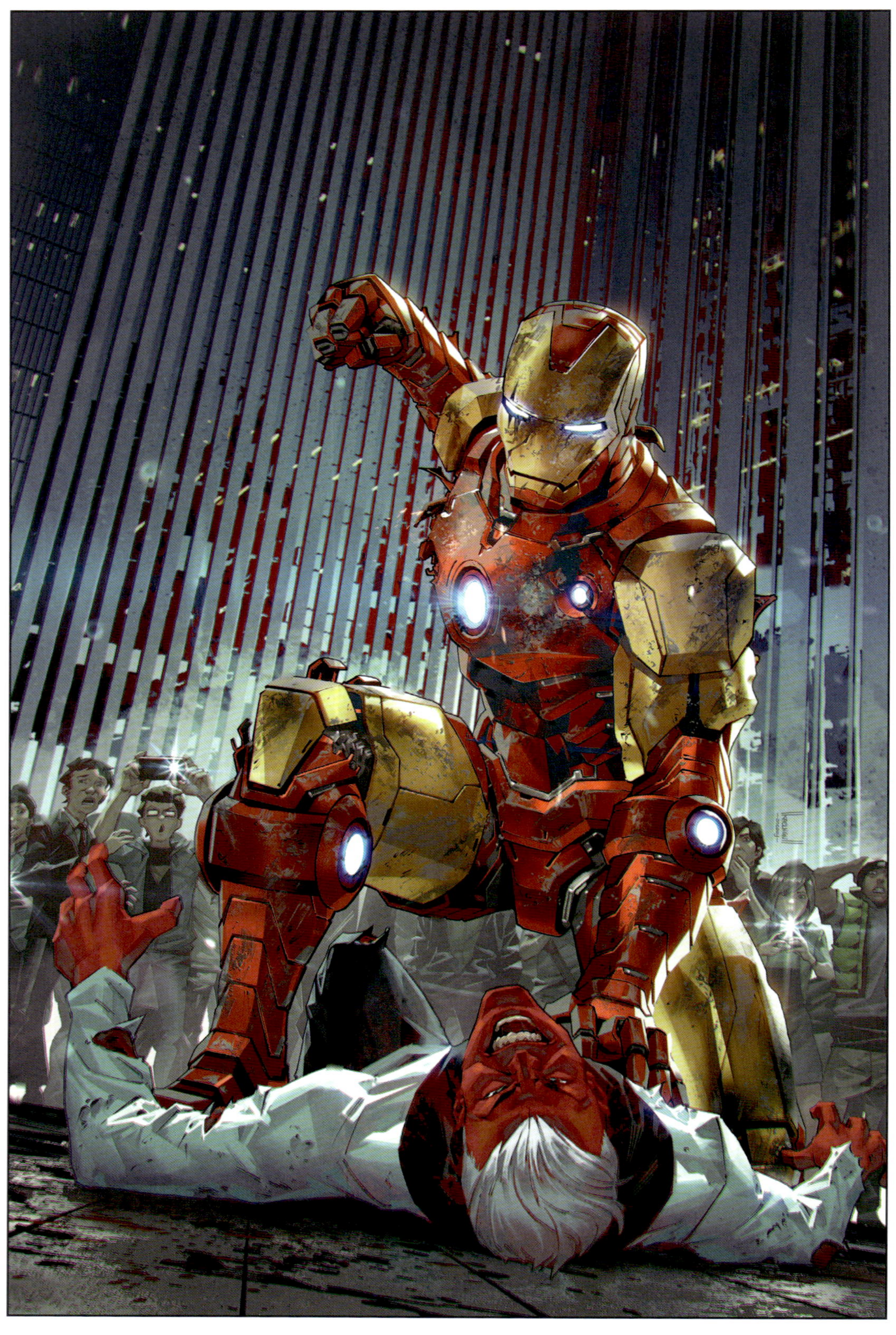

Invincible Iron Man (2022) 4
Cover von **KAEL NGU**

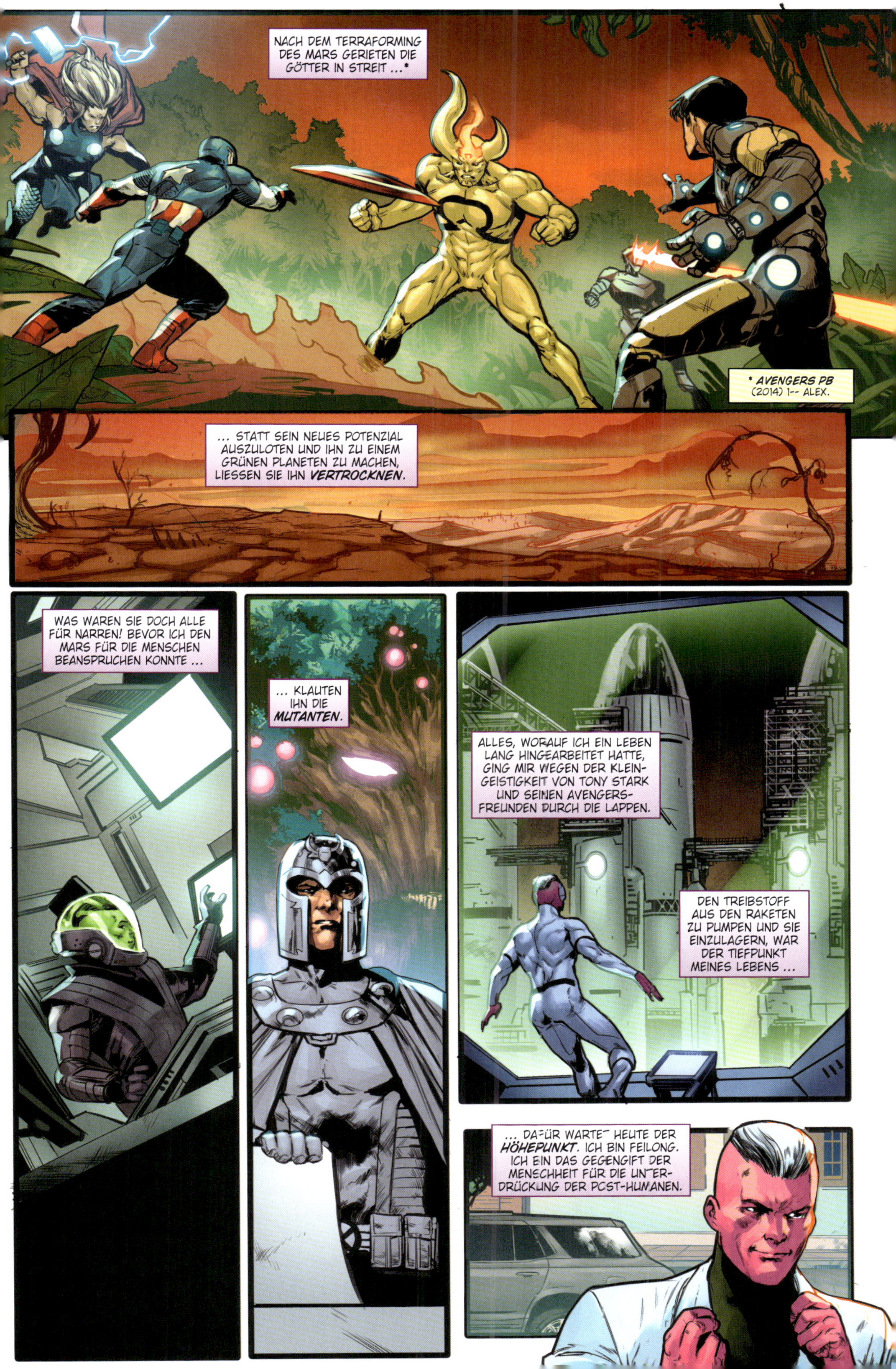

NACH DEM TERRAFORMING DES MARS GERIETEN DIE GÖTTER IN STREIT ...*

* *AVENGERS PB* (2014) 1 -- ALEX.

... STATT SEIN NEUES POTENZIAL AUSZULOTEN UND IHN ZU EINEM GRÜNEN PLANETEN ZU MACHEN, LIESSEN SIE IHN *VERTROCKNEN*.

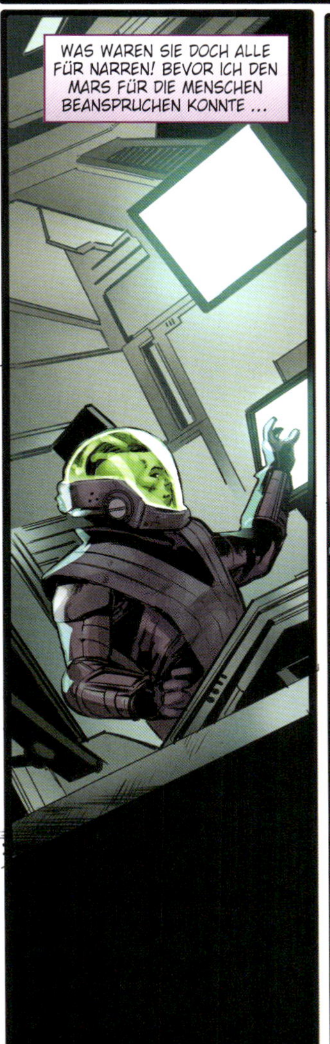

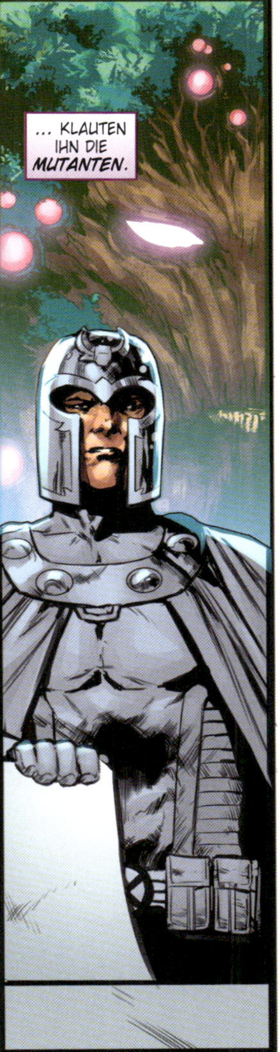

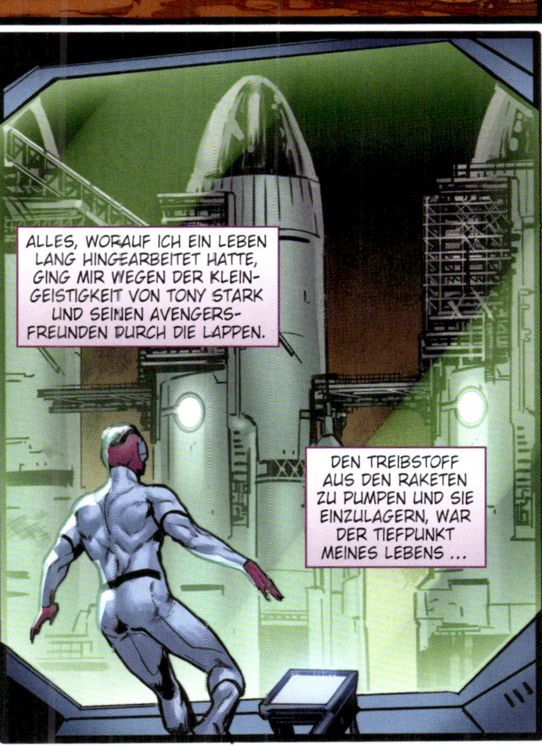

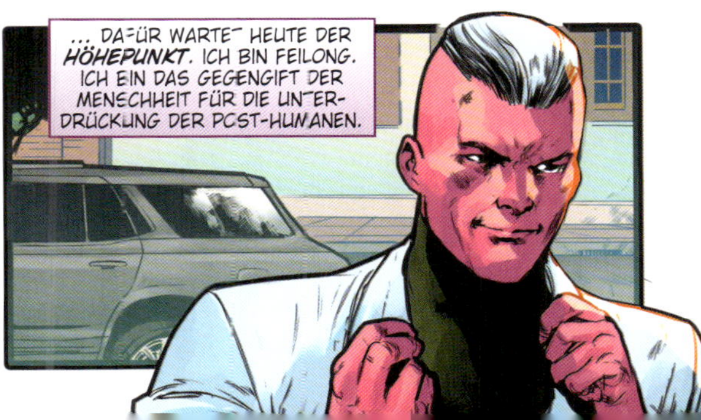

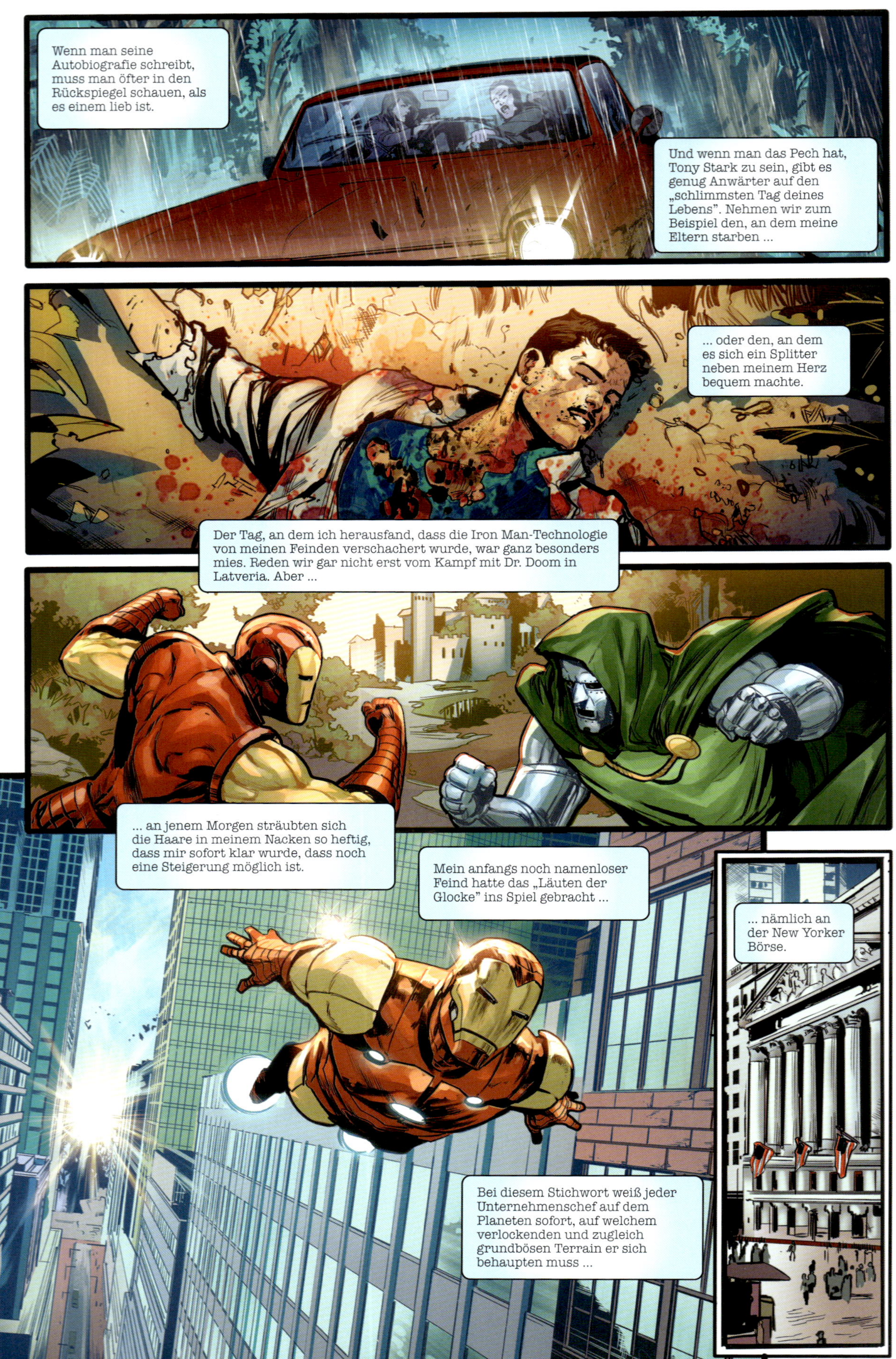
Wenn man seine Autobiografie schreibt, muss man öfter in den Rückspiegel schauen, als es einem lieb ist.
Und wenn man das Pech hat, Tony Stark zu sein, gibt es genug Anwärter auf den „schlimmsten Tag deines Lebens". Nehmen wir zum Beispiel den, an dem meine Eltern starben ...
... oder den, an dem es sich ein Splitter neben meinem Herz bequem machte.
Der Tag, an dem ich herausfand, dass die Iron Man-Technologie von meinen Feinden verschachert wurde, war ganz besonders mies. Reden wir gar nicht erst vom Kampf mit Dr. Doom in Latveria. Aber ...
... an jenem Morgen sträubten sich die Haare in meinem Nacken so heftig, dass mir sofort klar wurde, dass noch eine Steigerung möglich ist.
Mein anfangs noch namenloser Feind hatte das „Läuten der Glocke" ins Spiel gebracht ...
... nämlich an der New Yorker Börse.
Bei diesem Stichwort weiß jeder Unternehmenschef auf dem Planeten sofort, auf welchem verlockenden und zugleich grundbösen Terrain er sich behaupten muss ...

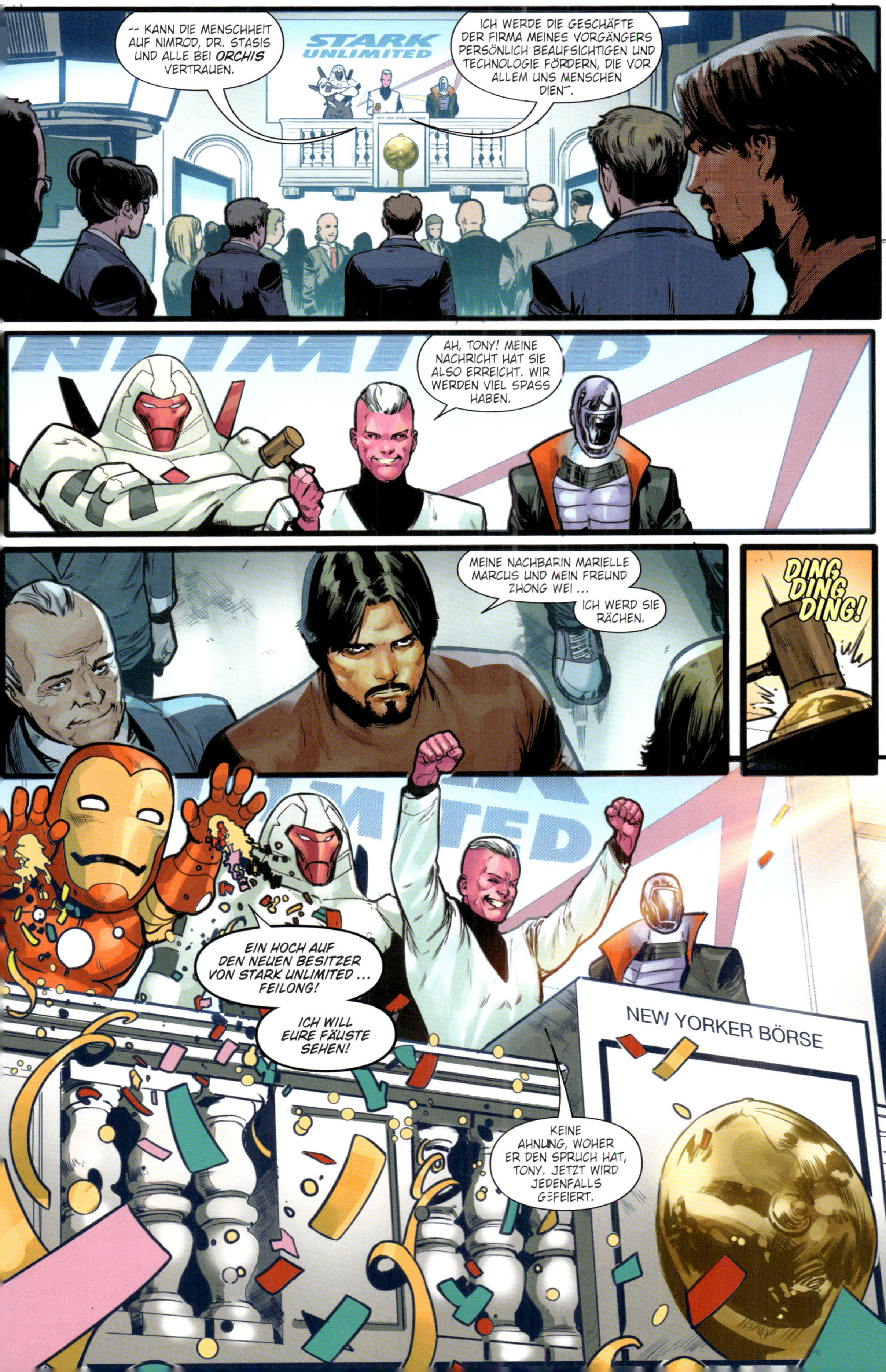

-- KANN DIE MENSCHHEIT AUF NIMROD, DR. STASIS UND ALLE BEI *ORCHIS* VERTRAUEN.
STARK UNLIMITED
ICH WERDE DIE GESCHÄFTE DER FIRMA MEINES VORGÄNGERS PERSÖNLICH BEAUFSICHTIGEN UND TECHNOLOGIE FÖRDERN, DIE VOR ALLEM UNS MENSCHEN DIENT.
AH, TONY! MEINE NACHRICHT HAT SIE ALSO ERREICHT. WIR WERDEN VIEL SPASS HABEN.
MEINE NACHBARIN MARIELLE MARCUS UND MEIN FREUND ZHONG WEI ...
ICH WERD SIE RÄCHEN.
DING DING DING!
EIN HOCH AUF DEN NEUEN BESITZER VON STARK UNLIMITED ... FEILONG!
ICH WILL EURE FÄUSTE SEHEN!
NEW YORKER BÖRSE
KEINE AHNUNG, WOHER ER DEN SPRUCH HAT, TONY. JETZT WIRD JEDENFALLS GEFEIERT.

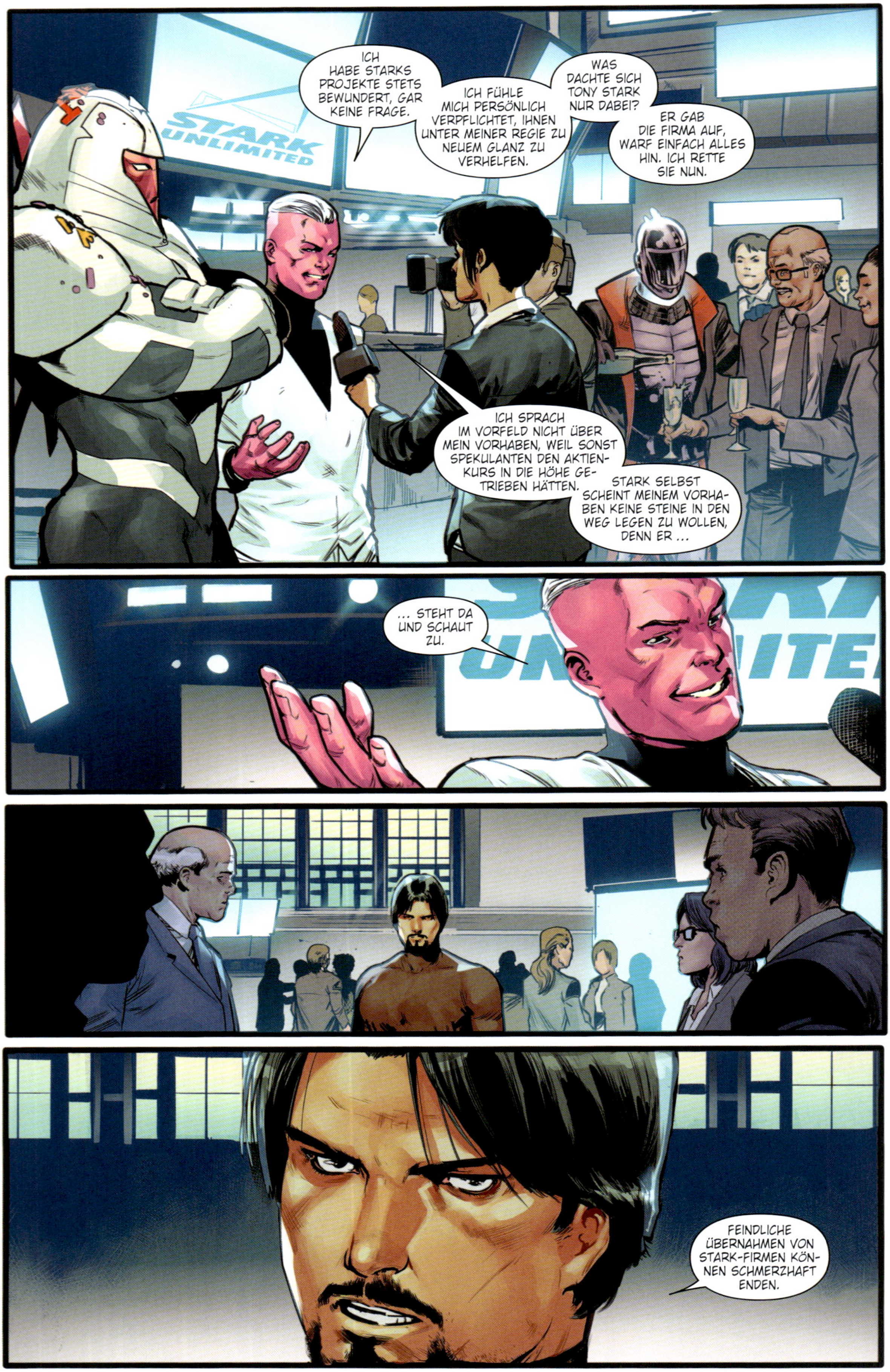

STARK UNLIMITED
ICH HABE STARKS PROJEKTE STETS BEWUNDERT, GAR KEINE FRAGE.
ICH FÜHLE MICH PERSÖNLICH VERPFLICHTET, IHNEN UNTER MEINER REGIE ZU NEUEM GLANZ ZU VERHELFEN.
WAS DACHTE SICH TONY STARK NUR DABEI?
ER GAB DIE FIRMA AUF, WARF EINFACH ALLES HIN. ICH RETTE SIE NUN.
ICH SPRACH IM VORFELD NICHT ÜBER MEIN VORHABEN, WEIL SONST SPEKULANTEN DEN AKTIENKURS IN DIE HÖHE GETRIEBEN HÄTTEN.
STARK SELBST SCHEINT MEINEM VORHABEN KEINE STEINE IN DEN WEG LEGEN ZU WOLLEN, DENN ER ...

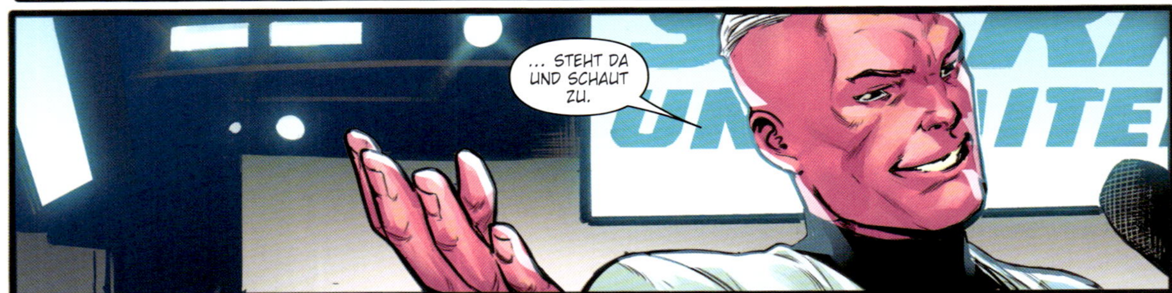
... STEHT DA UND SCHAUT ZU.

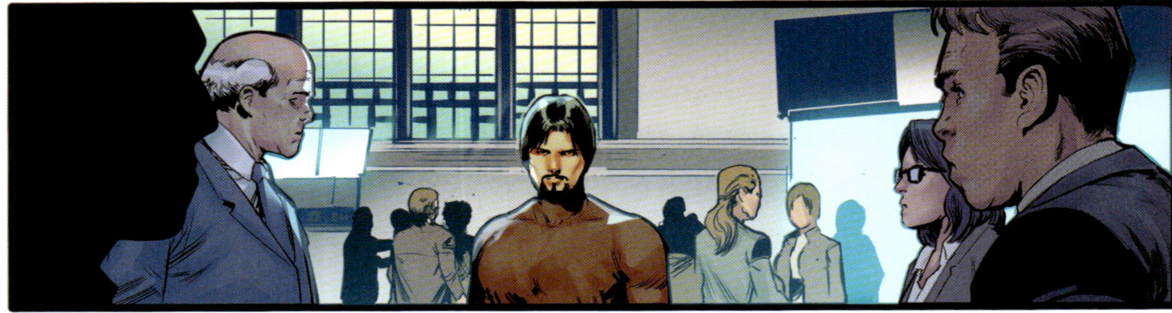

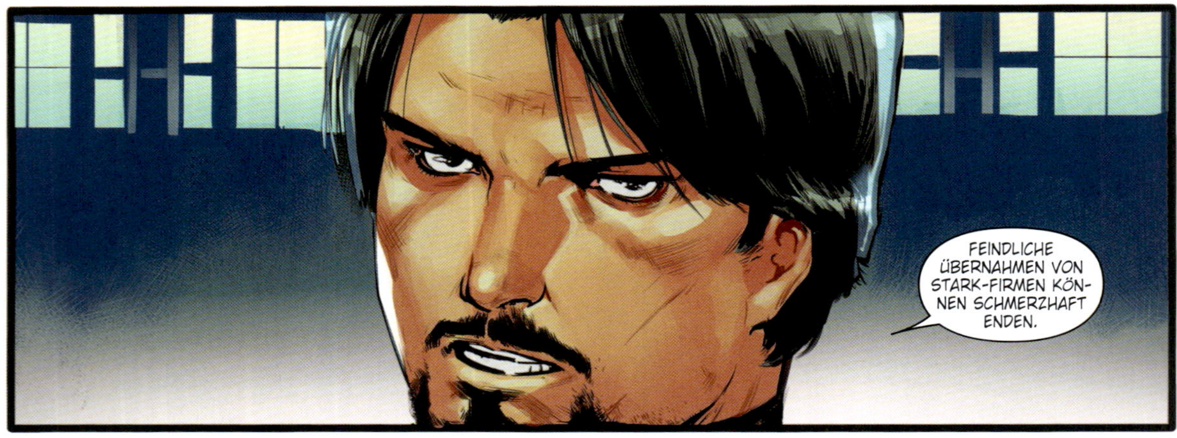
FEINDLICHE ÜBERNAHMEN VON STARK-FIRMEN KÖNNEN SCHMERZHAFT ENDEN.

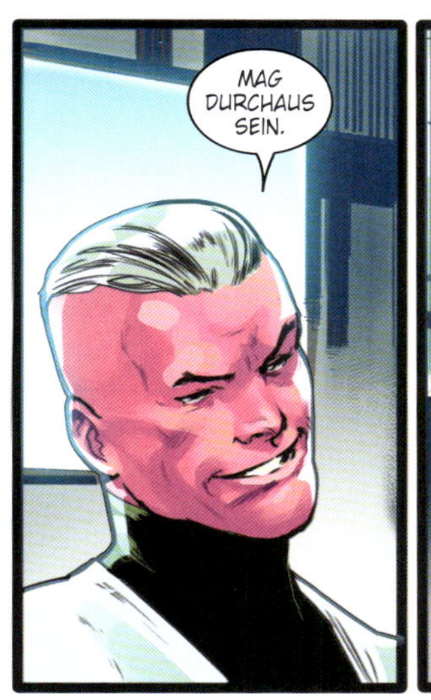
MAG DURCHAUS SEIN.

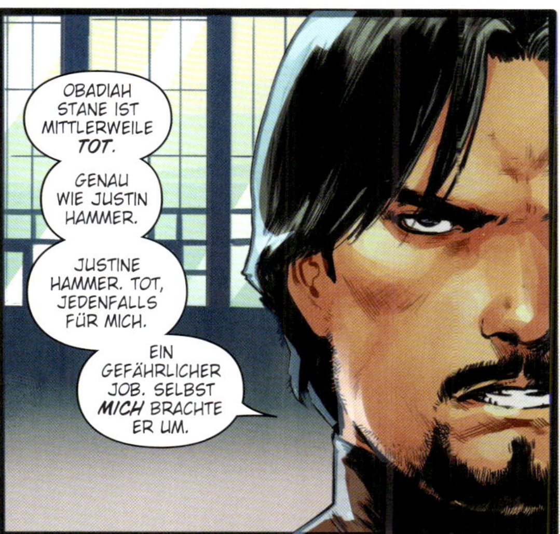
OBADIAH STANE IST MITTLERWEILE *TOT*.
GENAU WIE JUSTIN HAMMER.
JUSTINE HAMMER. TOT, JEDENFALLS FÜR MICH.
EIN GEFÄHRLICHER JOB. SELBST *MICH* BRACHTE ER UM.

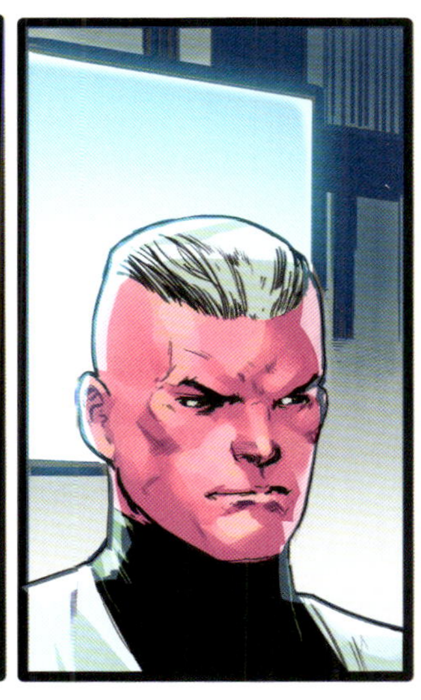

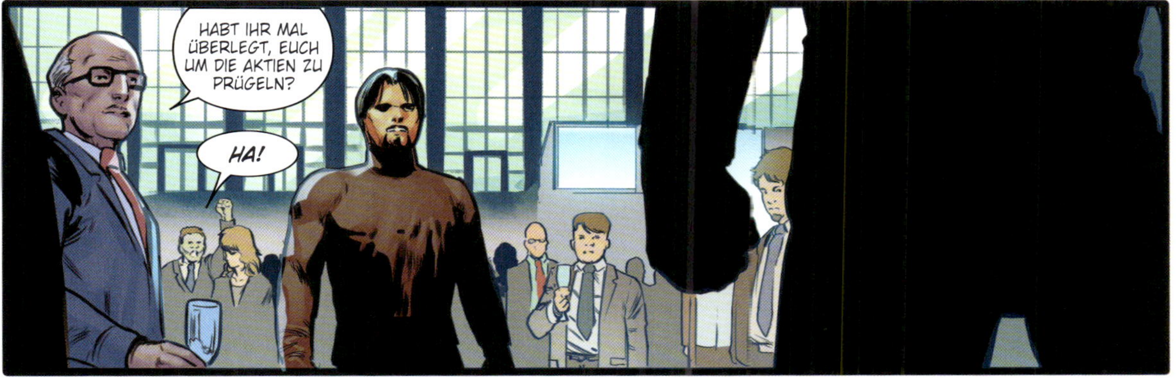
HABT IHR MAL ÜBERLEGT, EUCH UM DIE AKTIEN ZU PRÜGELN?
HA!

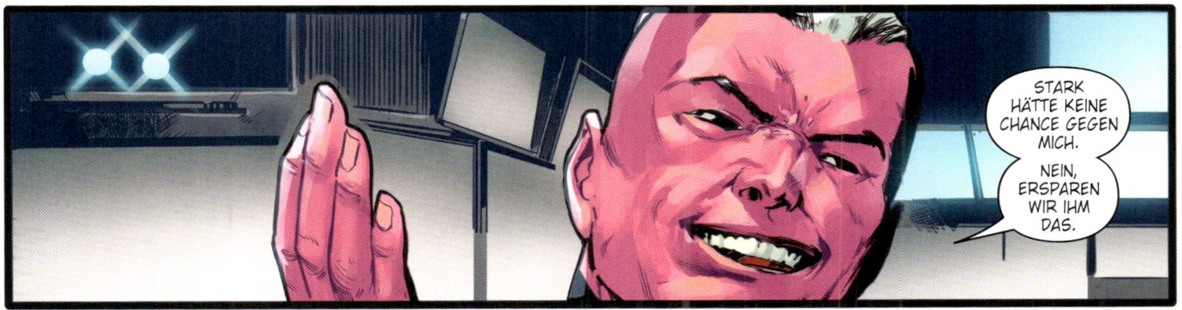
STARK HÄTTE KEINE CHANCE GEGEN MICH.
NEIN, ERSPAREN WIR IHM DAS.

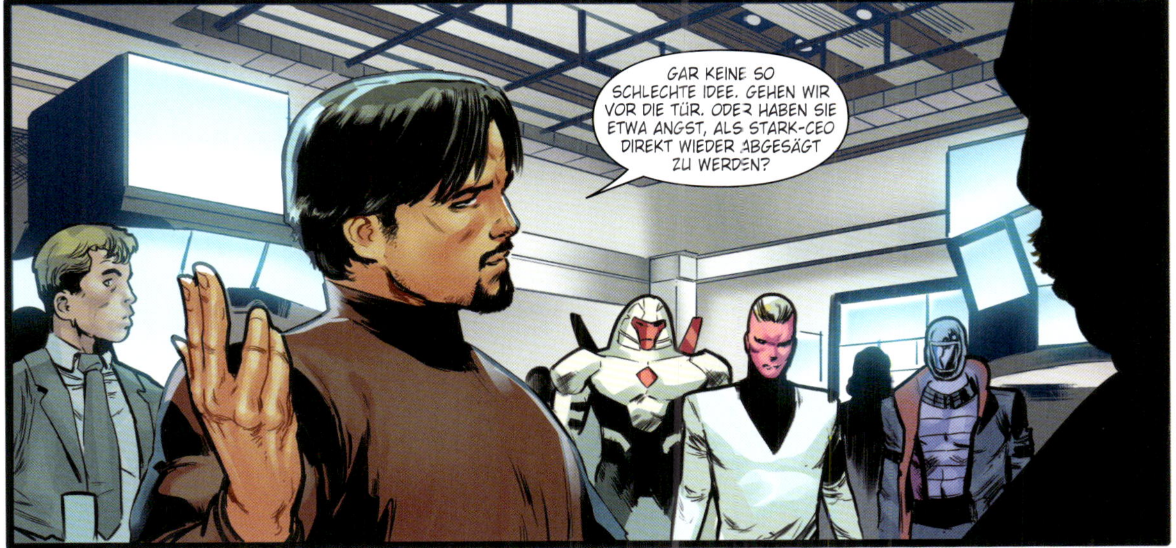
GAR KEINE SO SCHLECHTE IDEE. GEHEN WIR VOR DIE TÜR. ODER HABEN SIE ETWA ANGST, ALS STARK-CEO DIREKT WIEDER ABGESÄGT ZU WERDEN?

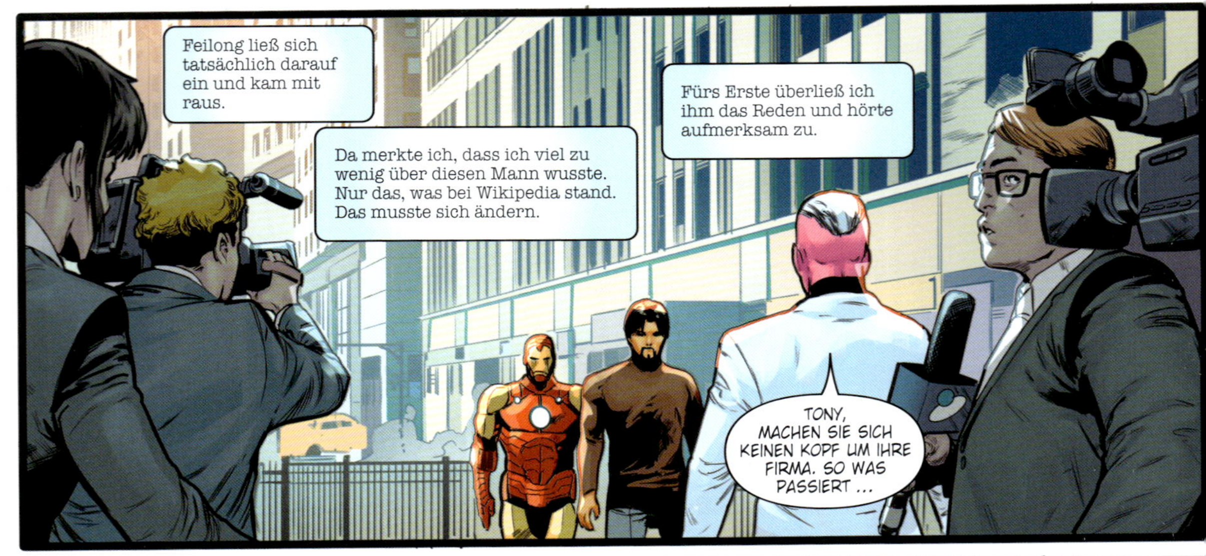
Feilong ließ sich tatsächlich darauf ein und kam mit raus.
Da merkte ich, dass ich viel zu wenig über diesen Mann wusste. Nur das, was bei Wikipedia stand. Das musste sich ändern.
Fürs Erste überließ ich ihm das Reden und hörte aufmerksam zu.
TONY, MACHEN SIE SICH KEINEN KOPF UM IHRE FIRMA. SO WAS PASSIERT ...
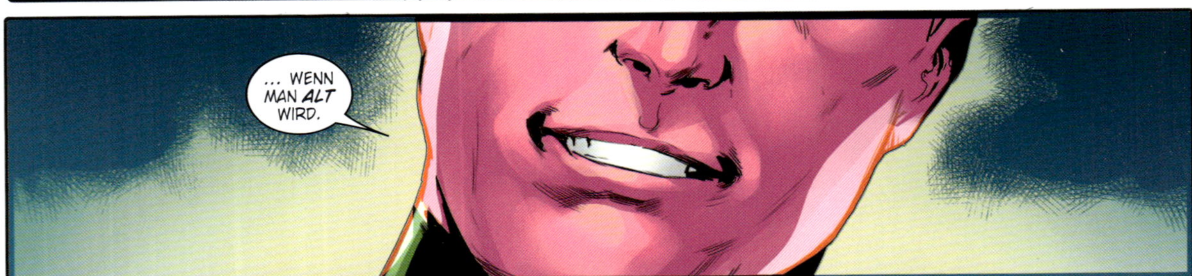
... WENN MAN ALT WIRD.
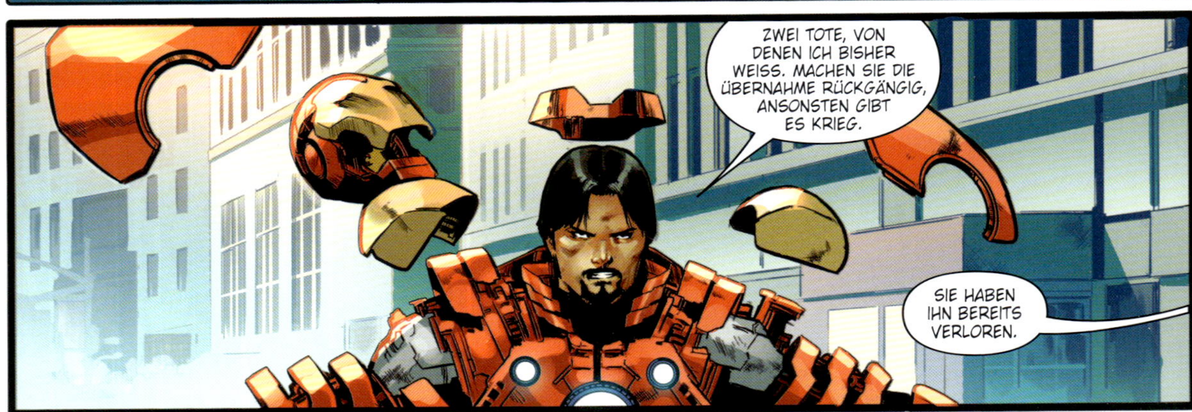
ZWEI TOTE, VON DENEN ICH BISHER WEISS. MACHEN SIE DIE ÜBERNAHME RÜCKGÄNGIG, ANSONSTEN GIBT ES KRIEG.
SIE HABEN IHN BEREITS VERLOREN.
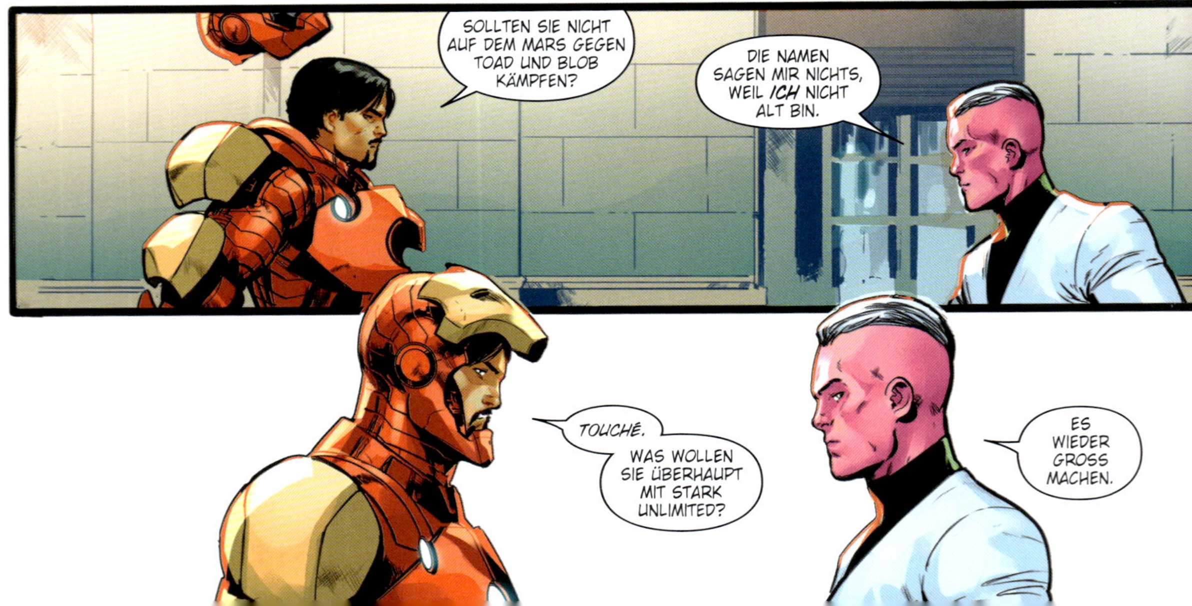
SOLLTEN SIE NICHT AUF DEM MARS GEGEN TOAD UND BLOB KÄMPFEN?
DIE NAMEN SAGEN MIR NICHTS, WEIL ICH NICHT ALT BIN.
TOUCHÉ.
WAS WOLLEN SIE ÜBERHAUPT MIT STARK UNLIMITED?
ES WIEDER GROSS MACHEN.

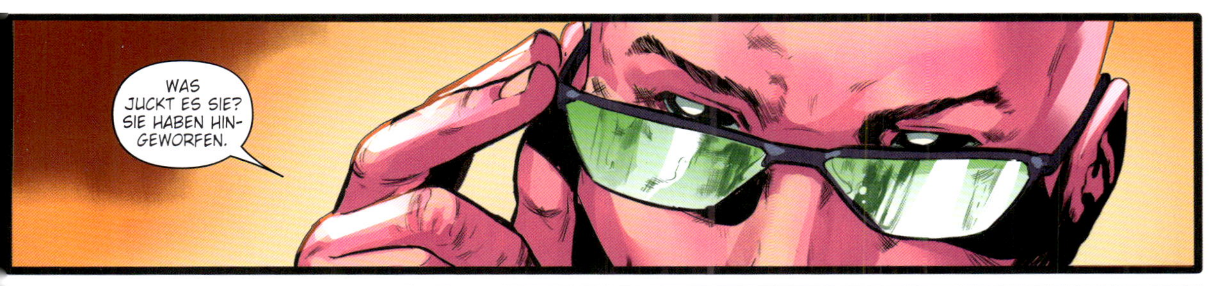
WAS JUCKT ES SIE? SIE HABEN HINGEWORFEN.

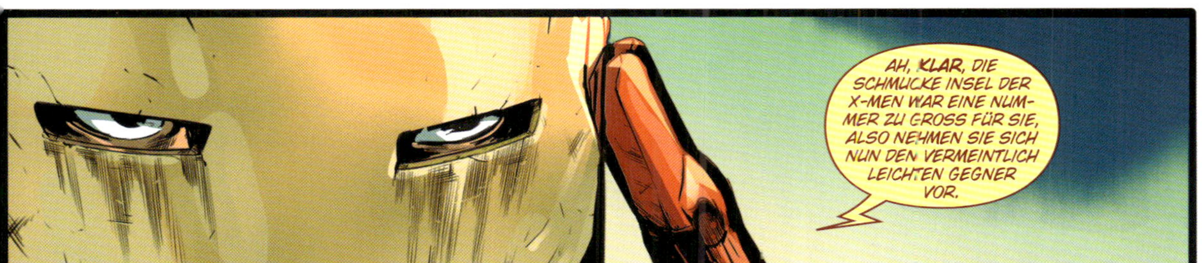
AH, KLAR, DIE SCHMUCKE INSEL DER X-MEN WAR EINE NUMMER ZU GROSS FÜR SIE, ALSO NEHMEN SIE SICH NUN DEN VERMEINTLICH LEICHTEN GEGNER VOR.

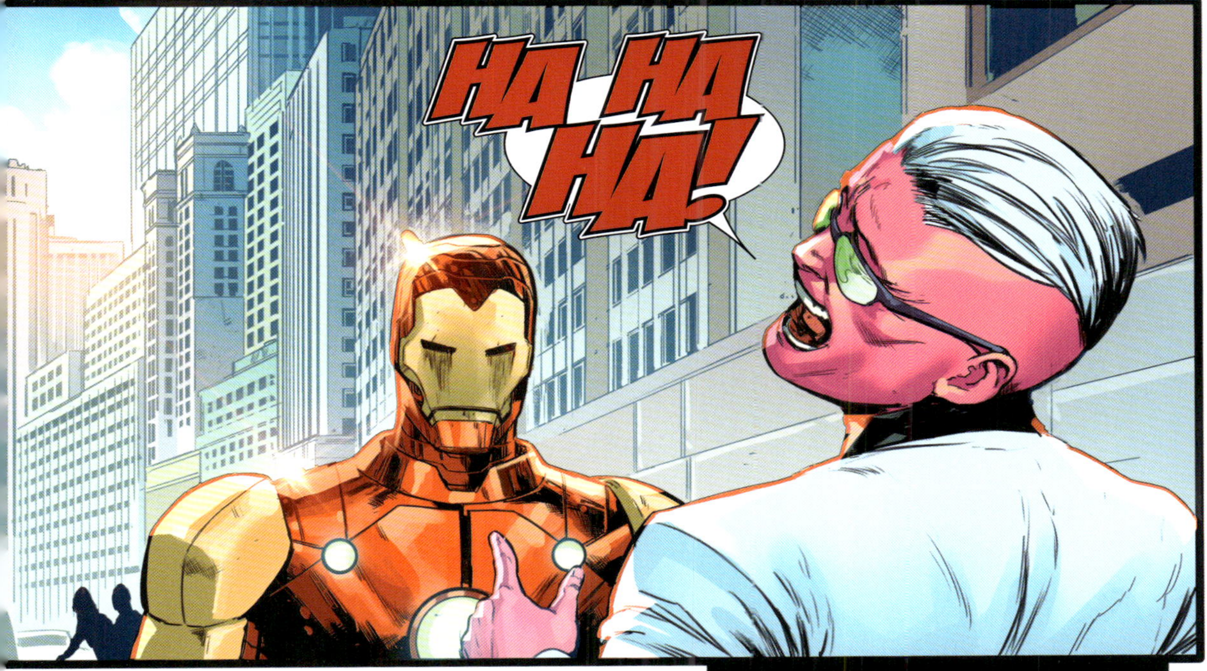
HA HA HA!

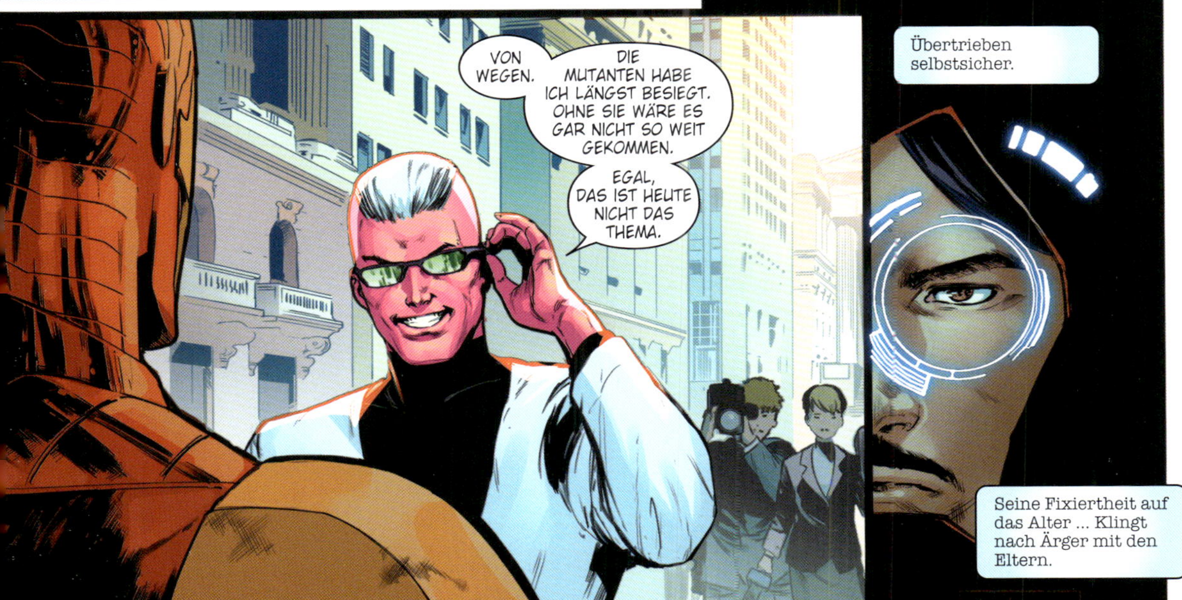
VON WEGEN.
DIE MUTANTEN HABE ICH LÄNGST BESIEGT. OHNE SIE WÄRE ES GAR NICHT SO WEIT GEKOMMEN.
EGAL, DAS IST HEUTE NICHT DAS THEMA.
Übertrieben selbstsicher.
Seine Fixiertheit auf das Alter ... Klingt nach Ärger mit den Eltern.

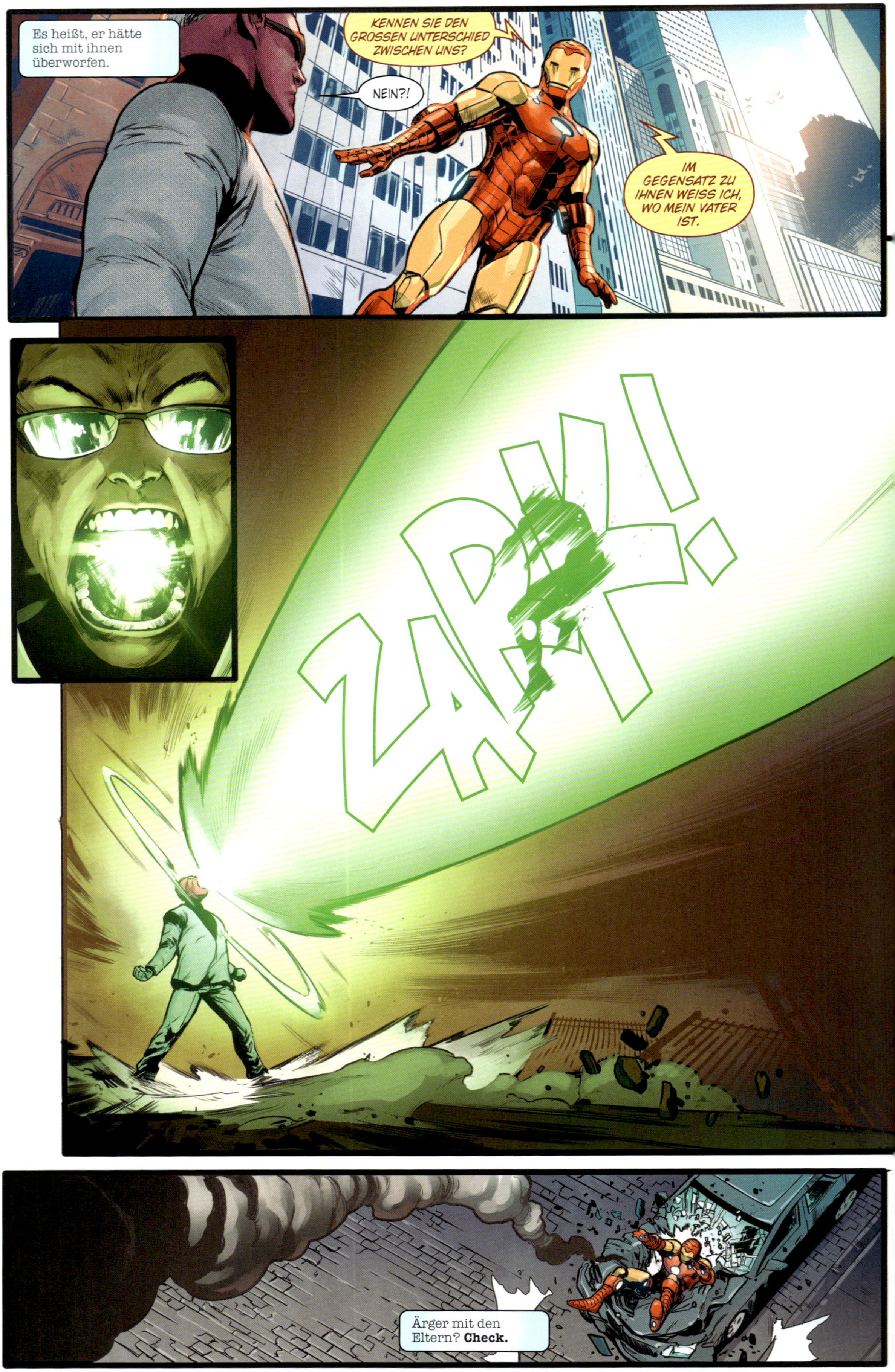

Es heißt, er hätte sich mit ihnen überworfen.

KENNEN SIE DEN GROSSEN UNTERSCHIED ZWISCHEN UNS?

NEIN?!

IM GEGENSATZ ZU IHNEN WEISS ICH, WO MEIN VATER IST.

ZAPT!

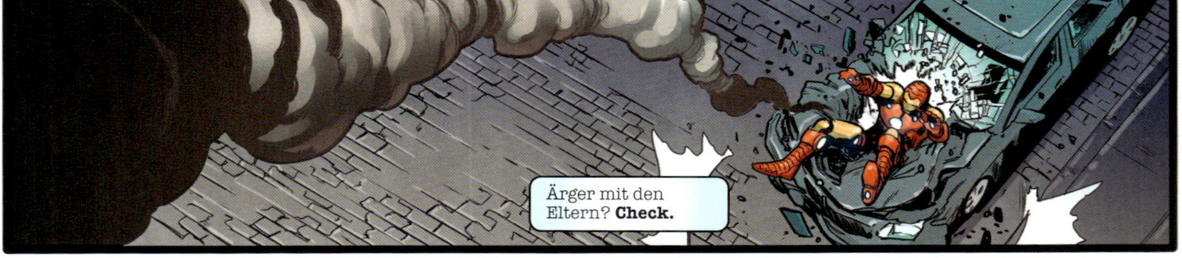

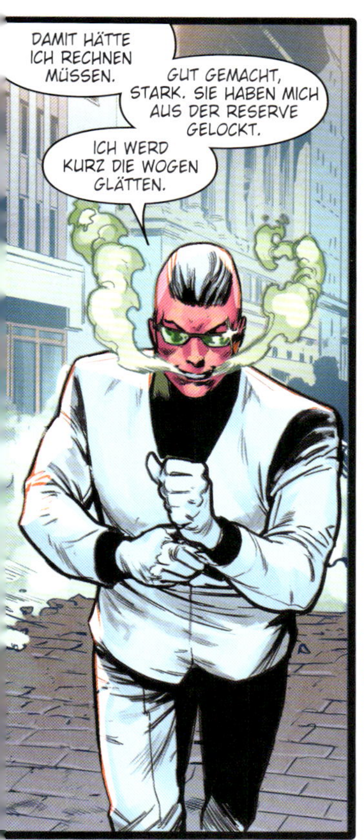
DAMIT HÄTTE ICH RECHNEN MÜSSEN.
GUT GEMACHT, STARK. SIE HABEN MICH AUS DER RESERVE GELOCKT.
ICH WERD KURZ DIE WOGEN GLÄTTEN.

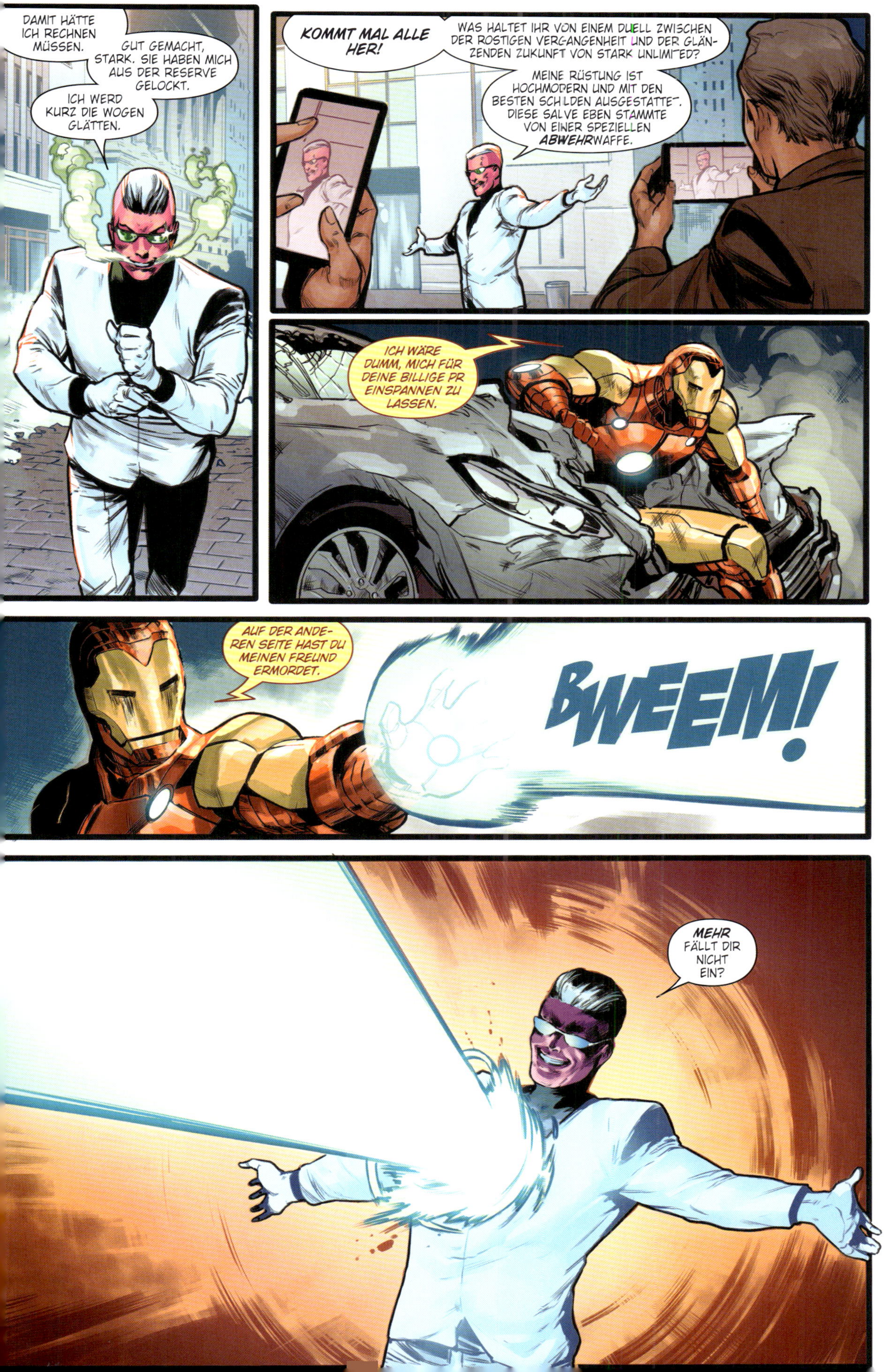

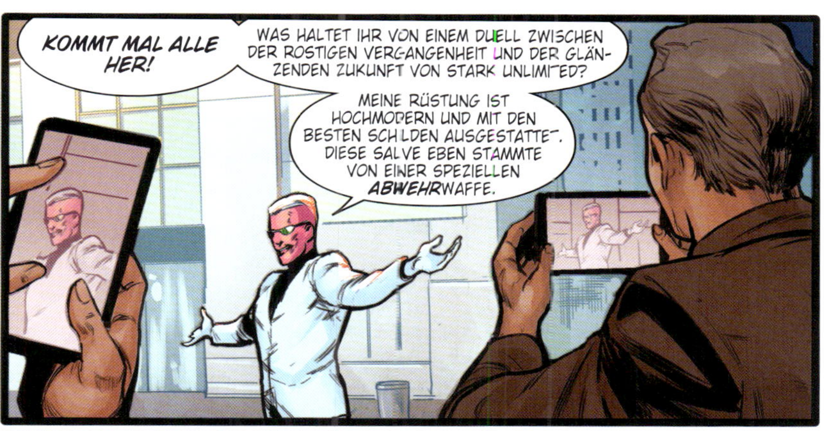
KOMMT MAL ALLE HER!
WAS HALTET IHR VON EINEM DUELL ZWISCHEN DER ROSTIGEN VERGANGENHEIT UND DER GLÄN-ZENDEN ZUKUNFT VON STARK UNLIMITED?
MEINE RÜSTUNG IST HOCHMODERN UND MIT DEN BESTEN SCHILDEN AUSGESTATTET. DIESE SALVE EBEN STAMMTE VON EINER SPEZIELLEN ABWEHRWAFFE.

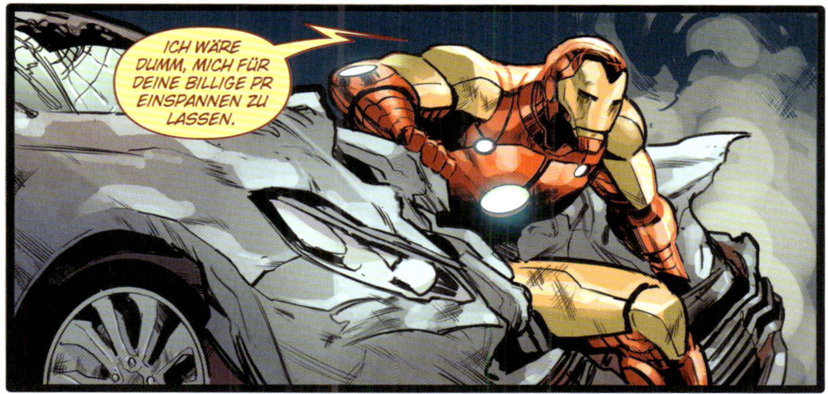
ICH WÄRE DUMM, MICH FÜR DEINE BILLIGE PR EINSPANNEN ZU LASSEN.

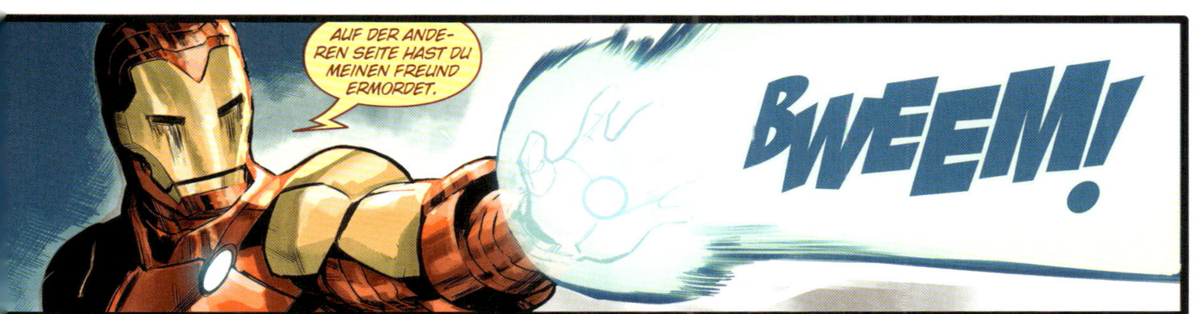
AUF DER ANDE-REN SEITE HAST DU MEINEN FREUND ERMORDET.
BWEEM!
MEHR FÄLLT DIR NICHT EIN?

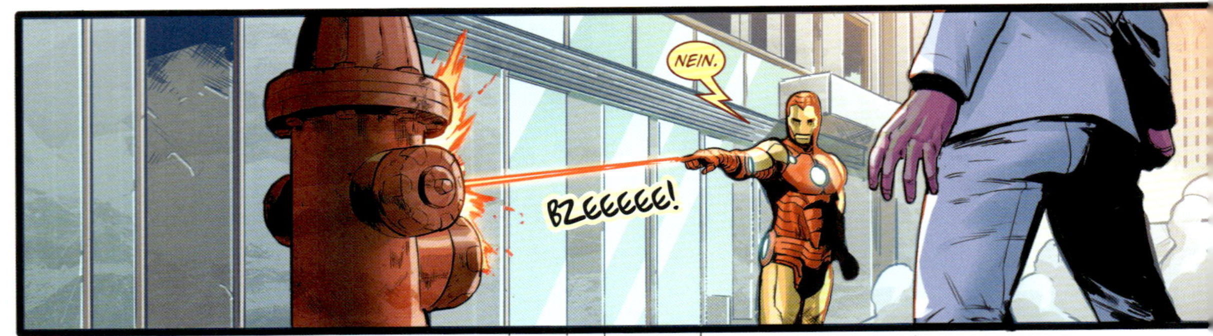
NEIN.
BZEEEEE!

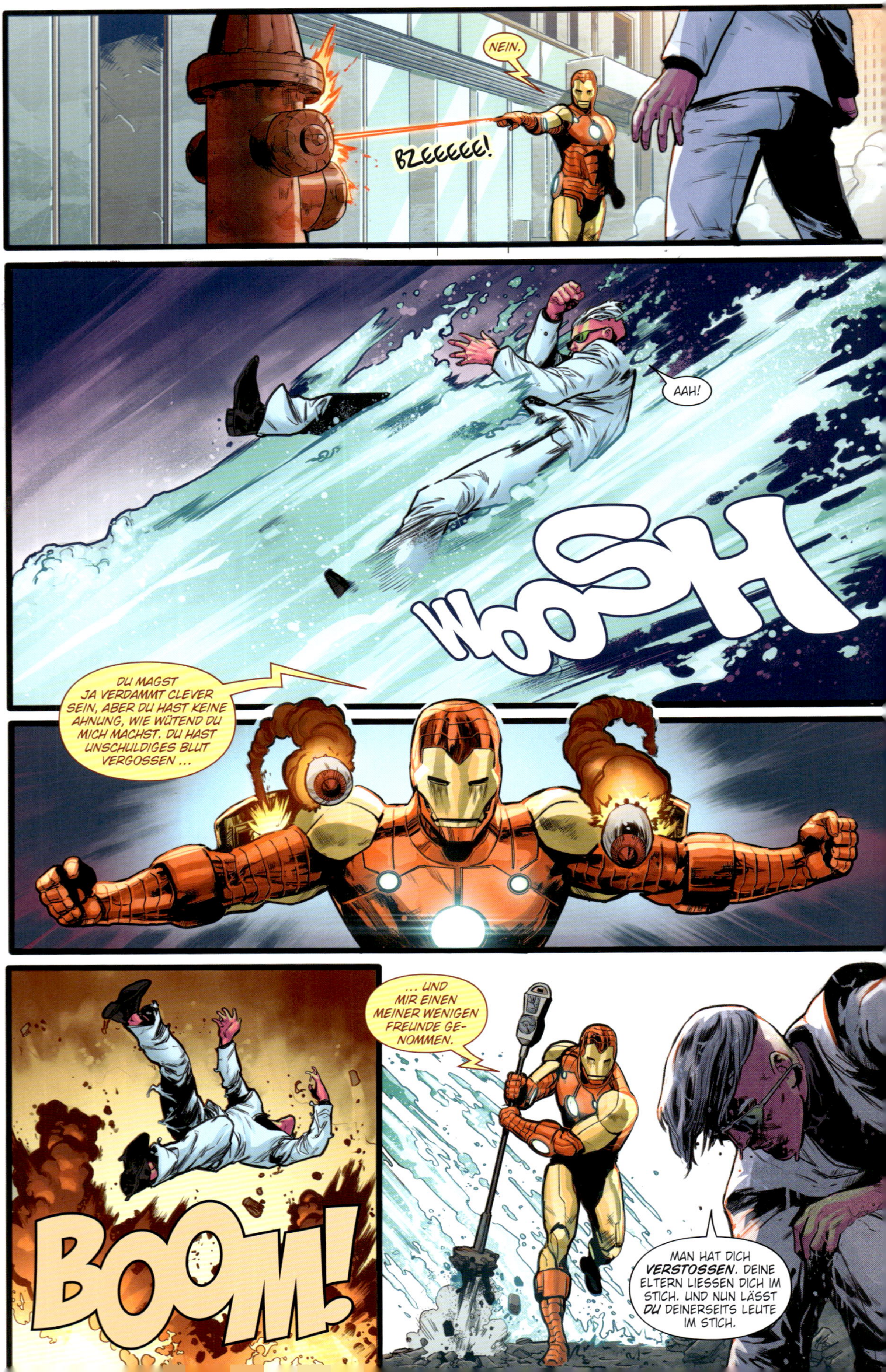

AAH!
WOOSH
DU MAGST JA VERDAMMT CLEVER SEIN, ABER DU HAST KEINE AHNUNG, WIE WÜTEND DU MICH MACHST. DU HAST UNSCHULDIGES BLUT VERGOSSEN …

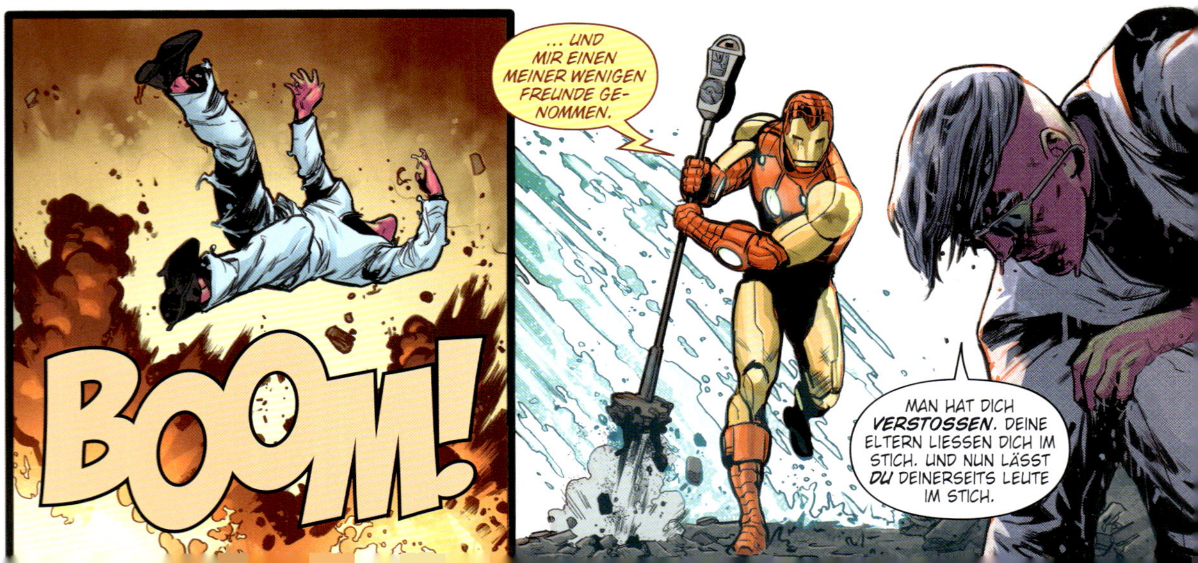
BOOM!
… UND MIR EINEN MEINER WENIGEN FREUNDE GENOMMEN.
MAN HAT DICH ***VERSTOSSEN.*** DEINE ELTERN LIESSEN DICH IM STICH. UND NUN LÄSST ***DU*** DEINERSEITS LEUTE IM STICH.

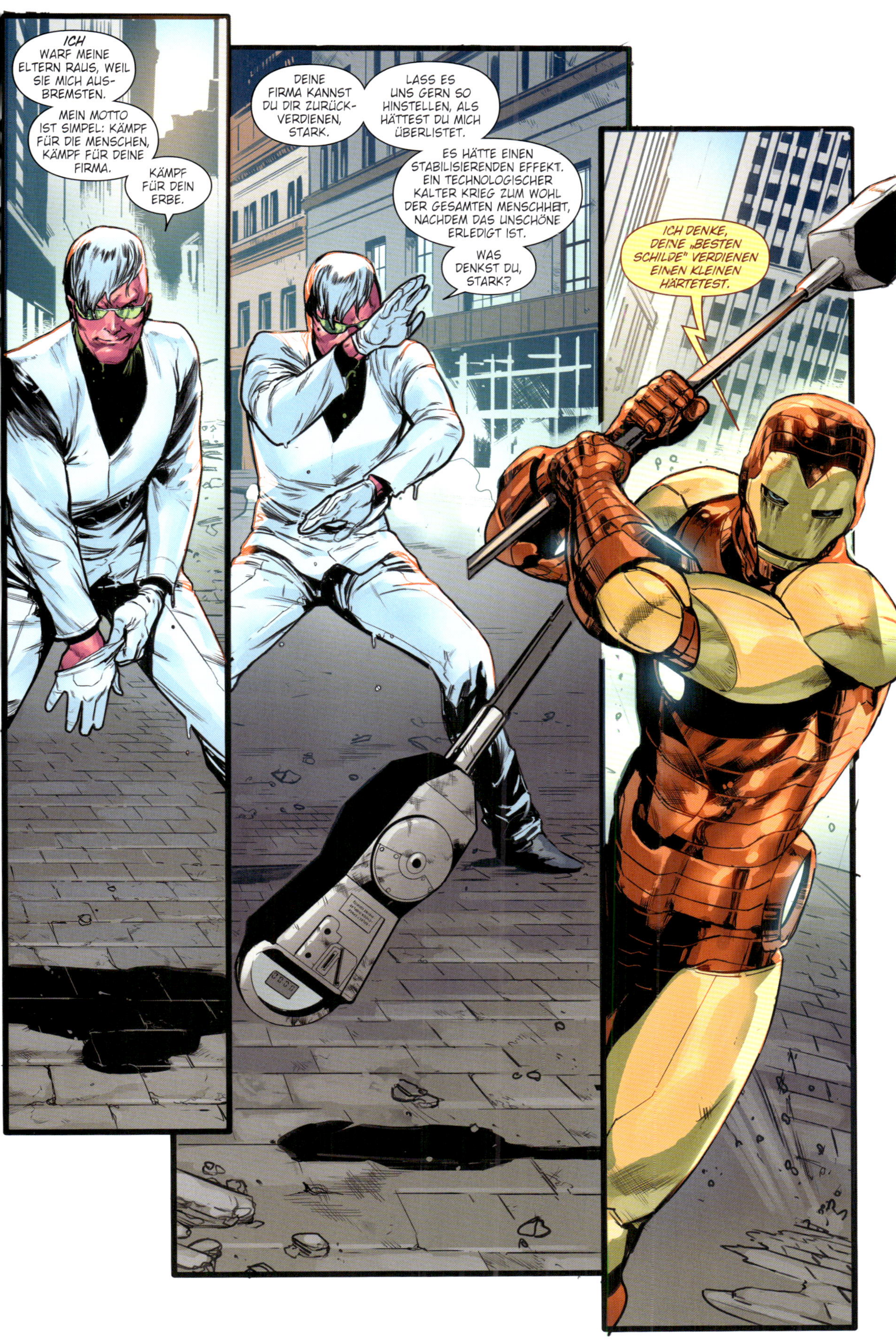
ICH WARF MEINE ELTERN RAUS, WEIL SIE MICH AUS-BREMSTEN.
MEIN MOTTO IST SIMPEL: KÄMPF FÜR DIE MENSCHEN, KÄMPF FÜR DEINE FIRMA.
KÄMPF FÜR DEIN ERBE.
DEINE FIRMA KANNST DU DIR ZURÜCK-VERDIENEN, STARK.
LASS ES UNS GERN SO HINSTELLEN, ALS HÄTTEST DU MICH ÜBERLISTET.
ES HÄTTE EINEN STABILISIERENDEN EFFEKT. EIN TECHNOLOGISCHER KALTER KRIEG ZUM WOHL DER GESAMTEN MENSCHHEIT, NACHDEM DAS UNSCHÖNE ERLEDIGT IST.
WAS DENKST DU, STARK?
ICH DENKE, DEINE „BESTEN SCHILDE" VERDIENEN EINEN KLEINEN HÄRTETEST.

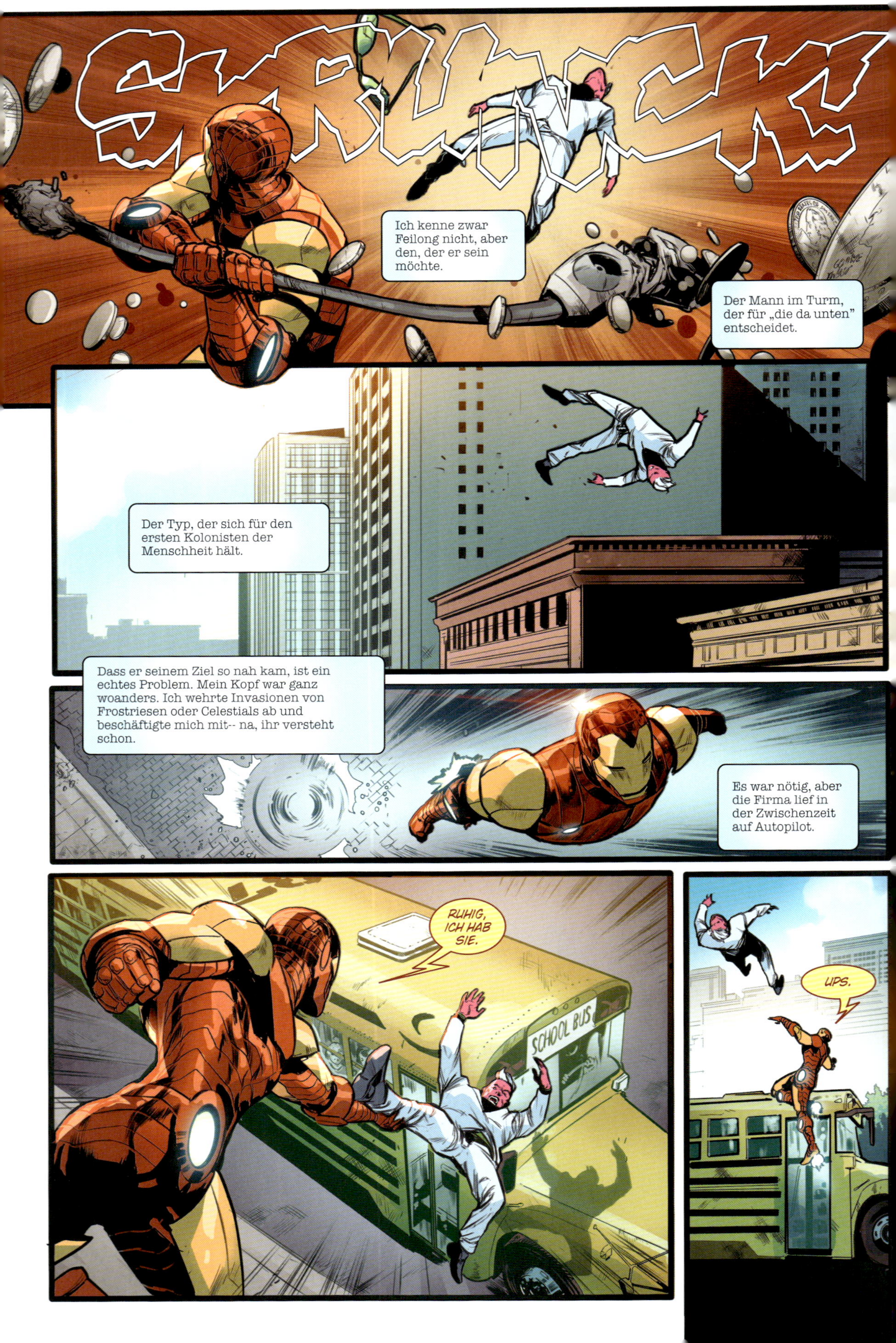

Ich kenne zwar Feilong nicht, aber den, der er sein möchte.

Der Mann im Turm, der für „die da unten“ entscheidet.

Der Typ, der sich für den ersten Kolonisten der Menschheit hält.

Dass er seinem Ziel so nah kam, ist ein echtes Problem. Mein Kopf war ganz woanders. Ich wehrte Invasionen von Frostriesen oder Celestials ab und beschäftigte mich mit-- na, ihr versteht schon.

Es war nötig, aber die Firma lief in der Zwischenzeit auf Autopilot.

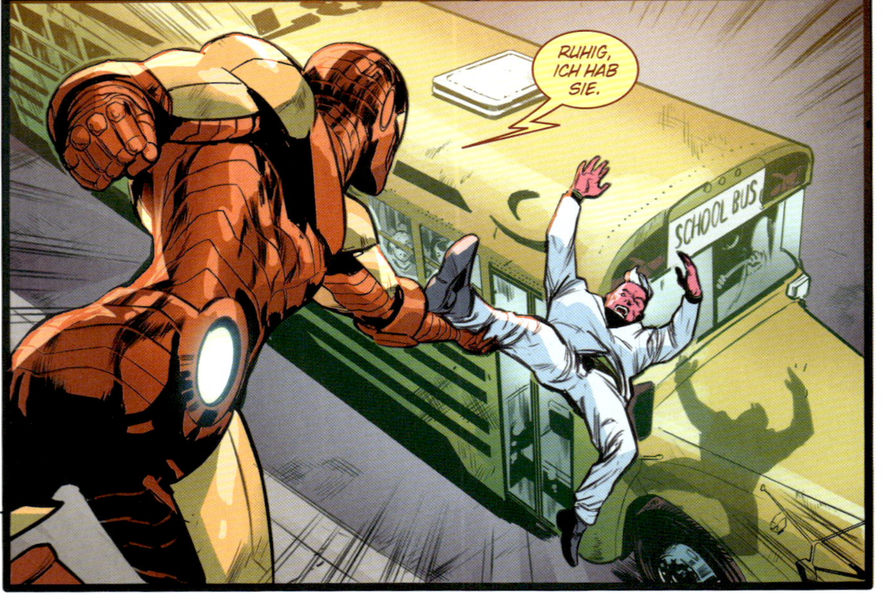

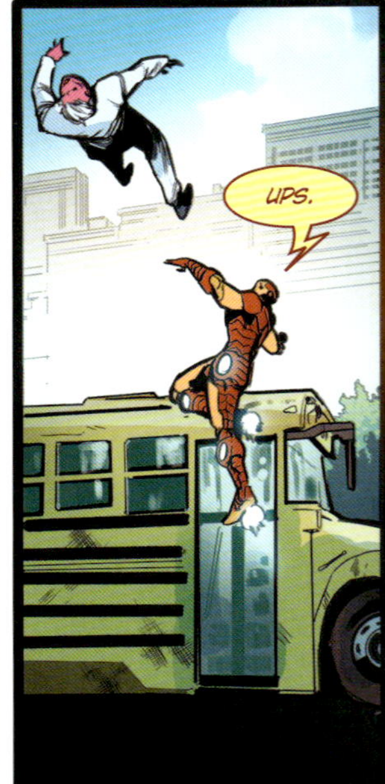

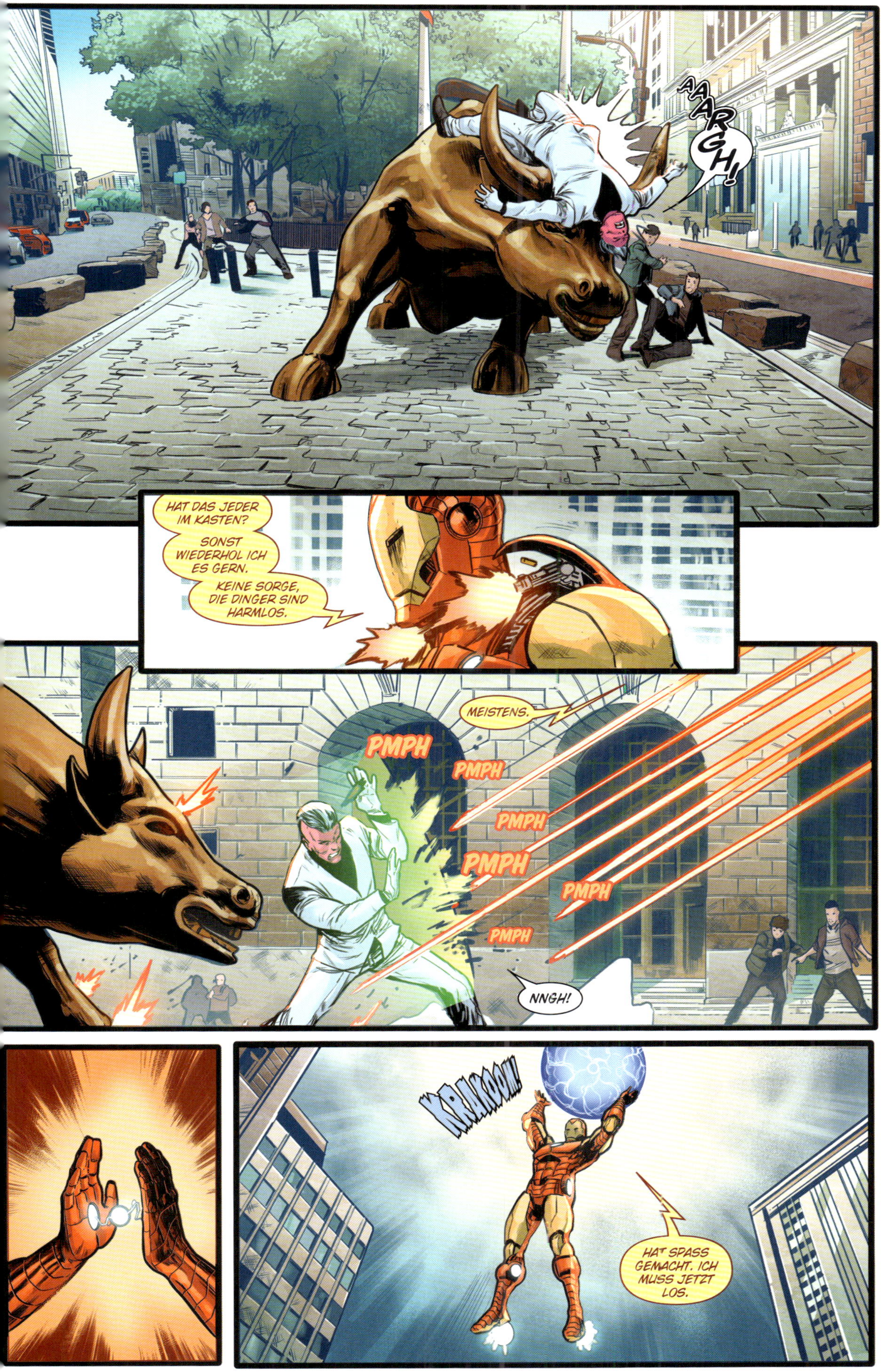

AAARGH!

HAT DAS JEDER IM KASTEN?

SONST WIEDERHOL ICH ES GERN.

KEINE SORGE, DIE DINGER SIND HARMLOS.

MEISTENS.

PMPH

PMPH

PMPH

PMPH

PMPH

PMPH

NNGH!

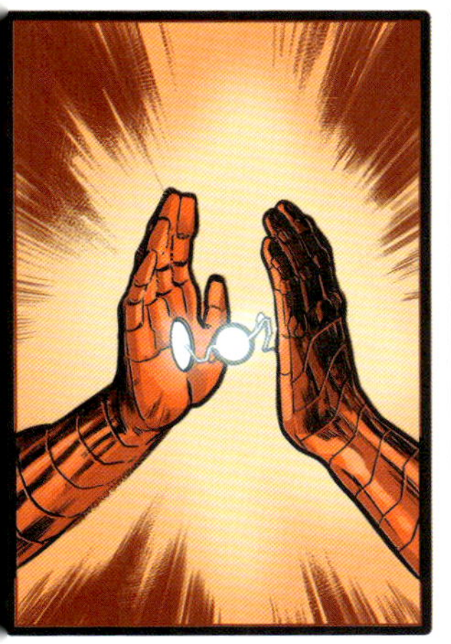

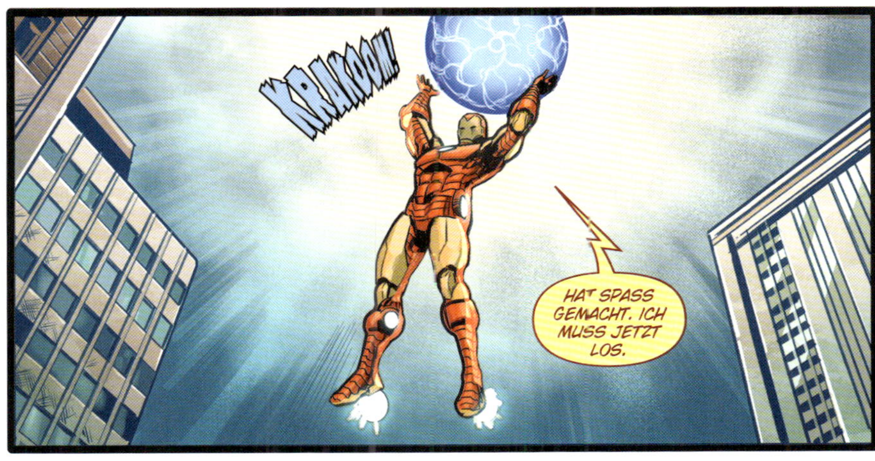

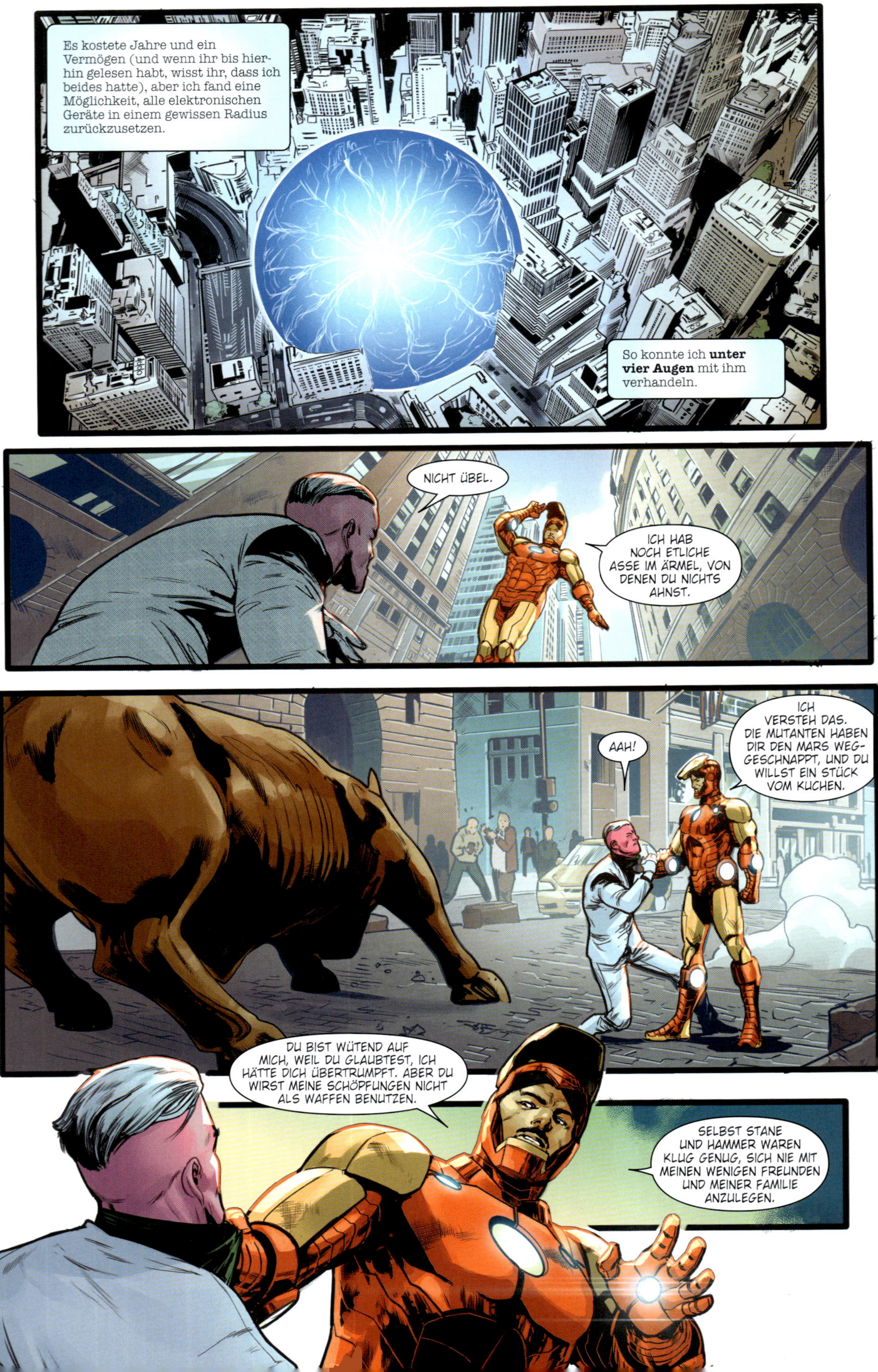

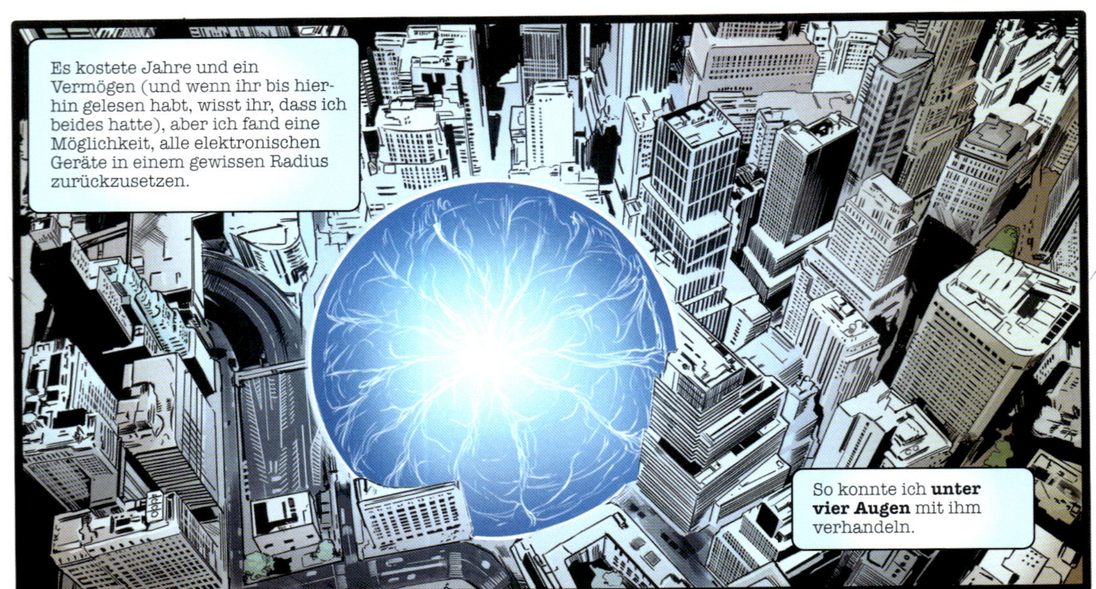
Es kostete Jahre und ein Vermögen (und wenn ihr bis hierhin gelesen habt, wisst ihr, dass ich beides hatte), aber ich fand eine Möglichkeit, alle elektronischen Geräte in einem gewissen Radius zurückzusetzen.
So konnte ich **unter vier Augen** mit ihm verhandeln.

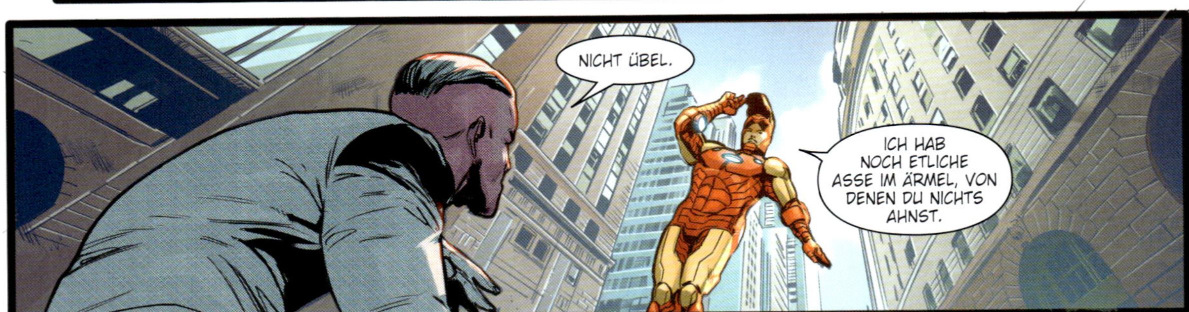
NICHT ÜBEL.
ICH HAB NOCH ETLICHE ASSE IM ÄRMEL, VON DENEN DU NICHTS AHNST.

AAH!
ICH VERSTEH DAS. DIE MUTANTEN HABEN DIR DEN MARS WEGGESCHNAPPT, UND DU WILLST EIN STÜCK VOM KUCHEN.
DU BIST WÜTEND AUF MICH, WEIL DU GLAUBTEST, ICH HÄTTE DICH ÜBERTRUMPFT. ABER DU WIRST MEINE SCHÖPFUNGEN NICHT ALS WAFFEN BENUTZEN.
SELBST STANE UND HAMMER WAREN KLUG GENUG, SICH NIE MIT MEINEN WENIGEN FREUNDEN UND MEINER FAMILIE ANZULEGEN.

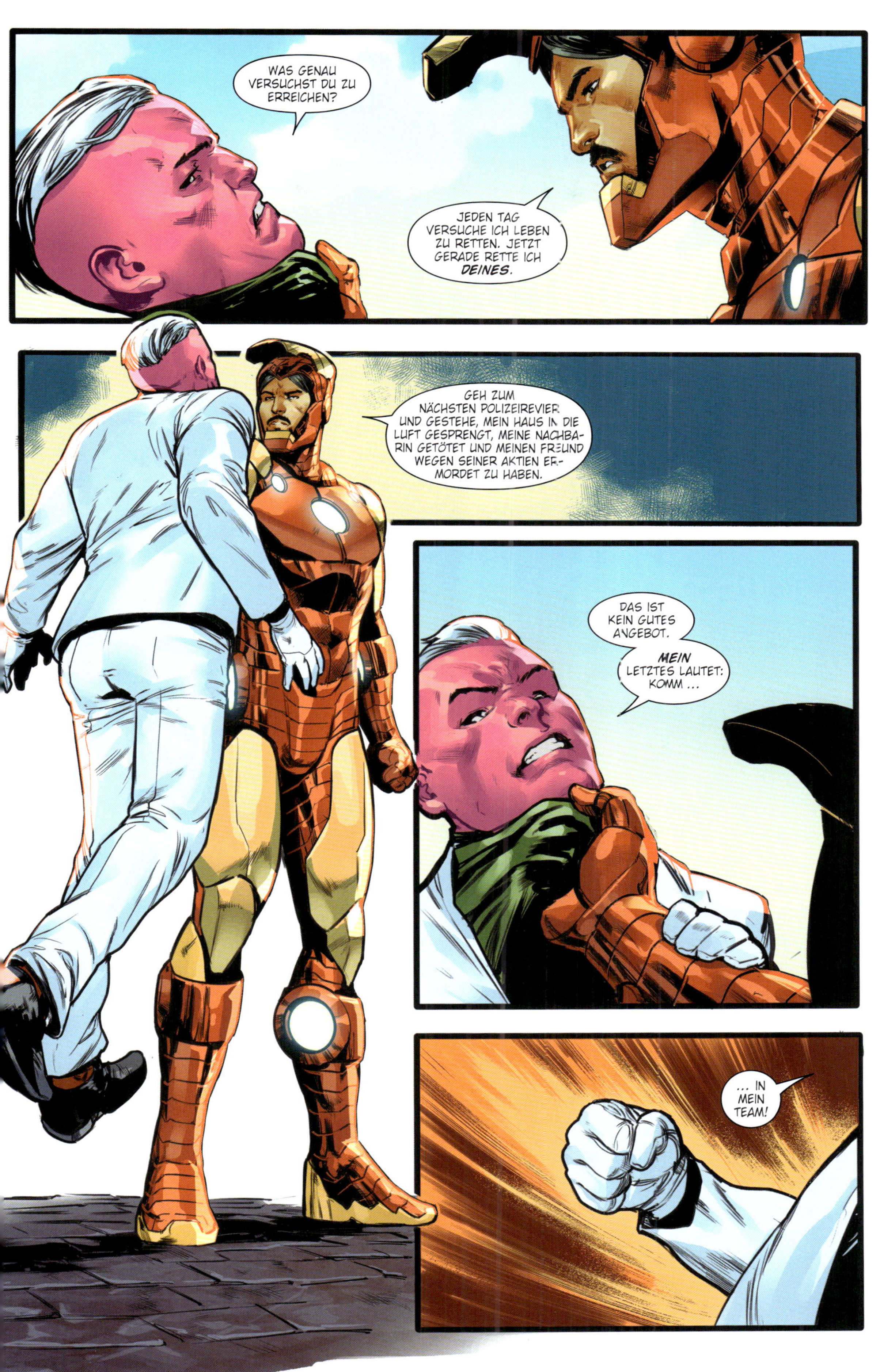
WAS GENAU VERSUCHST DU ZU ERREICHEN?
JEDEN TAG VERSUCHE ICH LEBEN ZU RETTEN. JETZT GERADE RETTE ICH DEINES.
GEH ZUM NÄCHSTEN POLIZEIREVIER UND GESTEHE, MEIN HAUS IN DIE LUFT GESPRENGT, MEINE NACHBARIN GETÖTET UND MEINEN FREUND WEGEN SEINER AKTIEN ERMORDET ZU HABEN.
DAS IST KEIN GUTES ANGEBOT.
MEIN LETZTES LAUTET: KOMM ...
... IN MEIN TEAM!

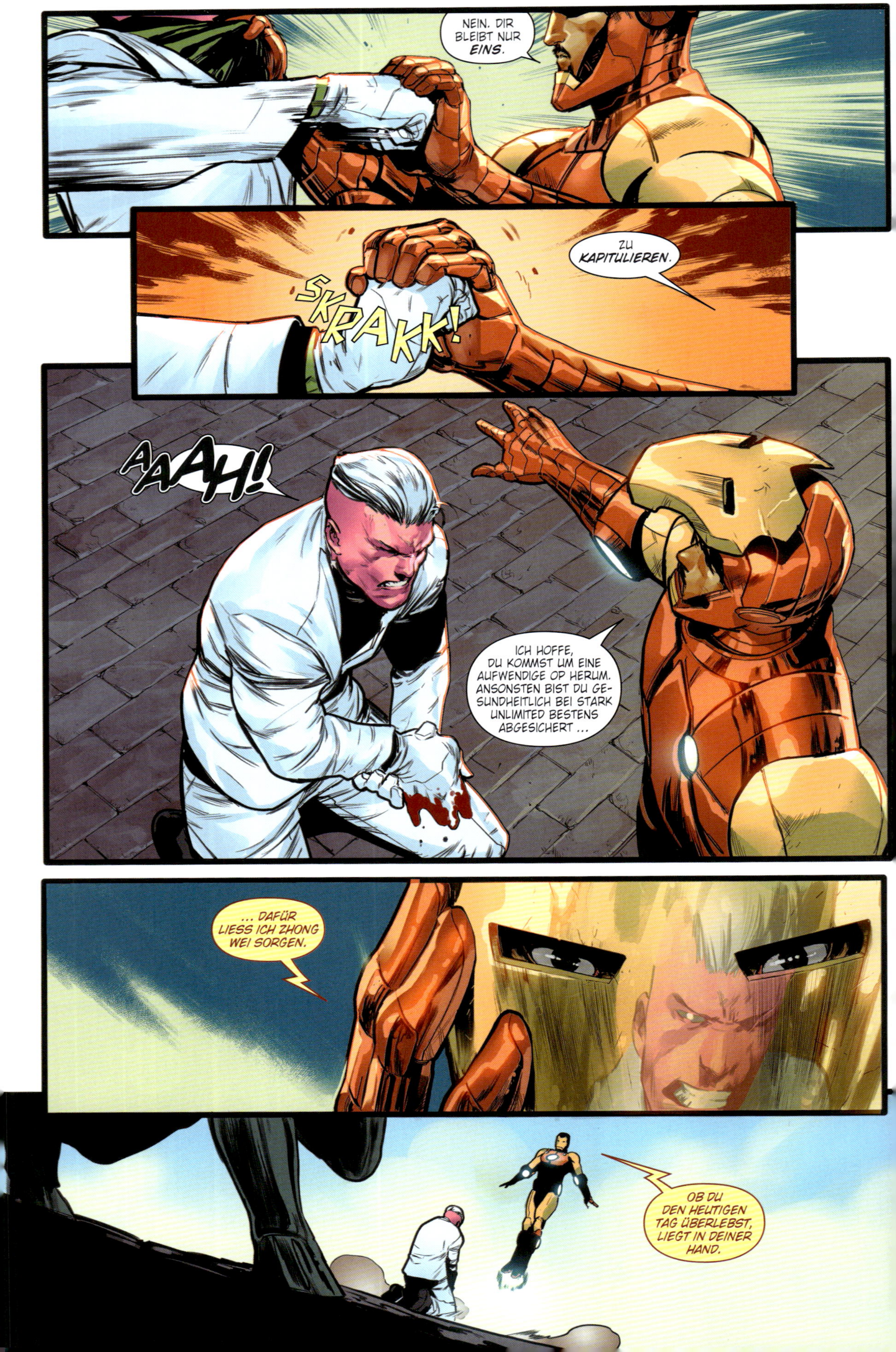

NEIN. DIR BLEIBT NUR *EINS*.

ZU *KAPITULIEREN*.

SKRAKK!

AAAH!

ICH HOFFE, DU KOMMST UM EINE AUFWENDIGE OP HERUM. ANSONSTEN BIST DU GESUNDHEITLICH BEI STARK UNLIMITED BESTENS ABGESICHERT ...

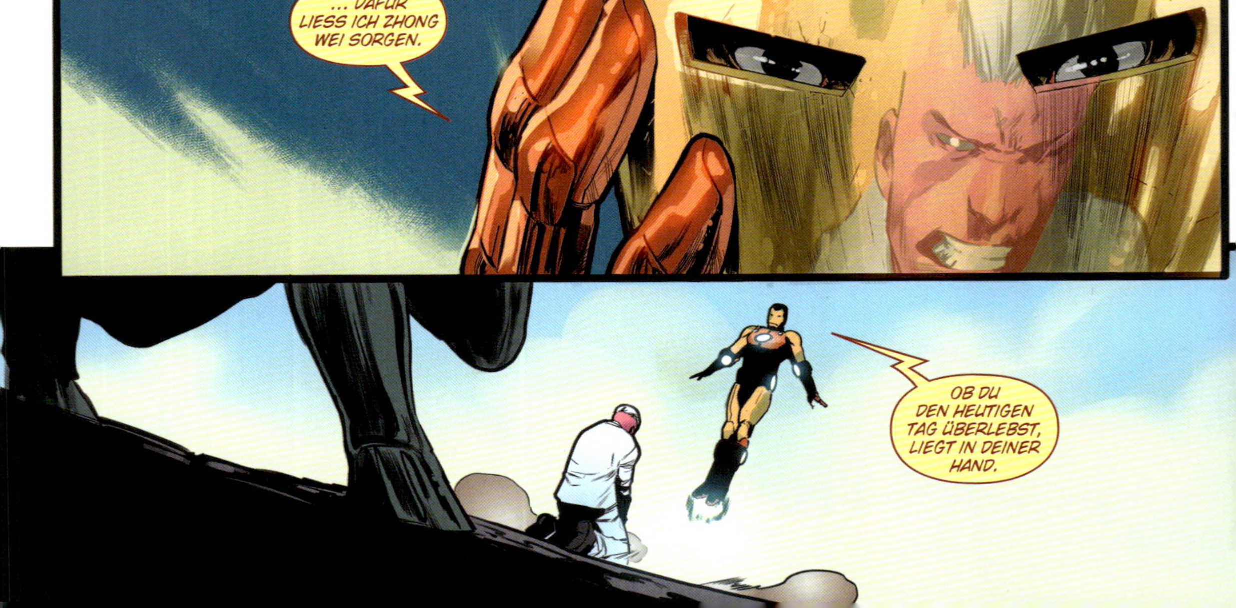

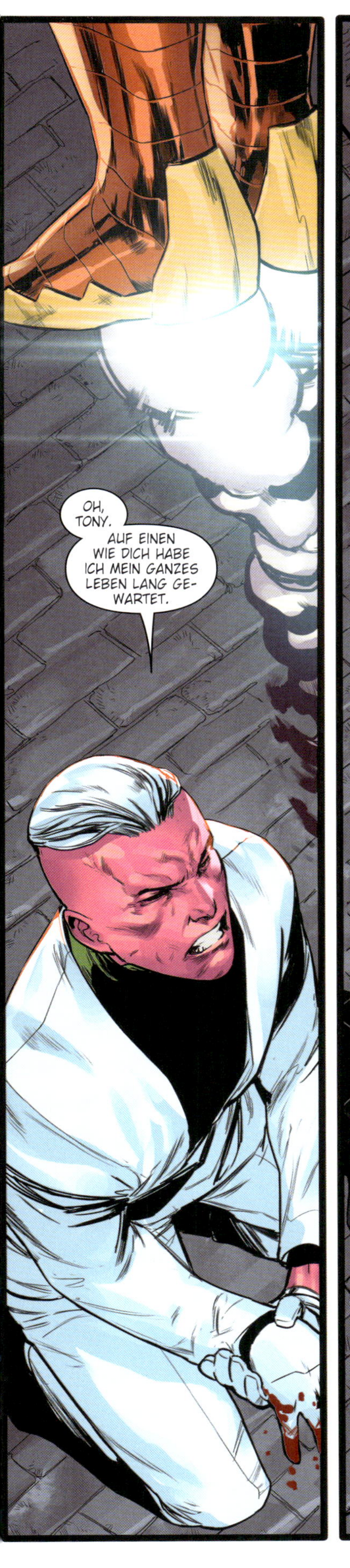
OH, TONY.
AUF EINEN WIE DICH HABE ICH MEIN GANZES LEBEN LANG GE-WARTET.

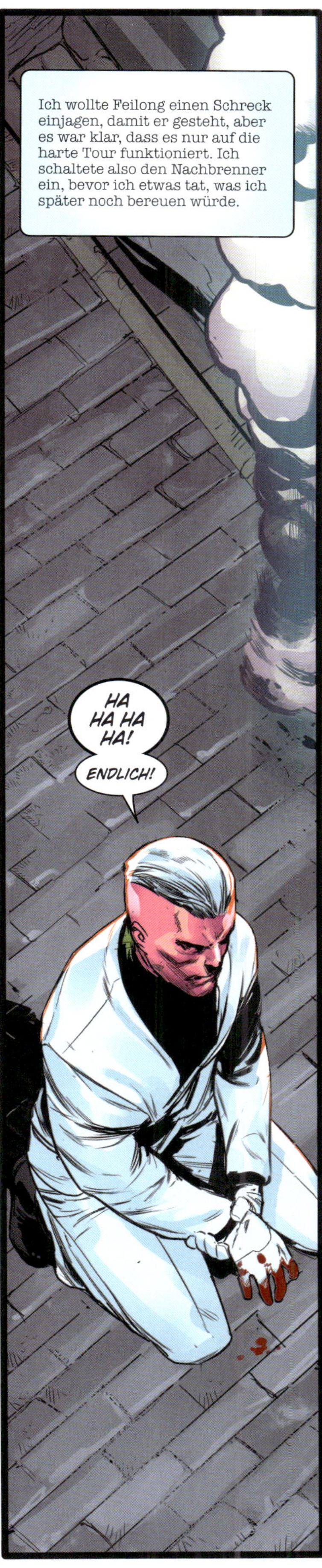
Ich wollte Feilong einen Schreck einjagen, damit er gesteht, aber es war klar, dass es nur auf die harte Tour funktioniert. Ich schaltete also den Nachbrenner ein, bevor ich etwas tat, was ich später noch bereuen würde.
HA HA HA HA!
ENDLICH!

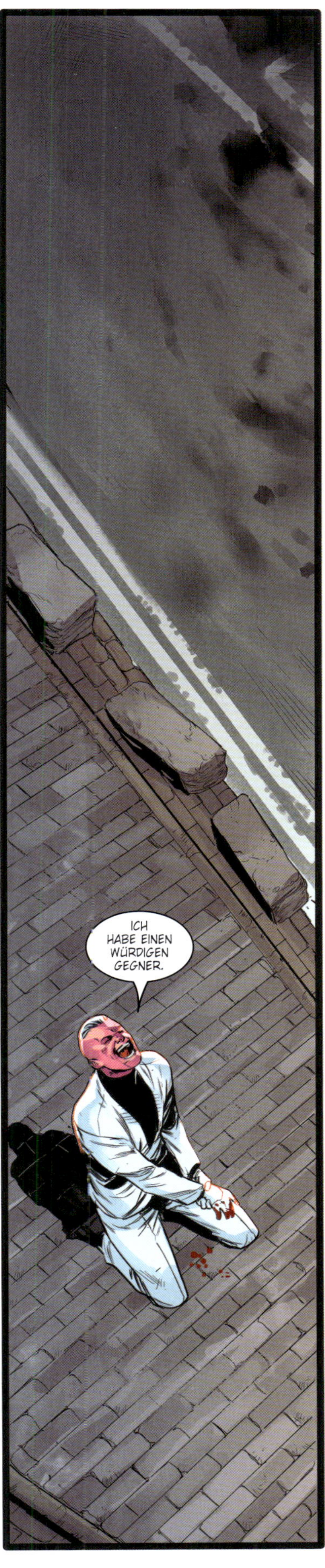
ICH HABE EINEN WÜRDIGEN GEGNER.

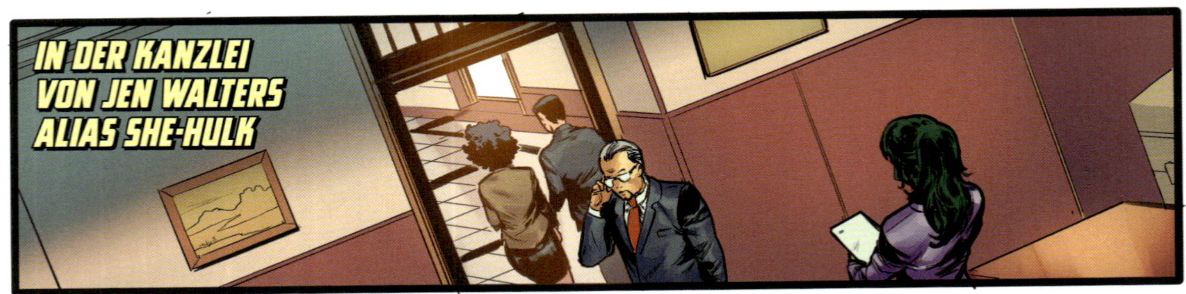

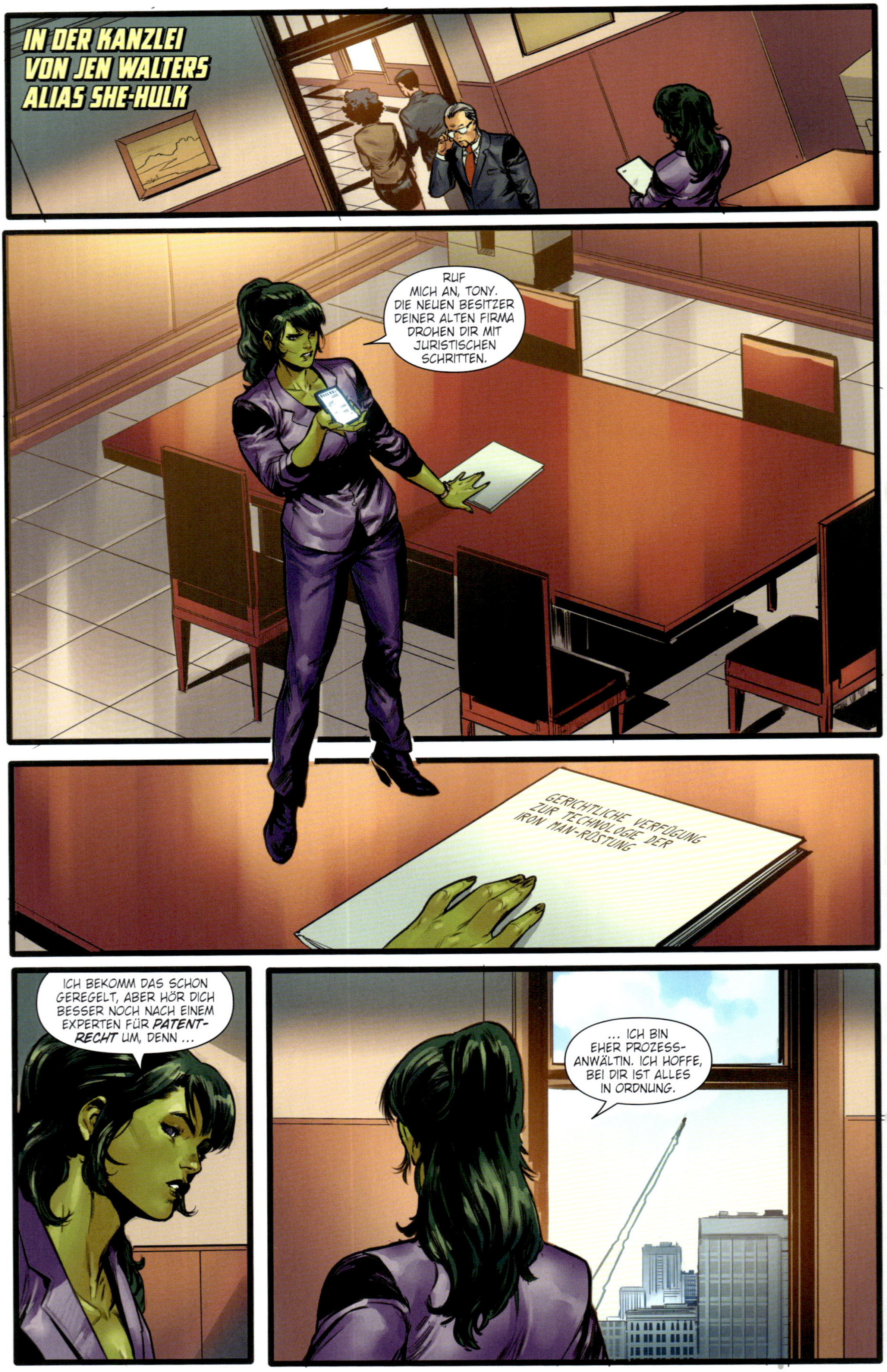

RUF MICH AN, TONY. DIE NEUEN BESITZER DEINER ALTEN FIRMA DROHEN DIR MIT JURISTISCHEN SCHRITTEN.

GERICHTLICHE VERFÜGUNG ZUR TECHNOLOGIE DER IRON MAN-RÜSTUNG

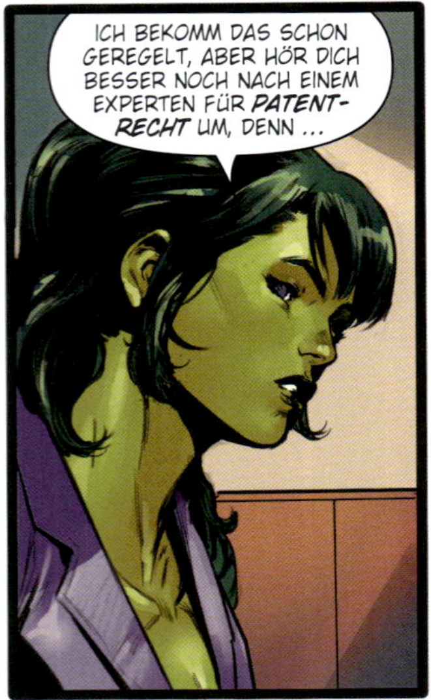

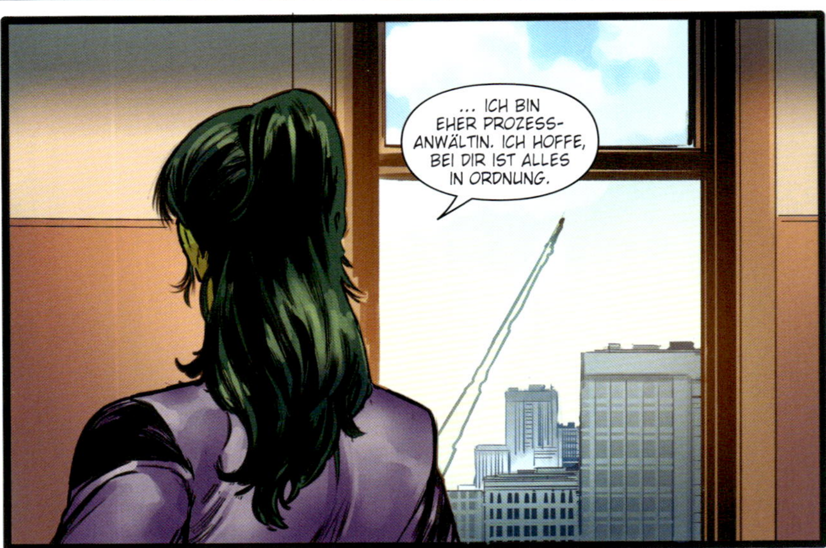

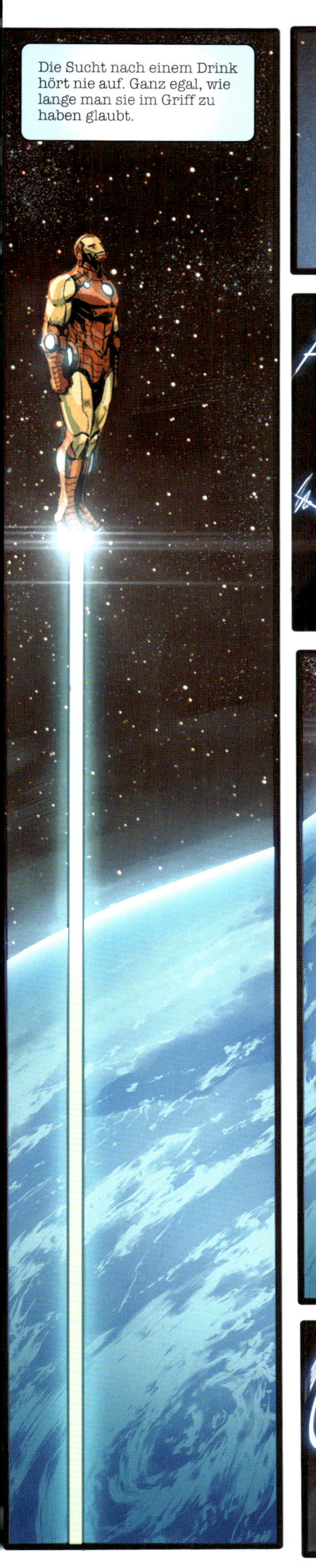
Die Sucht nach einem Drink hört nie auf. Ganz egal, wie lange man sie im Griff zu haben glaubt.

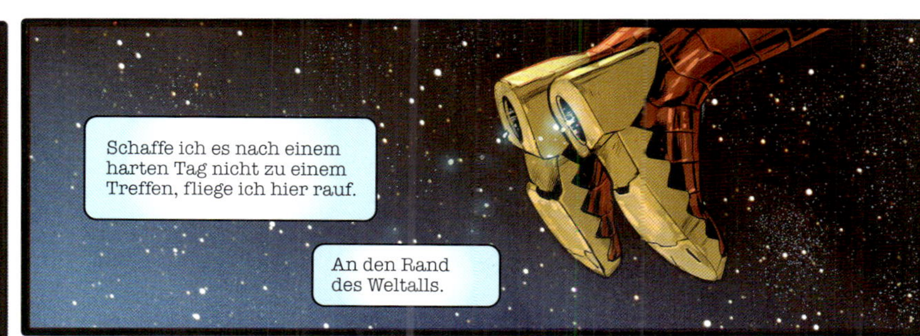
Schaffe ich es nach einem harten Tag nicht zu einem Treffen, fliege ich hier rauf.
An den Rand des Weltalls.

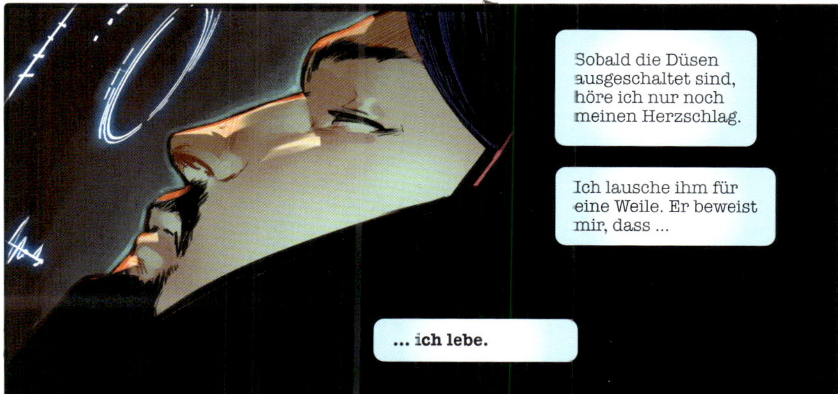
Sobald die Düsen ausgeschaltet sind, höre ich nur noch meinen Herzschlag.
Ich lausche ihm für eine Weile. Er beweist mir, dass ...
... ich lebe.

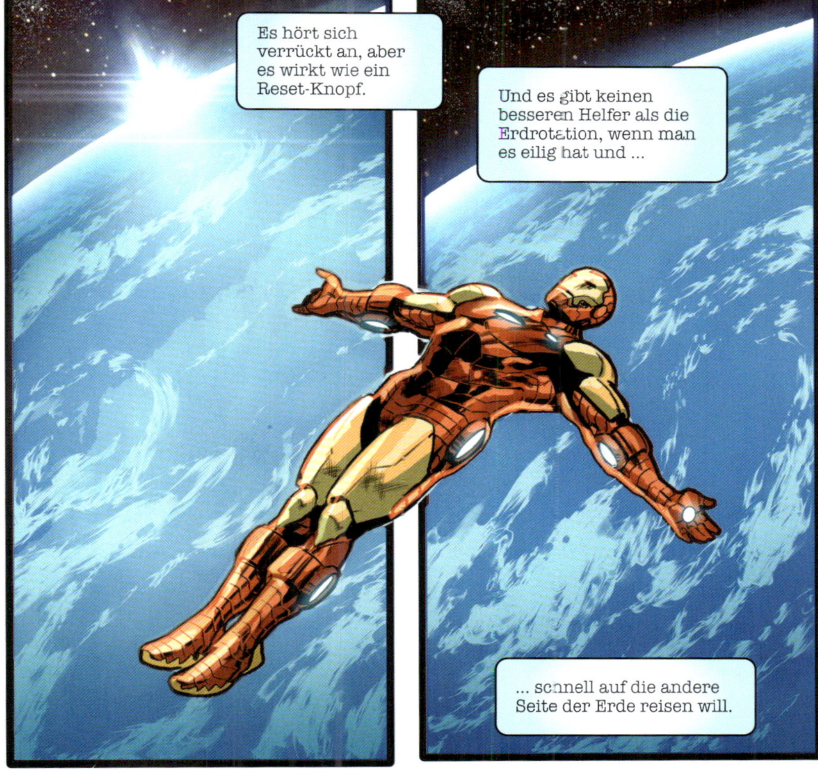
Es hört sich verrückt an, aber es wirkt wie ein Reset-Knopf.
Und es gibt keinen besseren Helfer als die Erdrotation, wenn man es eilig hat und ...
... schnell auf die andere Seite der Erde reisen will.

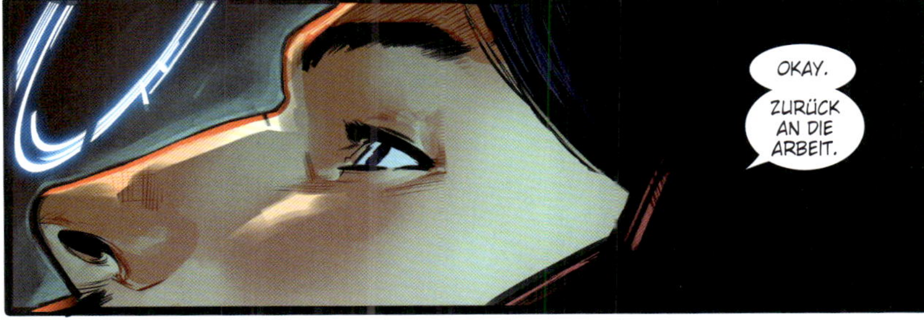
OKAY.
ZURÜCK AN DIE ARBEIT.

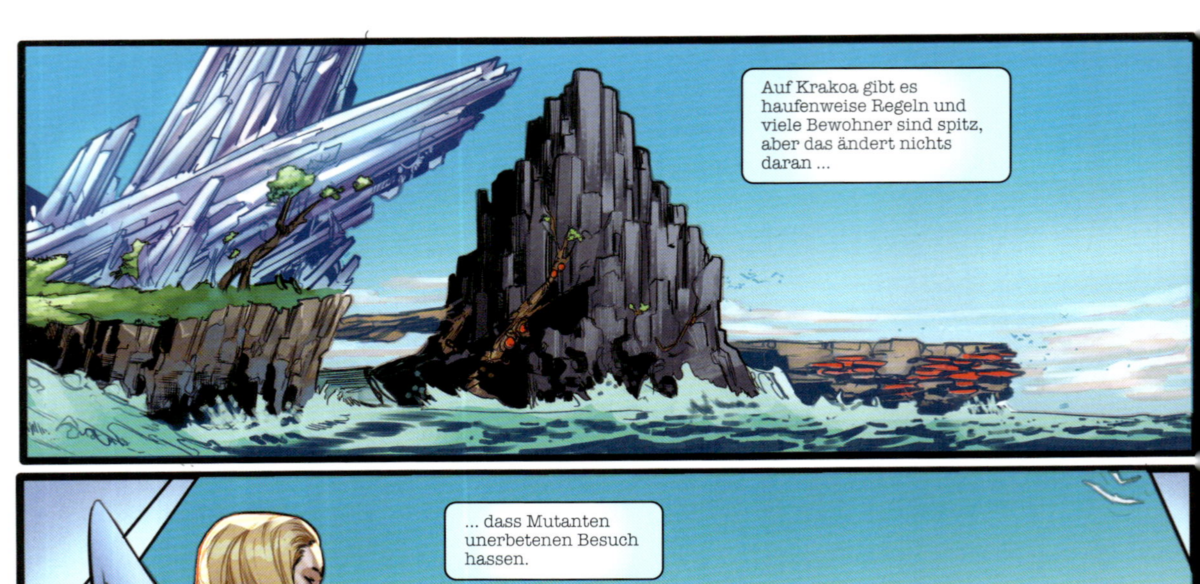

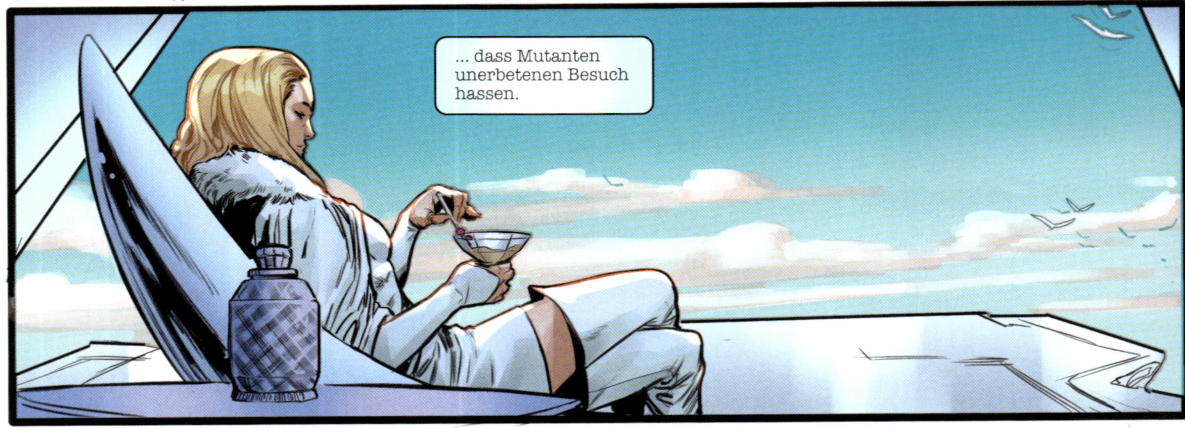

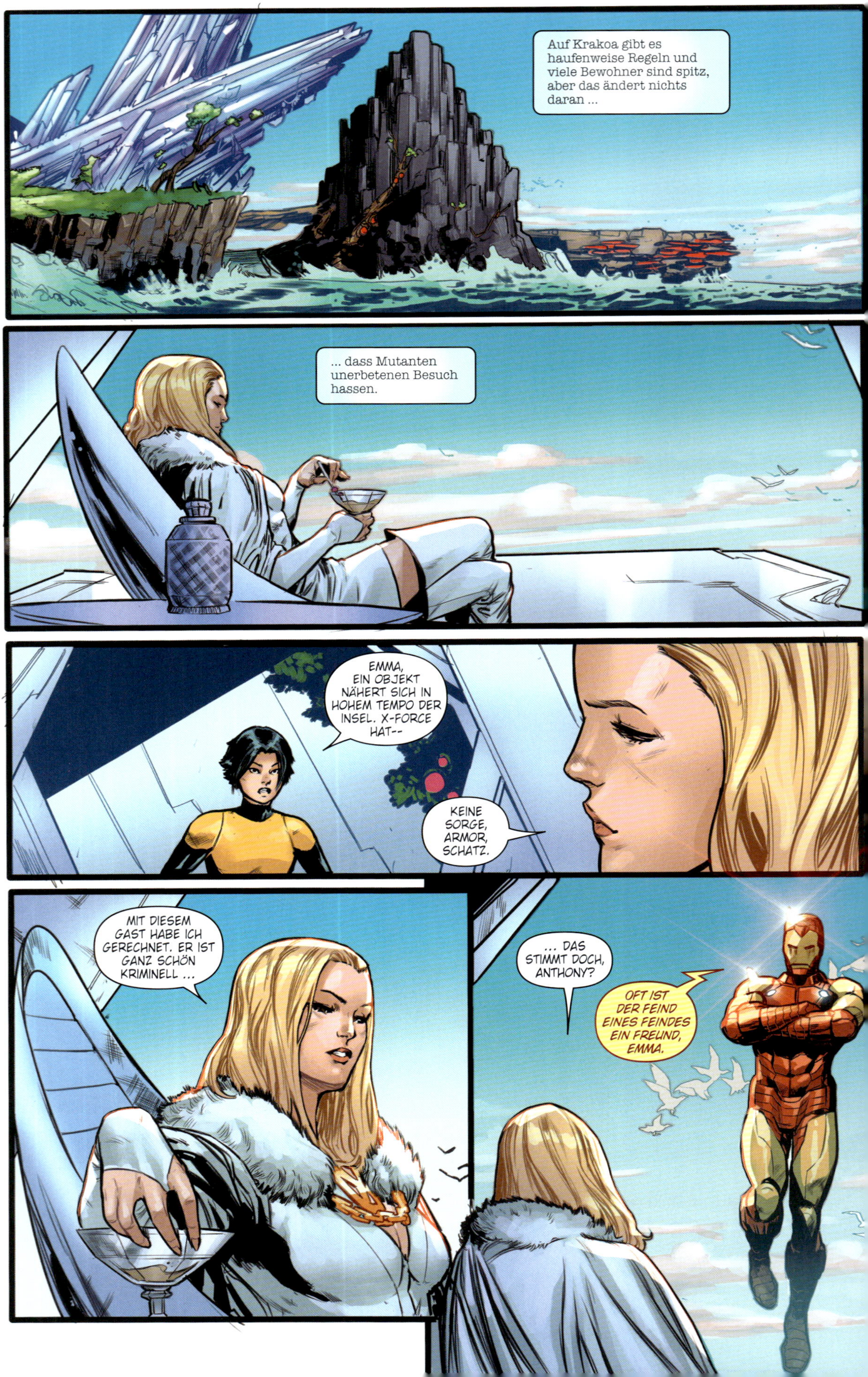

EMMA, EIN OBJEKT NÄHERT SICH IN HOHEM TEMPO DER INSEL. X-FORCE HAT--

KEINE SORGE, ARMOR, SCHATZ.

MIT DIESEM GAST HABE ICH GERECHNET. ER IST GANZ SCHÖN KRIMINELL ...

... DAS STIMMT DOCH, ANTHONY?

OFT IST DER FEIND EINES FEINDES EIN FREUND, EMMA.

DAS LEBEN DES TONY STARK, FINALE

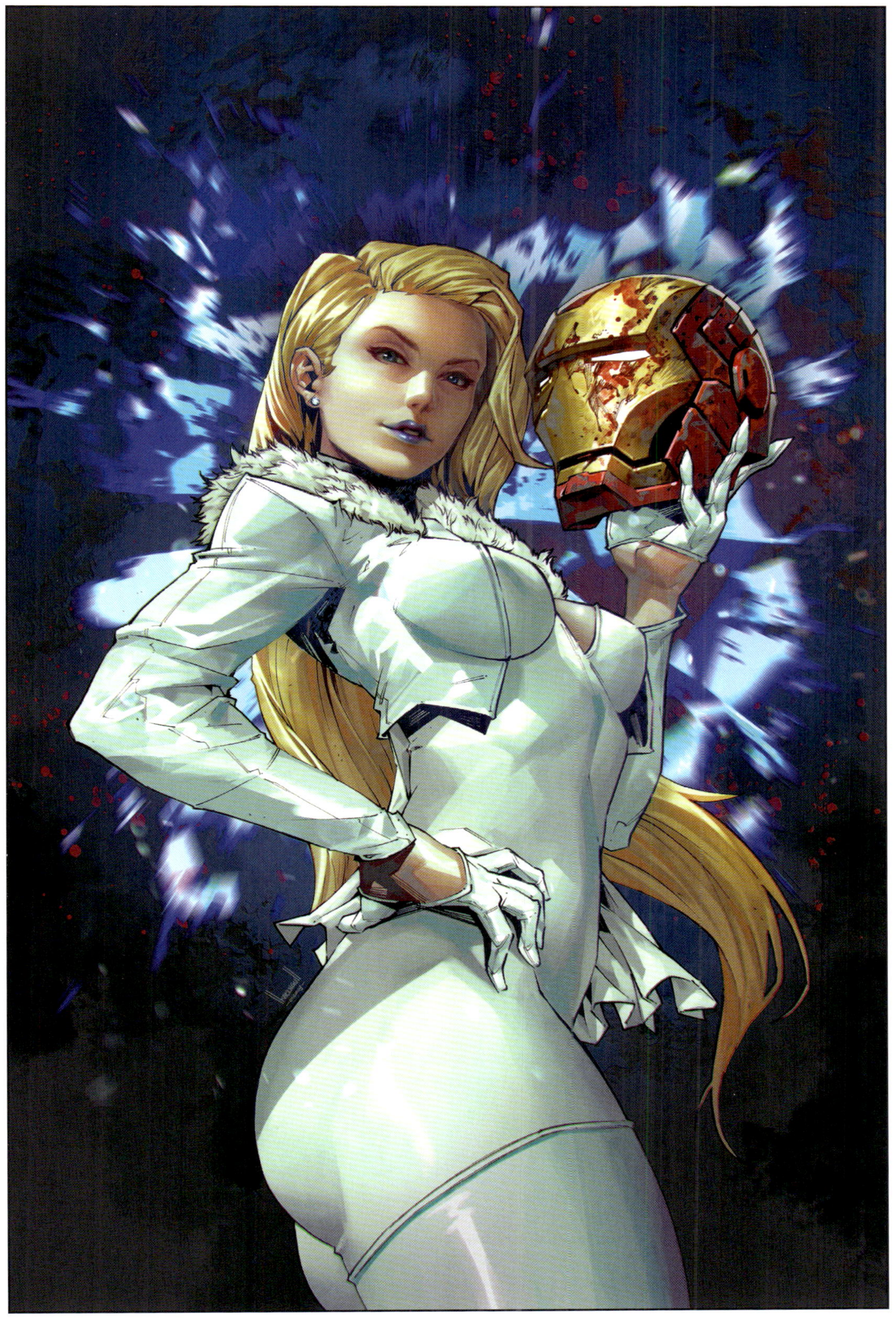

Invincible Iron Man (2022) 5
Cover von **KAEL NGU**

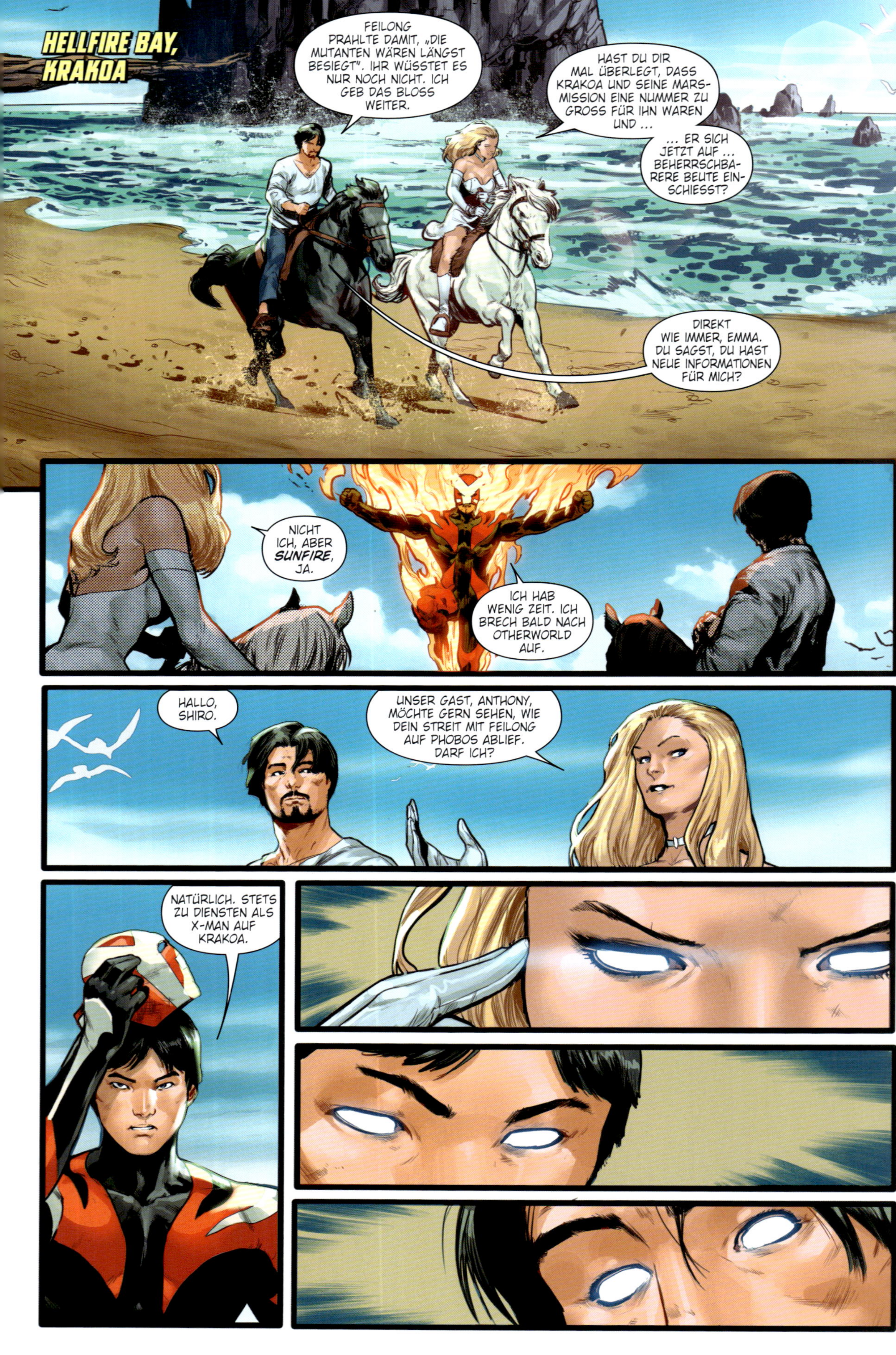
HELLFIRE BAY, KRAKOA
FEILONG PRAHLTE DAMIT, „DIE MUTANTEN WÄREN LÄNGST BESIEGT". IHR WÜSSTET ES NUR NOCH NICHT. ICH GEB DAS BLOSS WEITER.
HAST DU DIR MAL ÜBERLEGT, DASS KRAKOA UND SEINE MARS-MISSION EINE NUMMER ZU GROSS FÜR IHN WAREN UND ...
... ER SICH JETZT AUF ... BEHERRSCHBA-RERE BEUTE EIN-SCHIESST?
DIREKT WIE IMMER, EMMA. DU SAGST, DU HAST NEUE INFORMATIONEN FÜR MICH?
NICHT ICH, ABER SUNFIRE, JA.
ICH HAB WENIG ZEIT. ICH BRECH BALD NACH OTHERWORLD AUF.
HALLO, SHIRO.
UNSER GAST, ANTHONY, MÖCHTE GERN SEHEN, WIE DEIN STREIT MIT FEILONG AUF PHOBOS ABLIEF. DARF ICH?
NATÜRLICH. STETS ZU DIENSTEN ALS X-MAN AUF KRAKOA.

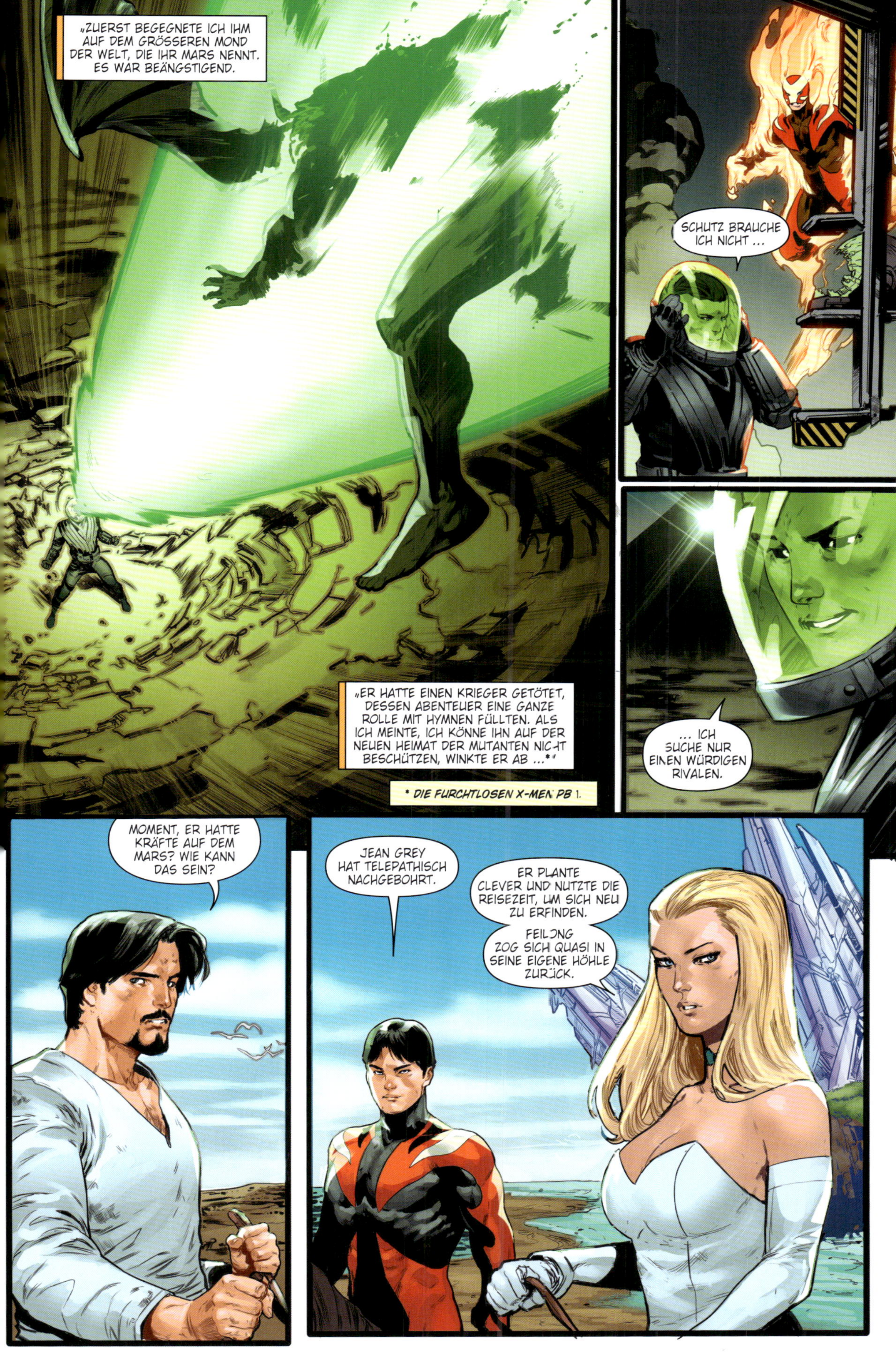
„ZUERST BEGEGNETE ICH IHM AUF DEM GRÖSSEREN MOND DER WELT, DIE IHR MARS NENNT. ES WAR BEÄNGSTIGEND.
„ER HATTE EINEN KRIEGER GETÖTET, DESSEN ABENTEUER EINE GANZE ROLLE MIT HYMNEN FÜLLTEN. ALS ICH MEINTE, ICH KÖNNE IHN AUF DER NEUEN HEIMAT DER MUTANTEN NICHT BESCHÜTZEN, WINKTE ER AB ...*"
* DIE FURCHTLOSEN X-MEN PB 1.
SCHUTZ BRAUCHE ICH NICHT ...
... ICH SUCHE NUR EINEN WÜRDIGEN RIVALEN.
MOMENT, ER HATTE KRÄFTE AUF DEM MARS? WIE KANN DAS SEIN?
JEAN GREY HAT TELEPATHISCH NACHGEBOHRT.
ER PLANTE CLEVER UND NUTZTE DIE REISEZEIT, UM SICH NEU ZU ERFINDEN.
FEILONG ZOG SICH QUASI IN SEINE EIGENE HÖHLE ZURÜCK.

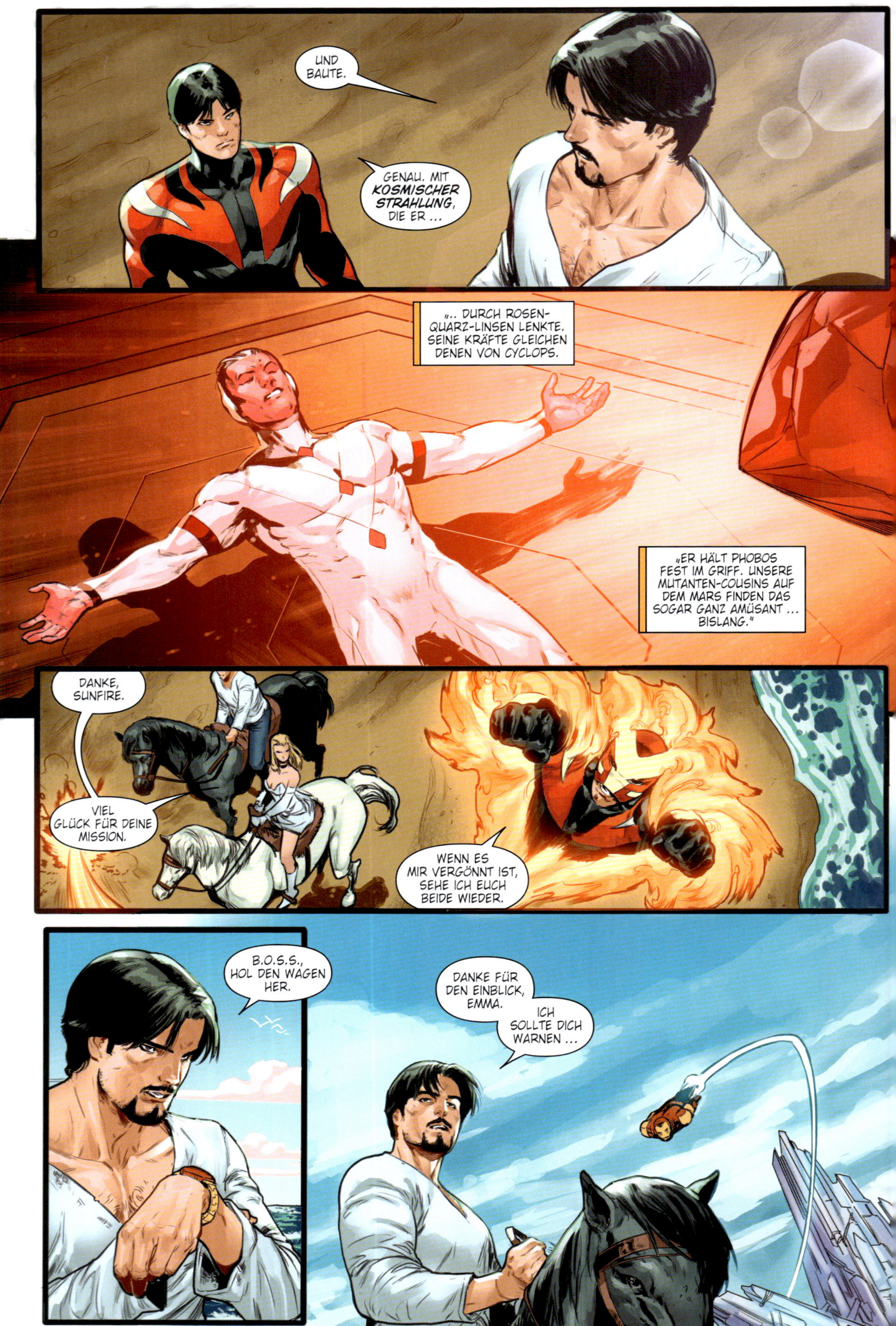
UND BAUTE.
GENAU. MIT KOSMISCHER STRAHLUNG, DIE ER ...
„.. DURCH ROSEN-QUARZ-LINSEN LENKTE. SEINE KRÄFTE GLEICHEN DENEN VON CYCLOPS.
„ER HÄLT PHOBOS FEST IM GRIFF. UNSERE MUTANTEN-COUSINS AUF DEM MARS FINDEN DAS SOGAR GANZ AMÜSANT ... BISLANG."
DANKE, SUNFIRE.
VIEL GLÜCK FÜR DEINE MISSION.
WENN ES MIR VERGÖNNT IST, SEHE ICH EUCH BEIDE WIEDER.
B.O.S.S., HOL DEN WAGEN HER.
DANKE FÜR DEN EINBLICK, EMMA.
ICH SOLLTE DICH WARNEN ...

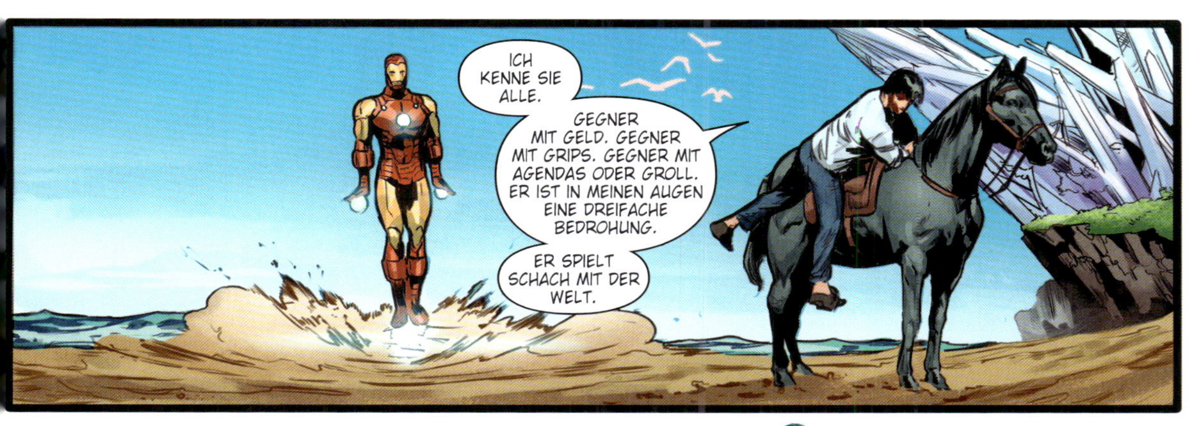
ICH KENNE SIE ALLE.
GEGNER MIT GELD. GEGNER MIT GRIPS. GEGNER MIT AGENDAS ODER GROLL. ER IST IN MEINEN AUGEN EINE DREIFACHE BEDROHUNG.
ER SPIELT SCHACH MIT DER WELT.

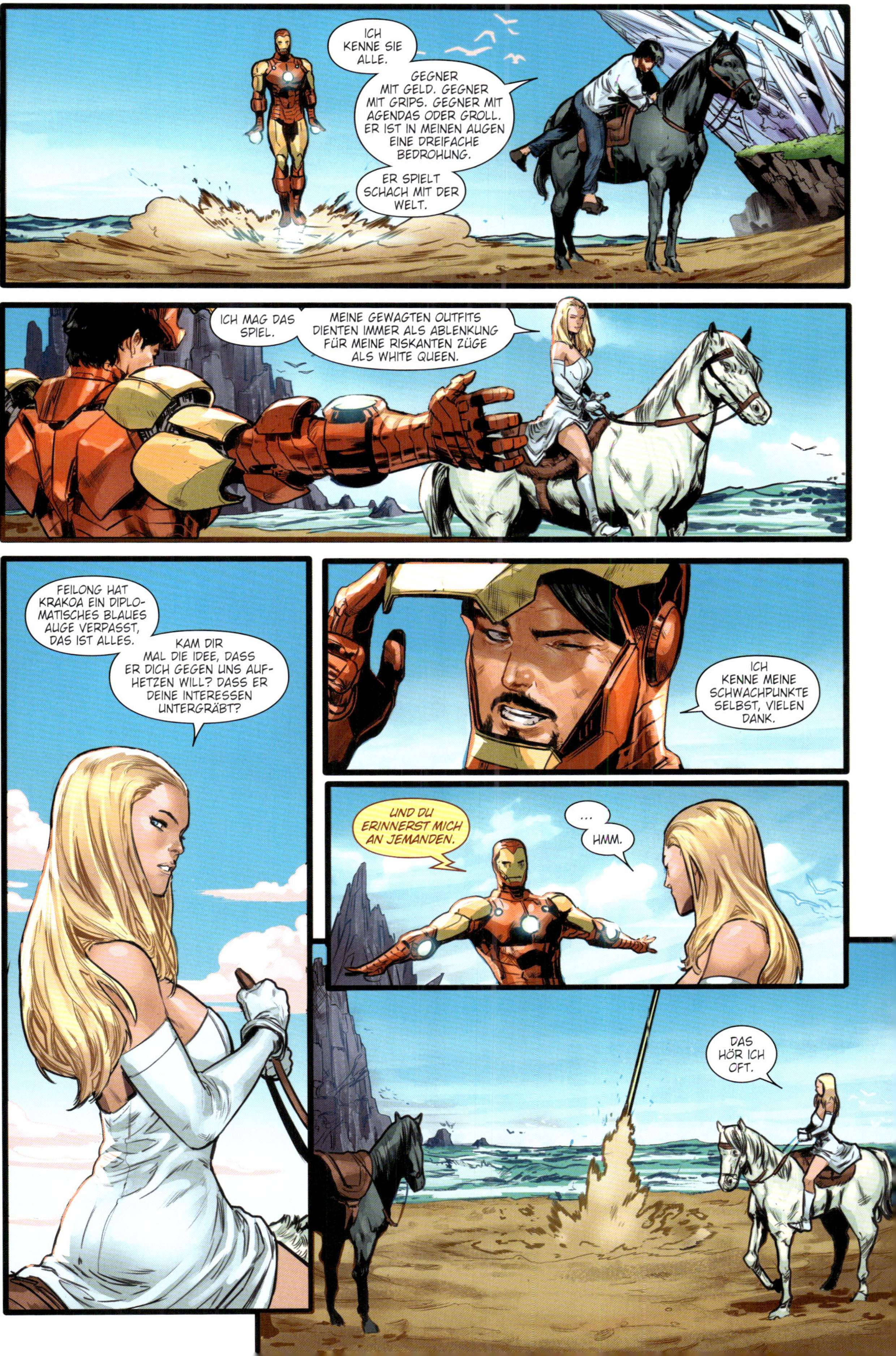

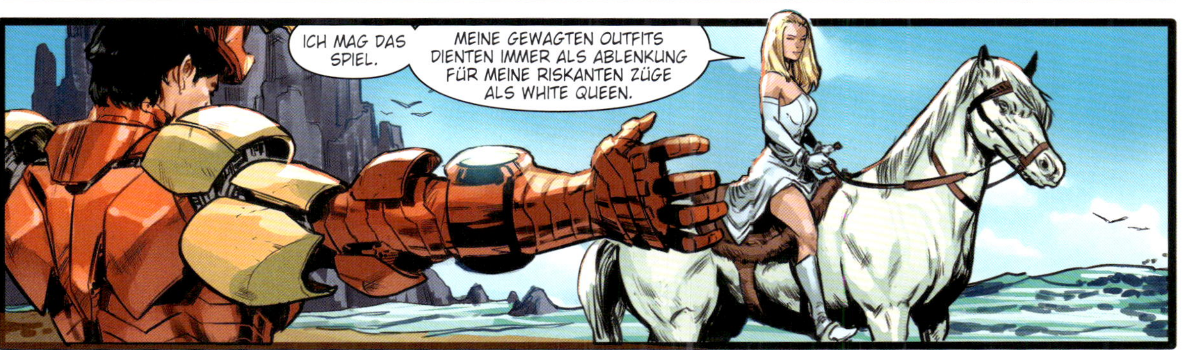
ICH MAG DAS SPIEL.
MEINE GEWAGTEN OUTFITS DIENTEN IMMER ALS ABLENKUNG FÜR MEINE RISKANTEN ZÜGE ALS WHITE QUEEN.

FEILONG HAT KRAKOA EIN DIPLOMATISCHES BLAUES AUGE VERPASST, DAS IST ALLES.
KAM DIR MAL DIE IDEE, DASS ER DICH GEGEN UNS AUFHETZEN WILL? DASS ER DEINE INTERESSEN UNTERGRÄBT?
ICH KENNE MEINE SCHWACHPUNKTE SELBST, VIELEN DANK.
UND DU ERINNERST MICH AN JEMANDEN.
...
HMM.
DAS HÖR ICH OFT.

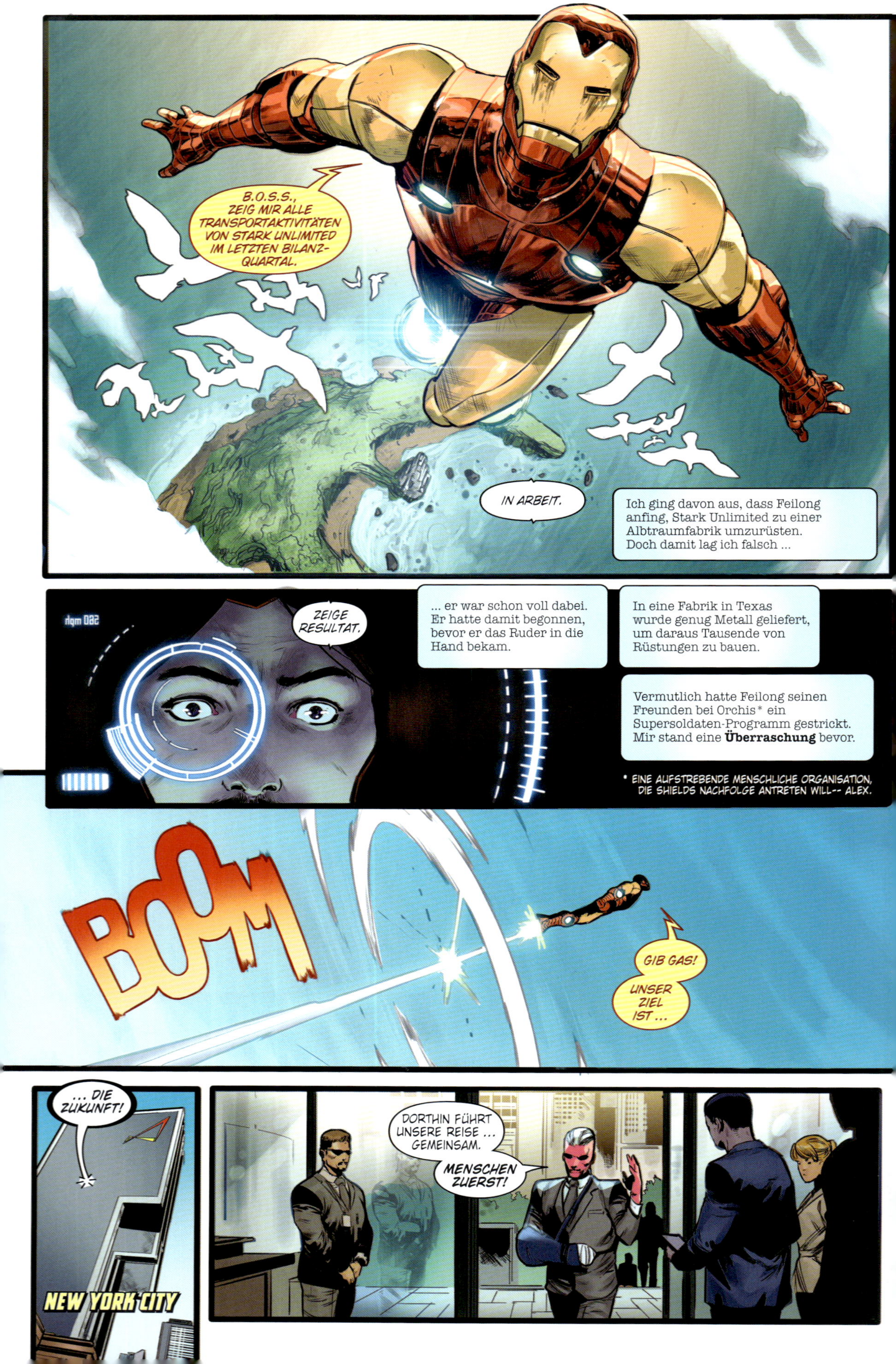

B.O.S.S., ZEIG MIR ALLE TRANSPORTAKTIVITÄTEN VON STARK UNLIMITED IM LETZTEN BILANZ-QUARTAL.

IN ARBEIT.

Ich ging davon aus, dass Feilong anfing, Stark Unlimited zu einer Albtraumfabrik umzurüsten. Doch damit lag ich falsch ...

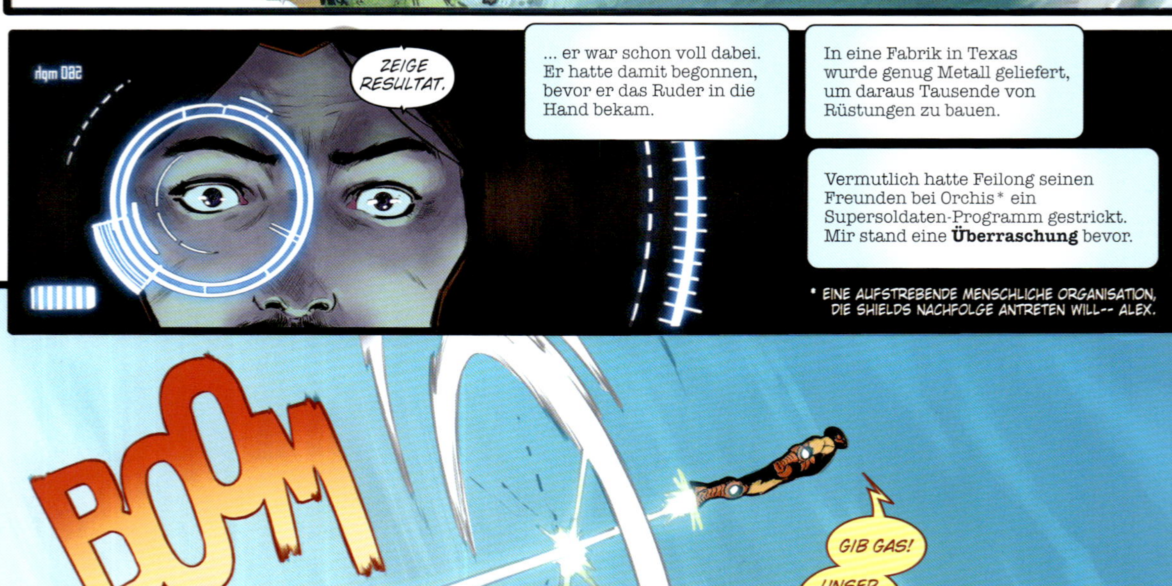

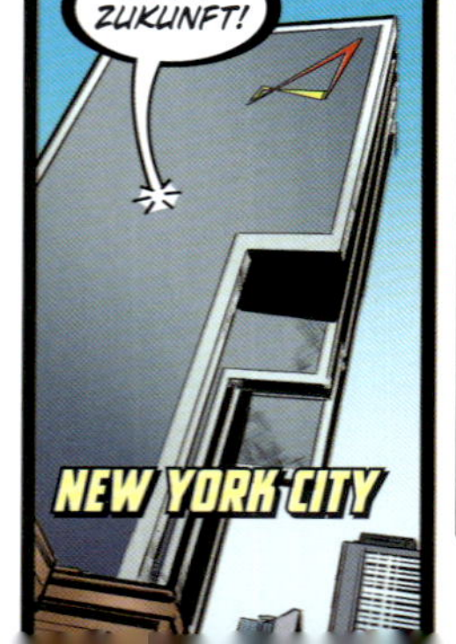

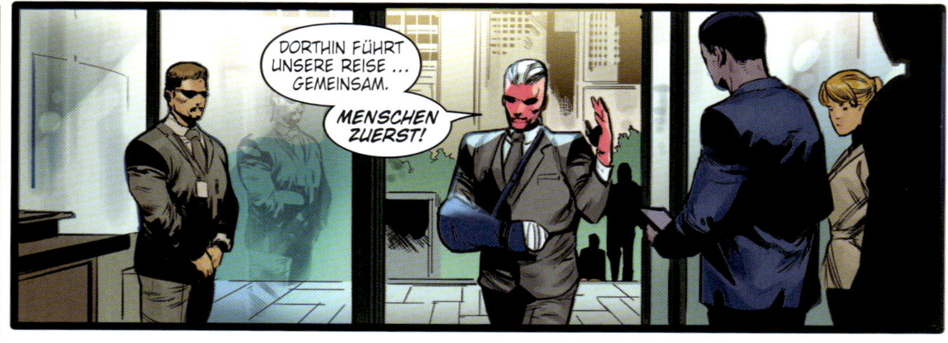

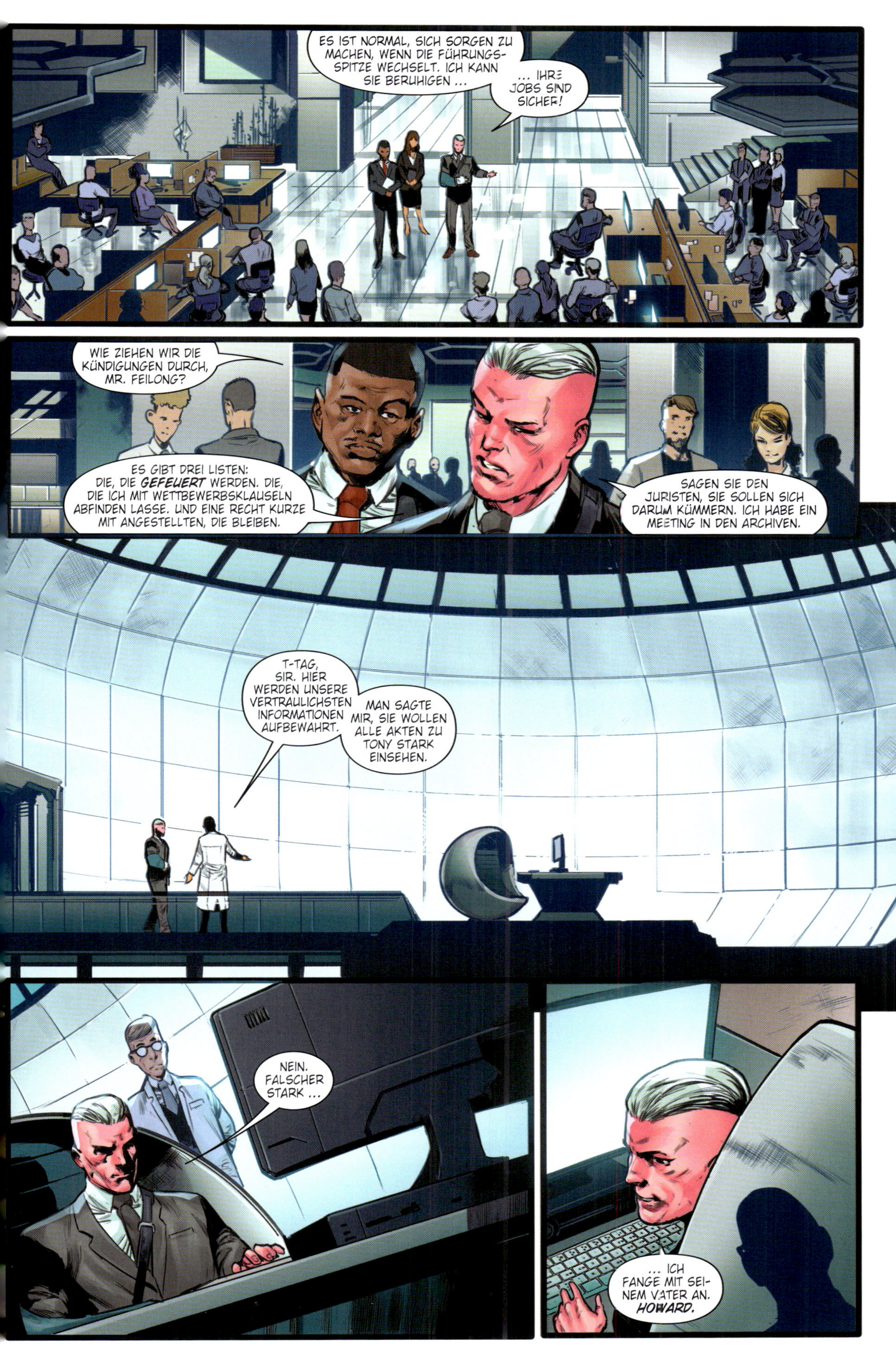
ES IST NORMAL, SICH SORGEN ZU MACHEN, WENN DIE FÜHRUNGS-SPITZE WECHSELT. ICH KANN SIE BERUHIGEN …
… IHRE JOBS SIND SICHER!
WIE ZIEHEN WIR DIE KÜNDIGUNGEN DURCH, MR. FEILONG?
ES GIBT DREI LISTEN: DIE, DIE GEFEUERT WERDEN. DIE, DIE ICH MIT WETTBEWERBSKLAUSELN ABFINDEN LASSE. UND EINE RECHT KURZE MIT ANGESTELLTEN, DIE BLEIBEN.
SAGEN SIE DEN JURISTEN, SIE SOLLEN SICH DARUM KÜMMERN. ICH HABE EIN MEETING IN DEN ARCHIVEN.
T-TAG, SIR. HIER WERDEN UNSERE VERTRAULICHSTEN INFORMATIONEN AUFBEWAHRT.
MAN SAGTE MIR, SIE WOLLEN ALLE AKTEN ZU TONY STARK EINSEHEN.
NEIN. FALSCHER STARK …
… ICH FANGE MIT SEINEM VATER AN. HOWARD.

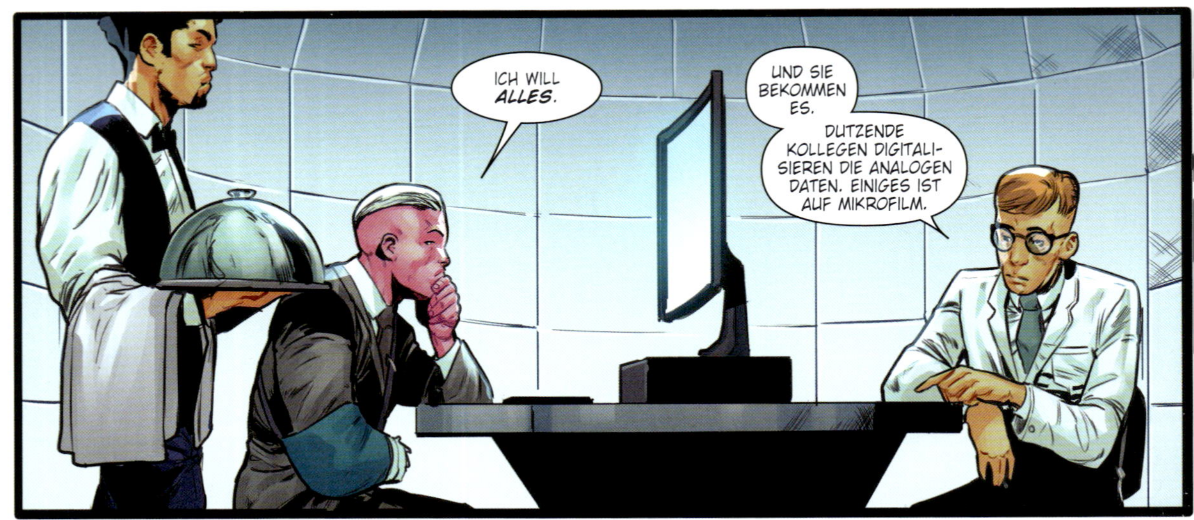
ICH WILL ALLES.
UND SIE BEKOMMEN ES.
DUTZENDE KOLLEGEN DIGITALISIEREN DIE ANALOGEN DATEN. EINIGES IST AUF MIKROFILM.

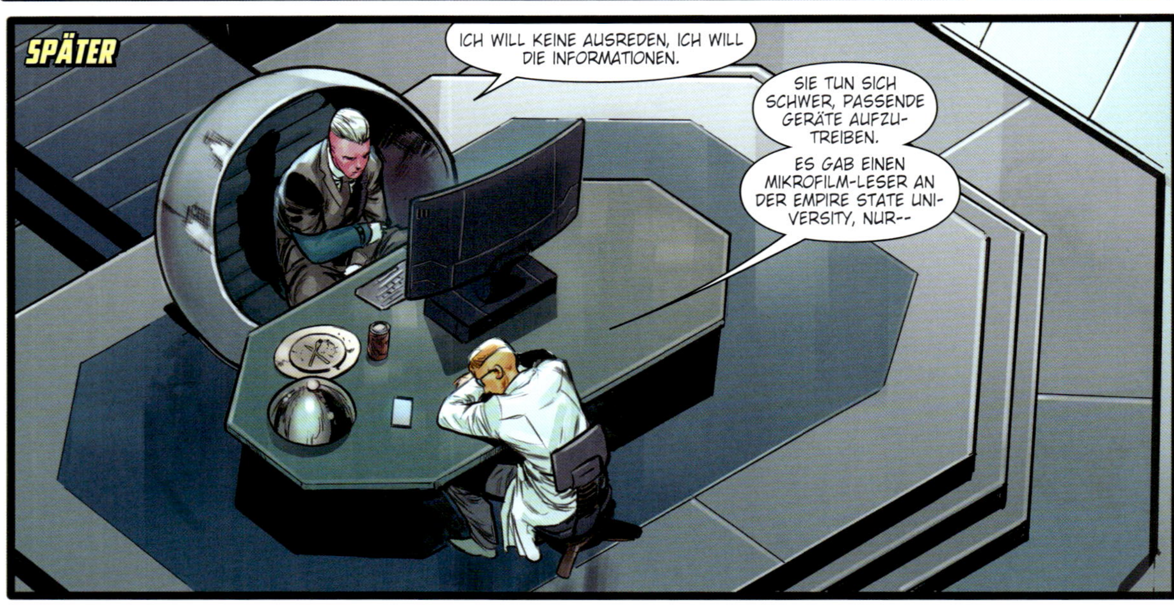
SPÄTER
ICH WILL KEINE AUSREDEN, ICH WILL DIE INFORMATIONEN.
SIE TUN SICH SCHWER, PASSENDE GERÄTE AUFZUTREIBEN.
ES GAB EINEN MIKROFILM-LESER AN DER EMPIRE STATE UNIVERSITY, NUR--

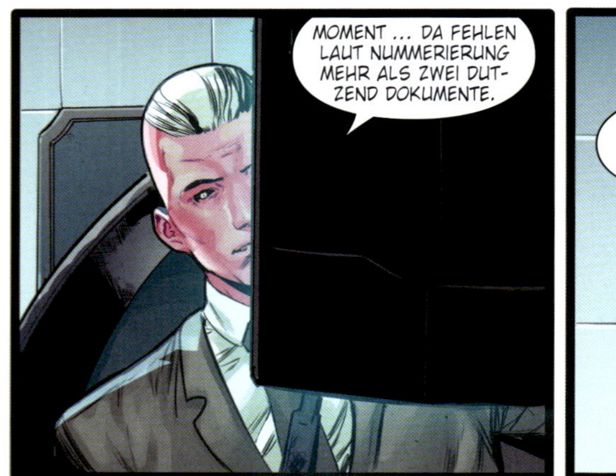
MOMENT ... DA FEHLEN LAUT NUMMERIERUNG MEHR ALS ZWEI DUTZEND DOKUMENTE.

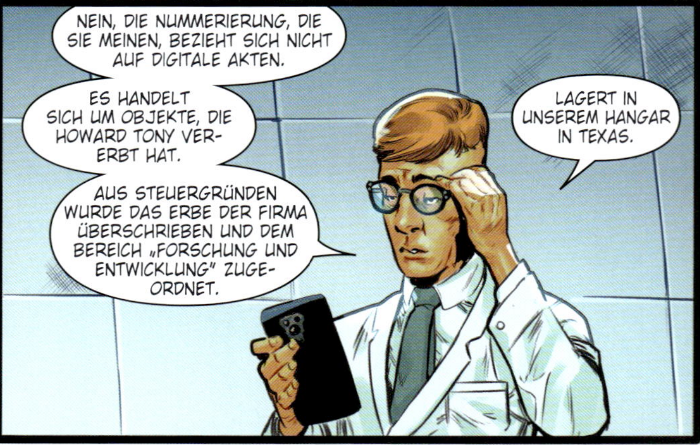
NEIN, DIE NUMMERIERUNG, DIE SIE MEINEN, BEZIEHT SICH NICHT AUF DIGITALE AKTEN.
ES HANDELT SICH UM OBJEKTE, DIE HOWARD TONY VERERBT HAT.
AUS STEUERGRÜNDEN WURDE DAS ERBE DER FIRMA ÜBERSCHRIEBEN UND DEM BEREICH „FORSCHUNG UND ENTWICKLUNG" ZUGEORDNET.
LAGERT IN UNSEREM HANGAR IN TEXAS.

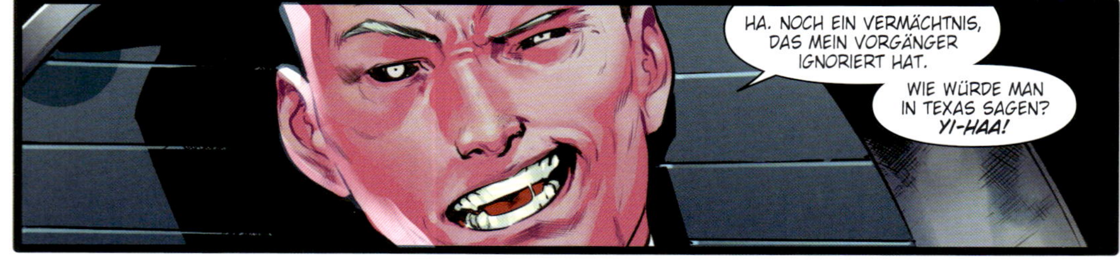
HA. NOCH EIN VERMÄCHTNIS, DAS MEIN VORGÄNGER IGNORIERT HAT.
WIE WÜRDE MAN IN TEXAS SAGEN? YI-HAA!

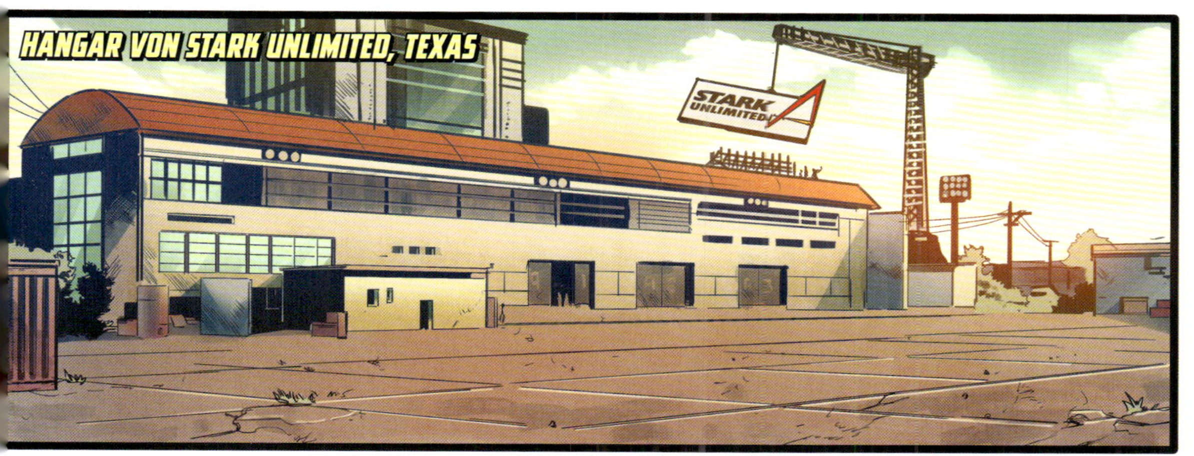
HANGAR VON STARK UNLIMITED, TEXAS
STARK UNLIMITED

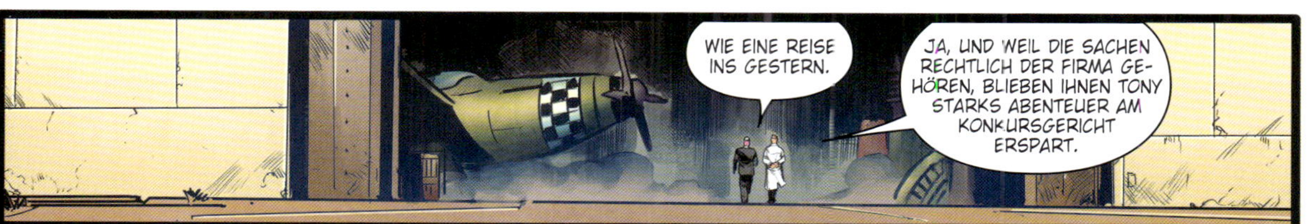
WIE EINE REISE INS GESTERN.
JA, UND WEIL DIE SACHEN RECHTLICH DER FIRMA GEHÖREN, BLIEBEN IHNEN TONY STARKS ABENTEUER AM KONKURSGERICHT ERSPART.

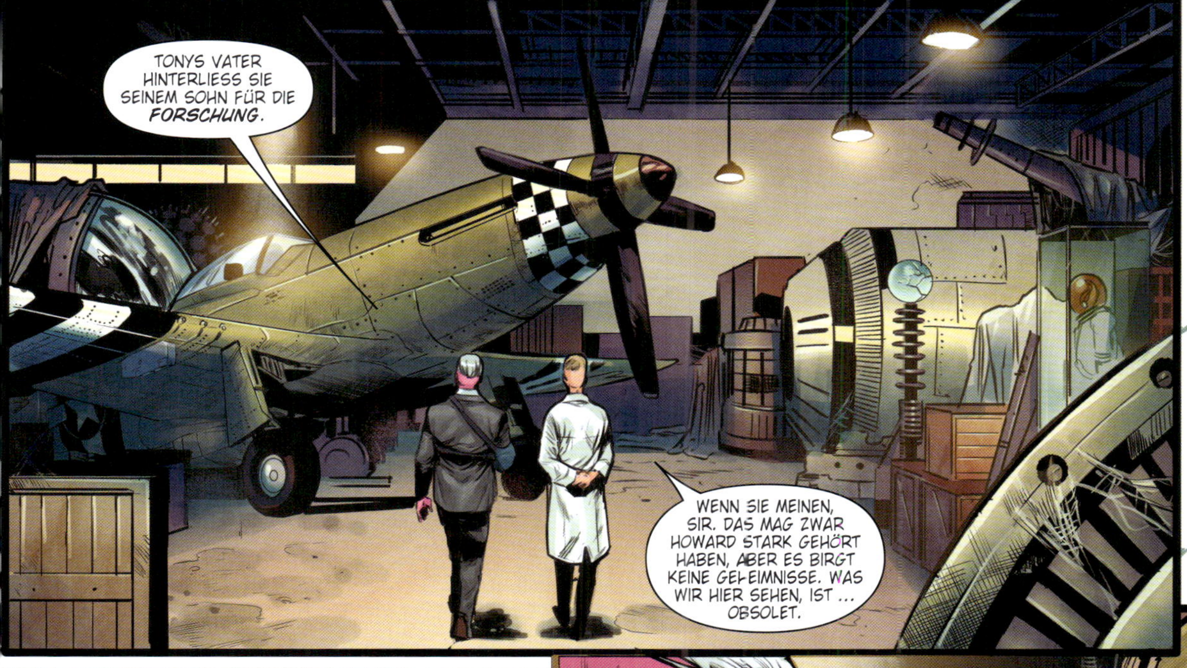
TONYS VATER HINTERLIESS SIE SEINEM SOHN FÜR DIE *FORSCHUNG*.
WENN SIE MEINEN, SIR. DAS MAG ZWAR HOWARD STARK GEHÖRT HABEN, ABER ES BIRGT KEINE GEHEIMNISSE. WAS WIR HIER SEHEN, IST ... OBSOLET.

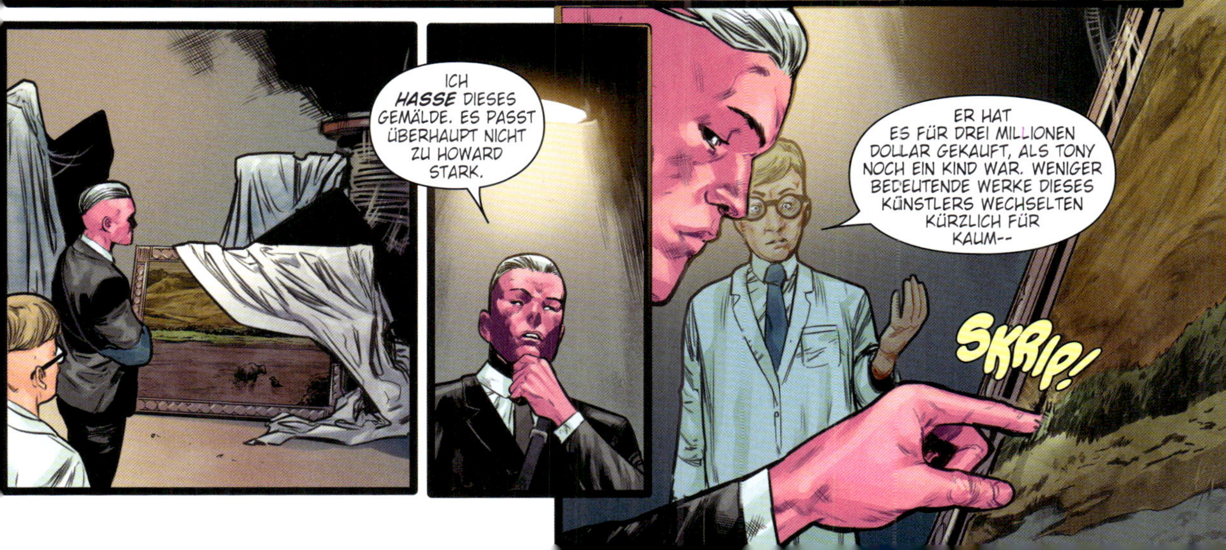
ICH *HASSE* DIESES GEMÄLDE. ES PASST ÜBERHAUPT NICHT ZU HOWARD STARK.
ER HAT ES FÜR DREI MILLIONEN DOLLAR GEKAUFT, ALS TONY NOCH EIN KIND WAR. WENIGER BEDEUTENDE WERKE DIESES KÜNSTLERS WECHSELTEN KÜRZLICH FÜR KAUM--
SKRIP!

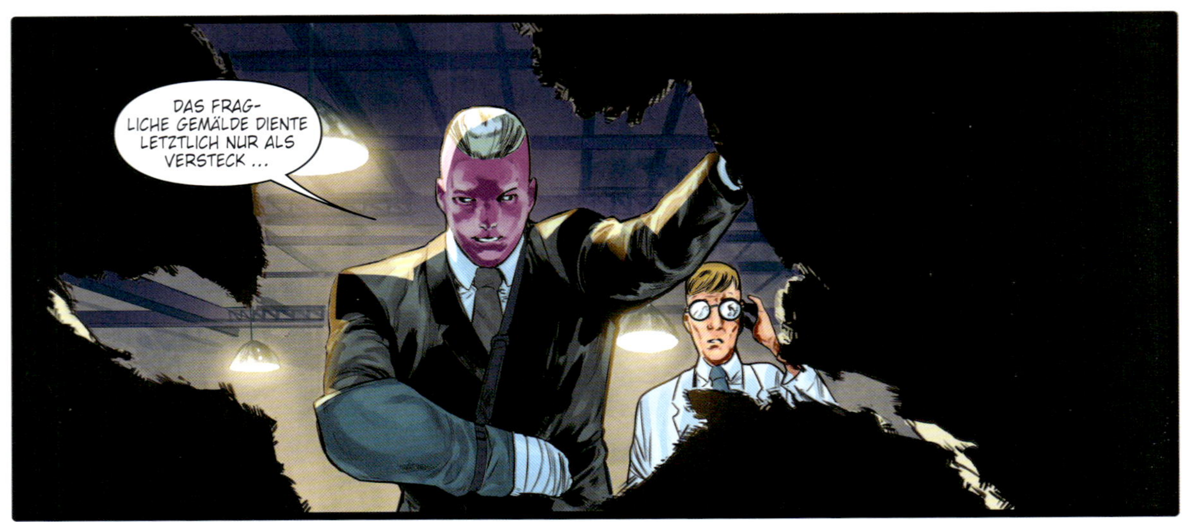
DAS FRAG-LICHE GEMÄLDE DIENTE LETZTLICH NUR ALS VERSTECK ...

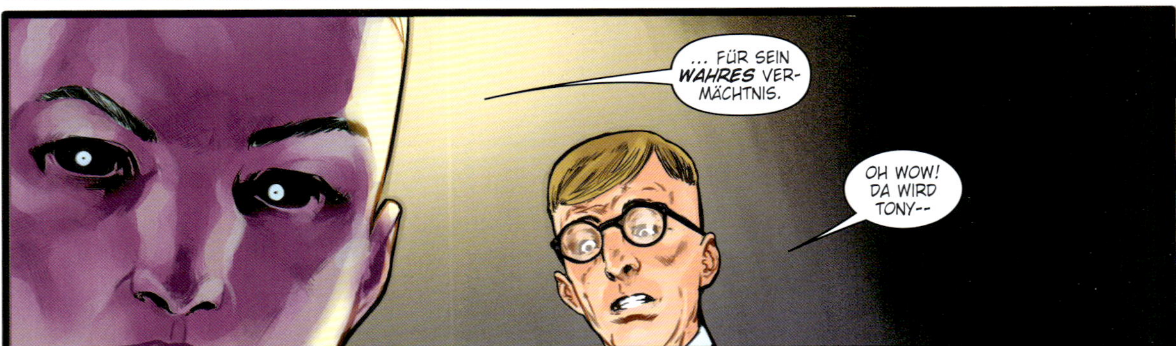
... FÜR SEIN WAHRES VERMÄCHTNIS.
OH WOW! DA WIRD TONY--

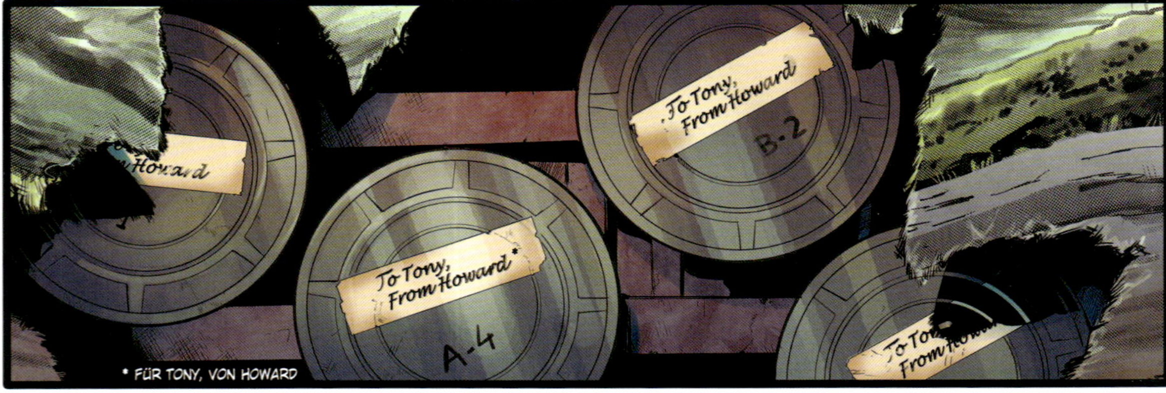
To Tony, From Howard
B-2
Howard
To Tony, From Howard*
A-4
* FÜR TONY, VON HOWARD

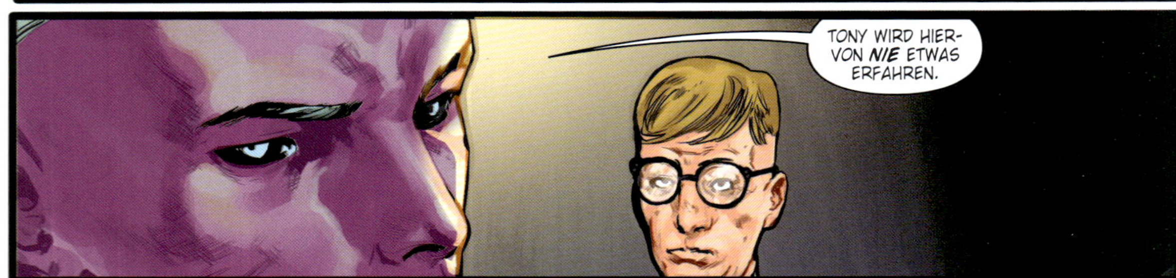
TONY WIRD HIERVON NIE ETWAS ERFAHREN.

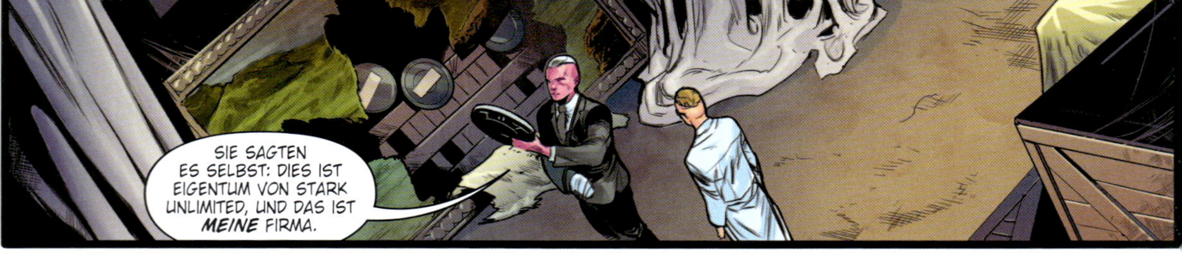
SIE SAGTEN ES SELBST: DIES IST EIGENTUM VON STARK UNLIMITED, UND DAS IST MEINE FIRMA.

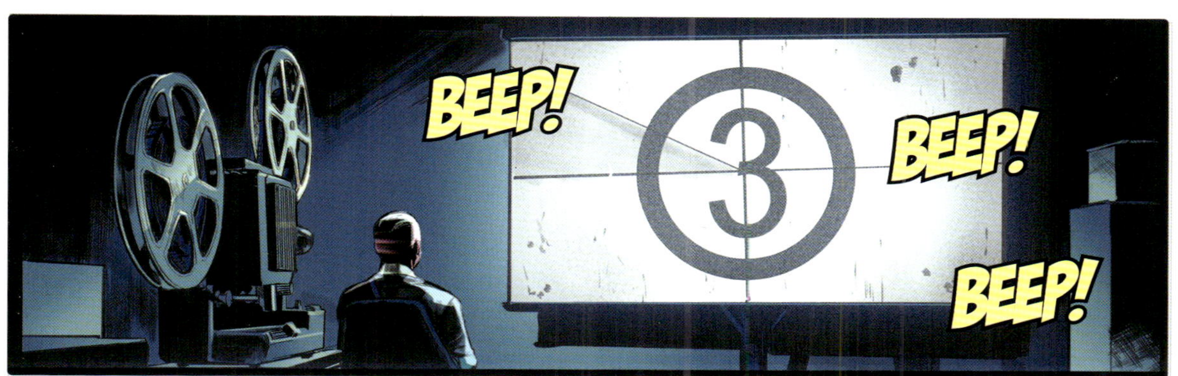
BEEP!
BEEP!
BEEP!
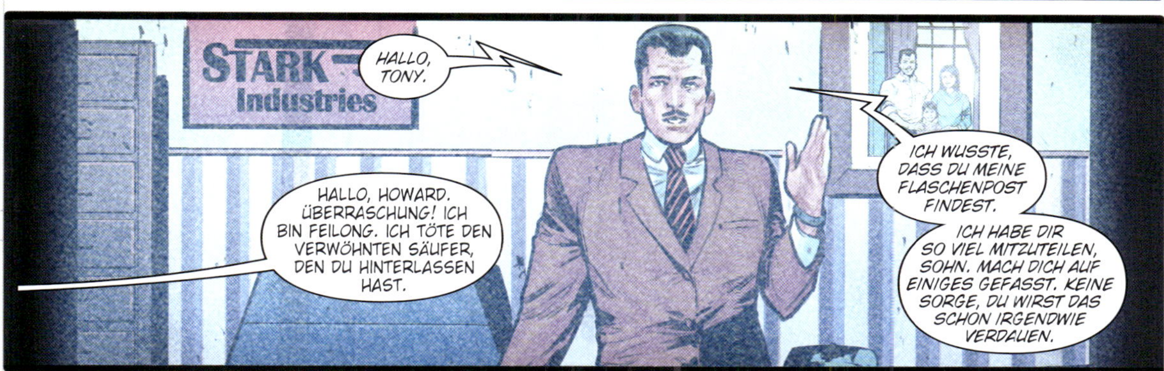
STARK Industries
HALLO, TONY.
ICH WUSSTE, DASS DU MEINE FLASCHENPOST FINDEST.
ICH HABE DIR SO VIEL MITZUTEILEN, SOHN. MACH DICH AUF EINIGES GEFASST. KEINE SORGE, DU WIRST DAS SCHON IRGENDWIE VERDAUEN.
HALLO, HOWARD. ÜBERRASCHUNG! ICH BIN FEILONG. ICH TÖTE DEN VERWÖHNTEN SÄUFER, DEN DU HINTERLASSEN HAST.
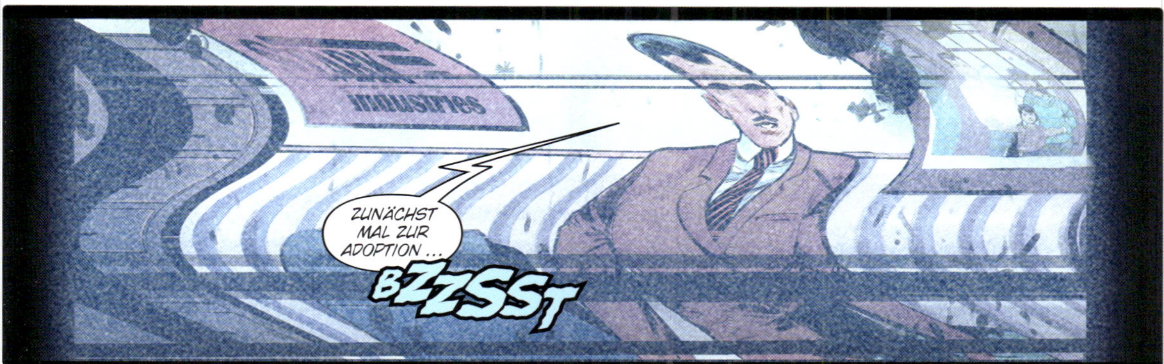
ZUNÄCHST MAL ZUR ADOPTION …
BZZSST
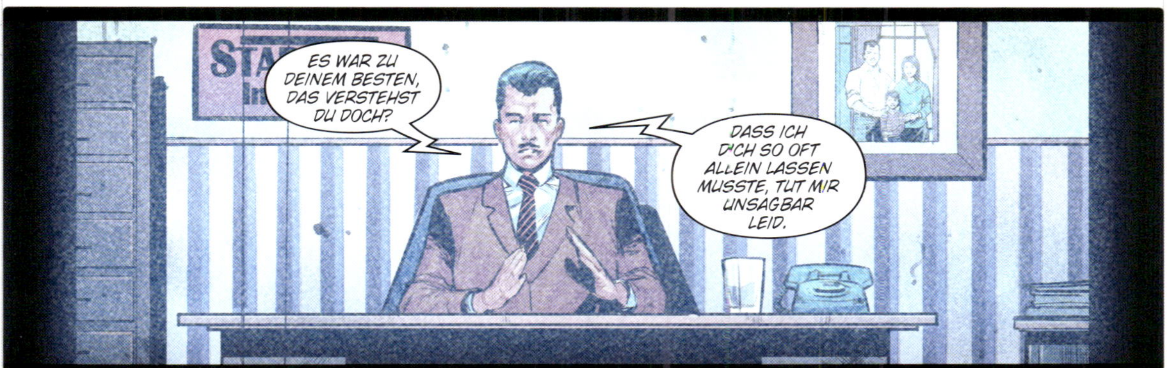
ES WAR ZU DEINEM BESTEN, DAS VERSTEHST DU DOCH?
DASS ICH DICH SO OFT ALLEIN LASSEN MUSSTE, TUT MIR UNSAGBAR LEID.
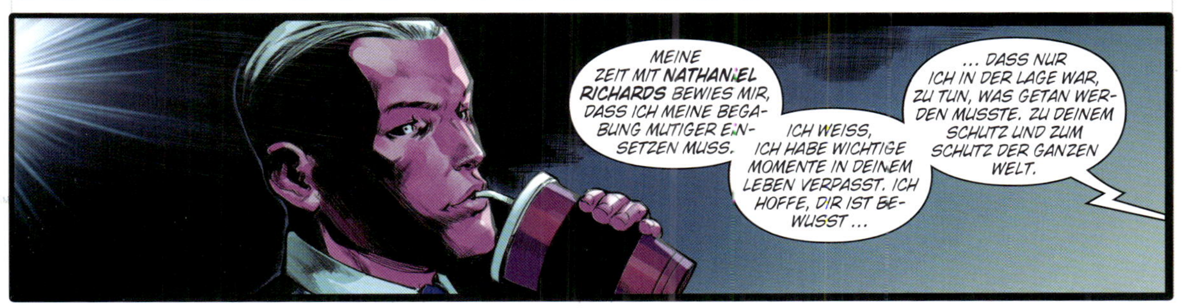
MEINE ZEIT MIT NATHANIEL RICHARDS BEWIES MIR, DASS ICH MEINE BEGABUNG MUTIGER EINSETZEN MUSS.
ICH WEISS, ICH HABE WICHTIGE MOMENTE IN DEINEM LEBEN VERPASST. ICH HOFFE, DIR IST BEWUSST …
… DASS NUR ICH IN DER LAGE WAR, ZU TUN, WAS GETAN WERDEN MUSSTE. ZU DEINEM SCHUTZ UND ZUM SCHUTZ DER GANZEN WELT.

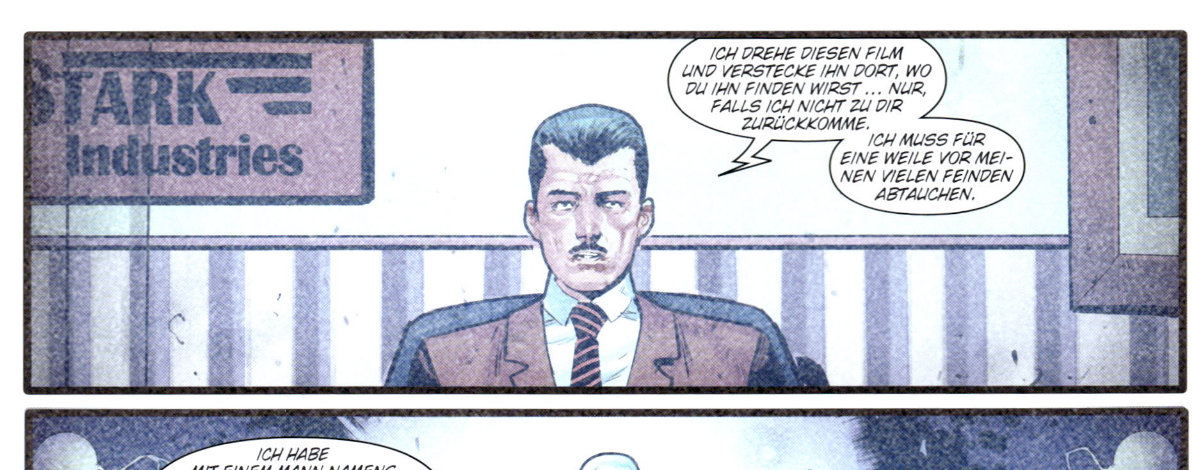
STARK Industries
ICH DREHE DIESEN FILM UND VERSTECKE IHN DORT, WO DU IHN FINDEN WIRST ... NUR, FALLS ICH NICHT ZU DIR ZURÜCKKOMME.
ICH MUSS FÜR EINE WEILE VOR MEINEN VIELEN FEINDEN ABTAUCHEN.
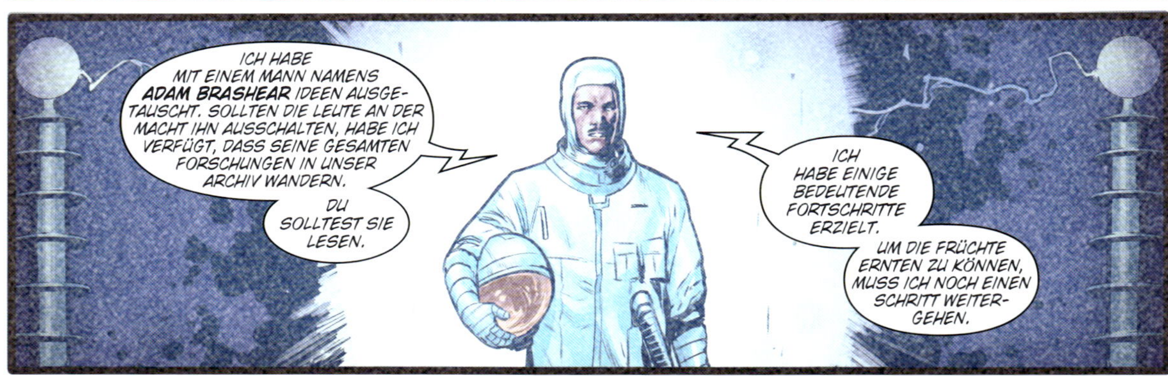
ICH HABE MIT EINEM MANN NAMENS **ADAM BRASHEAR** IDEEN AUSGETAUSCHT. SOLLTEN DIE LEUTE AN DER MACHT IHN AUSSCHALTEN, HABE ICH VERFÜGT, DASS SEINE GESAMTEN FORSCHUNGEN IN UNSER ARCHIV WANDERN.
DU SOLLTEST SIE LESEN.
ICH HABE EINIGE BEDEUTENDE FORTSCHRITTE ERZIELT.
UM DIE FRÜCHTE ERNTEN ZU KÖNNEN, MUSS ICH NOCH EINEN SCHRITT WEITERGEHEN.
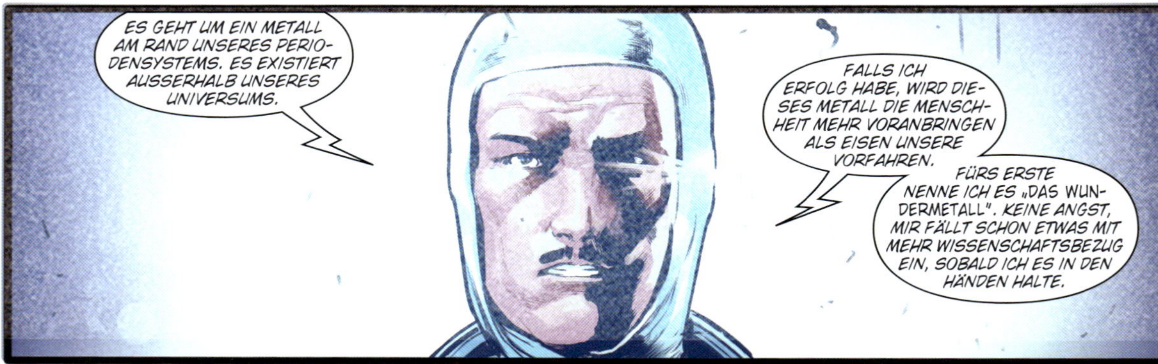
ES GEHT UM EIN METALL AM RAND UNSERES PERIODENSYSTEMS. ES EXISTIERT AUSSERHALB UNSERES UNIVERSUMS.
FALLS ICH ERFOLG HABE, WIRD DIESES METALL DIE MENSCHHEIT MEHR VORANBRINGEN ALS EISEN UNSERE VORFAHREN.
FÜRS ERSTE NENNE ICH ES „DAS WUNDERMETALL". KEINE ANGST, MIR FÄLLT SCHON ETWAS MIT MEHR WISSENSCHAFTSBEZUG EIN, SOBALD ICH ES IN DEN HÄNDEN HALTE.
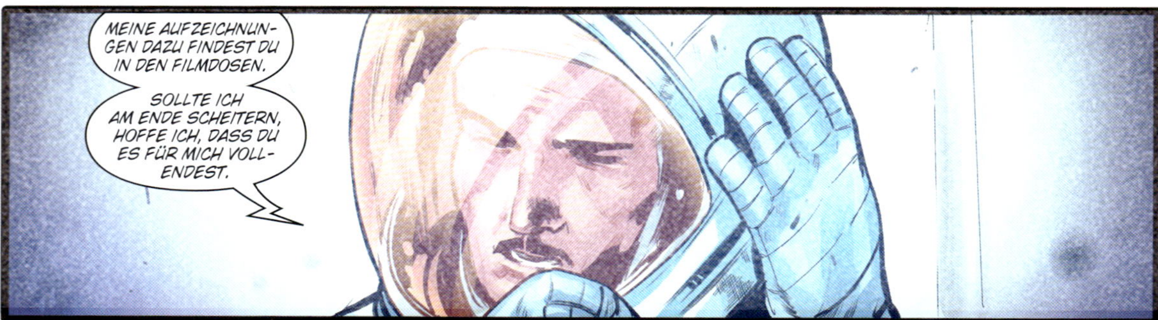
MEINE AUFZEICHNUNGEN DAZU FINDEST DU IN DEN FILMDOSEN.
SOLLTE ICH AM ENDE SCHEITERN, HOFFE ICH, DASS DU ES FÜR MICH VOLLENDEST.
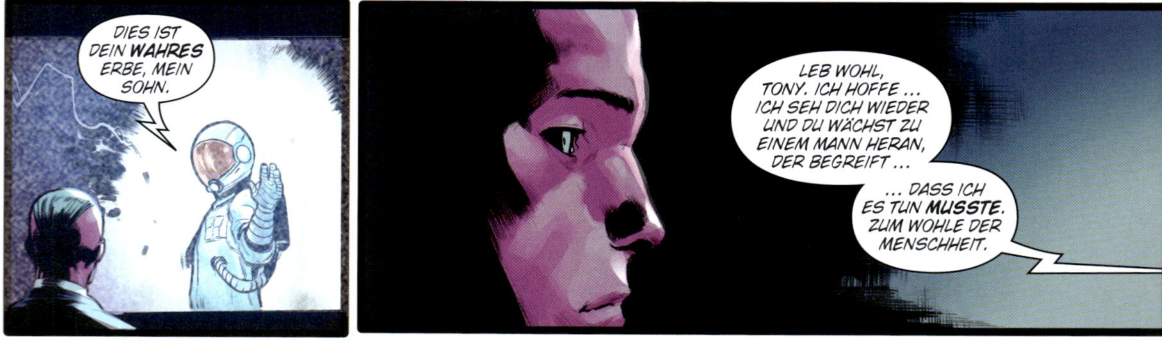
DIES IST DEIN **WAHRES** ERBE, MEIN SOHN.
LEB WOHL, TONY. ICH HOFFE ... ICH SEH DICH WIEDER UND DU WÄCHST ZU EINEM MANN HERAN, DER BEGREIFT ...
... DASS ICH ES TUN **MUSSTE**. ZUM WOHLE DER MENSCHHEIT.

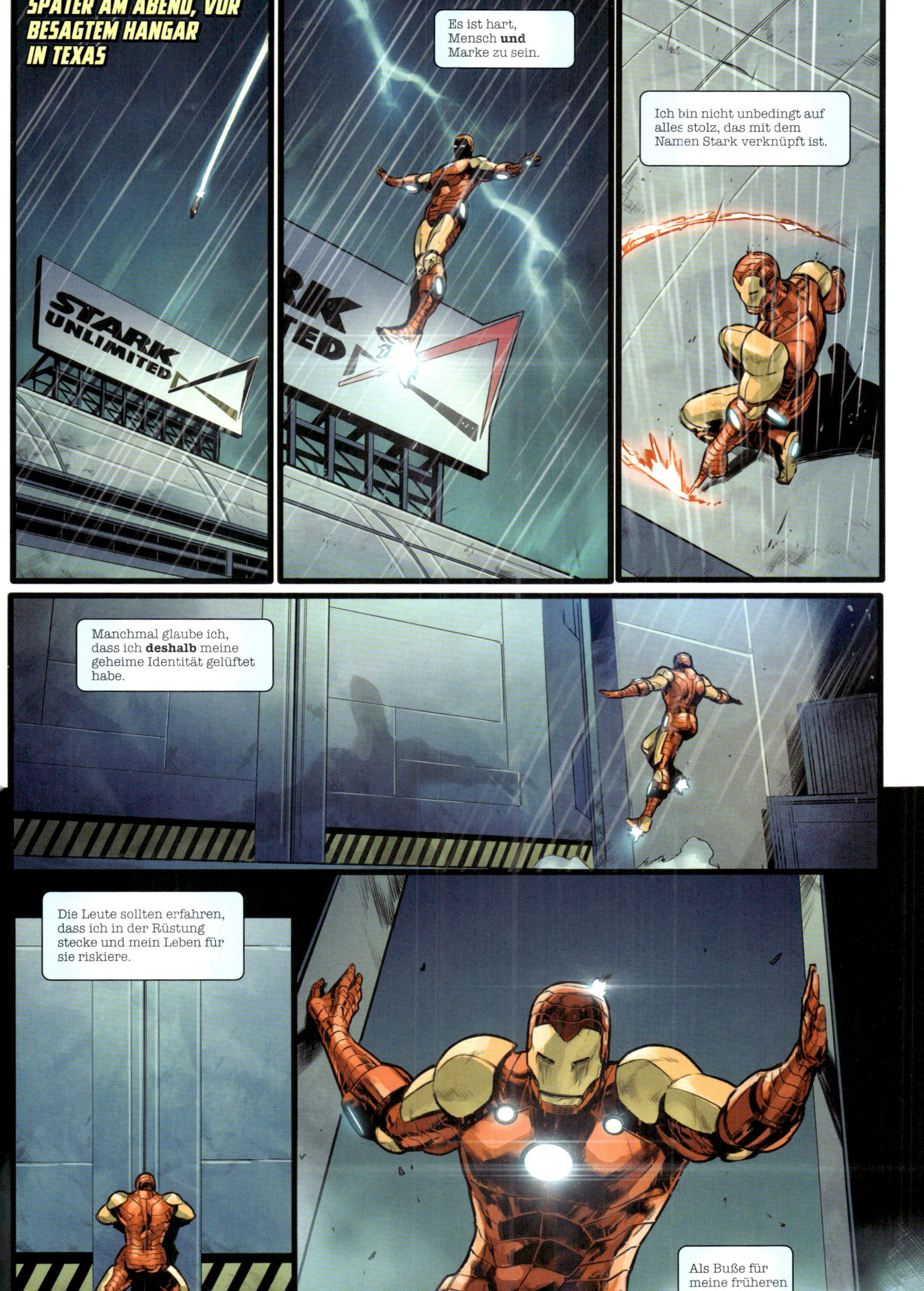
SPÄTER AM ABEND, VOR BESAGTEM HANGAR IN TEXAS
STARK UNLIMITED
Es ist hart, Mensch **und** Marke zu sein.
Ich bin nicht unbedingt auf alles stolz, das mit dem Namen Stark verknüpft ist.
Manchmal glaube ich, dass ich **deshalb** meine geheime Identität gelüftet habe.
Die Leute sollten erfahren, dass ich in der Rüstung stecke und mein Leben für sie riskiere.
Als Buße für meine früheren „Erfolge".

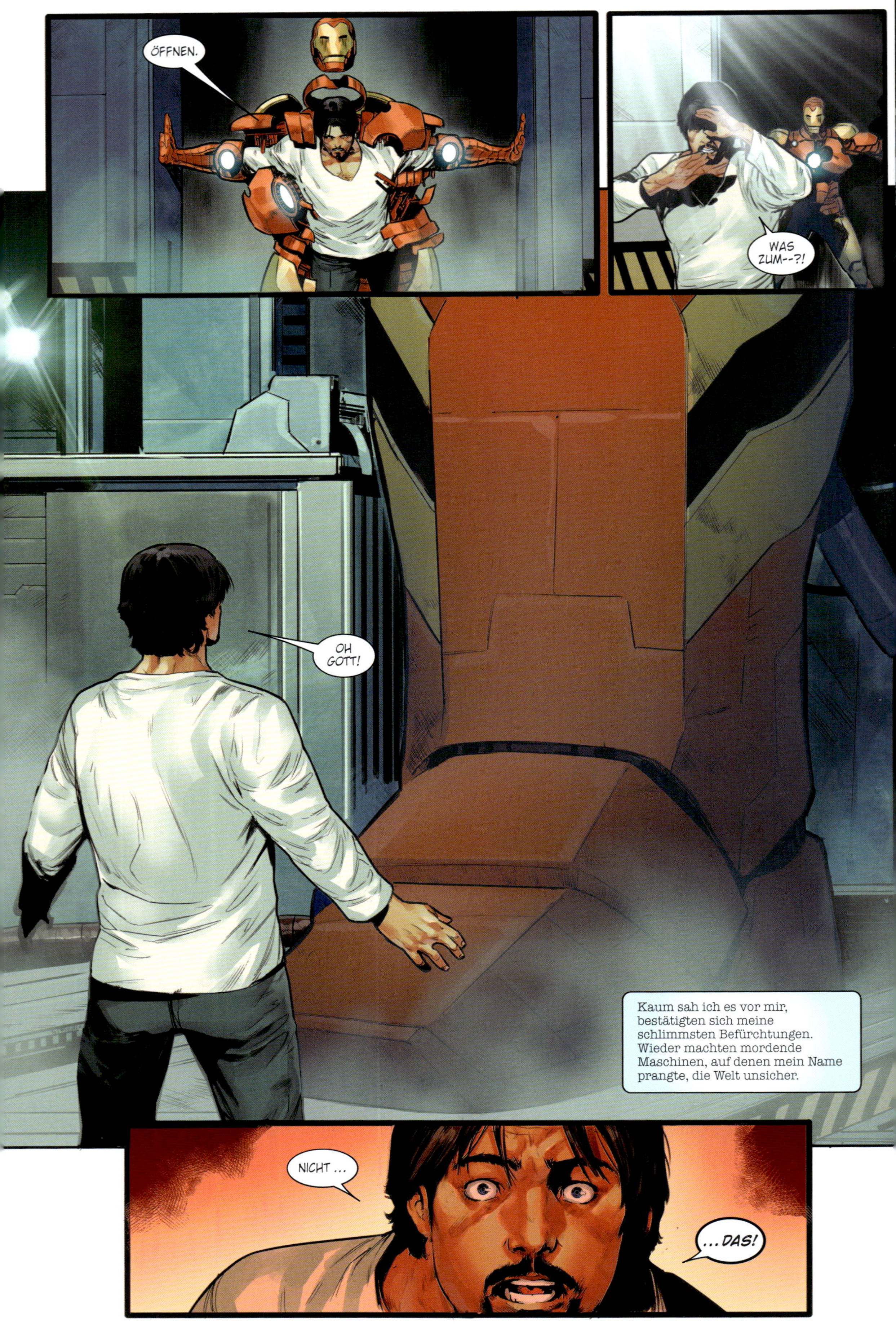
ÖFFNEN.
WAS ZUM--?!
OH GOTT!
Kaum sah ich es vor mir, bestätigten sich meine schlimmsten Befürchtungen. Wieder machten mordende Maschinen, auf denen mein Name prangte, die Welt unsicher.
NICHT ...
...DAS!

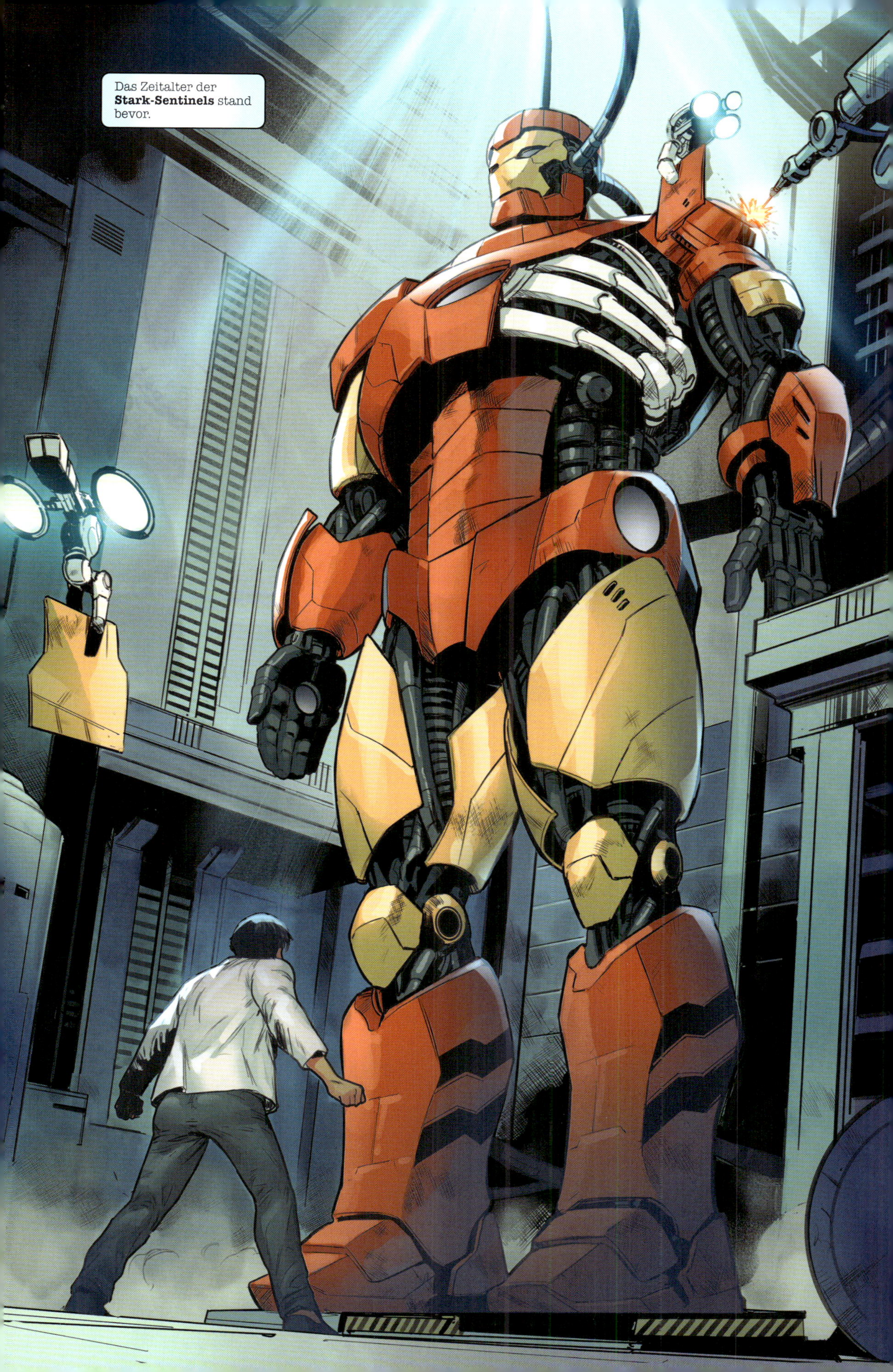
Das Zeitalter der **Stark-Sentinels** stand bevor.

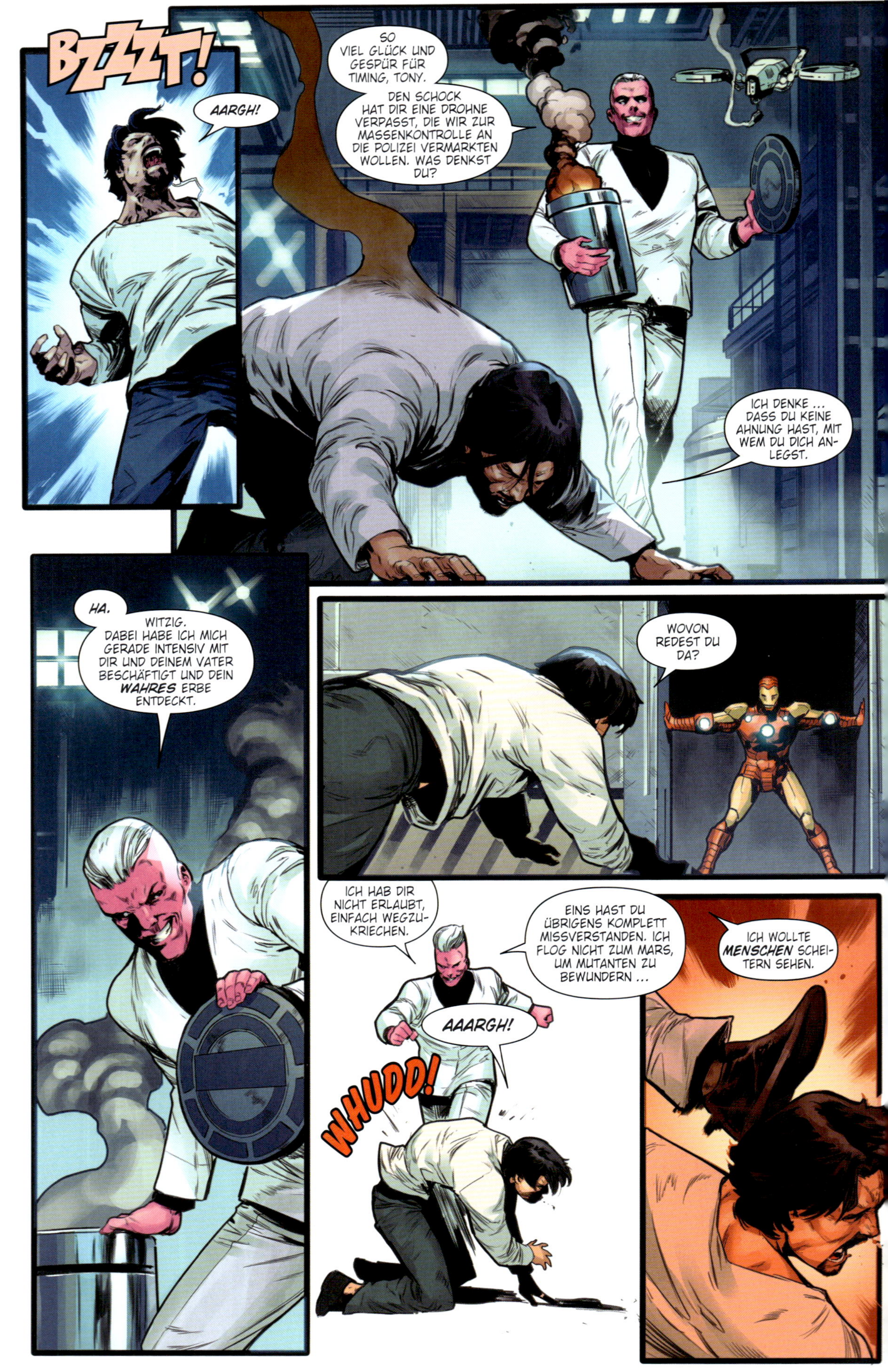
BZZZT!
AARGH!
SO VIEL GLÜCK UND GESPÜR FÜR TIMING, TONY.
DEN SCHOCK HAT DIR EINE DROHNE VERPASST, DIE WIR ZUR MASSENKONTROLLE AN DIE POLIZEI VERMARKTEN WOLLEN. WAS DENKST DU?
ICH DENKE ... DASS DU KEINE AHNUNG HAST, MIT WEM DU DICH ANLEGST.
HA.
WITZIG. DABEI HABE ICH MICH GERADE INTENSIV MIT DIR UND DEINEM VATER BESCHÄFTIGT UND DEIN WAHRES ERBE ENTDECKT.
WOVON REDEST DU DA?
ICH HAB DIR NICHT ERLAUBT, EINFACH WEGZUKRIECHEN.
EINS HAST DU ÜBRIGENS KOMPLETT MISSVERSTANDEN. ICH FLOG NICHT ZUM MARS, UM MUTANTEN ZU BEWUNDERN ...
AAARGH!
WHUDD!
ICH WOLLTE MENSCHEN SCHEITERN SEHEN.

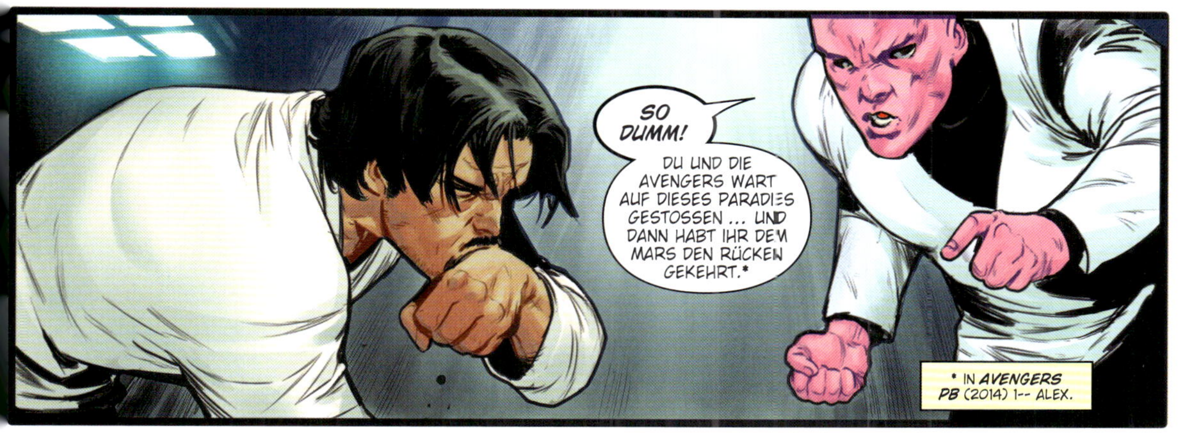

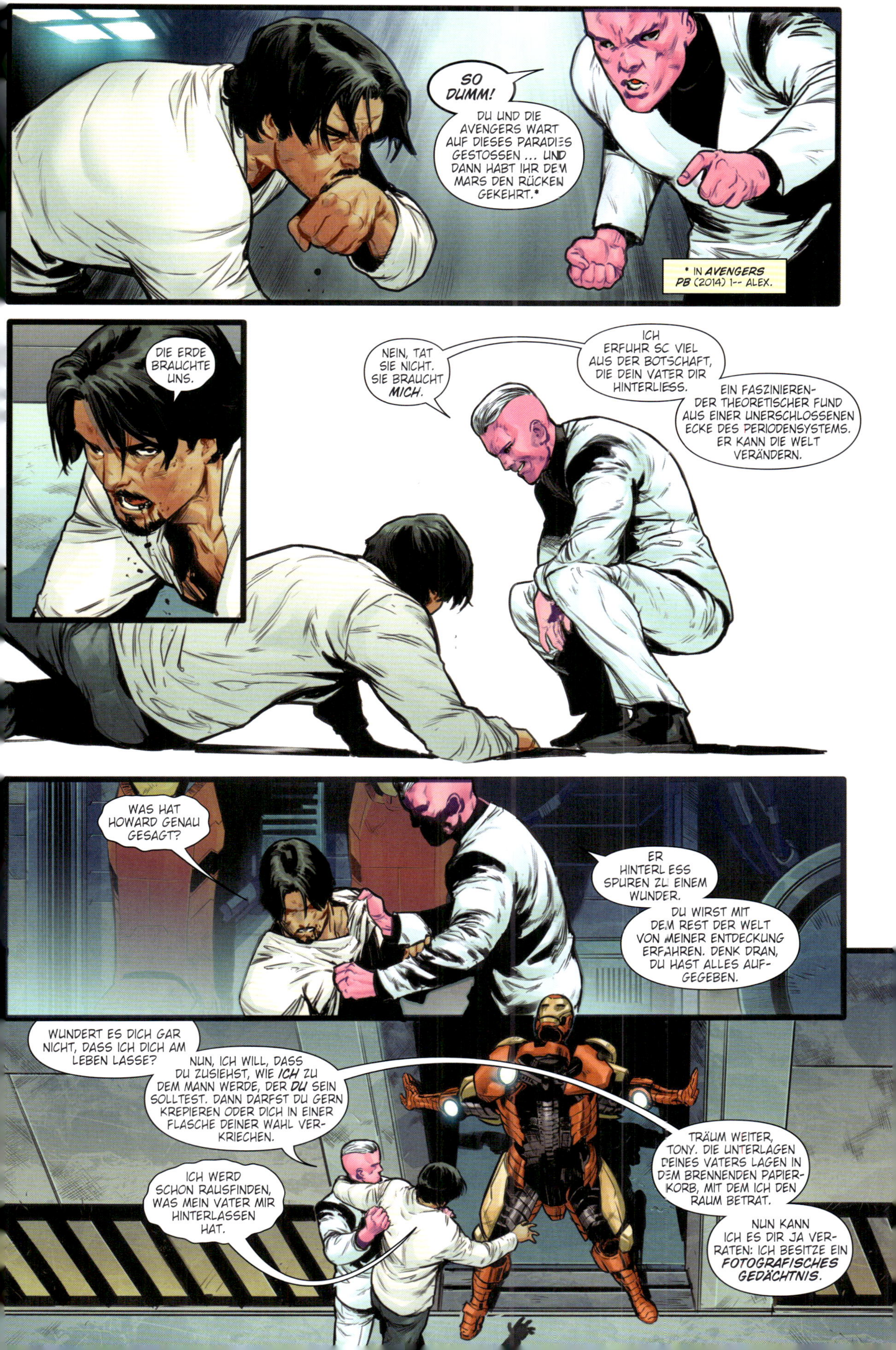

SO DUMM!
DU UND DIE AVENGERS WART AUF DIESES PARADIES GESTOSSEN ... UND DANN HABT IHR DEM MARS DEN RÜCKEN GEKEHRT.*
* IN AVENGERS PB (2014) 1-- ALEX.

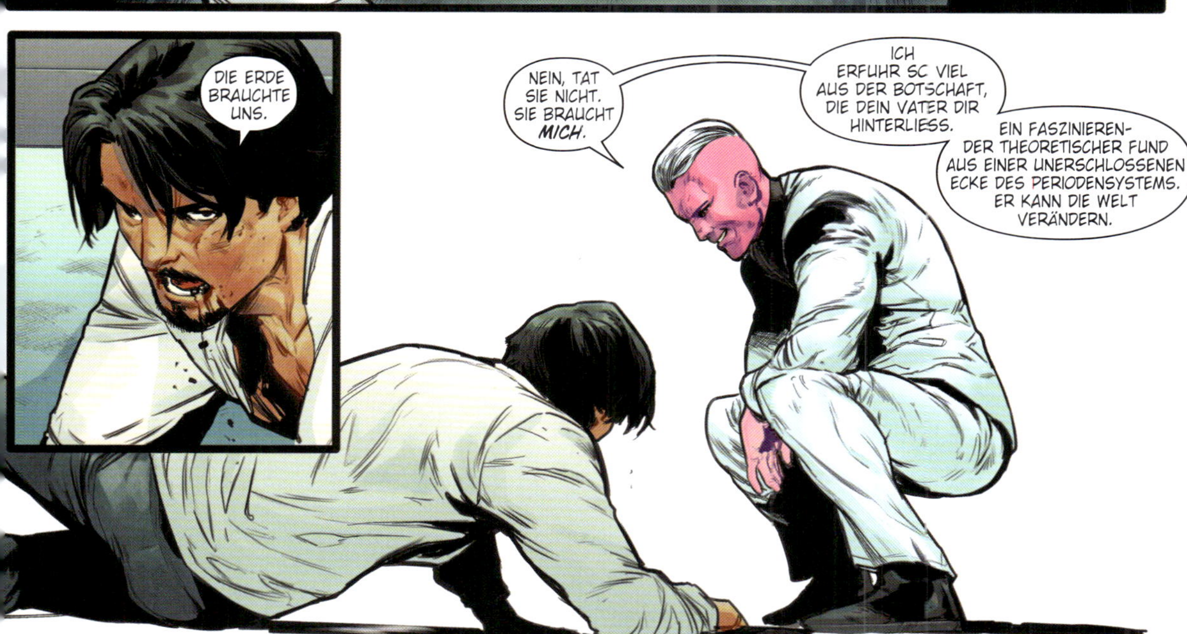

DIE ERDE BRAUCHTE UNS.
NEIN, TAT SIE NICHT. SIE BRAUCHT MICH.
ICH ERFUHR SC VIEL AUS DER BOTSCHAFT, DIE DEIN VATER DIR HINTERLIESS.
EIN FASZINIERENDER THEORETISCHER FUND AUS EINER UNERSCHLOSSENEN ECKE DES PERIODENSYSTEMS. ER KANN DIE WELT VERÄNDERN.

WAS HAT HOWARD GENAU GESAGT?
ER HINTERLIESS SPUREN ZU EINEM WUNDER.
DU WIRST MIT DEM REST DER WELT VON MEINER ENTDECKUNG ERFAHREN. DENK DRAN, DU HAST ALLES AUFGEGEBEN.
WUNDERT ES DICH GAR NICHT, DASS ICH DICH AM LEBEN LASSE?
NUN, ICH WILL, DASS DU ZUSIEHST, WIE ICH ZU DEM MANN WERDE, DER DU SEIN SOLLTEST. DANN DARFST DU GERN KREPIEREN ODER DICH IN EINER FLASCHE DEINER WAHL VERKRIECHEN.
ICH WERD SCHON RAUSFINDEN, WAS MEIN VATER MIR HINTERLASSEN HAT.
TRÄUM WEITER, TONY. DIE UNTERLAGEN DEINES VATERS LAGEN IN DEM BRENNENDEN PAPIERKORB, MIT DEM ICH DEN RAUM BETRAT.
NUN KANN ICH ES DIR JA VERRATEN: ICH BESITZE EIN FOTOGRAFISCHES GEDÄCHTNIS.

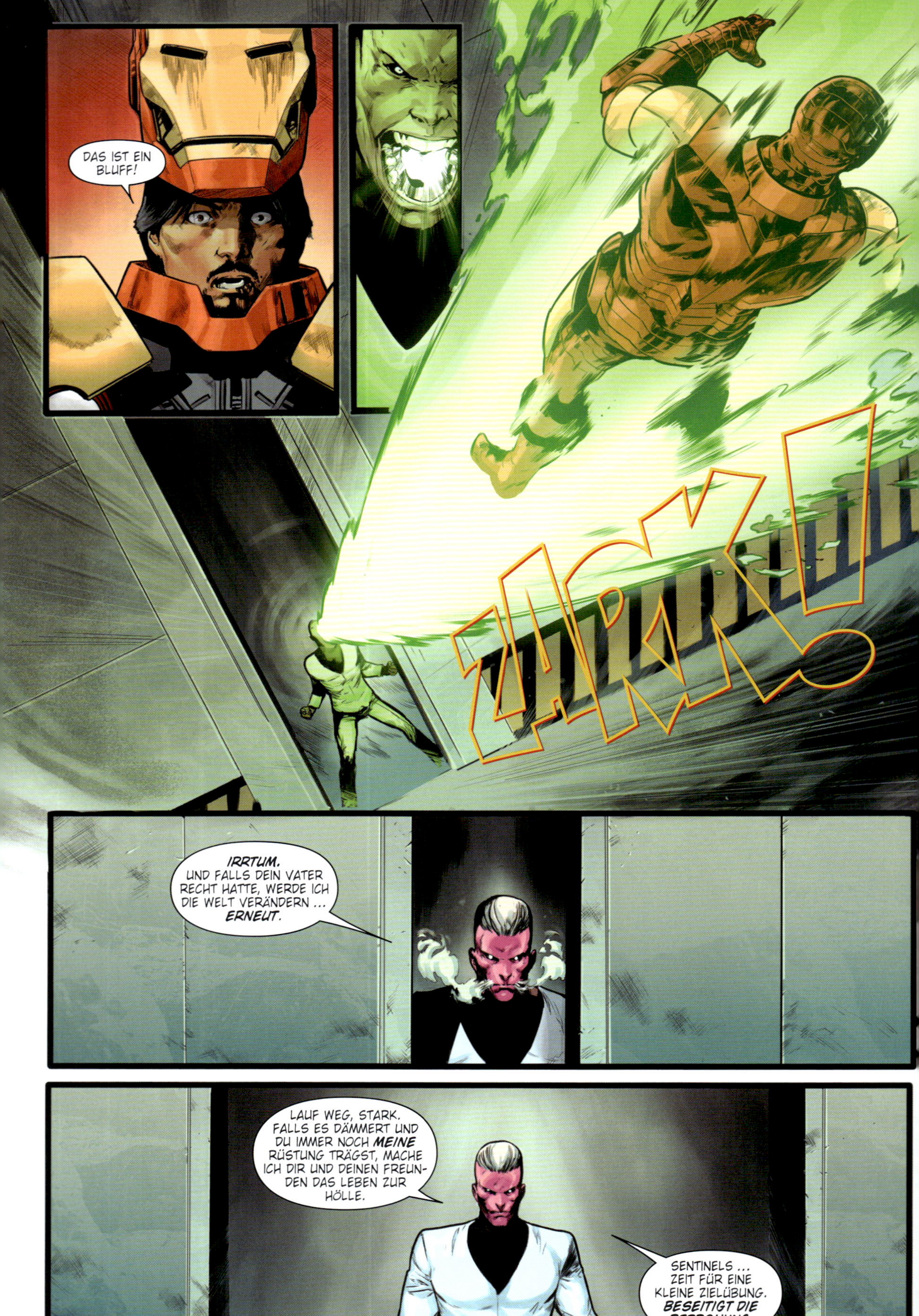

DAS IST EIN BLUFF!
ZARK!
IRRTUM. UND FALLS DEIN VATER RECHT HATTE, WERDE ICH DIE WELT VERÄNDERN ... ERNEUT.
LAUF WEG, STARK. FALLS ES DÄMMERT UND DU IMMER NOCH MEINE RÜSTUNG TRÄGST, MACHE ICH DIR UND DEINEN FREUNDEN DAS LEBEN ZUR HÖLLE.
SENTINELS ... ZEIT FÜR EINE KLEINE ZIELÜBUNG. BESEITIGT DIE BEDROHUNG.

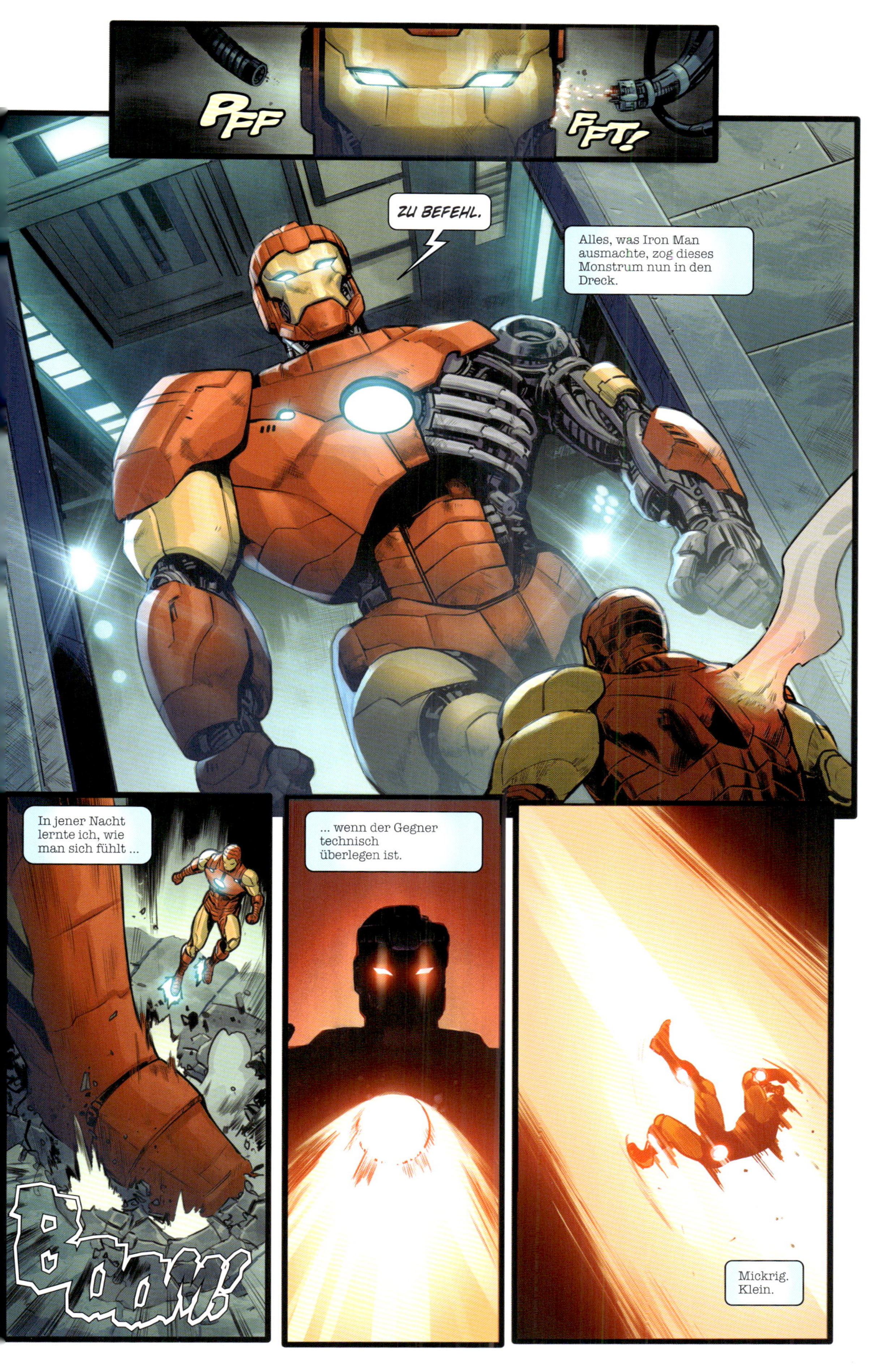
PFF
PFT!
ZU BEFEHL.
Alles, was Iron Man ausmachte, zog dieses Monstrum nun in den Dreck.
In jener Nacht lernte ich, wie man sich fühlt ...
BOOM!
... wenn der Gegner technisch überlegen ist.
Mickrig. Klein.

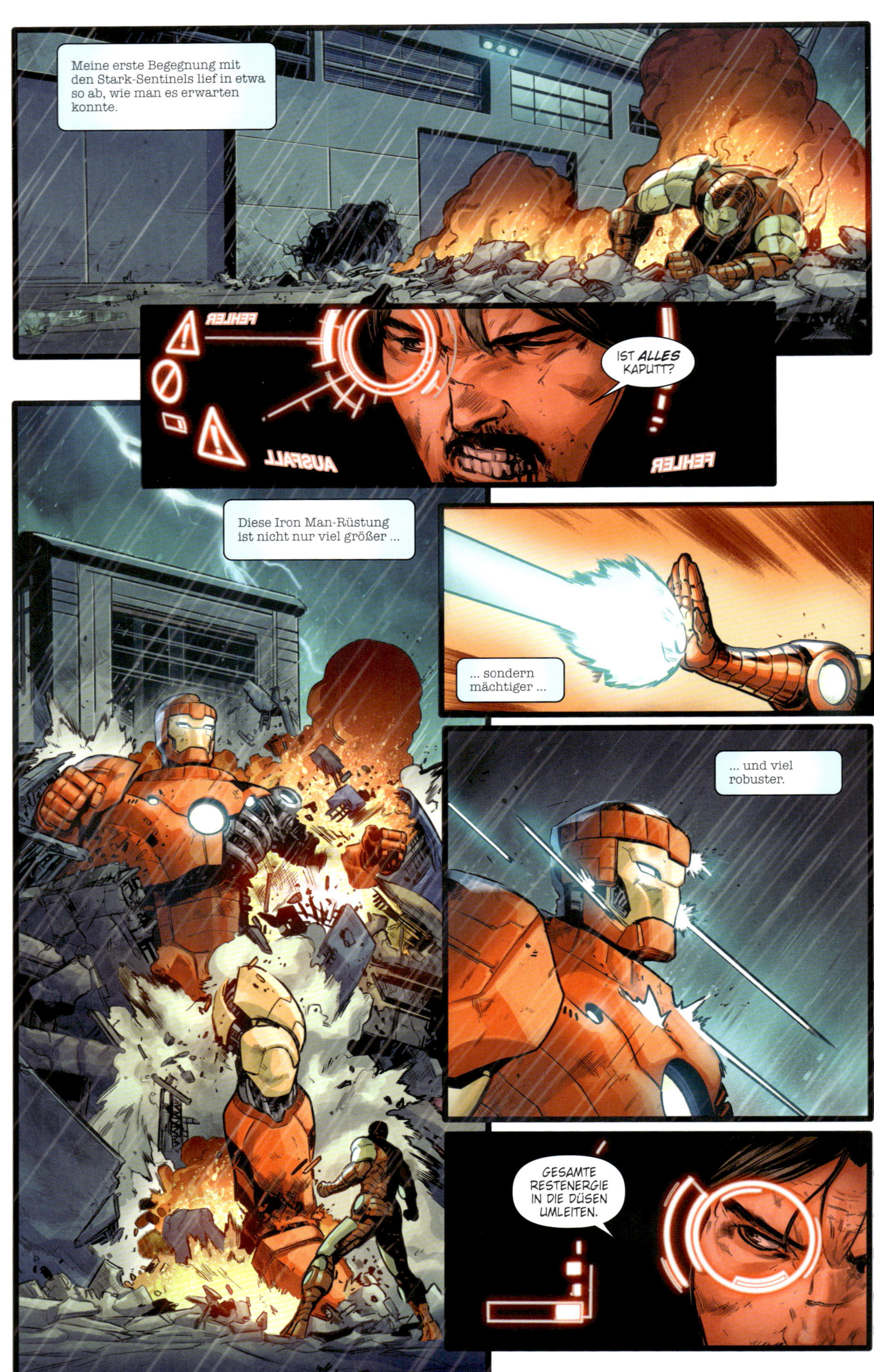

Meine erste Begegnung mit den Stark-Sentinels lief in etwa so ab, wie man es erwarten konnte.
FEHLER
IST ALLES KAPUTT?
AUSFALL
FEHLER
Diese Iron Man-Rüstung ist nicht nur viel größer ...
... sondern mächtiger ...
... und viel robuster.
GESAMTE RESTENERGIE IN DIE DÜSEN UMLEITEN.

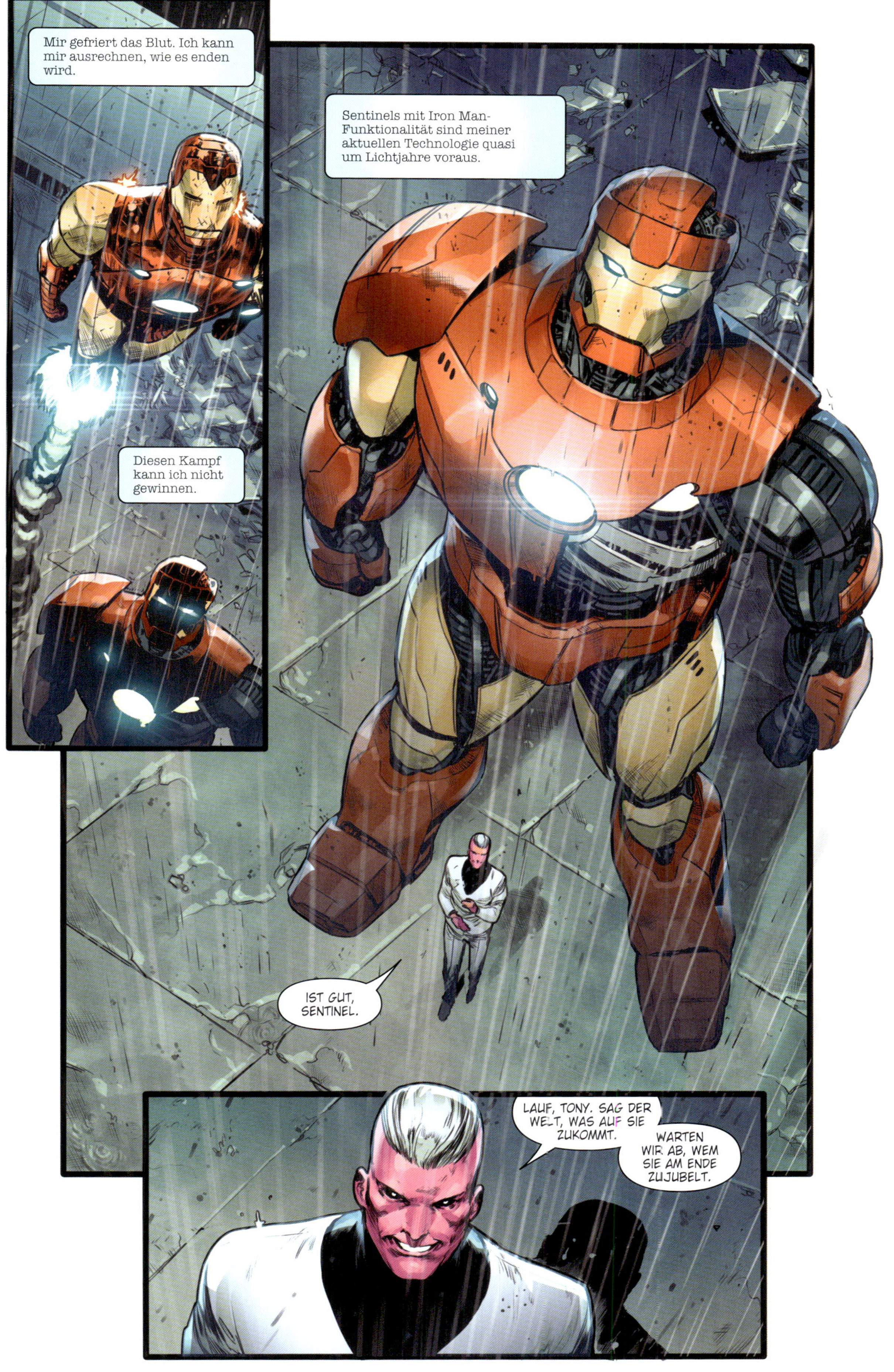
Mir gefriert das Blut. Ich kann mir ausrechnen, wie es enden wird.
Diesen Kampf kann ich nicht gewinnen.
Sentinels mit Iron Man-Funktionalität sind meiner aktuellen Technologie quasi um Lichtjahre voraus.
IST GUT, SENTINEL.
LAUF, TONY. SAG DER WELT, WAS AUF SIE ZUKOMMT.
WARTEN WIR AB, WEM SIE AM ENDE ZUJUBELT.

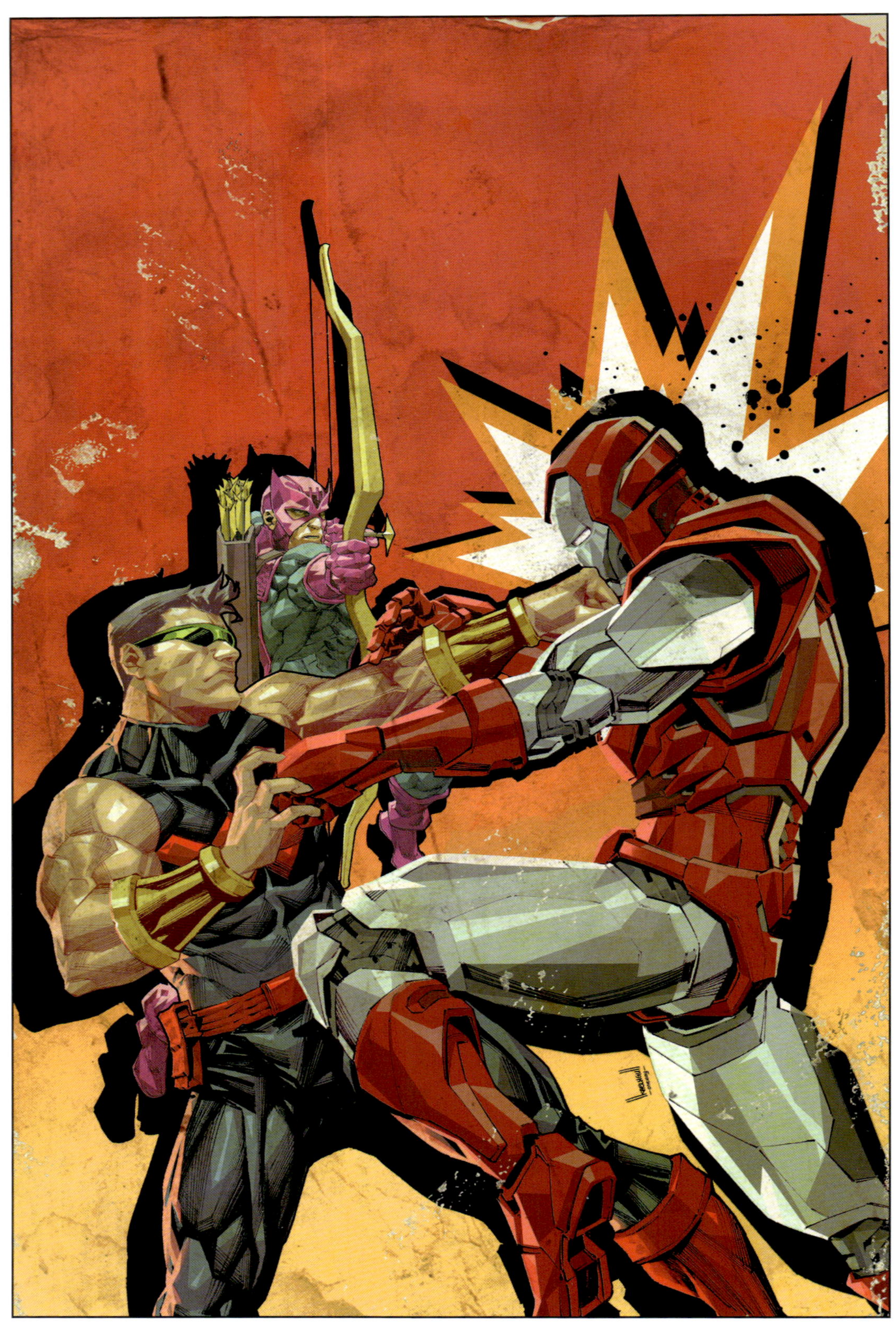

Invincible Iron Man (2022) 6
Cover von **KAEL NGU**

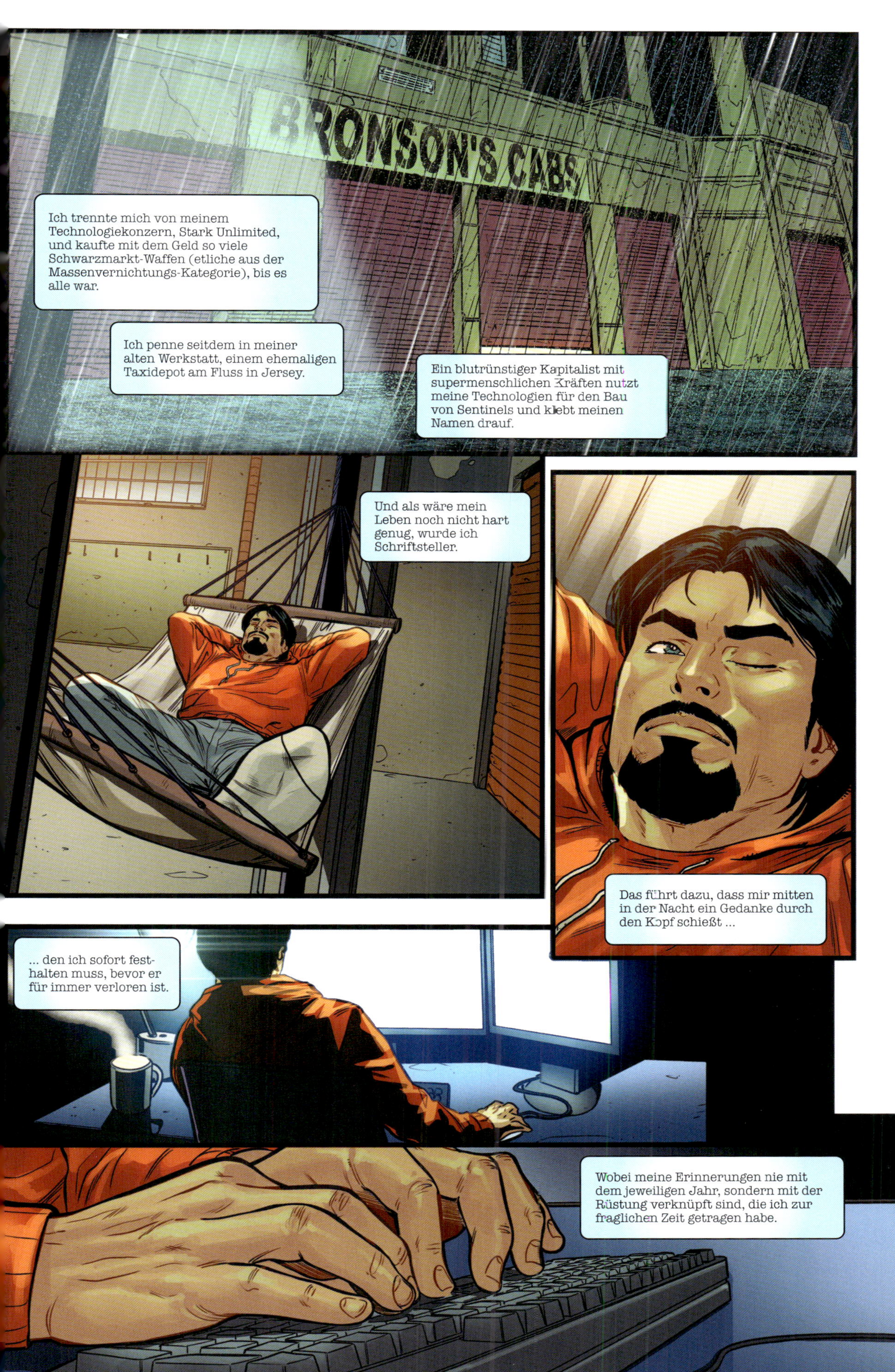
BRONSON'S CABS
Ich trennte mich von meinem Technologiekonzern, Stark Unlimited, und kaufte mit dem Geld so viele Schwarzmarkt-Waffen (etliche aus der Massenvernichtungs-Kategorie), bis es alle war.
Ich penne seitdem in meiner alten Werkstatt, einem ehemaligen Taxidepot am Fluss in Jersey.
Ein blutrünstiger Kapitalist mit supermenschlichen Kräften nutzt meine Technologien für den Bau von Sentinels und klebt meinen Namen drauf.
Und als wäre mein Leben noch nicht hart genug, wurde ich Schriftsteller.
Das führt dazu, dass mir mitten in der Nacht ein Gedanke durch den Kopf schießt ...
... den ich sofort fest-halten muss, bevor er für immer verloren ist.
Wobei meine Erinnerungen nie mit dem jeweiligen Jahr, sondern mit der Rüstung verknüpft sind, die ich zur fraglichen Zeit getragen habe.

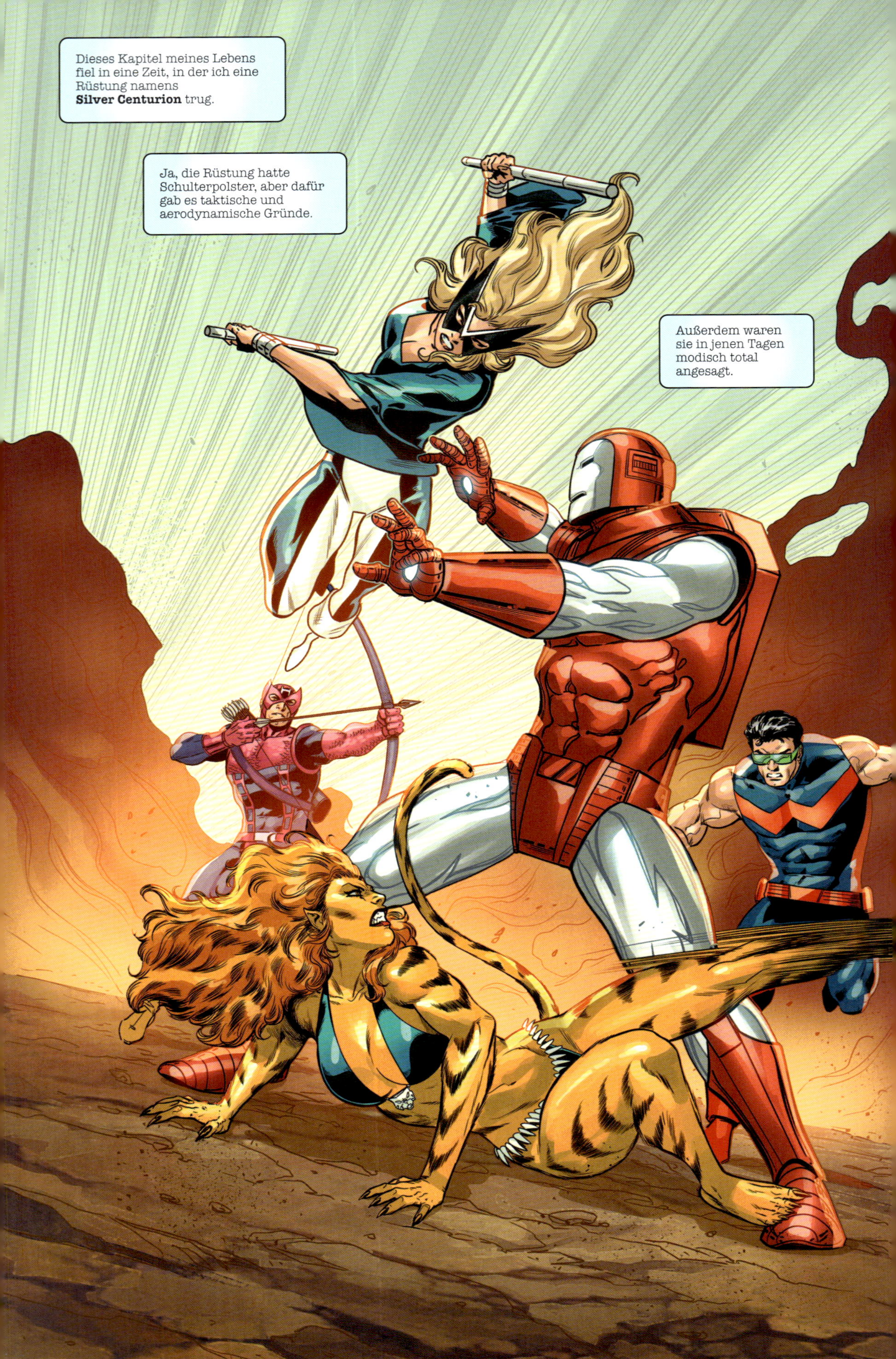
Dieses Kapitel meines Lebens fiel in eine Zeit, in der ich eine Rüstung namens **Silver Centurion** trug.
Ja, die Rüstung hatte Schulterpolster, aber dafür gab es taktische und aerodynamische Gründe.
Außerdem waren sie in jenen Tagen modisch total angesagt.

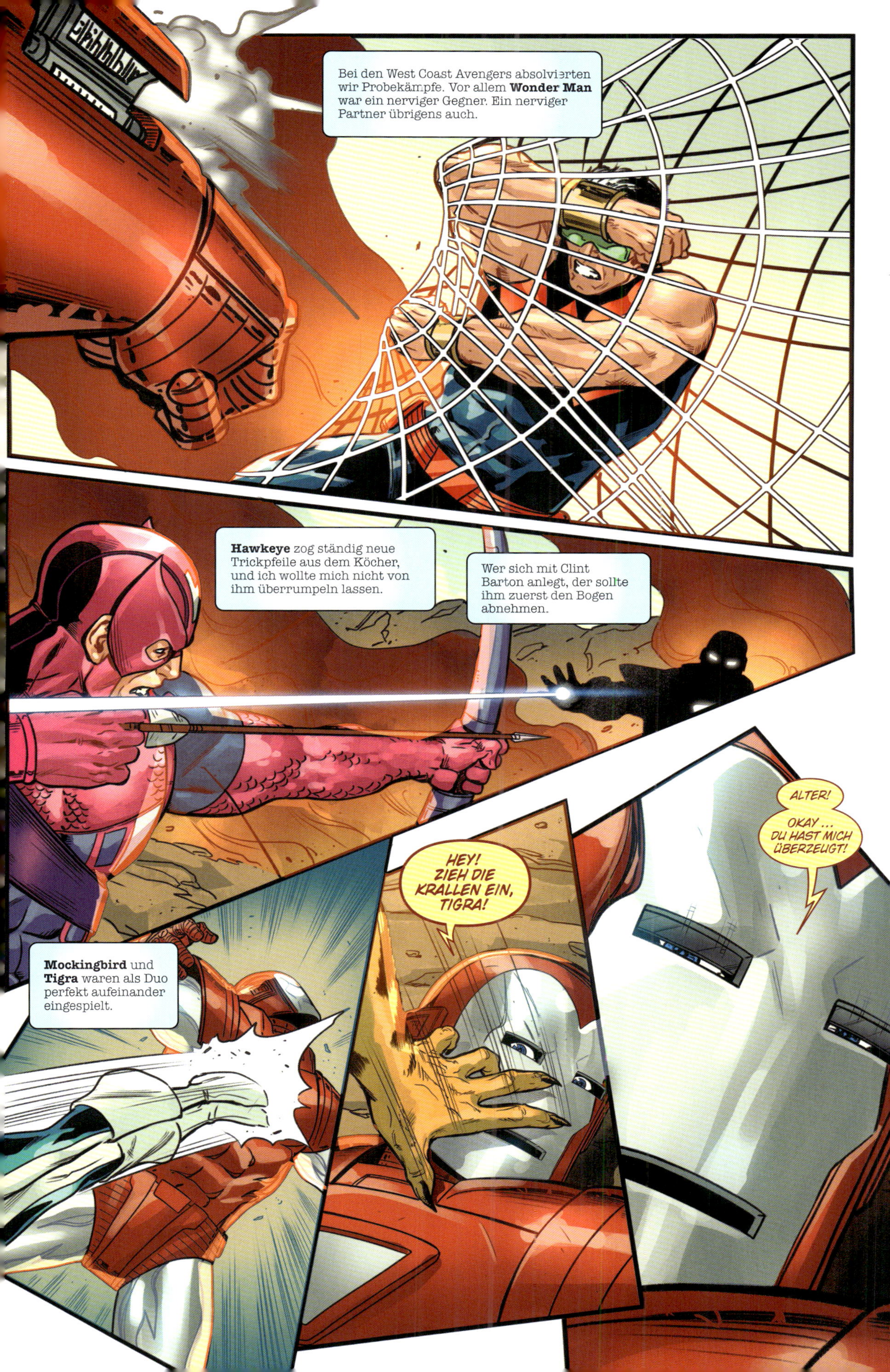
Bei den West Coast Avengers absolvierten wir Probekämpfe. Vor allem **Wonder Man** war ein nerviger Gegner. Ein nerviger Partner übrigens auch.
Hawkeye zog ständig neue Trickpfeile aus dem Köcher, und ich wollte mich nicht von ihm überrumpeln lassen.
Wer sich mit Clint Barton anlegt, der sollte ihm zuerst den Bogen abnehmen.
Mockingbird und **Tigra** waren als Duo perfekt aufeinander eingespielt.
HEY! ZIEH DIE KRALLEN EIN, TIGRA!
ALTER!
OKAY ... DU HAST MICH ÜBERZEUGT!

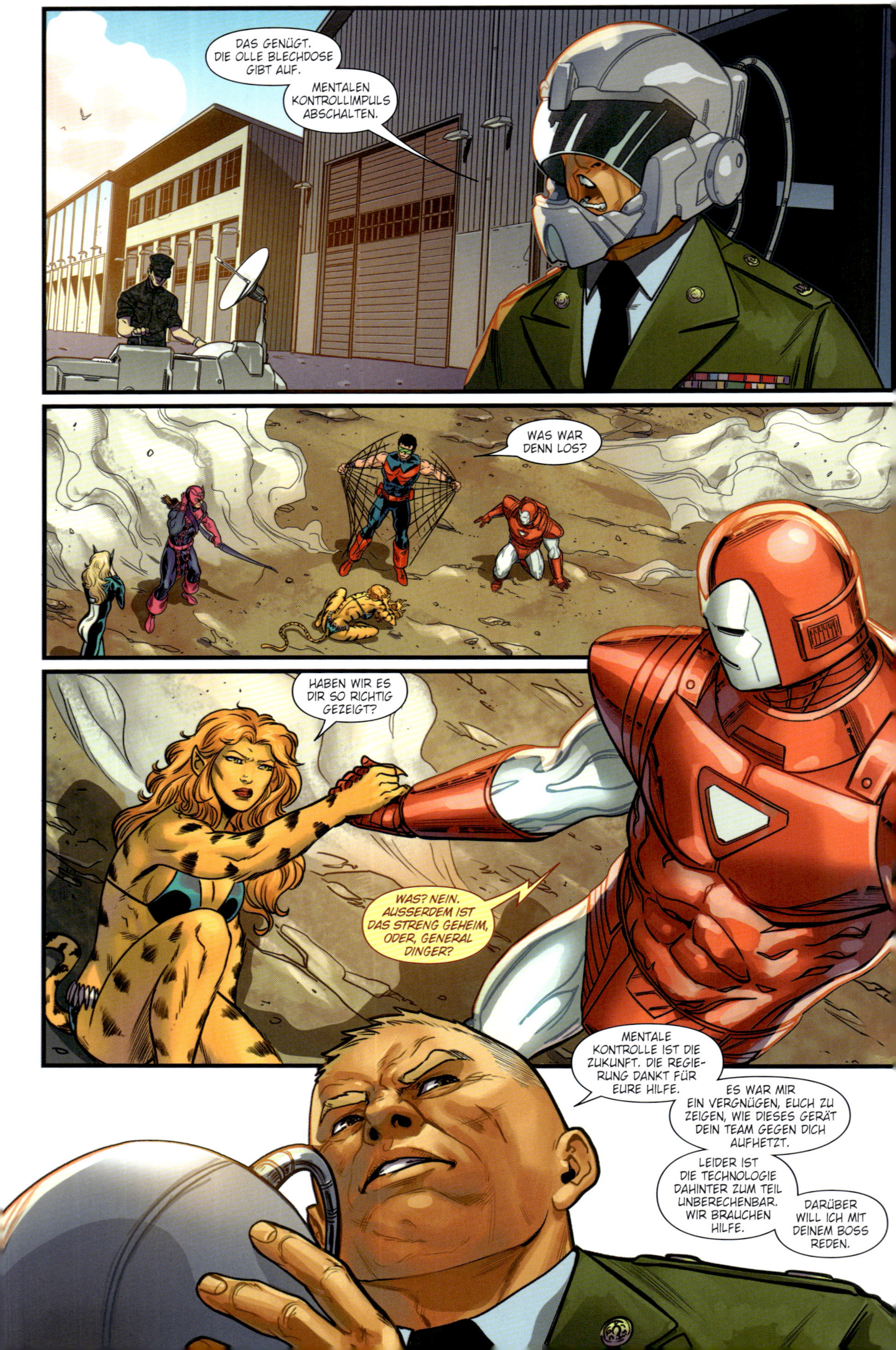

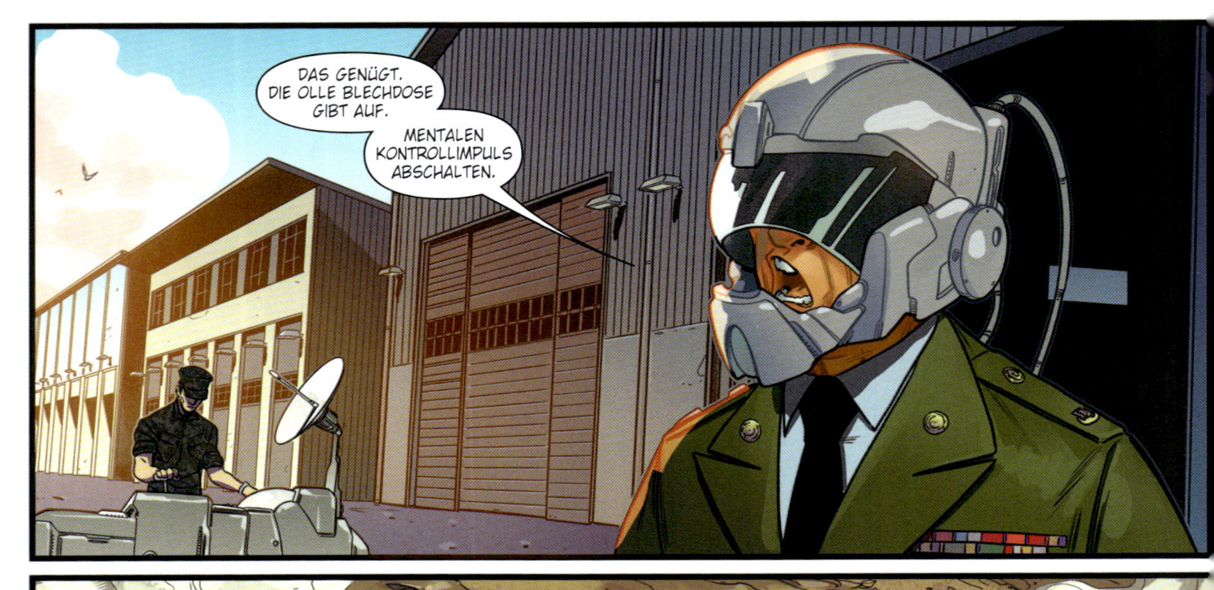
DAS GENÜGT. DIE OLLE BLECHDOSE GIBT AUF.
MENTALEN KONTROLLIMPULS ABSCHALTEN.
WAS WAR DENN LOS?
HABEN WIR ES DIR SO RICHTIG GEZEIGT?
WAS? NEIN. AUSSERDEM IST DAS STRENG GEHEIM, ODER, GENERAL DINGER?
MENTALE KONTROLLE IST DIE ZUKUNFT. DIE REGIE-RUNG DANKT FÜR EURE HILFE.
ES WAR MIR EIN VERGNÜGEN, EUCH ZU ZEIGEN, WIE DIESES GERÄT DEIN TEAM GEGEN DICH AUFHETZT.
LEIDER IST DIE TECHNOLOGIE DAHINTER ZUM TEIL UNBERECHENBAR. WIR BRAUCHEN HILFE.
DARÜBER WILL ICH MIT DEINEM BOSS REDEN.

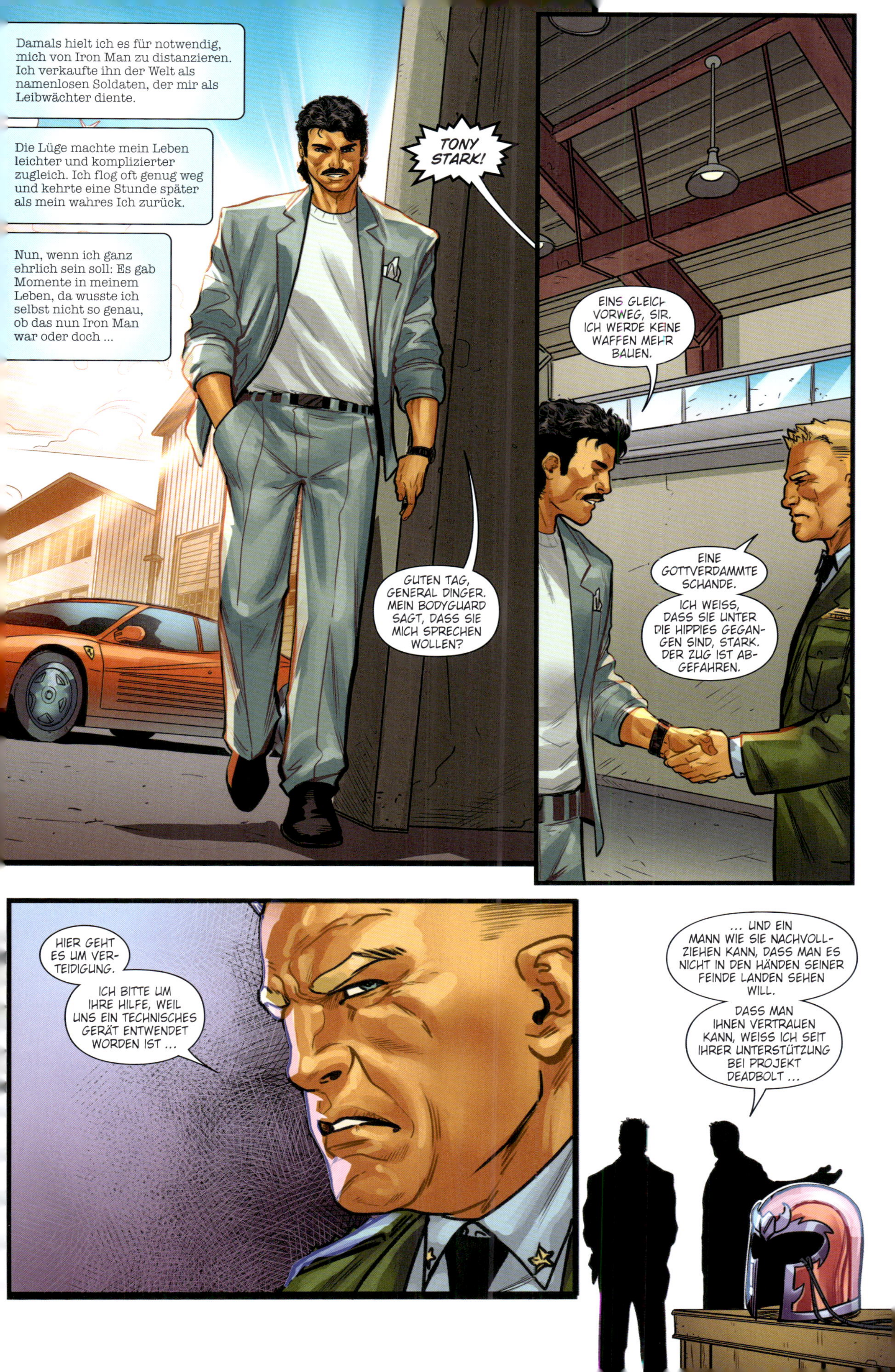

Damals hielt ich es für notwendig, mich von Iron Man zu distanzieren. Ich verkaufte ihn der Welt als namenlosen Soldaten, der mir als Leibwächter diente.

Die Lüge machte mein Leben leichter und komplizierter zugleich. Ich flog oft genug weg und kehrte eine Stunde später als mein wahres Ich zurück.

Nun, wenn ich ganz ehrlich sein soll: Es gab Momente in meinem Leben, da wusste ich selbst nicht so genau, ob das nun Iron Man war oder doch ...

TONY STARK!

GUTEN TAG, GENERAL DINGER. MEIN BODYGUARD SAGT, DASS SIE MICH SPRECHEN WOLLEN?

EINS GLEICH VORWEG, SIR. ICH WERDE KEINE WAFFEN MEHR BAUEN.

EINE GOTTVERDAMMTE SCHANDE.

ICH WEISS, DASS SIE UNTER DIE HIPPIES GEGANGEN SIND, STARK. DER ZUG IST ABGEFAHREN.

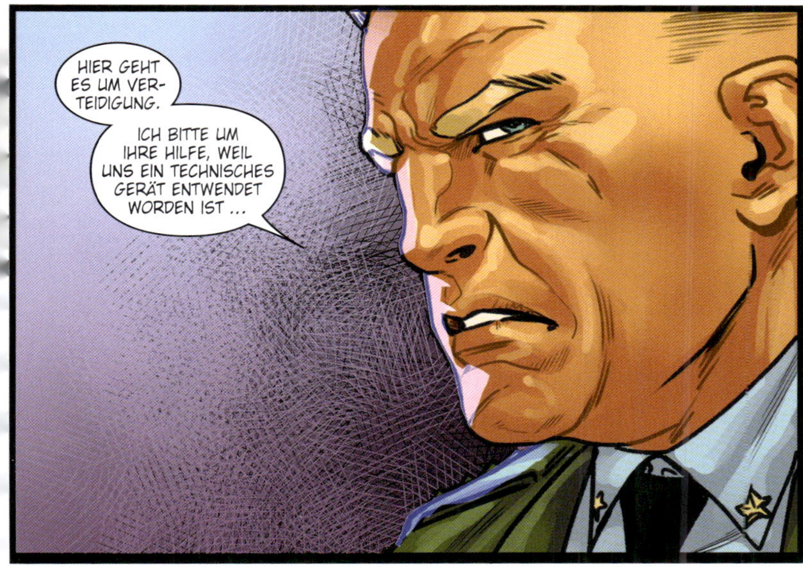

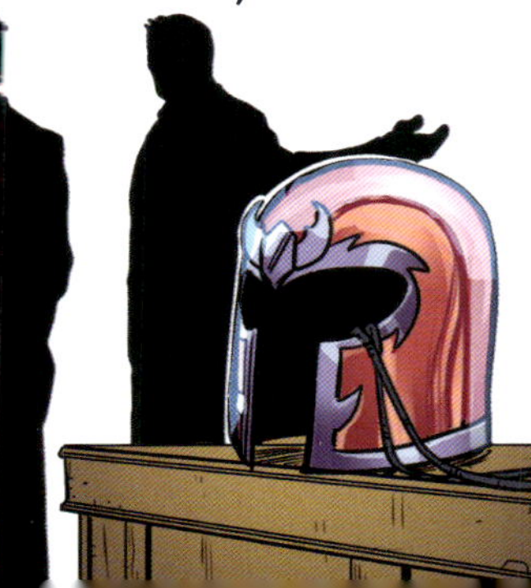

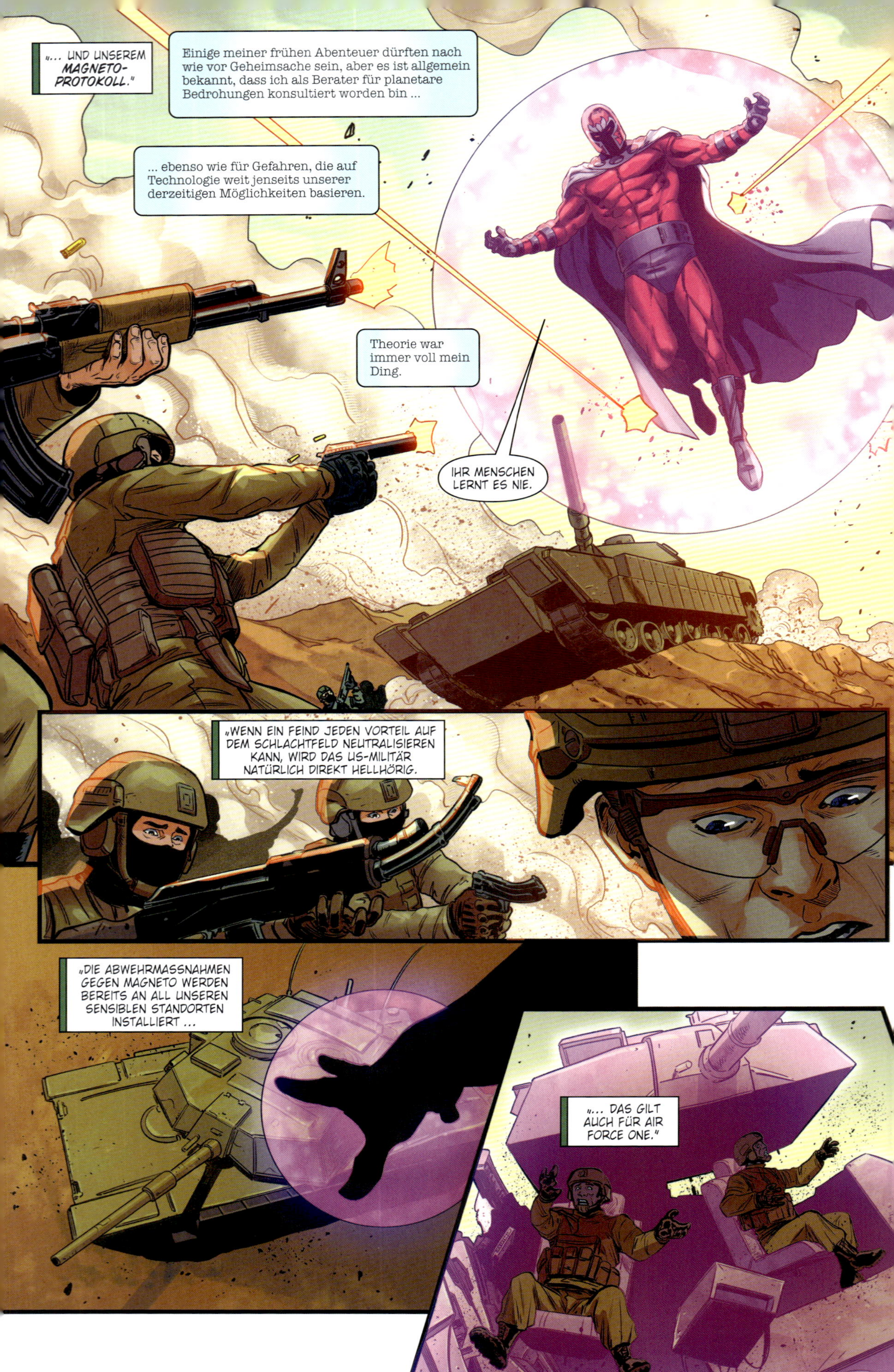
"... UND UNSEREM MAGNETO-PROTOKOLL."
Einige meiner frühen Abenteuer dürften nach wie vor Geheimsache sein, aber es ist allgemein bekannt, dass ich als Berater für planetare Bedrohungen konsultiert worden bin ...
... ebenso wie für Gefahren, die auf Technologie weit jenseits unserer derzeitigen Möglichkeiten basieren.
Theorie war immer voll mein Ding.
IHR MENSCHEN LERNT ES NIE.
"WENN EIN FEIND JEDEN VORTEIL AUF DEM SCHLACHTFELD NEUTRALISIEREN KANN, WIRD DAS US-MILITÄR NATÜRLICH DIREKT HELLHÖRIG.
"DIE ABWEHRMASSNAHMEN GEGEN MAGNETO WERDEN BEREITS AN ALL UNSEREN SENSIBLEN STANDORTEN INSTALLIERT ...
... DAS GILT AUCH FÜR AIR FORCE ONE."

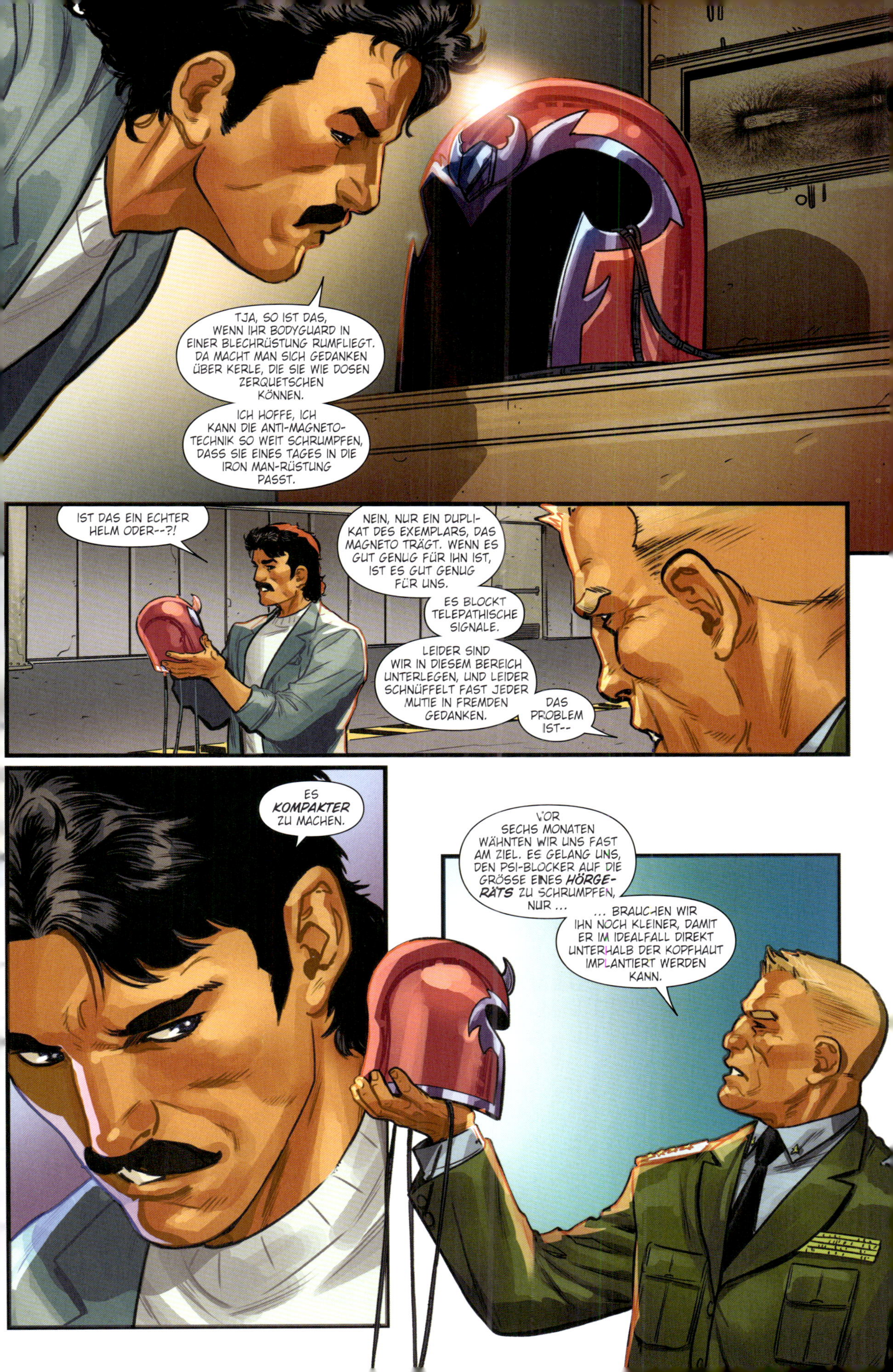

TJA, SO IST DAS, WENN IHR BODYGUARD IN EINER BLECHRÜSTUNG RUMFLIEGT. DA MACHT MAN SICH GEDANKEN ÜBER KERLE, DIE SIE WIE DOSEN ZERQUETSCHEN KÖNNEN.
ICH HOFFE, ICH KANN DIE ANTI-MAGNETO-TECHNIK SO WEIT SCHRUMPFEN, DASS SIE EINES TAGES IN DIE IRON MAN-RÜSTUNG PASST.
IST DAS EIN ECHTER HELM ODER--?!
NEIN, NUR EIN DUPLIKAT DES EXEMPLARS, DAS MAGNETO TRÄGT. WENN ES GUT GENUG FÜR IHN IST, IST ES GUT GENUG FÜR UNS.
ES BLOCKT TELEPATHISCHE SIGNALE.
LEIDER SIND WIR IN DIESEM BEREICH UNTERLEGEN, UND LEIDER SCHNÜFFELT FAST JEDER MUTIE IN FREMDEN GEDANKEN.
DAS PROBLEM IST--
ES *KOMPAKTER* ZU MACHEN.
VOR SECHS MONATEN WÄHNTEN WIR UNS FAST AM ZIEL. ES GELANG UNS, DEN PSI-BLOCKER AUF DIE GRÖSSE EINES *HÖRGERÄTS* ZU SCHRUMPFEN, NUR ...
... BRAUCHEN WIR IHN NOCH KLEINER, DAMIT ER IM IDEALFALL DIREKT UNTERHALB DER KOPFHAUT IMPLANTIERT WERDEN KANN.

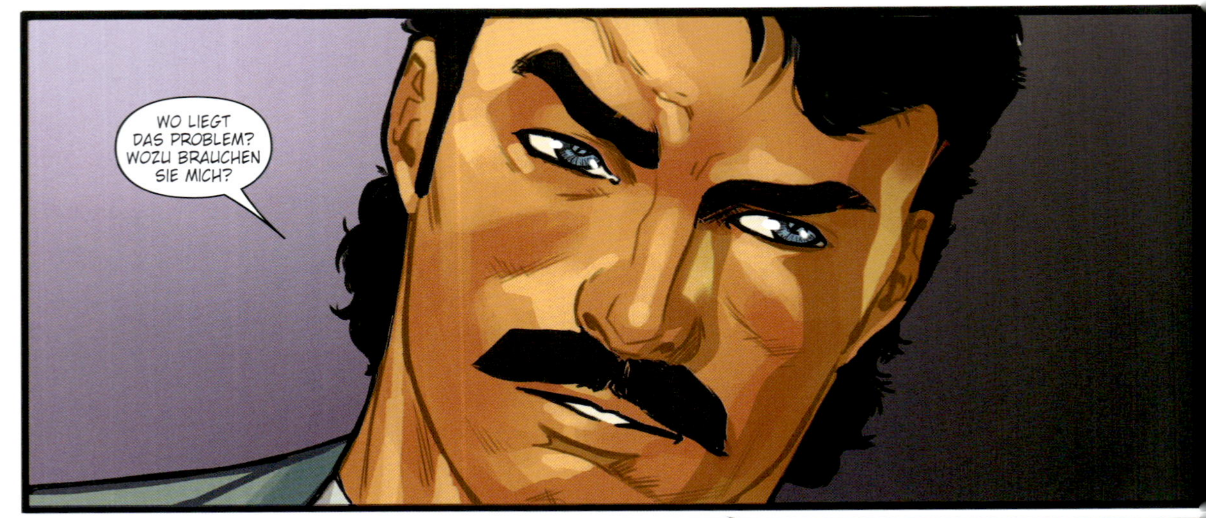
WO LIEGT DAS PROBLEM? WOZU BRAUCHEN SIE MICH?

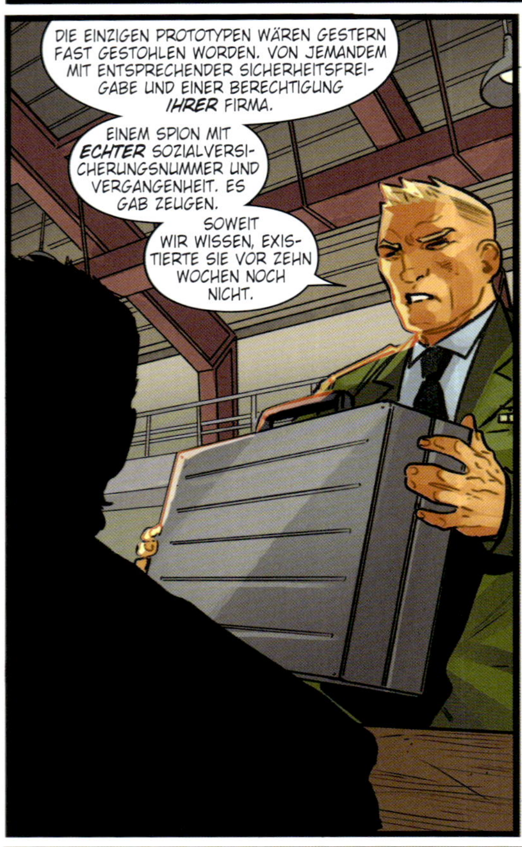
DIE EINZIGEN PROTOTYPEN WÄREN GESTERN FAST GESTOHLEN WORDEN. VON JEMANDEM MIT ENTSPRECHENDER SICHERHEITSFREIGABE UND EINER BERECHTIGUNG *IHRER* FIRMA.
EINEM SPION MIT *ECHTER* SOZIALVERSICHERUNGSNUMMER UND VERGANGENHEIT. ES GAB ZEUGEN.
SOWEIT WIR WISSEN, EXISTIERTE SIE VOR ZEHN WOCHEN NOCH NICHT.

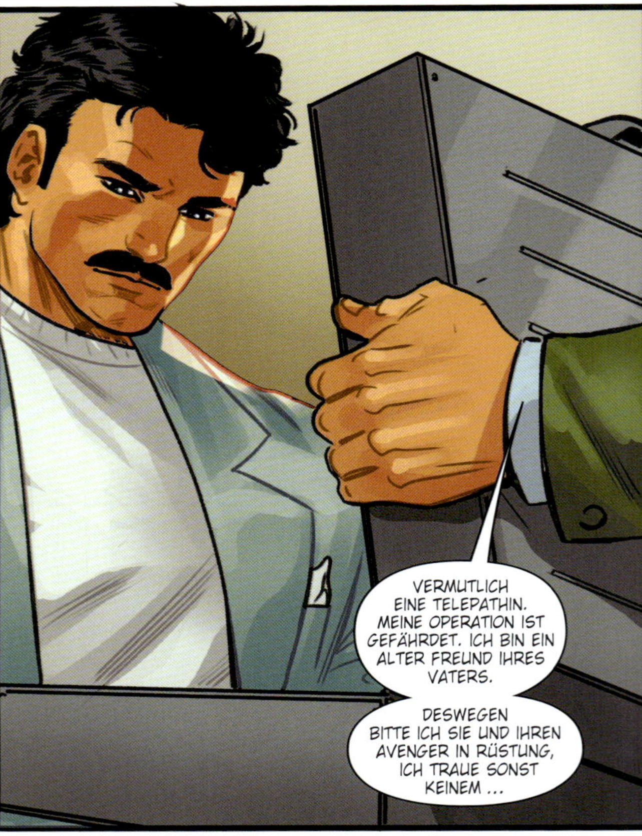
VERMUTLICH EINE TELEPATHIN. MEINE OPERATION IST GEFÄHRDET. ICH BIN EIN ALTER FREUND IHRES VATERS.
DESWEGEN BITTE ICH SIE UND IHREN AVENGER IN RÜSTUNG, ICH TRAUE SONST KEINEM ...

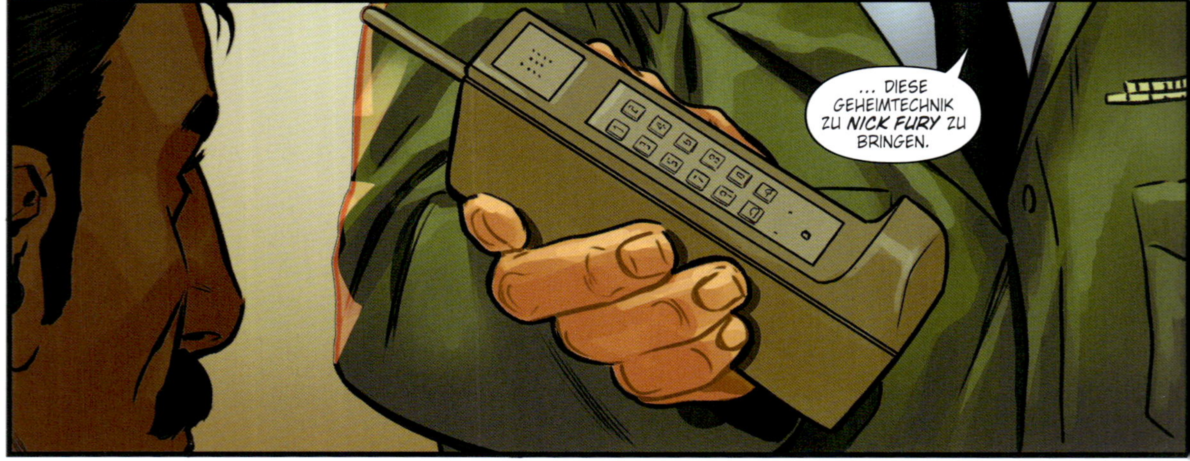
... DIESE GEHEIMTECHNIK ZU *NICK FURY* ZU BRINGEN.

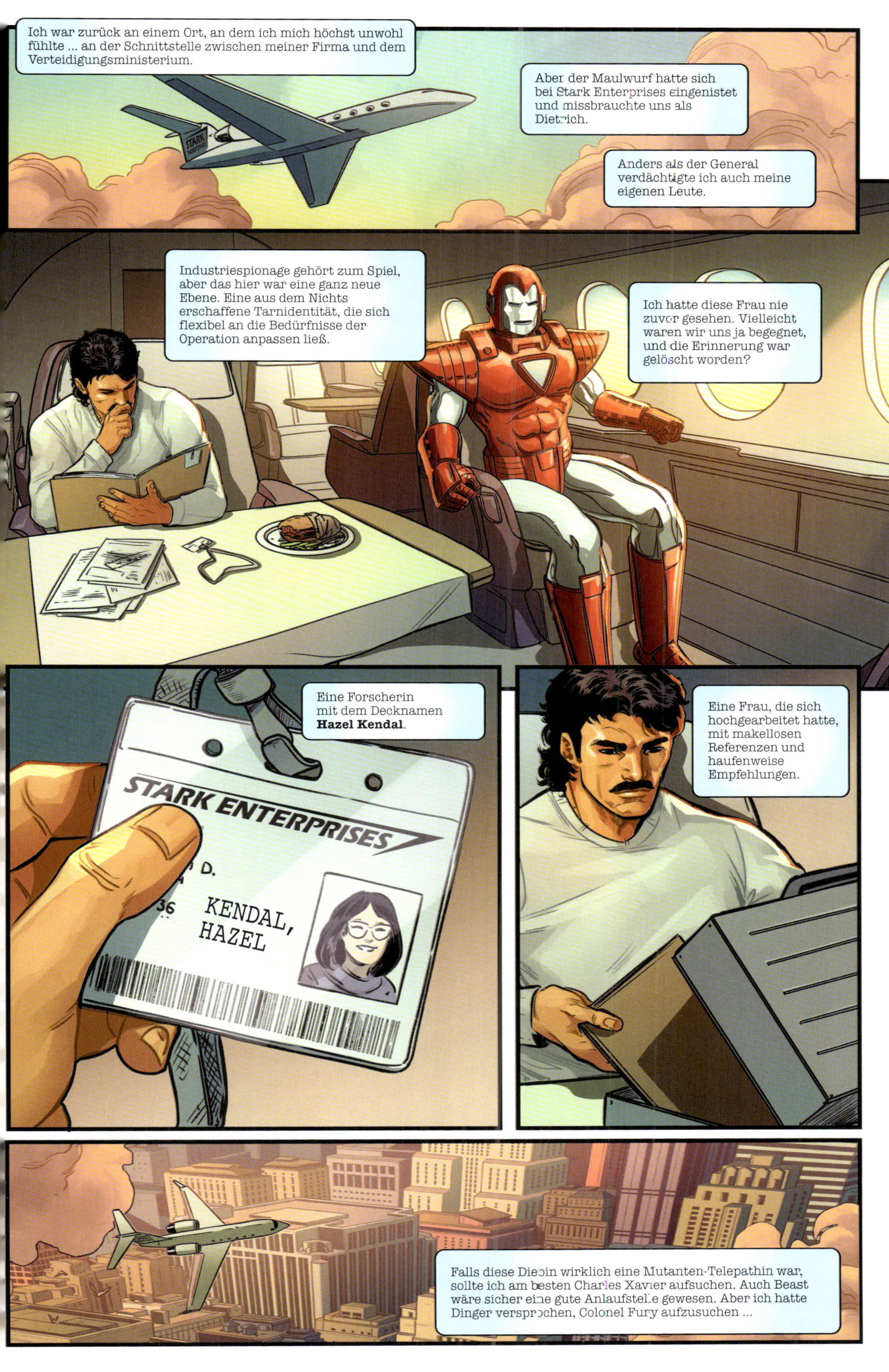

Ich war zurück an einem Ort, an dem ich mich höchst unwohl fühlte ... an der Schnittstelle zwischen meiner Firma und dem Verteidigungsministerium.
Aber der Maulwurf hatte sich bei Stark Enterprises eingenistet und missbrauchte uns als Dietrich.
Anders als der General verdächtigte ich auch meine eigenen Leute.
Industriespionage gehört zum Spiel, aber das hier war eine ganz neue Ebene. Eine aus dem Nichts erschaffene Tarnidentität, die sich flexibel an die Bedürfnisse der Operation anpassen ließ.
Ich hatte diese Frau nie zuvor gesehen. Vielleicht waren wir uns ja begegnet, und die Erinnerung war gelöscht worden?
Eine Forscherin mit dem Decknamen **Hazel Kendal**.
STARK ENTERPRISES
KENDAL, HAZEL
Eine Frau, die sich hochgearbeitet hatte, mit makellosen Referenzen und haufenweise Empfehlungen.
Falls diese Diebin wirklich eine Mutanten-Telepathin war, sollte ich am besten Charles Xavier aufsuchen. Auch Beast wäre sicher eine gute Anlaufstelle gewesen. Aber ich hatte Dinger versprochen, Colonel Fury aufzusuchen ...

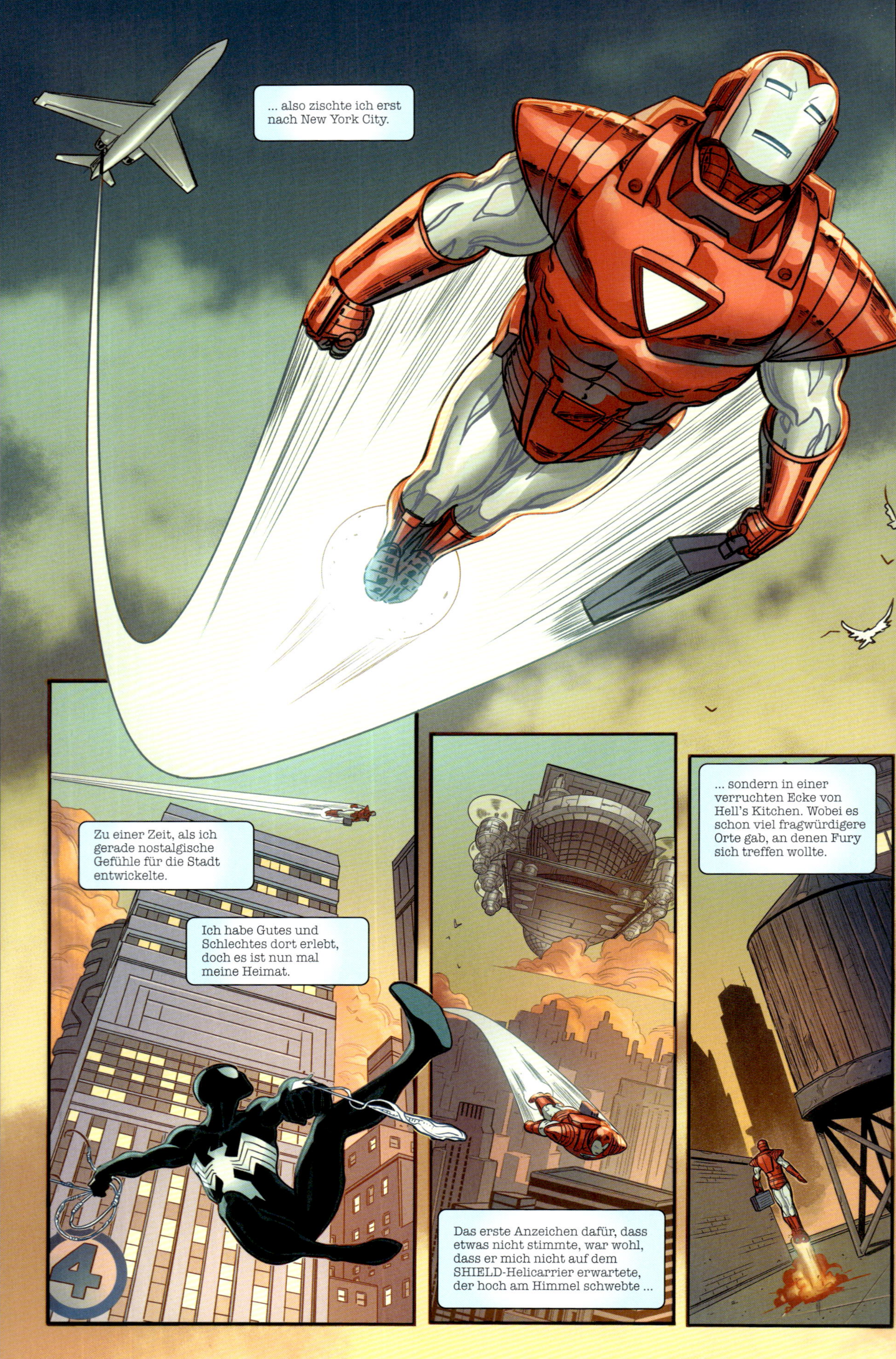
... also zischte ich erst nach New York City.
Zu einer Zeit, als ich gerade nostalgische Gefühle für die Stadt entwickelte.
Ich habe Gutes und Schlechtes dort erlebt, doch es ist nun mal meine Heimat.
Das erste Anzeichen dafür, dass etwas nicht stimmte, war wohl, dass er mich nicht auf dem SHIELD-Helicarrier erwartete, der hoch am Himmel schwebte ...
... sondern in einer verruchten Ecke von Hell's Kitchen. Wobei es schon viel fragwürdigere Orte gab, an denen Fury sich treffen wollte.

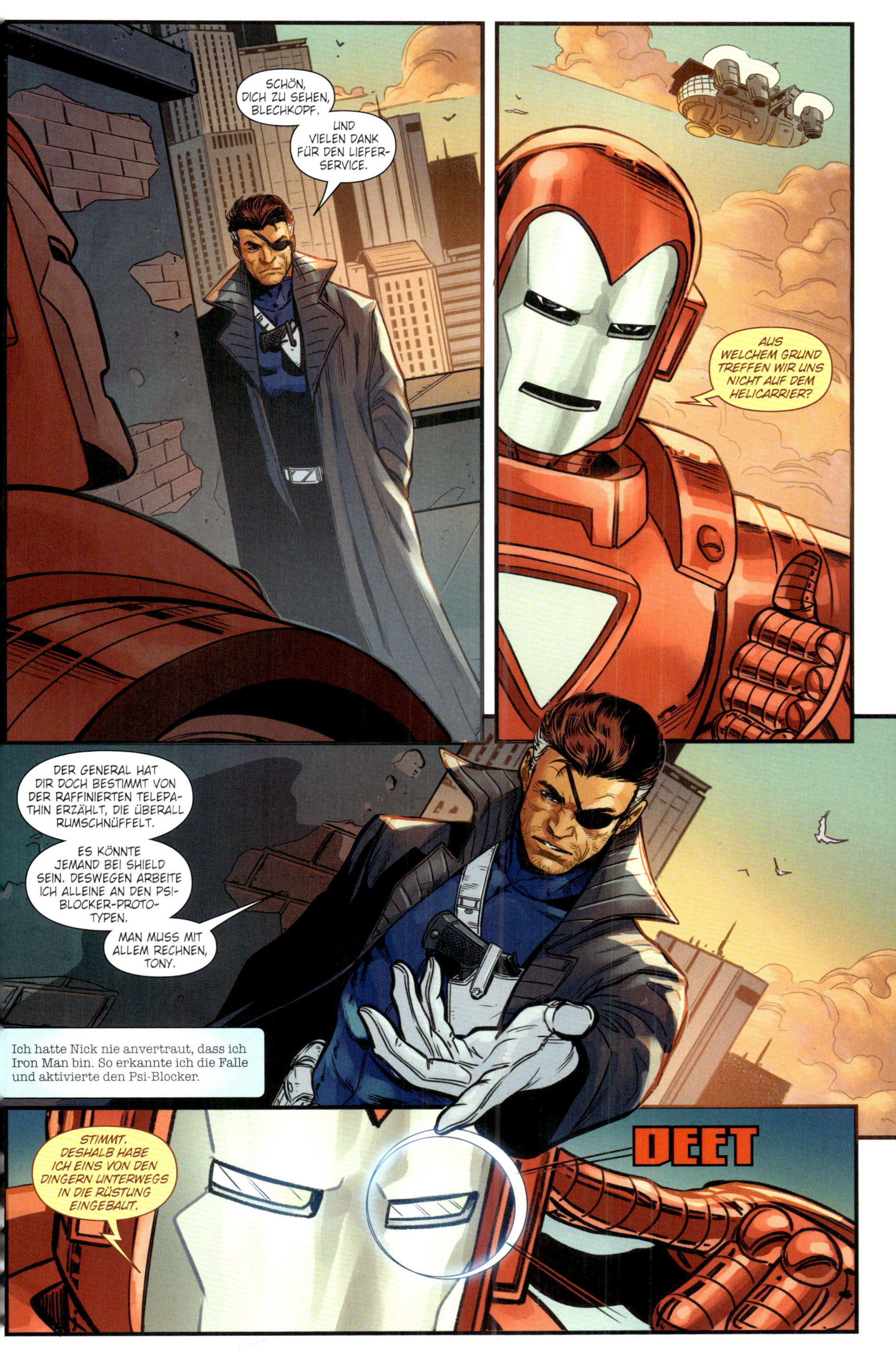

SCHÖN, DICH ZU SEHEN, BLECHKOPF.
UND VIELEN DANK FÜR DEN LIEFER-SERVICE.
AUS WELCHEM GRUND TREFFEN WIR UNS NICHT AUF DEM HELICARRIER?
DER GENERAL HAT DIR DOCH BESTIMMT VON DER RAFFINIERTEN TELEPA-THIN ERZÄHLT, DIE ÜBERALL RUMSCHNÜFFELT.
ES KÖNNTE JEMAND BEI SHIELD SEIN. DESWEGEN ARBEITE ICH ALLEINE AN DEN PSI-BLOCKER-PROTO-TYPEN.
MAN MUSS MIT ALLEM RECHNEN, TONY.
Ich hatte Nick nie anvertraut, dass ich Iron Man bin. So erkannte ich die Falle und aktivierte den Psi-Blocker.
STIMMT. DESHALB HABE ICH EINS VON DEN DINGERN UNTERWEGS IN DIE RÜSTUNG EINGEBAUT.
DEET

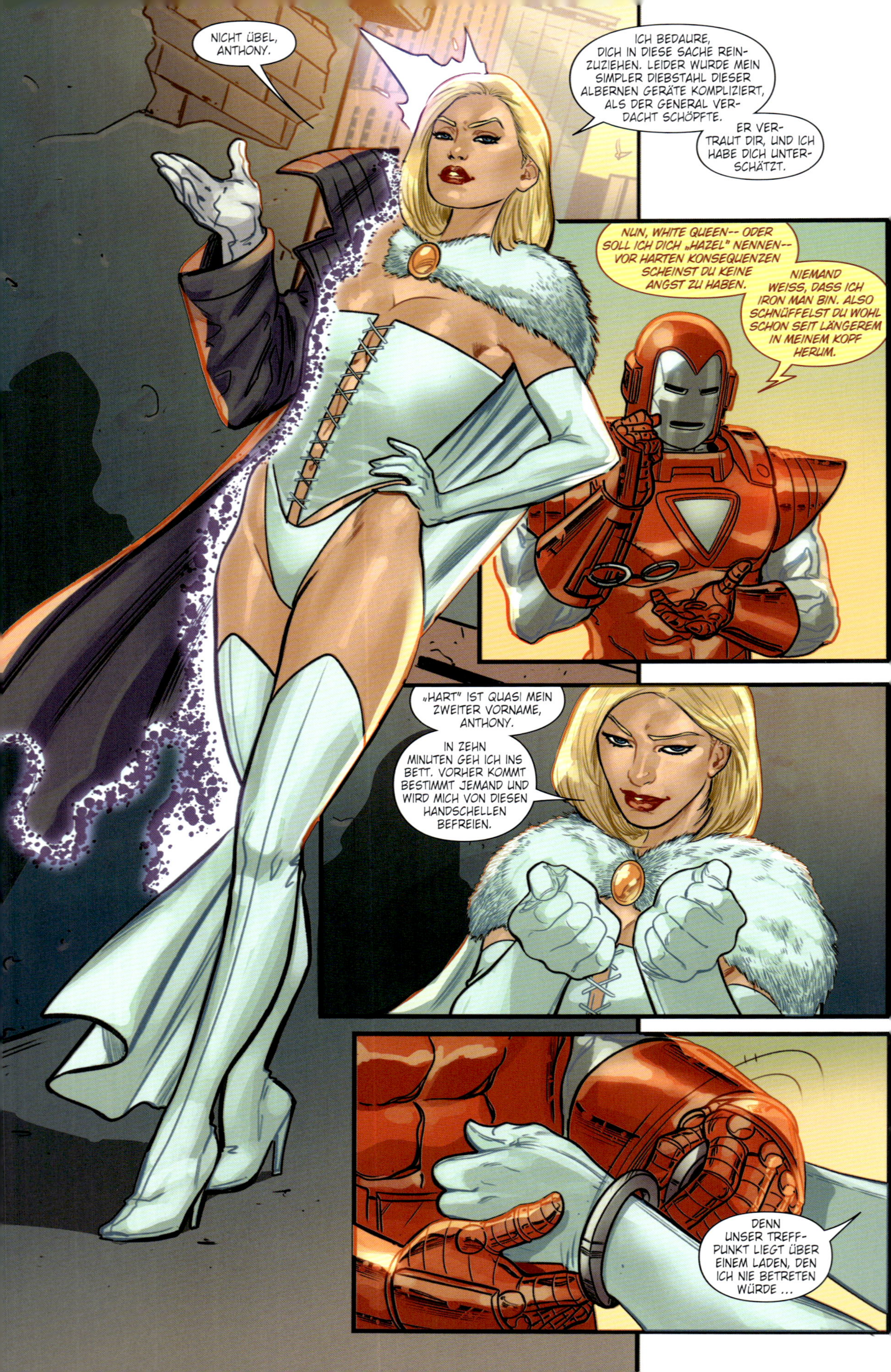
NICHT ÜBEL, ANTHONY.
ICH BEDAURE, DICH IN DIESE SACHE REINZUZIEHEN. LEIDER WURDE MEIN SIMPLER DIEBSTAHL DIESER ALBERNEN GERÄTE KOMPLIZIERT, ALS DER GENERAL VERDACHT SCHÖPFTE.
ER VERTRAUT DIR, UND ICH HABE DICH UNTERSCHÄTZT.
NUN, WHITE QUEEN-- ODER SOLL ICH DICH „HAZEL" NENNEN-- VOR HARTEN KONSEQUENZEN SCHEINST DU KEINE ANGST ZU HABEN.
NIEMAND WEISS, DASS ICH IRON MAN BIN. ALSO SCHNÜFFELST DU WOHL SCHON SEIT LÄNGEREM IN MEINEM KOPF HERUM.
„HART" IST QUASI MEIN ZWEITER VORNAME, ANTHONY.
IN ZEHN MINUTEN GEH ICH INS BETT. VORHER KOMMT BESTIMMT JEMAND UND WIRD MICH VON DIESEN HANDSCHELLEN BEFREIEN.
DENN UNSER TREFFPUNKT LIEGT ÜBER EINEM LADEN, DEN ICH NIE BETRETEN WÜRDE ...

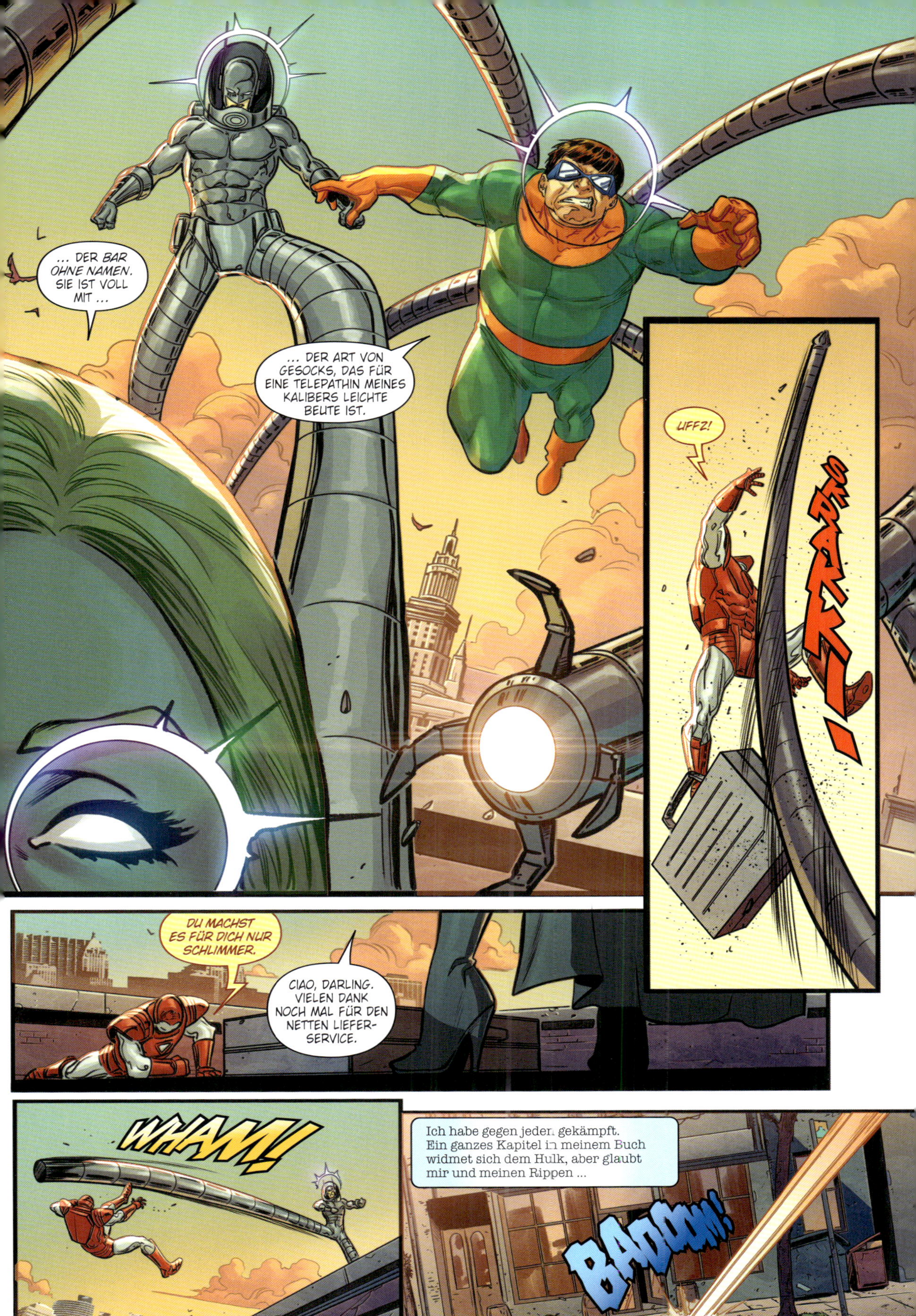

... DER BAR OHNE NAMEN. SIE IST VOLL MIT ...
... DER ART VON GESOCKS, DAS FÜR EINE TELEPATHIN MEINES KALIBERS LEICHTE BEUTE IST.
UFFZ!
SKRAKK!
DU MACHST ES FÜR DICH NUR SCHLIMMER.
CIAO, DARLING. VIELEN DANK NOCH MAL FÜR DEN NETTEN LIEFER-SERVICE.
WHAM!
Ich habe gegen jeden gekämpft. Ein ganzes Kapitel in meinem Buch widmet sich dem Hulk, aber glaubt mir und meinen Rippen ...
BADOOM!

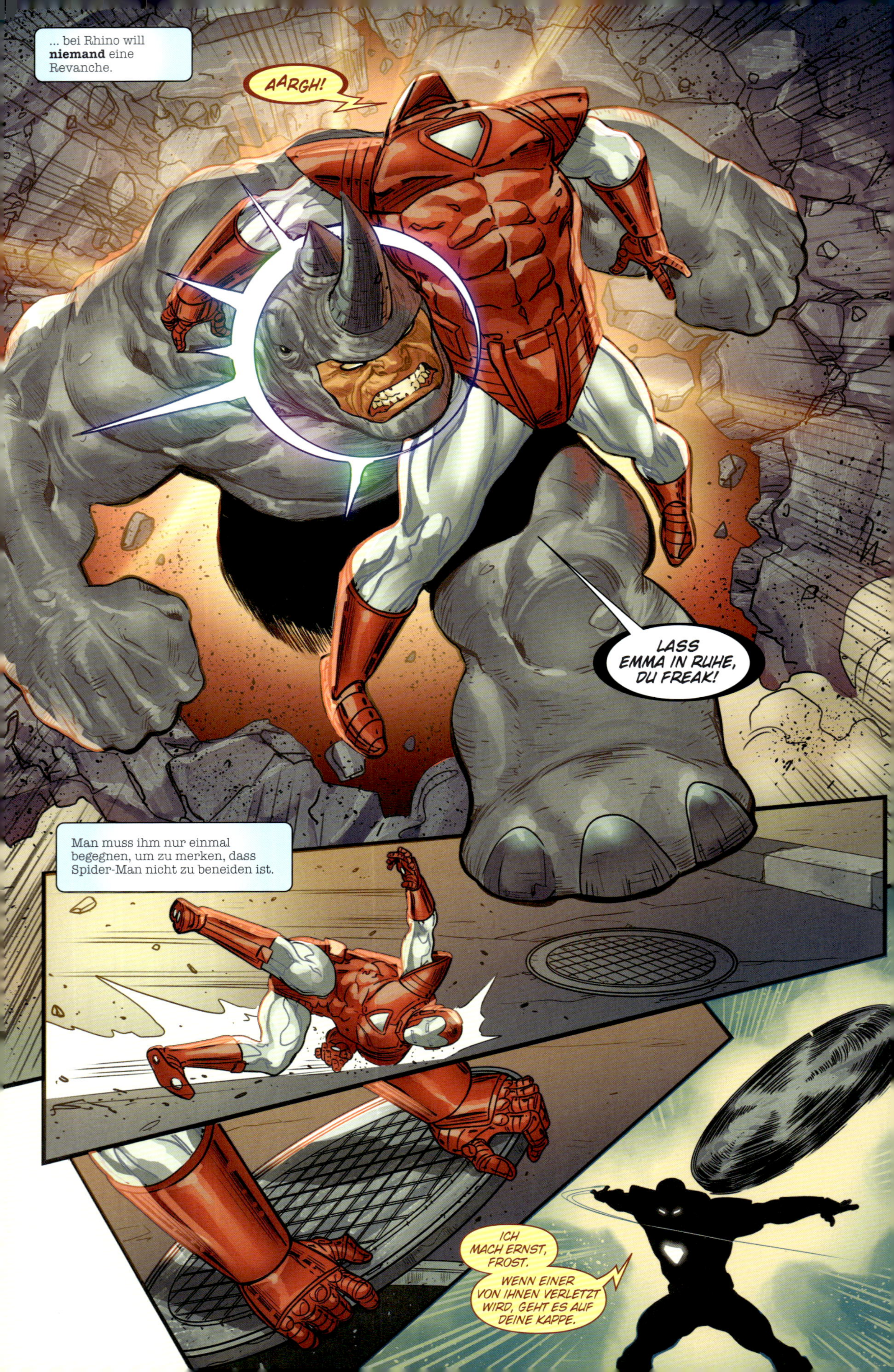
... bei Rhino will **niemand** eine Revanche.
AARGH!
LASS EMMA IN RUHE, DU FREAK!
Man muss ihm nur einmal begegnen, um zu merken, dass Spider-Man nicht zu beneiden ist.
ICH MACH ERNST, FROST.
WENN EINER VON IHNEN VERLETZT WIRD, GEHT ES AUF DEINE KAPPE.

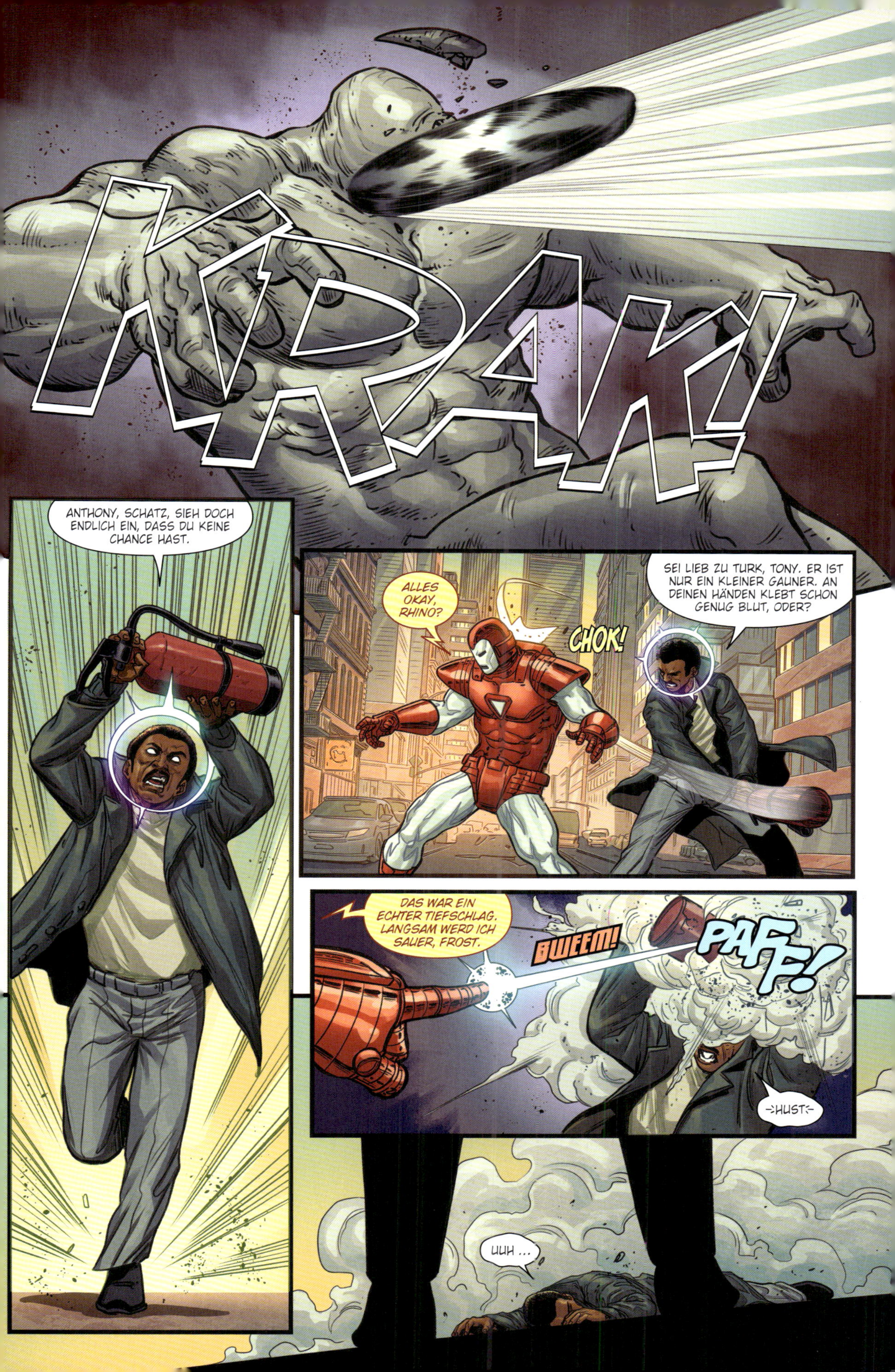
KRAK!
ANTHONY, SCHATZ, SIEH DOCH ENDLICH EIN, DASS DU KEINE CHANCE HAST.
ALLES OKAY, RHINO?
CHOK!
SEI LIEB ZU TURK, TONY. ER IST NUR EIN KLEINER GAUNER. AN DEINEN HÄNDEN KLEBT SCHON GENUG BLUT, ODER?
DAS WAR EIN ECHTER TIEFSCHLAG. LANGSAM WERD ICH SAUER, FROST.
BWEEM!
PAFF!
HUST
UUH ...

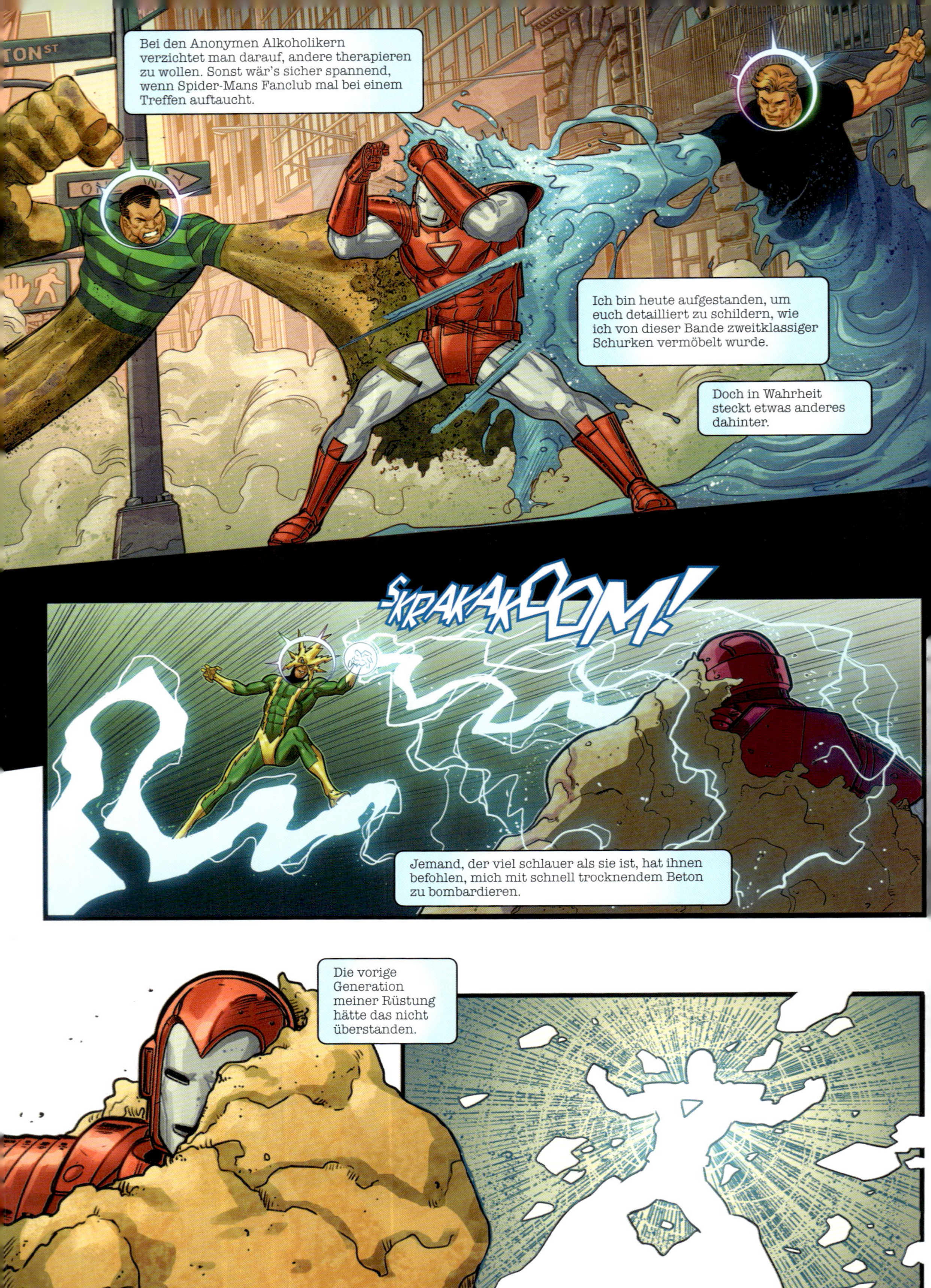
TON ST
ONE WAY
Bei den Anonymen Alkoholikern verzichtet man darauf, andere therapieren zu wollen. Sonst wär's sicher spannend, wenn Spider-Mans Fanclub mal bei einem Treffen auftaucht.
Ich bin heute aufgestanden, um euch detailliert zu schildern, wie ich von dieser Bande zweitklassiger Schurken vermöbelt wurde.
Doch in Wahrheit steckt etwas anderes dahinter.
SKRAKAKOOM!
Jemand, der viel schlauer als sie ist, hat ihnen befohlen, mich mit schnell trocknendem Beton zu bombardieren.
Die vorige Generation meiner Rüstung hätte das nicht überstanden.
Ganz anders der Silver Centurion. Erst jetzt wird mir bewusst, welche Lektion ich an jenem Abend gelernt habe ...

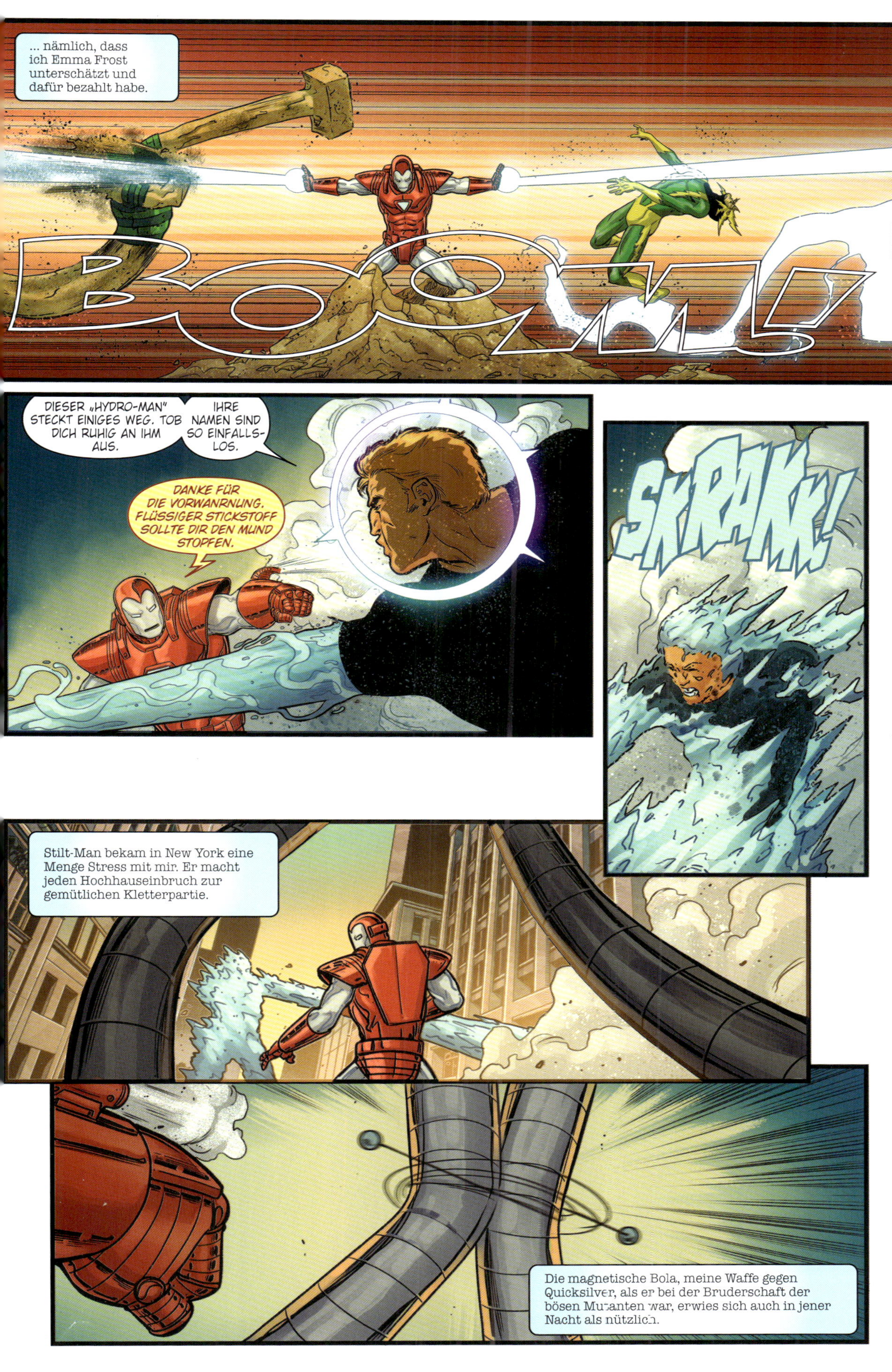
... nämlich, dass ich Emma Frost unterschätzt und dafür bezahlt habe.
BOOM!
DIESER „HYDRO-MAN" STECKT EINIGES WEG. TOB DICH RUHIG AN IHM AUS.
IHRE NAMEN SIND SO EINFALLS-LOS.
DANKE FÜR DIE VORWARNUNG. FLÜSSIGER STICKSTOFF SOLLTE DIR DEN MUND STOPFEN.
SKRAKK!
Stilt-Man bekam in New York eine Menge Stress mit mir. Er macht jeden Hochhauseinbruch zur gemütlichen Kletterpartie.
Die magnetische Bola, meine Waffe gegen Quicksilver, als er bei der Bruderschaft der bösen Mutanten war, erwies sich auch in jener Nacht als nützlich.

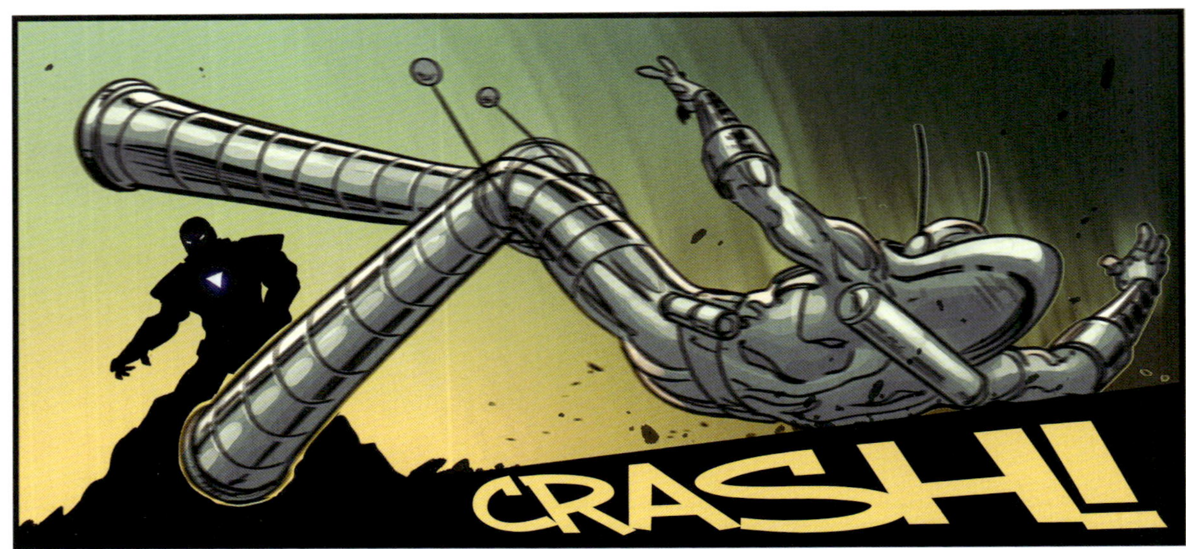
CRASH!

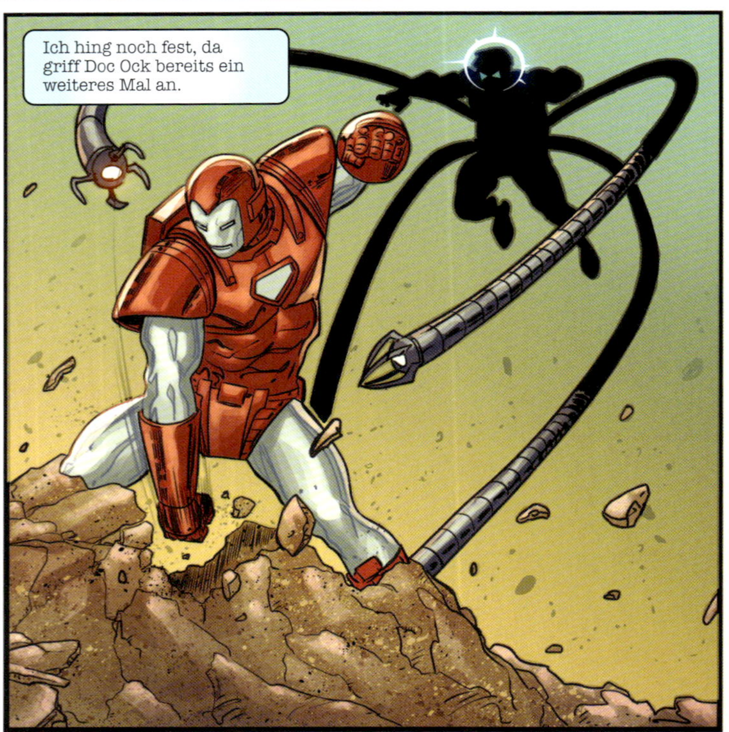
Ich hing noch fest, da griff Doc Ock bereits ein weiteres Mal an.

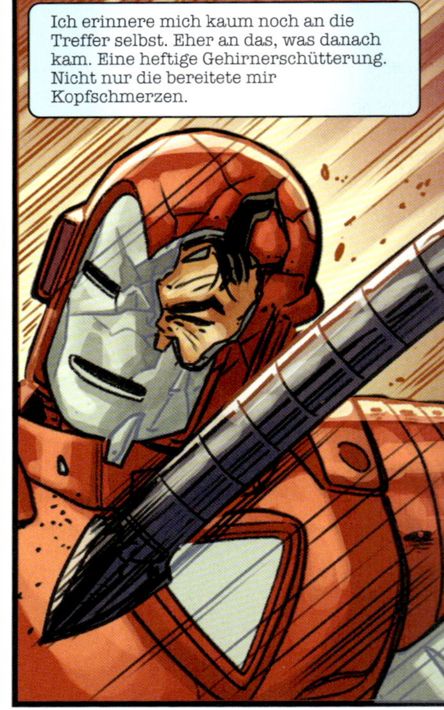
Ich erinnere mich kaum noch an die Treffer selbst. Eher an das, was danach kam. Eine heftige Gehirnerschütterung. Nicht nur die bereitete mir Kopfschmerzen.

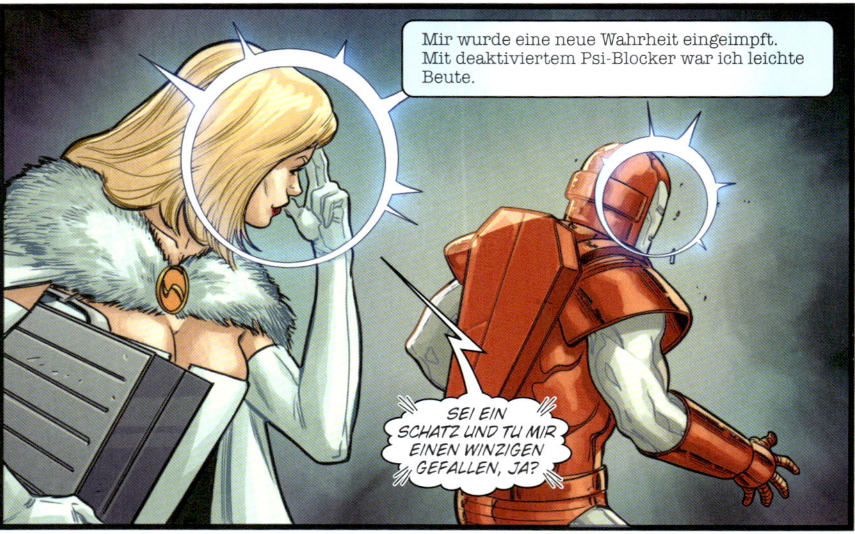
Mir wurde eine neue Wahrheit eingeimpft. Mit deaktiviertem Psi-Blocker war ich leichte Beute.
SEI EIN SCHATZ UND TU MIR EINEN WINZIGEN GEFALLEN, JA?

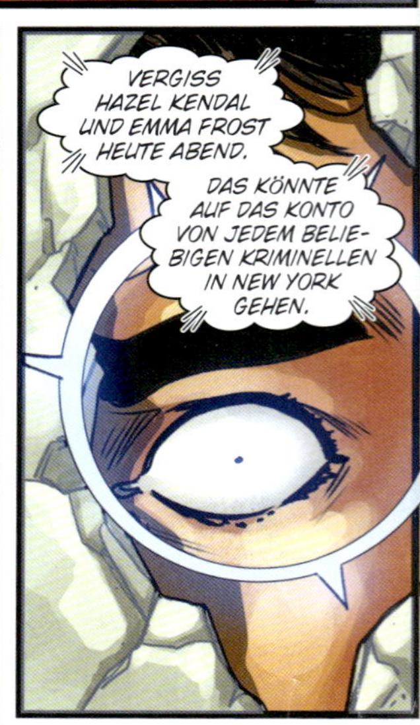
VERGISS HAZEL KENDAL UND EMMA FROST HEUTE ABEND.
DAS KÖNNTE AUF DAS KONTO VON JEDEM BELIEBIGEN KRIMINELLEN IN NEW YORK GEHEN.

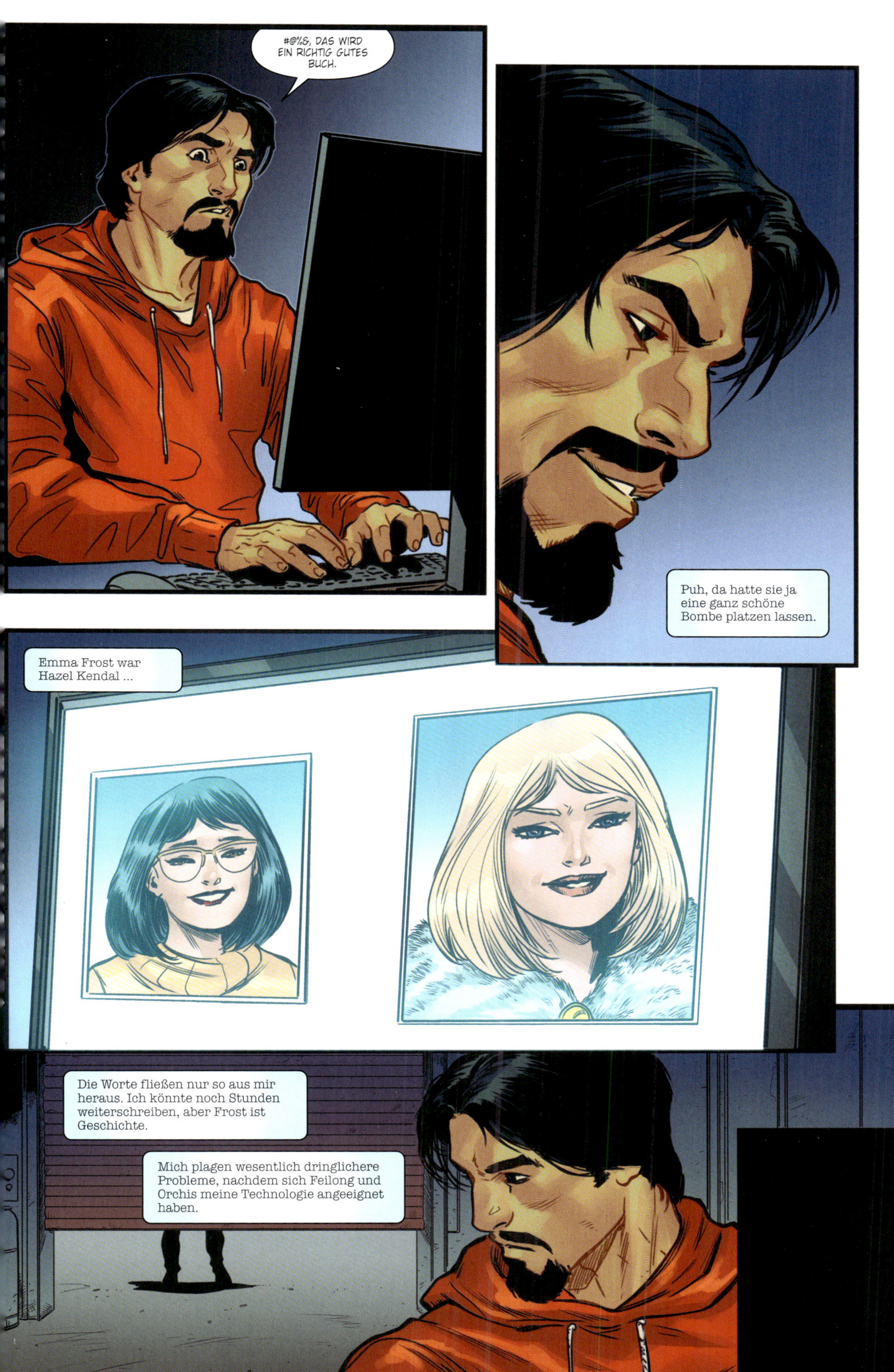
#@%&, DAS WIRD EIN RICHTIG GUTES BUCH.
Puh, da hatte sie ja eine ganz schöne Bombe platzen lassen.
Emma Frost war Hazel Kendal ...
Die Worte fließen nur so aus mir heraus. Ich könnte noch Stunden weiterschreiben, aber Frost ist Geschichte.
Mich plagen wesentlich dringlichere Probleme, nachdem sich Feilong und Orchis meine Technologie angeeignet haben.

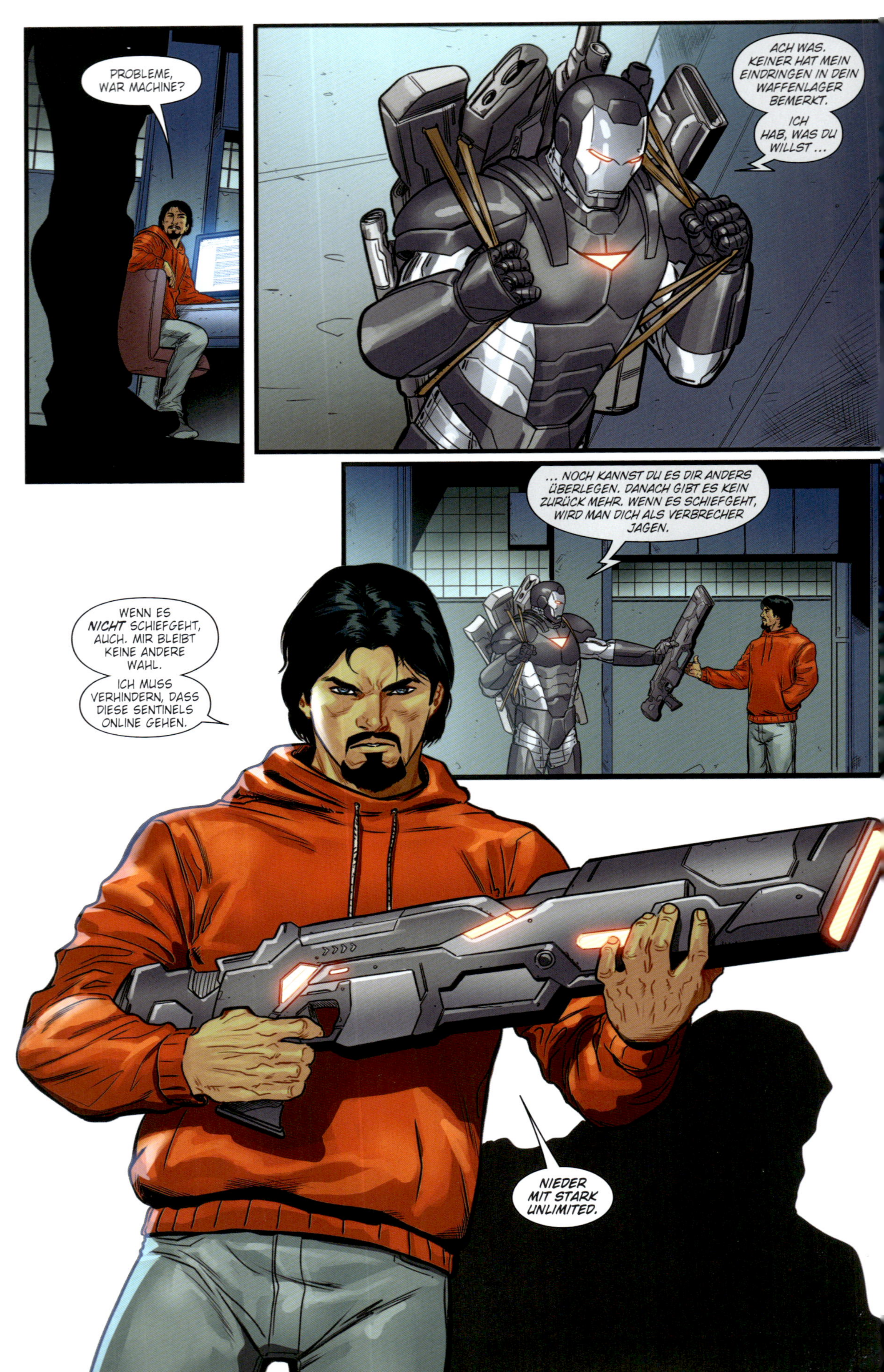
PROBLEME, WAR MACHINE?
ACH WAS. KEINER HAT MEIN EINDRINGEN IN DEIN WAFFENLAGER BEMERKT.
ICH HAB, WAS DU WILLST ...
... NOCH KANNST DU ES DIR ANDERS ÜBERLEGEN. DANACH GIBT ES KEIN ZURÜCK MEHR. WENN ES SCHIEFGEHT, WIRD MAN DICH ALS VERBRECHER JAGEN.
WENN ES *NICHT* SCHIEFGEHT, AUCH. MIR BLEIBT KEINE ANDERE WAHL.
ICH MUSS VERHINDERN, DASS DIESE SENTINELS ONLINE GEHEN.
NIEDER MIT STARK UNLIMITED.

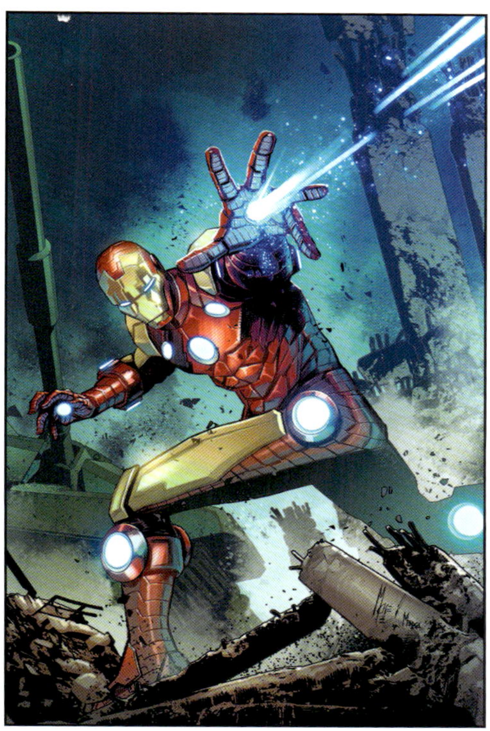

Invincible Iron Man (2022) 1
Variant-Cover von **MARCO CHECCHETTO**

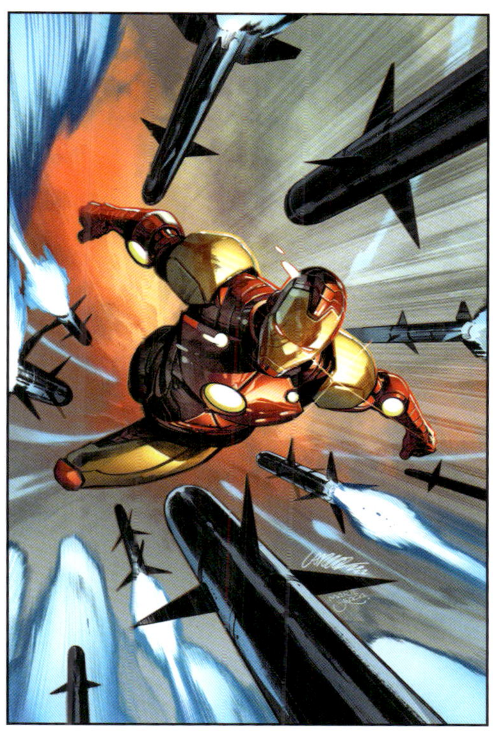

Invincible Iron Man (2022) 1
Variant-Cover von **PEPE LARRAZ**

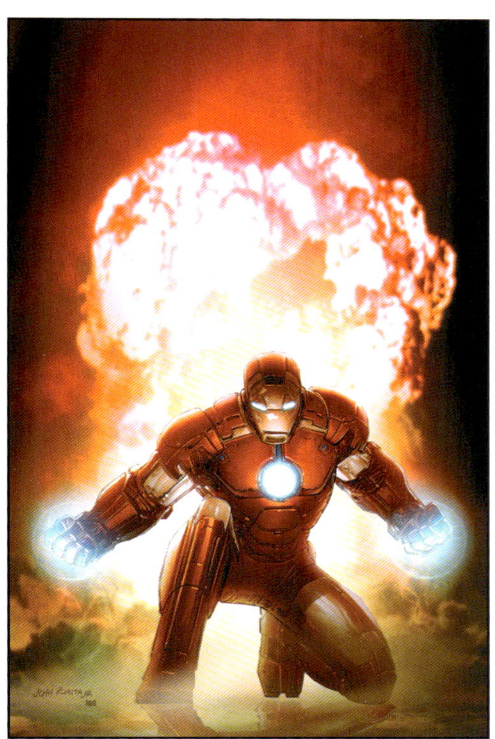

Invincible Iron Man (2022) 1
Variant-Cover von **JOHN ROMITA JR.**

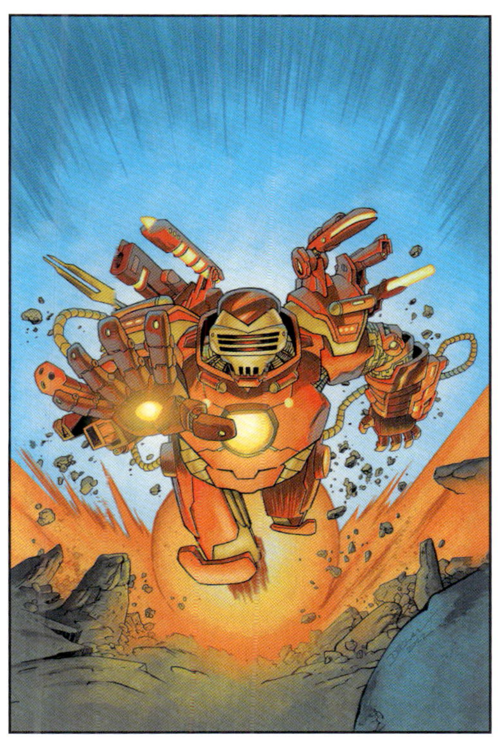

Invincible Iron Man (2022) 1
Variant-Cover von **DECLAN SHALVEY**

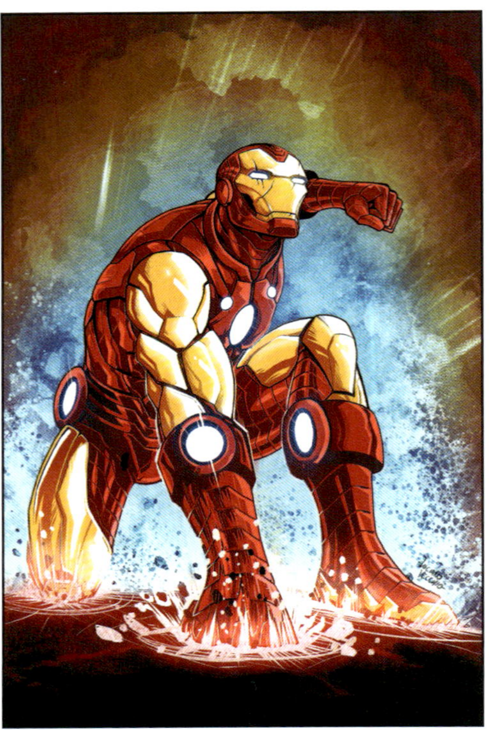

Invincible Iron Man (2022) 1
Variant-Cover von **LUCIANO VECCHIO**

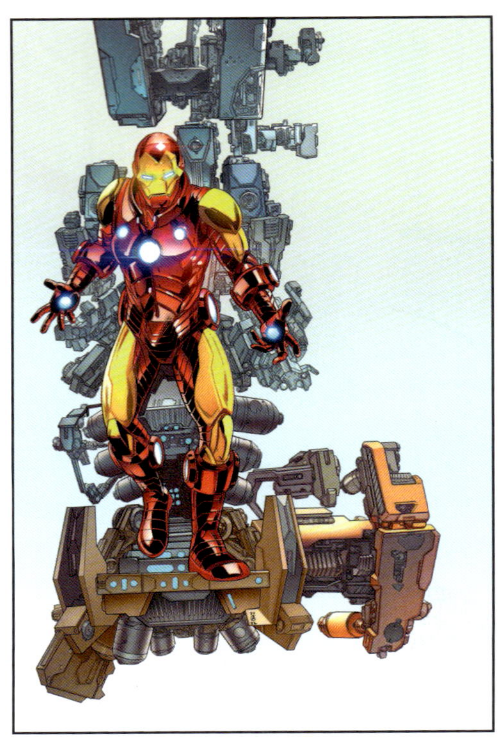

Invincible Iron Man (2022) 2
Variant-Cover von **CHRIS ALLEN**

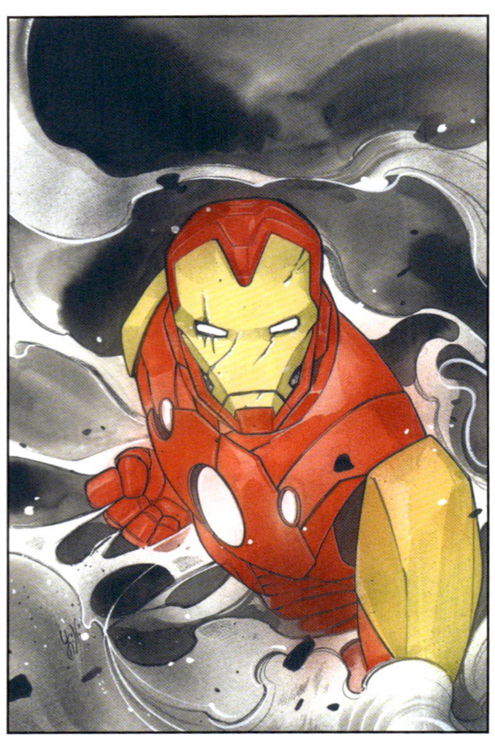

Invincible Iron Man (2022) 2
Variant-Cover von **PEACH MOMOKO**

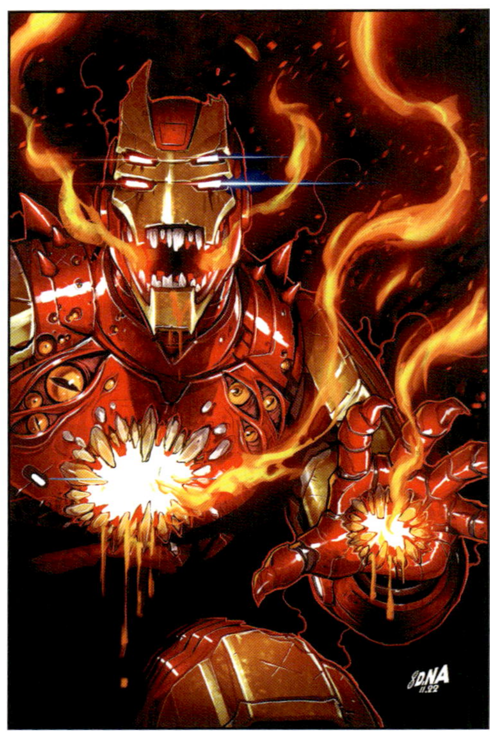

Invincible Iron Man (2022) 2
Variant-Cover von **DAVID NAKAYAMA**

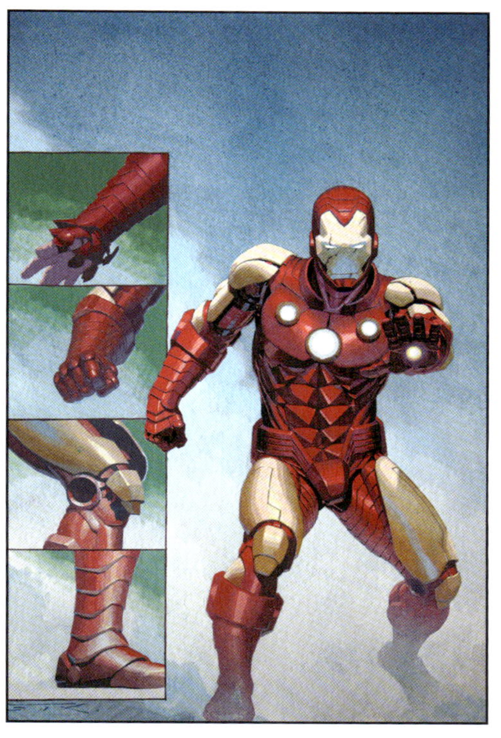

Invincible Iron Man (2022) 2
Variant-Cover von **ESAD RIBIĆ**

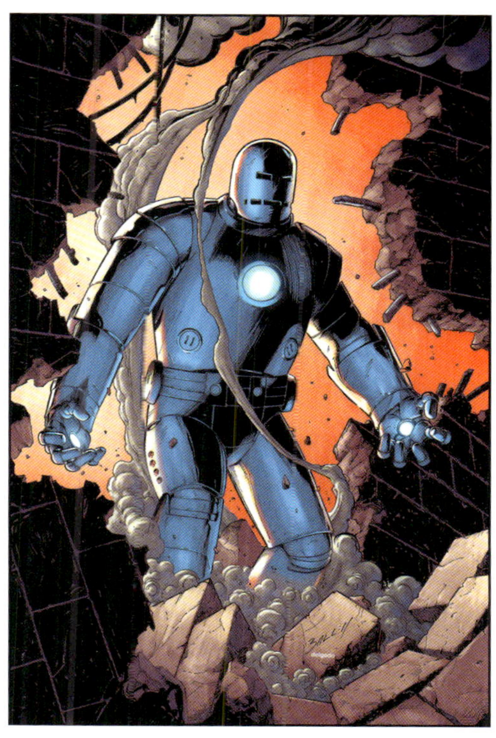

Invincible Iron Man (2022) 3
Variant-Cover von **MARK BAGLEY**

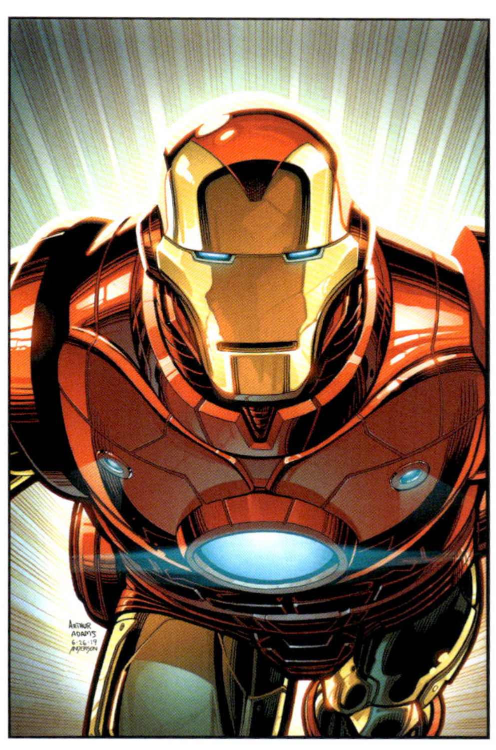

Invincible Iron Man (2022) 4
Variant-Cover von **ARTHUR ADAMS**

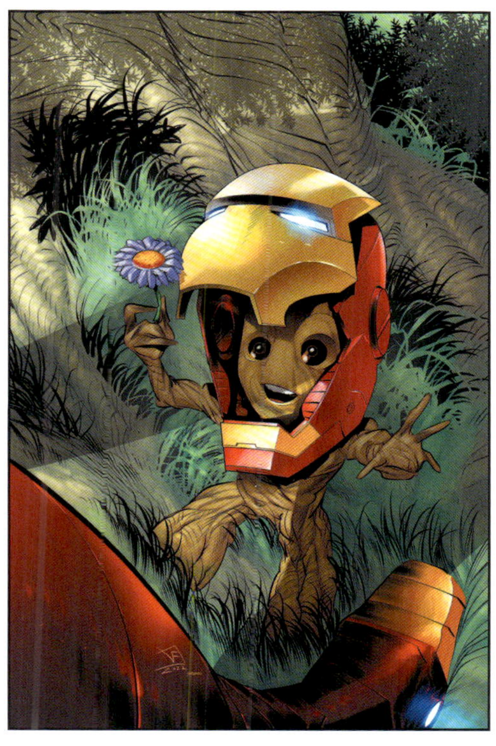

Invincible Iron Man (2022) 5
Variant-Cover von **FEDERICO VICENTINI**

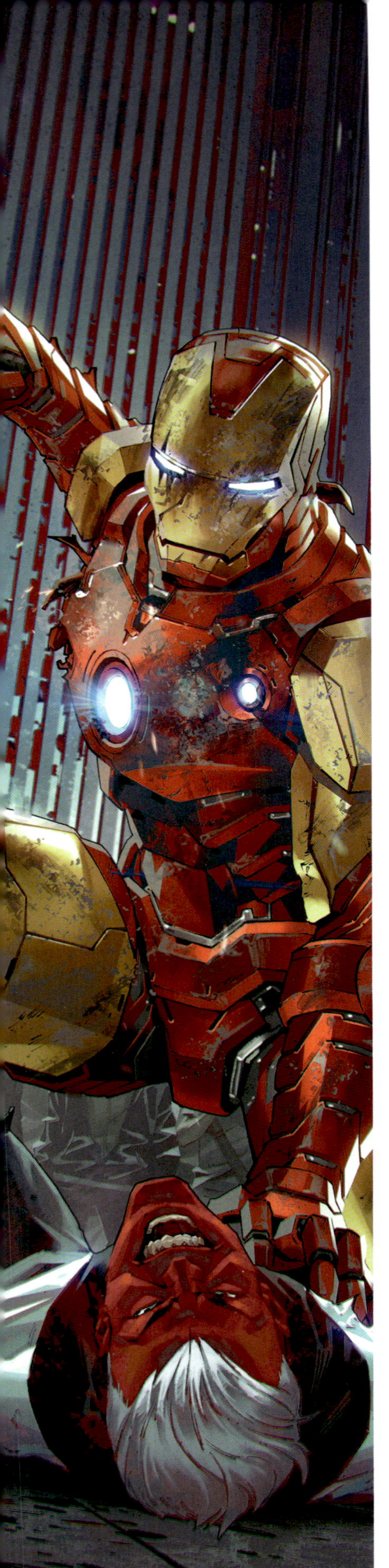

GENIE IN RÜSTUNG

WEST COAST AVENGERS

Ende 1984 debütierten die **West Coast Avengers**, also das Westküsten-Team der „Rächer", in einer eigenen Miniserie, die Autor **Roger Stern** und Zeichner **Bob Hall** inszenierten. Danach starteten ihre monatlichen Abenteuer als fortlaufendes **Avengers**-Spin-off, das unter anderem **Steve Englehart**, **Al Milgrom**, **John Byrne**, **Roy Thomas** und **Paul Ryan** gestalteten. Unterwegs wurde aus *West Coast Avengers* letztlich *Avengers West Coast*. 1993 ging die Ära des Teams, das nach einem Vorschlag des damaligen Avengers-Anführers **Vision** von **Hawkeye** begründet worden war, zu Ende. 2018 waren es **Clint Barton** und **Kate Bishop**, die für ein Revival mit neuen West Coast Avengers wie **America Chavez** und **Gwenpool** sorgten.

EMMA FROST

Die mächtige Mutantin und Telepathin **Emma Frost**, die ihren Körper mit einer Hülle aus Diamant schützen kann, wurde Ende 1979 von **Chris Claremont** und John Byrne für *X-Men* 129 ersonnen. Die White Queen des einst schurkischen **Hellfire Clubs** gehörte zu den Gegnern der **X-Men**. Erst Mitte der 1990er ließen sie **Scott Lobdell** und **Lee Weeks** auf die Seite von **Charles Xavier** wechseln, woraufhin Emma unter anderem die jungen Mutanten von **Generation X** coachte. Im Laufe der Jahre wurde sie immer wichtiger für die X-Men, zudem kam sie mit **Cyclops** zusammen. Auch auf **Krakoa** hat Emma, die jedes Jahr die Hellfire Gala ausrichtet, großen Einfluss auf die Geschicke der neuen Mutanten-Weltmacht.

FEILONG

Autor **Gerry Duggan**, der diesen Neustart von **Iron Mans** Soloserie inszeniert, ist eine treibende Kraft im aktuellen Kosmos der X-Men. Für *X-Men* (2021) 1 schufen er und Zeichner **Pepe Larraz** so etwa **Kelvin Heng** alias **Feilong**. Dass das Genie seine Träume vom Mars begraben musste, als die X-Men den Planeten verwandelten und zu ihrer zweiten Heimat erklärten, ließ ihn zu einem Gegner der Mutanten werden. **Henry Peter Gyrich**, eine streitbare Figur aus dem Umfeld der US-Regierung und der Avengers, machte ihn zu einem Helfer der Anti-Mutanten-Organisation **Orchis**. Heng setzte sich selbst kosmischer Strahlung aus, um seinen Körper zu verwandeln.

Christian Endres